DEMOCRACIA NA PERIFERIA CAPITALISTA:
Impasses do Brasil

LUIS FELIPE MIGUEL

DEMOCRACIA NA PERIFERIA CAPITALISTA:

Impasses do Brasil

COLEÇÃO ENSAIOS

autêntica

Copyright © 2022 Luis Felipe Miguel

Todos os direitos reservados pela Autêntica Editora Ltda. Nenhuma parte desta publicação poderá ser reproduzida, seja por meios mecânicos, eletrônicos, seja via cópia xerográfica, sem a autorização prévia da Editora.

COORDENADOR DA COLEÇÃO ENSAIOS
Ricardo Musse

CAPA
Diogo Droschi

EDITORAS RESPONSÁVEIS
Rejane Dias
Cecília Martins

DIAGRAMAÇÃO
Christiane Morais de Oliveira

REVISÃO
Bruna Emanuele Fernandes

Dados Internacionais de Catalogação na Publicação (CIP)
Câmara Brasileira do Livro, SP, Brasil

Miguel, Luis Felipe
  Democracia na periferia capitalista : impasses do Brasil / Luis Felipe Miguel. -- Belo Horizonte : Autêntica, 2022 -- (Ensaios / coordenação Ricardo Musse).

  Bibliografia
  ISBN 978-65-5928-143-5

  1. Brasil - Política 2. Capitalismo 3. Ciências políticas 4. Democracia 5. Periferia I. Musse, Ricardo. II. Título. III. Série.

22-100393   CDD-321.8

Índices para catálogo sistemático:
1. Democracia : Ciências políticas 321.8

Maria Alice Ferreira - Bibliotecária - CRB-8/7964

Belo Horizonte
Rua Carlos Turner, 420
Silveira . 31140-520
Belo Horizonte . MG
Tel.: (55 31) 3465 4500

São Paulo
Av. Paulista, 2.073 . Conjunto Nacional
Horsa I . Sala 309 . Cerqueira César
01311-940 . São Paulo . SP
Tel.: (55 11) 3034 4468

www.grupoautentica.com.br
SAC: atendimentoleitor@grupoautentica.com.br

Introdução 7

Parte I. Democracias em refluxo

Capítulo 1. A democracia e sua crise 23

Capítulo 2. A crise vista do Sul 75

Parte II. A experiência brasileira

Capítulo 3. O arranjo de 1988 e seus limites 107

Capítulo 4. O partido da Nova República 153

Capítulo 5. A crise do lulismo 197

Parte III. Perspectivas e impasses

Capítulo 6. O triunfo da antipolítica 243

Capítulo 7. A esquerda e seus entraves 279

Conclusão 323

Bibliografia 339

Introdução

Uma história da democracia no Brasil – que não é o objetivo deste livro – começaria provavelmente após a Segunda Guerra Mundial. Foi apenas então, sob o influxo da vitória dos Aliados, que se afirmou de fato a intenção de edificar no país um regime que pudesse passar por democrático. O experimento político que vigorou a partir de 1945 foi marcado por tensões e sobressaltos, incluindo sucessivas tentativas de golpe e contragolpes militares, e chegou a seu fim depois de menos de 20 anos. Seu limite fora alcançado quando forças populares julgaram que tinham condições de impor um pacote de "reformas de base" com o intuito de reduzir a desigualdade social vigente no país. Seguiu-se uma longa ditadura e uma transição cuidadosamente pactuada, que permitiu o retorno à democracia na segunda metade dos anos 1980: devolução do poder aos civis em 1985, promulgação de nova Constituição em 1988, eleições presidenciais diretas em 1989. Apesar das mudanças profundas no cenário internacional e do realinhamento não menos significativo das forças políticas domésticas, a democracia da Nova República também mostrou fôlego curto. Foi golpeada em 2016 e, em 2018, viu a presidência ser concedida, em eleições formalmente competitivas, a alguém que não escondia que seu projeto era desfazer o trabalho da transição. O *impeachment* ilegítimo da presidente Dilma Rousseff é o emblema de um processo de rompimento do pacto constitucional que permitiu a vigência da ordem democrática no Brasil, uma vez mais por iniciativa dos grupos que sentiam ameaçada a ordem desigual que lhes concede vantagens e privilégios. A vitória de Jair Bolsonaro, por sua vez, mostra como eram frágeis os consensos que deveriam garantir a continuidade da Nova República.

Ao que parece, a desigualdade é o limite da democracia no Brasil. Enfrentar uma aumenta o risco de perder a outra. Mas a fronteira – até onde é possível avançar na redução da desigualdade sem desestabilizar o regime democrático – não é determinada de antemão. E, ainda mais importante, esta limitação autoimposta compromete a legitimidade do uso do rótulo "democrático". Uma democracia que está condenada a não desafiar a reprodução das desigualdades sociais é, quando muito, uma democracia pela metade. O dilema se apresenta, então, de forma diversa: não é uma opção entre democracia e instabilidade, mas entre democracia e semidemocracia.

A relação entre a democracia (uma forma de dominação política) e a igualdade (um parâmetro de apreciação do mundo social) talvez não seja um tema tão central hoje, mas tem uma longa trajetória na história da filosofia política. Para Rousseau, a igualdade é condição necessária para qualquer governo livre; a revolução copernicana que ele estabeleceu na teoria do contrato social reside precisamente em seu entendimento de que a função do Estado não é produzir a desigualdade de poder a partir de uma situação inicial em que ela inexistia, como pensavam Hobbes e Locke, mas, ao contrário, impedir que ela se estabeleça. Em trecho célebre d'*O contrato social*, Rousseau aponta que a sociedade própria para a edificação de suas instituições democráticas é aquela em que "nenhum cidadão seja tão opulento que possa comprar um outro, nem tão pobre que possa ser constrangido a se vender".[1]

Quase um século depois, Alexis de Tocqueville ainda usava "democracia" e "igualdade" praticamente como sinônimos, mas sua percepção da igualdade já era muito mais formal, menos material do que a de Rousseau.[2] Na leitura de C. B. Macpherson, esta é a característica

---

[1] ROUSSEAU, Jean-Jacques. *Du contract social*. In: *Œuvres complètes*. t. III. Paris: Gallimard, 1964. p. 391-392 (ed. orig.: 1762).

[2] TOCQUEVILLE, Alexis de. *De la démocratie en Amérique*. In: *Œuvres*. t. II. Paris: Gallimard, 1992 (ed. orig.: 1835-1840).

que distingue a *democracia liberal* das teorias democráticas anteriores: ela "aceitou e reconheceu desde o início [...] a sociedade dividida em classes e buscou nela encaixar uma estrutura democrática".[3] A relação entre democracia e igualdade torna-se mais complexa, uma vez que não se pode apresentar, como premissa, um mundo social igualitário. Renda, escolaridade, classe, gênero, raça: o regime que se quer democrático convive, no entanto, com todos estes eixos de desigualdades. À medida que se desenvolve uma compreensão mais complexa da igualdade e da desigualdade, sensível à manifestação das assimetrias sociais mesmo quando elas já foram expurgadas da letra das leis, fica patente o contraste entre o discurso fundador da democracia – o poder de um "povo" aceito como homogêneo e indiferenciado – e o mundo social no qual ela se estabelece.

De forma esquemática, é possível apontar quatro interseções básicas entre a democracia e a igualdade:

(1) A democracia *pressupõe* a igualdade de valor entre todas as pessoas – e, de maneira talvez menos enfática, também uma igualdade potencial de competência e de racionalidade. Toda a justificativa para a opção por uma ordem democrática parte daí: todos devem contar igualmente, a vontade de um pesa tanto quanto a vontade de qualquer outro, assim como o bem-estar de cada pessoa vale tanto quanto o bem-estar de qualquer outra. Por isso, todos devem participar de forma igualitária do processo de tomada de decisões. Não por acaso, de Platão aos dias de hoje, os opositores da democracia em primeiro lugar afirmam a existência de desigualdades naturais e denunciam o risco de que, dando poder de influência a todos, o resultado seja a decadência da qualidade das decisões coletivas.

(2) A democracia *produz* igualdade (política) ao transformar todos em cidadãos dotados de direitos idênticos. Pode ser descrita,

---

[3] MACPHERSON, C. B. *The Life and Times of Liberal Democracy*. Oxford: Oxford University Press, 1977. p. 10.

assim, como a forma política de uma sociedade de "desiguais que necessitam ser 'igualados' em certos aspectos e para propósitos específicos".[4] A igualdade convencional, ao mesmo tempo em que veta determinadas formas de discriminação, permite que o Estado aja *como se* todos fossem realmente iguais. Deste ponto de vista, torna-se, como não cansam de apontar perspectivas críticas, uma ferramenta de ocultamento e, portanto, de naturalização das desigualdades sociais.

(3) O que tal ocultamento apaga é o fato de que a democracia é *vulnerável* às desigualdades sociais existentes. As vantagens materiais e simbólicas dos grupos privilegiados transbordam para a arena política, o que explica sua maior presença entre os governantes e, sobretudo, a maior receptividade dos governantes, quaisquer que sejam suas origens, a seus interesses. Não se trata, afinal, de meras assimetrias no controle de recursos, que poderiam ser contidas com medidas que buscassem impedir que elas extravasassem para o campo da política. São padrões estruturais de dominação, que se manifestam por dentro das instituições democráticas.

(4) Por fim, a democracia é *instrumental* na luta contra as desigualdades. Os grupos dominados têm incentivos para usar a seu favor a igualdade política formal, forçando a adoção de medidas que se contrapõem à reprodução das desigualdades e das dominações em outras esferas da vida social.

O entendimento das tensões entre estes quatro elementos é crucial para a apreensão dos problemas das democracias contemporâneas – e também das peculiaridades daquelas que se edificaram nos países da periferia capitalista. Estes, por razões históricas, vinculadas à colonização e ao padrão das trocas econômicas internacionais, são países que exibem

---

[4] ARENDT, Hannah. *The Human Condition*. Chicago: The University of Chicago Press, 1998. p. 215 (ed. orig.: 1958).

perfis de desigualdade mais acentuados do que na Europa Ocidental e na América do Norte, de onde em geral são importados nossos modelos teóricos. O descompasso entre a nossa realidade e as teorias que somos levados a empregar para interpretá-la é, como se verá em seguida, uma das questões que atravessam este livro.

A citação de C. B. Macpherson apresentada há pouco traz uma elipse. O original diz, como citado, que a teoria da democracia liberal aceitou e reconheceu desde o início a sociedade dividida em classes, mas aponta: "mais claramente no início do que depois". De fato, à medida que o ordenamento liberal-democrático se afirmou, tornando-se o padrão no mundo ocidental, a consciência de sua vinculação com a sociedade de classes foi sendo relegada a um distante segundo plano. A democracia é percebida como restrita a uma arena política na qual a igualdade formal impera, logo as desigualdades que persistem para além dela podem ser desconsideradas. Este é o horizonte de entendimento também de grande parte da Ciência Política, que se estabeleceu como disciplina acadêmica ao longo do século XX. Muitos de seus modelos postulam um mundo social dividido em dois tipos de agentes (eleitores e candidatos), indistintos internamente e buscando a satisfação de seus interesses. Classe, assim como gênero ou raça, aparece, quando muito, como um elemento lateral, secundário.

Este livro parte da convicção oposta – de que qualquer modelo interpretativo da política e da democracia que não dê centralidade às desigualdades sociais, em particular ao capitalismo, estará fadado a fracassar. A democracia é um modo de dominação política, mas que não se superpõe a um mundo social desabitado, e sim a um mundo estruturado pela dominação capitalista (e também pela dominação masculina e pelas hierarquias raciais). É uma forma específica de gestão do Estado, mas este não é um ente abstrato e sim um Estado capitalista. Os cidadãos dotados de direitos políticos não são criaturas incorpóreas e sim pessoas concretas, com sua situação no mundo determinada por fatores como a posição nas relações de produção e o acesso à propriedade, o gênero e a sexualidade, a origem étnica e a cor da pele. Para entender o funcionamento das democracias realmente existentes, é preciso entender qual o significado da acomodação entre suas regras e a vigência de profundas desigualdades – de riqueza, de classe, de gênero, de raça e outras – que impactam a capacidade de ingresso na esfera pública e de produção e defesa dos próprios interesses.

Trata-se de uma agenda de pesquisa à qual me dedico há muitos anos. Este livro nasce da confluência entre ela e a conjuntura política recente do Brasil – marcada pelo golpe de maio e agosto de 2016, que destituiu uma presidente ao arrepio das normas em vigor, num processo de degradação das garantias legais previstas na Constituição de 1988, e abriu caminho, primeiro, para um governo que impôs acelerado retrocesso nos direitos cidadãos e, em seguida, para o triunfo eleitoral de um candidato obscurantista e confessadamente autoritário.

A caracterização do *impeachment* da presidente Dilma Rousseff como golpe foi tema do debate político, ainda que hoje pareça cada vez mais difícil recusá-la. O argumento contrário apontava o cumprimento dos ritos previstos na Constituição e o beneplácito do Supremo Tribunal Federal, que seriam suficientes para garantir a legalidade do processo. Para além deste aspecto formal, porém, há a definição do crime de responsabilidade, condição necessária para a substituição do chefe de governo no regime presidencialista. Não ficou demonstrado que Dilma Rousseff cometeu algum crime do tipo e, mais importante ainda, uma grande parcela dos congressistas que votaram por sua retirada se mostraram despreocupados com a questão, invocando justificativas que passavam ao largo da letra da lei (a gestão da economia, o "conjunto da obra", a defesa da família patriarcal etc.). Se o golpe é definido como uma "virada de mesa" de uma parte do aparelho de Estado, que redefine as regras unilateralmente e em seu favor, então é mais do que razoável definir como golpe o que ocorreu no Brasil em 2016.[5] Ele não se limitou,

---

[5] Para uma discussão breve sobre o conceito, ver: BIANCHI, Alvaro. Golpe de Estado: o conceito e sua história. In: PINHEIRO-MACHADO, Rosana; FREIXO, Adriano de (Orgs.). *Brasil em transe: bolsonarismo, nova direita e desdemocratização*. Rio de Janeiro: Oficina Raquel, 2019. Sem querer, de forma nenhuma, simular uma isenção valorativa que não corresponde à minha compreensão do fazer científico, assinalo que meu uso de *golpe* para caracterizar os eventos de maio e agosto de 2016 no Brasil é embasado na teoria política e não se confunde com retórica militante.

sempre é bom lembrar, à substituição do ocupante da presidência da República. Foi o momento inicial de um realinhamento de forças políticas, em prejuízo daquelas situadas à esquerda, que se tornaram alvo de perseguição pelo aparelho repressivo, e de uma reestruturação dos compromissos do Estado com os diferentes grupos sociais, imposta sem o processo de negociação e pactuação que seria exigido caso a ordem constitucional permanecesse válida.

O que nasce desta confluência entre a agenda de pesquisa e as palpitações do momento político não é um projeto de reconstituição da história do presente ou uma análise de conjuntura distendida. O objetivo não é compor uma narrativa informada, nem mesmo uma análise crítica do processo político brasileiro recente, mas usá-lo a fim de iluminar as questões centrais sobre a relação entre a democracia política e as desigualdades sociais.

A investigação foi orientada por uma hipótese dupla, que pode ser assim formulada: (1) A estabilidade dos regimes democráticos concorrenciais depende de que os grupos que controlam grandes recursos de poder julguem que o custo para subverter a democracia é maior do que o custo de conviver com ela. Tais custos, porém, não respondem a uma métrica objetiva, sendo resultado de uma avaliação subjetiva destes mesmos grupos. (2) Nos países da periferia capitalista, a tolerância dos grupos dominantes à igualdade é muito baixa, o que faz com que a avaliação subjetiva dos custos da ordem democrática siga padrões diferentes daqueles que vigoram no mundo desenvolvido. A "instabilidade" da democracia seria, assim, função da maior sensibilidade ao potencial igualitário que mesmo um regime democrático apenas concorrencial carrega. No Brasil, as rupturas de 1964 e de 2016, a despeito das múltiplas diferenças que as separam, são ambas ilustrações deste mesmo fenômeno.

O caso brasileiro, assim, ilumina a discussão sobre os limites da democracia numa ordem desigual e, em particular, desigual e periférica. O principal deles se liga ao *descompasso entre o poder político igualitário, que o voto promete, e o controle desigual dos recursos políticos.* Enquanto este controle desigual é capaz de produzir uma manifestação formal do poder político igualitário (isto é, resultados eleitorais) que não afeta os interesses dominantes, o sistema funciona com baixa tensão. Mas quanto maior a disjunção, maior a possibilidade de que a democracia entre em crise. O segundo limite importante diz respeito à *vulnerabilidade às pressões externas*, uma vez que os países da periferia capitalista sofrem a interferência constante das potências centrais (no caso, concretamente, dos Estados Unidos), que impõe limites a medidas voltadas a permitir um exercício ampliado da soberania nacional.

Uma leitura unilateral da democracia eleitoral faz dela um sistema que permite a transmissão quase automática da vontade popular para as políticas governamentais, uma narrativa que engloba autores tão díspares entre si quanto Anthony Downs e Jürgen Habermas.[6] Outra leitura unilateral a reduz à "forma padrão da dominação burguesa", como na visão leninista. Mas a democracia é melhor entendida como arena e efeito dos conflitos sociais. Ela nasce como resultado desses conflitos, por pressão dos grupos dominados, e produz o novo espaço onde eles ocorrem. Mas não é um espaço neutro: ela reflete as correlações de forças que a produziram. Trata-se de uma visão inspirada na ideia do Estado como "ossatura material" da luta de classes, tal como exposta na obra final de Nicos Poulantzas.[7] Longe de ser a arena neutra de resolução dos conflitos de interesses, tal como na leitura idealista, ou o instrumento a serviço da classe dominante – igualmente neutro, porque potencialmente utilizável por qualquer um dos grupos –, o Estado é visto como espelhando as relações de força presentes na sociedade.

Essa tensão entre igualdade e desigualdade, que é constitutiva da democracia, refere-se às clivagens de classe e de riqueza, mas não só. No caso brasileiro, por exemplo, a derrubada de Dilma Rousseff contou com inegável reforço de um discurso misógino e a sensação de "ameaça", dados os avanços da presença de mulheres, de negras e

---

[6] DOWNS, Anthony. *An Economic Theory of Democracy*. New York: Harper & Brothers, 1957; HABERMAS, Jürgen. *Direito e democracia: entre facticidade e validade*. 2 vol. Tradução de Flávio Beno Siebeneichler. Rio de Janeiro: Tempo Brasileiro, 1997 (ed. orig.: 1992).

[7] POULANTZAS, Nicos. *L'État, le pouvoir, le socialisme*. Paris: Les Prairies Ordinaires, 2013 (ed. orig.: 1978).

negros e da comunidade LGBT, também desempenhou papel relevante na mobilização em favor do golpe.

O agravamento da crise política no Brasil dos últimos anos revelou como essa tensão se manifesta em contexto periférico. As políticas compensatórias dos governos petistas, ainda que formuladas de maneira a não retirar riqueza dos grupos privilegiados, foram julgadas intoleráveis. Há um componente econômico – o capitalismo brasileiro é incapaz ou desinteressado de encontrar meios de garantir sua competitividade que não passem pela superexploração da mão de obra, portanto depende da permanência de uma vulnerabilidade social extrema. Há um componente simbólico, vinculado à reprodução das hierarquias sociais. A estabilidade democrática é ameaçada mais facilmente, uma vez que a margem de manobra para políticas que beneficiam os setores populares é bem menor. E há, por fim, um componente propriamente político, vinculado à posição da classe burguesa brasileira, que está bem acomodada na condição de parceira menor do capital internacional e, assim, não se interessa em produzir um projeto nacional.

A crise da democracia no Brasil não é, portanto, um acidente de percurso, nem mero reflexo da crise mundial das democracias, que a literatura internacional aponta desde o começo do século XXI e, ainda mais, a partir do triunfo eleitoral de Donald Trump, nos Estados Unidos, em 2016. Está ligada à dificuldade que temos de enfrentar o hiato entre democracia política e desigualdade social.

Como este hiato pode ser enfrentado? As opções, em linhas gerais, são duas. Uma é garantir que as brechas para a expressão dos interesses da classe trabalhadora e dos outros grupos dominados, que a concessão dos direitos políticos e o sufrágio universal geram, sejam neutralizadas, não tenham impacto na ação do Estado. É o caminho da desdemocratização, isto é, da construção de um regime que mantém a fachada da democracia, mas pouco ou nada de sua substância. A outra opção é ampliar a capacidade de organização e pressão dos dominados, a fim de que a eventual expressão de seus interesses nas arenas institucionais seja sustentada na sociedade. Trata-se, portanto, não de buscar o apaziguamento dos grupos sociais que hoje promovem o desmonte da democracia, a fim de melhor proteger seus privilégios, mas de incidir sobre a correlação de forças. Esta é a única possibilidade para a construção de uma democracia no Brasil que seja capaz, a um só tempo, de alcançar algum grau de estabilidade e de permanecer fiel a seu horizonte igualitário.

Os capítulos que se seguem mesclam reflexão teórica e análise sobre a situação política brasileira. Tenho a esperança de que a combinação flua da forma como imaginei, com teoria e caso concreto iluminando um ao outro. O primeiro capítulo discute a evolução da democracia liberal, a partir da Segunda Guerra Mundial, com foco em suas sucessivas crises, em especial a atual. Para boa parte da literatura da Ciência Política, a crise é um efeito da decadência das elites, que se deixaram seduzir pelo chamado "populismo". É mais produtivo, no entanto, vê-la como uma manifestação do esgotamento das circunstâncias históricas excepcionais que permitiram, por algumas décadas e em determinadas partes do mundo, a redução das tensões geradas pelo casamento conflituoso entre democracia e capitalismo. A raiz da crise é a crescente inconformidade da classe capitalista com qualquer tentativa de regulação de seu comportamento, logo de seus ganhos, por meio dos mecanismos democráticos.

O olhar se desloca da literatura internacional para os países da periferia capitalista no segundo capítulo. Nele, o percurso do Capítulo 1 é refeito a partir da experiência, muito diversa, dos países que, em vez da prosperidade econômica, integração social da classe trabalhadora e estabilidade política que teriam caracterizado o mundo desenvolvido, viveram a segunda metade do século XX em meio a pobreza, exclusão, golpes e autoritarismo. No momento em que eles experimentam suas transições democráticas, o pacto que permitiu o florescimento da democracia nos países do Norte global já está se erodindo. Se a desdemocratização diagnosticada nos primeiros anos do século XXI é entendida como sendo a retração do poder da soberania popular para constranger a ação de grupos poderosos, a começar pelas classes proprietárias, então ela pode ser entendida como uma aproximação do mundo desenvolvido à realidade da periferia. É o que chamo, com um leve toque provocativo, de *teleologia às avessas*: em vez do Norte revelar o futuro do Sul, como afiançava a literatura sobre as transições, fomos nós que antecipamos o rumo que suas democracias iriam tomar.

No terceiro capítulo, que abre a segunda parte do livro, entra em cena com maior destaque o caso brasileiro. A Constituição de 1988 passou à história com o codinome de "Constituição cidadã"; a ordem institucional que ela definia era considerada, por correntes majoritárias da Ciência Política, como capaz de prover alguma estabilidade ao sistema – ainda que aos trambolhões e, às vezes, por meio de mecanismos impuros, como o chamado "presidencialismo de coalizão". Faço uma análise de aspectos do processo constituinte, apontando os limites incorporados na nova Carta não propriamente como defeitos, mas como válvulas de segurança para os grupos dominantes – brechas que permitiriam recolocar o país "nos trilhos", caso se considerasse que a democracia estava avançando demais na direção da igualdade social.

O ordenamento constitucional, é claro, explica apenas uma parte, menos ou mais relevante, da dinâmica política. Após o golpe de 2016 e o triunfo eleitoral de Jair Bolsonaro, uma parte da Ciência Política brasileira ingressou numa discussão algo bizantina, voltada a saber se a culpa da crise devia ser creditada às instituições ou aos agentes políticos. "Algo bizantina" porque, afinal, um dos papéis principais das instituições seria canalizar o comportamento dos agentes. E também porque as instituições não são entes abstratos: elas são "povoadas",[8] isto é, ocupadas por determinados agentes, e só operam por intermédio deles. Nos dois capítulos seguintes, é discutida a relação entre os principais agentes políticos e o ambiente institucional em que se moviam, no sentido tanto de sua adaptação, aceitando os incentivos que lhes eram oferecidos, quanto de busca pela transformação das regras e dos aparelhos a fim de melhor alcançar determinados objetivos.

Assim, o Capítulo 4 trata do Partido dos Trabalhadores, que se tornou – de maneira até surpreendente – a peça central do xadrez político-partidário da Nova República. Exceto para os poucos que ainda acreditam no discurso fajuto do "radicalismo" petista, usado pela agitação da extrema-direita para justificar os retrocessos que busca impor

---

[8] MARAVALL, José Maria; PRZEWORSKI, Adam. Introduction. In: MARAVALL, José Maria; PRZEWORSKI, Adam (Eds.). *Democracy and the Rule of Law*. Cambridge: Cambridge University Press, 2003. p. 2.

ao país, sua trajetória só pode lida como a de uma crescente moderação de propósitos e acomodação com o sistema político vigente, o que, de acordo com o gosto de cada um, será rotulado como amadurecimento ou como capitulação. Da forma como leio, a evolução do PT foi expressão da crescente consciência dos limites à transformação social no Brasil. O partido optou por fazer pouco (em relação a seu projeto inicial) em vez de se limitar a sonhar com muito. Mas, como a história se encarregou de mostrar, este caminho do pássaro na mão, em vez dos dois voando, também tinha suas armadilhas.

Elas são o pano de fundo do Capítulo 5, que analisa o colapso da Nova República. Seu ponto de partida são as massivas manifestações de 2013, que entendo em primeiro lugar não como desencadeadoras de processos políticos novos, mas como sintomas de um mal-estar até então oculto. A revelação das insatisfações de diversos grupos com as opções políticas apresentadas e com a gestão do país alterou as estratégias dos agentes políticos. O PT, a despeito do atordoamento inicial, foi capaz de levar a presidente Dilma Rousseff à reeleição. A oposição de direita, por sua vez, entendeu que um discurso extremista tinha alto potencial de mobilização e acabou embarcando no projeto golpista. Na interpretação que ofereço aqui, o radicalismo de direita, do qual Bolsonaro se fez emblema, não era hegemônico nas articulações para a derrubada de Dilma, mas oferecia o tempero indispensável sem o qual a agitação pró-*impeachment* não teria sido possível. Por isso, o governo Temer e as alternativas mais alinhadas a ele na sucessão presidencial de 2018 se viram incapazes de construir uma narrativa própria e acabaram engolidos pela "antipolítica" que era alardeada pela coalizão heterogênea de forças que constituiu o bolsonarismo.

O Capítulo 6 dedica mais atenção a este ator, a nova extrema-direita brasileira. Por mais que tenha sido, por quase toda a sua carreira, um parlamentar inexpressivo e de poucas luzes, Jair Bolsonaro agiu de forma deliberada e inteligente para unificá-la em torno de seu nome. Vinculado inicialmente ao velho anticomunismo, à nostalgia da ditadura militar e ao punitivismo penal, abraçou a agenda "moral" do conservadorismo religioso e apropriou-se também do discurso anticorrupção. Com um uso sagaz das possibilidades de manipulação política abertas pelas novas tecnologias da informação, criou um expressivo grupo de seguidores aguerridos. Às vésperas da eleição, uniu-se aos ultraliberais, abraçando um fundamentalismo de mercado que era estranho à sua trajetória anterior. Esta nova extrema-direita, cujo amálgama Bolsonaro encarna, age na direção do fechamento do debate público, lançando mão de diferentes estratégias de intimidação, e da destruição dos consensos básicos que haviam sido definidos pelo pacto constitucional de 1988.

Um elemento que chama a atenção não só no Brasil, mas nos processos de desdemocratização em geral, é a baixa capacidade de reação da esquerda, que vê boa parte de sua base social potencial ser capturada pelo discurso da extrema-direita. O Capítulo 7 discute as razões deste fenômeno, que são muitas e entrelaçadas de múltiplas formas: a derrota dos principais projetos da esquerda no século XX (tanto na social-democracia quanto no bolchevismo), a reconfiguração do mundo do trabalho, a pluralização dos eixos de luta contra as opressões sociais, a emergência de novos padrões de construção das subjetividades e de expressão pública, o fortalecimento das formas individualistas de ativismo associadas ao identitarismo. Sem pretender dar respostas conclusivas a todo este universo de questões, o capítulo indica que, caso não seja capaz de apontar para além do capitalismo e da democracia liberal – isto é: caso não supere a posição de guardiã da ordem social hoje em crise –, a esquerda estará fadada a permanecer na defensiva, acumulando derrotas importantes e vitórias apenas pontuais.

A conclusão, por fim, apresenta um exercício de antecipação de possíveis cenários para o Brasil após Bolsonaro – acreditando que, após um governo desastroso, cujo enorme custo em sofrimento para o país se tornou incontestável, o tema da volta à "normalidade" se impõe às principais forças políticas. Mas o percurso do livro indica que Bolsonaro é mais sintoma do que causa. Ele ou alguém similar continuará a assombrar o Brasil, caso as razões de seu sucesso não sejam enfrentadas – a decadência do debate público, a recusa aos enfrentamentos, a acomodação do campo popular ao possibilismo estreito que renuncia à busca pela transformação da correlação de forças. Afinal, se a desdemocratização é fruto das insuficiências da democracia liberal, a verdadeira superação da crise exige não o retorno ao velho jogo fechado das elites, mas a edificação de uma ordem política que seja capaz de garantir uma aproximação mais robusta ao ideal de soberania popular, isto é, que encontre caminhos para o embate contra as diversas opressões sociais.

* * *

O esforço de reflexão que resultou neste livro me acompanhou nos últimos anos. É natural que muitas das ideias que apresento aqui tenham aparecido, em versões mais embrionárias, em artigos acadêmicos, capítulos de livros, textos de intervenção, palestras e debates, postagens em redes sociais. Houve mesmo uma espécie de *trailer* dos capítulos que se seguem, em livro que inaugurou uma coleção de obras destinadas a estimular o debate sobre a realidade nacional.[9] Agradeço a todas as pessoas que, a partir destes trabalhos, tenham travado interlocução comigo, nos mais diversos fóruns e das mais diversas maneiras – e, em especial, a Jaime Cesar Coelho e a Ricardo Musse, que leram os originais, e a meus coautores em textos que produzi no período: Gabriel Eduardo Vitullo, Adriana Veloso Meireles, Vladimir Puzone, Michel Oliveira. Agradeço também aos estudantes da disciplina "Retrocessos políticos no Brasil e no mundo: neoliberalismo, neoconservadorismo, neofascismo", que ofereci no Programa de Pós-Graduação em Ciência Política da Universidade de Brasília no primeiro semestre letivo de 2020, pelos proveitosos debates (ainda que virtuais, dado o isolamento imposto pela pandemia) em que submeti à crítica vários argumentos que estão neste livro. Por fim, agradeço a Regina Dalcastagnè, pela interlocução permanente e pela crítica feita a cada uma destas páginas.

---

[9] MIGUEL, Luis Felipe. *O colapso da democracia no Brasil: da Constituição ao golpe de 2016*. São Paulo: Expressão Popular; Fundação Rosa Luxemburgo, 2019.

Parte I

DEMOCRACIAS EM REFLUXO

1
A democracia e sua crise

A sensação de que a democracia liberal atravessa uma profunda crise, da qual é incerto se conseguirá sair, não está presente apenas no Brasil – nem foi deflagrada pela pandemia global do novo coronavírus. Desde os últimos anos do século passado, há um mal-estar crescente com as instituições democráticas. Esse mal-estar se traduz no sentimento disseminado de que o sistema político está funcionando menos do que bem até mesmo nas sociedades desenvolvidas da Europa Ocidental e da América do Norte, nas quais, imaginava-se, as democracias eram *consolidadas* e estaria resolvido de uma vez por todas o problema da atribuição e do exercício do poder.

Dois conjuntos de evidências, à primeira vista dessemelhantes, sustentam este diagnóstico. Um se refere ao sucesso de discursos, organizações e líderes autoritários dentro da própria institucionalidade democrática. Assim, o Front National francês, que ganhara peso em meados dos anos 1980 graças, em parte, à reforma do sistema eleitoral, quebrou a bipolarização de décadas entre Partido Socialista e centro-direita ao colocar seu líder, o neonazista Jean-Marie Le Pen, no segundo turno da disputa presidencial de 2002. (Sua filha, Marine Le Pen, com um discurso que buscava ser menos extremado, repetiu o feito nas eleições de 2017; mas o deslocamento fez surgir um concorrente que disputa a liderança da ultradireita, o jornalista Éric Zemmour, candidato em 2022.) Menos ideológico, Silvio Berlusconi chegou ao governo da Itália nos anos 1990 usando a força do poder econômico e midiático e aproveitando a dissolução do sistema partidário até então estruturado em torno da alternativa democratas-cristãos/comunistas. Trouxe consigo a maior parte da extrema-direita, inclusive os neofascistas do antigo Movimento Sociale Italiano, na ocasião já repaginado como Alleanza Nazionale.

Ao longo do século XXI, organizações de extrema-direita se tornaram atores políticos relevantes em praticamente toda a Europa, incluindo Reino Unido, Alemanha e países escandinavos. Ganharam o governo em países da periferia europeia, como Polônia, Hungria e Turquia, bem como em democracias eleitorais de outras partes do mundo – algumas, como é o caso da Índia, consideradas relativamente estáveis e consolidadas. Em todos os casos, a extrema-direita se colocava, sem muito disfarce, como alheia aos consensos democráticos vigentes, expressando um compromisso no máximo ambíguo com o respeito às diferenças e a preservação das liberdades cidadãs. Nada disso acendeu um sinal de alerta para o *mainstream* da Ciência Política. O que o comoveu foram dois eventos de 2016. Em junho, o Brexit (a decisão de abandonar a União Europeia) venceu o plebiscito no Reino Unido. Mais impactante ainda, em novembro Donald Trump foi eleito presidente dos Estados Unidos.

Como confessou candidamente um importante cientista político, na introdução a seu estudo sobre a crise da democracia, "se Trump tivesse perdido a eleição, muitas pessoas que hoje correm para escrever livros como este, eu mesmo incluído, estariam ocupadas em outras atividades".[1] Instabilidade na periferia conta como parte da ordem natural das coisas. Mas, em 2016, ficou patente que as instituições não possuíam salvaguardas eficazes contra discursos raivosos, contra líderes autoritários e, sobretudo, contra a irracionalidade do eleitorado mesmo nos dois grandes modelos da democracia liberal. O Brexit e a vitória de Trump pareciam pensados sob medida para ilustrar o provocativo livro de Jason Brennan, publicado naquele mesmo ano, que postula

---

[1] PRZEWORSKI, Adam. *Crises of Democracy*. Cambridge: Cambridge University Press, 2019. p. xi.

que a democracia, por se basear na opinião dos incompetentes, estaria fadada a chegar às piores escolhas.[2]

Fosse outra a geopolítica mundial, um terceiro exemplo seria acrescentado, com destaque, a esta listagem: a vitória do "não" no plebiscito de outubro de 2016 na Colômbia. O acordo de paz com as FARC (Fuerzas Armadas Revolucionarias de Colombia), que apontava para o fim de uma sangrenta guerra civil, construído em anos de delicadas negociações, foi derrotado por uma campanha contrária baseada em argumentos não apenas falsos, mas francamente descabidos, que incluíam, por exemplo, o combate à "ideologia de gênero".[3] No entanto, como veio do Terceiro Mundo, o caso colombiano tende a ser ignorado ou relegado às notas de rodapé.

O avanço do extremismo de direita se traduz na adoção de políticas de perseguição à oposição e de restrição de direitos e liberdades, isto é, atacam os pilares tanto da democracia concorrencial (que exige abertura e *fair play* na competição pelo poder) quanto do liberalismo político (que exige igualdade de direitos e vigência das liberdades e garantias individuais). Entre muitos exemplos do ataque a fundamentos da ordem liberal e à concorrência democrática, é possível citar a proibição dos estudos de gênero pelo governo de Viktor Orbán na Hungria, em outubro de 2018; a legislação patrocinada por Benjamin Netanyahu que, em junho de 2018, definiu Israel como "nação judaica", condenando assim a população árabe oficialmente à condição de cidadãos de segunda classe; os expurgos no serviço público turco levados a cabo pelo governo de Recep Erdoğan depois da tentativa frustrada de golpe de Estado em junho de 2016, que atingiram dezenas de milhares de funcionários no Judiciário, nas Forças Armadas e na educação; os campos de detenção

---

[2] BRENNAN, Jason. *Against Democracy*. Princeton: Princeton University Press, 2016.

[3] GONZÁLEZ, Maria Fernanda. La "posverdad" en el plebiscito por la paz en Colombia. *Nueva Sociedad*, n. 269, p. 114-126, 2017; RODRÍGUEZ RONDÓN, Manuel Alejandro. La ideología de género como exceso: pánico moral y decisión ética en la política colombiana. *Sexualidad, Salud y Sociedad*, n. 27, p. 128-148, 2017.

de imigrantes colocados em funcionamento nos Estados Unidos desde o início do governo Trump; ou, ainda, a perseguição judicial contra o Partido dos Trabalhadores no Brasil, a partir da deflagração da Operação Lava Jato, em 2014.

Também seria possível lembrar da suspensão dos trabalhos do parlamento britânico pelo primeiro-ministro Boris Johnson e pela rainha Elizabeth II, em agosto de 2019 (que, no entanto, foi revertida no mês seguinte por decisão unânime da Suprema Corte). E, claro, da recusa de Donald Trump em aceitar sua derrota nas eleições presidenciais de 2020, que culminou, no começo do ano seguinte, na invasão do Congresso dos Estados Unidos por manifestantes extremistas, que interromperam a sessão de proclamação dos resultados e deixaram um saldo de quatro mortos.

O primeiro conjunto de evidências que sustenta a ideia de crise da democracia se liga, portanto, à capacidade que atores antidemocráticos demonstram de triunfar por dentro das regras do jogo, para a partir daí adulterá-las, atualizando e dando dramaticidade a antigas questões da filosofia política: devemos tolerar os intolerantes? Devemos dar liberdade aos liberticidas? Como combinar a regra da maioria com o respeito aos direitos das minorias?

O outro conjunto de evidências da crise da democracia, ao qual a Ciência Política dominante, de língua inglesa, tende a conceder menos atenção, é o do desrespeito à expressão da vontade da maioria em ocasiões nas quais ela deveria imperar. Os principais exemplos são os "golpes de novo tipo" na América Latina, em que governantes eleitos de forma legítima, mas considerados inconvenientes por algum motivo, são derrubados em processos que guardam um simulacro de respeito às normas vigentes, que fazem um uso desvirtuado de instrumentos legais vigentes (em particular o *impeachment* presidencial) e nos quais as Forças Armadas permanecem em segundo plano – como nos casos de Manuel Zelaya (Honduras, 2009), Fernando Lugo (Paraguai, 2012), Dilma Rousseff (Brasil, 2016) e, de forma algo diversa, Evo Morales (Bolívia, 2019). Outro caso exemplar é o do plebiscito na Grécia, em julho de 2015. Tratava-se de aprovar ou não o acordo com o Banco Central Europeu e o Fundo Monetário Internacional que imporia uma severa política de austeridade. A rejeição ao acordo ganhou por ampla margem, mas ainda assim o governo do Syriza (acrônimo em grego para "coalização da esquerda radical"), que havia apoiado o "não", foi incapaz de resistir à pressão dos credores e impôs o ajuste rechaçado pela maioria do eleitorado.

O que os neogolpes latino-americanos e o plebiscito grego revelam é uma mudança na maneira pela qual os interesses dominantes impõem seus vetos às decisões tomadas por vias democráticas. Não basta mais influenciar o resultado dos processos formalmente inclusivos de decisão coletiva, por meio da força do dinheiro ou do controle sobre o fluxo de informações, nem mesmo distorcer a implementação de propostas vitoriosas, graças ao monopólio privado das decisões de investimento, da corrupção ou de outras formas de promiscuidade entre agentes do poder público e o capital. Os próprios resultados são respeitados ou não, de acordo com o caso.

Estamos caminhando, então, de uma situação de democracias formais assimétricas, nas quais as normas legais da igualdade política estavam profundamente viciadas pela desigualdade no controle de recursos, em direção a democracias *menos que formais*, nas quais a validade das próprias normas está condicionada às circunstâncias. É importante não perder de vista a origem do processo – uma ordem política bastante aquém das promessas emancipadoras da democracia – para não idealizar aquilo que se desfaz. De fato, a democracia que no momento parece desmoronar é melhor entendida como a acomodação instável entre pressões diversas, favoráveis e contrárias à igualdade política que reside no coração do projeto democrático. Também por isso, sua curta trajetória no mundo contemporâneo é marcada por tropeços: a crise atual é marcada por uma gravidade especial, mas está longe de ser um evento único.

Com o intuito apenas de organizar o argumento, é possível traçar uma história esquemática das percepções sobre o estado da democracia no mundo ocidental. O ponto de partida é o imediato pós-guerras; foi com a derrota do nazifascismo que o regime democrático passou a ser admitido, quase que universalmente, como a única forma legítima de exercício do poder político. Abre-se aí o período que retrospectivamente foi chamado de *les trente glorieuses*, os trinta (anos) gloriosos, quando se combinavam estabilidade política, apoio disseminado às regras democráticas, inclusão social e crescimento econômico. O rótulo já denuncia um viés eurocêntrico. Para os países do Sul global, os anos entre 1945 e 1975 pouco têm de gloriosos – são marcados por sangrentas guerras de descolonização na África e na Ásia, e, na América Latina, por golpes de Estado, ditaduras militares, violação em massa de direitos humanos e concentração da riqueza (ver, adiante, o Capítulo 2).

Os principais produtos da teoria política democrática do período afirmam a compatibilidade, para não dizer a complementaridade, entre o funcionamento da democracia e uma ordem social desigual. Para isso, partem da obra seminal de Joseph Schumpeter, que ressemantizou a democracia e afastou-a da ideia de governo do povo – segundo ele, a democracia deve ser caracterizada pelo fato de que as minorias que desejam governar precisam competir pelos votos populares.[4] Hoje isso se tornou tão corrente que é difícil aquilatar a dimensão da mudança, que fundou a democracia na *desigualdade* política (eleitores e candidatos), em lugar da igualdade, e despiu-a completamente da ideia de soberania popular, já que as maiorias de fato *não* governam, apenas escolhem governantes.

Schumpeter, no entanto, apresenta uma perspectiva demasiado desesperançada. A democracia que ele desenha é simplesmente um instrumento para garantir a legitimidade do exercício do poder político, num momento histórico em que as formas de dominação tradicional encontravam dificuldades crescentes de reprodução. Não há, na sua teoria, espaço para a ideia de vontade popular, exceto na condição de mito. Seus sucessores vão corrigir esse problema, construindo modelos em que uma divisão estrita entre representantes e representados, baixa competência e informação do eleitorado e baixas oportunidades de participação se combinam com algum tipo de influência do povo sobre as decisões governamentais. Duas vertentes são a teoria econômica da

---

4   SCHUMPETER, Joseph A. *Capitalism, Socialism and Democracy*. New York: Harper Perennial, 1976 (ed. orig.: 1942).

democracia de Anthony Downs e a teoria pluralista, cuja elaboração mais sofisticada foi apresentada por Robert Dahl.[5]

Na leitura de Downs, a competição eleitoral é mecanismo suficiente para garantir que os governantes, interessados em obter o apoio necessário para sua recondução ao cargo, vão se esforçar ao máximo para satisfazer a vontade do povo – antes até de que este povo verbalize ou mesmo identifique sua vontade. Basta que, por meio do voto, o cidadão comum premie ou puna o governante, a partir de uma visão impressionista, mas ainda assim fundamentada, da evolução de sua qualidade de vida. O modelo funciona em condições de interesse e informação políticos mínimos, sustentado exclusivamente na busca dos políticos por progresso em suas próprias carreiras. Para progredir, eles dependem de votos, que por sua vez seriam concedidos quando a vida dos eleitores comuns melhora. O interesse egoísta dos políticos levaria a que eles estivessem em permanente competição em favor do povo. A democracia minimalista de Downs, assim, é a perfeita ilustração da "fábula das abelhas", de Mandeville, com os vícios privados gerando o benefício público – é a transposição, para a política, das ficções sobre as vantagens dos mercados econômicos.

A narrativa do pluralismo é mais sofisticada. Ela entende que a democracia se caracteriza pela responsividade do governo não a uma vontade popular, que se reconhece como inexistente, e sim a uma diversidade de vontades localizadas e parciais.[6] Depois Dahl se tornou um crítico sagaz das insuficiências da democracia liberal; mas em sua obra inicial, que não por acaso permaneceu como bem mais influente do que seus escritos posteriores, a meta é tentar demonstrar que nenhum grupo detém o monopólio da influência sobre as decisões mais

---

[5] DOWNS, Anthony. *An Economic Theory of Democracy*. New York: Harper & Brothers, 1957; DAHL, Robert A. *A Preface to Democratic Theory*. Chicago: The University of Chicago Press, 1956.

[6] O conceito de *responsividade*, usado na teoria da representação política, indica a disposição do representante para levar em conta os interesses de seus constituintes, satisfazendo-os na medida do possível e fornecendo explicações quando eles são frustrados.

significativas, invalidando as objeções seja do marxismo, que apontava a presença de uma classe dominante, seja da sociologia crítica da época, que denunciava o predomínio de uma elite do poder.[7] Assim, a democracia pluralista garantiria a ausência de dominação e a possibilidade de que cada um tivesse uma voz no que se refere ao (limitado) conjunto de questões que despertava seu interesse direto.

De um jeito ou de outro, a institucionalidade democrática era combinada com a passividade política da grande maioria da população. Como observou Bottomore, é o momento em que o conceito de democracia se dissocia da participação política popular.[8] Pelo contrário: por seu vínculo (superficial) com as formas de mobilização compulsória do nazifascismo e do stalinismo, a participação passa a ser vista como contraditória à democracia. O regime que se definia como "governo do povo" passa a abraçar uma divisão estrita do trabalho político, em que tudo o que cabe ao cidadão comum é o voto.

Ou nem isso. A valorização da apatia era tão grande que, para um cientista político como Seymour Lipset, altos índices de abstenção eleitoral poderiam ser interpretados como robustez da democracia.[9] A abstenção seria a expressão de cidadãos que, satisfeitos com o desempenho das instituições, tomavam cuidado para não atrapalhar. Pouco depois, Almond e Verba apresentaram sua pioneira discussão sobre a "cultura política" (isto é, as atitudes e os valores disseminados socialmente em relação ao sistema político) e seu impacto na estabilidade democrática, a partir do estudo comparativo entre duas "democracias consolidadas", os Estados Unidos e o Reino Unido, dois países redemocratizados após um interregno fascista, a Alemanha e a Itália, e uma "semidemocracia", o México. A conclusão é que, para que a democracia permaneça forte,

---

[7]   DAHL, Robert A. A Critique of the Ruling Elite Model. *American Political Science Review*, v. 52, n. 2, p. 463-469, 1958; DAHL, Robert A. *Who Governs? Democracy and Power in an American City*. New Haven: Yale University Press, 1961.

[8]   BOTTOMORE, T. B. *As elites e a sociedade*. 2. ed. Tradução de Otávio Guilherme C. A. Velho. Rio de Janeiro: Zahar, 1974 (ed. orig.: 1964).

[9]   LIPSET, Seymour Martin. *Political Man: The Social Bases of Politics*. New York: Doubleday, 1960.

os cidadãos devem manter a um só tempo uma elevada crença em sua capacidade de intervir nas decisões políticas e uma baixa disposição para testar, na prática, a efetividade de sua influência.[10]

No romance *Submundo*, de Don DeLillo, há uma personagem, um menino, que acredita que pode derrubar aviões com a força do pensamento: ele acreditava que "a fronteira entre ele e o mundo era fina e porosa o suficiente para permitir que ele afetasse o curso dos eventos".[11] Cada vez que uma aeronave cruza o céu, a irmã o desafia a usar seu poder. Mas, claro, ele não quer que o avião caia, por isso não faz nada. Assim é o cidadão da democracia liberal, tal como descrito por Almond e Verba: alguém que, por nunca testar os poderes que julga que tem, pode continuar acreditando que entre si e as decisões políticas há uma linha que pode ser transposta apenas por sua vontade, não uma barreira quase intransponível.

O indício mais saliente da crise que encerra os "trinta gloriosos" é exatamente o aumento da ativação política nas democracias liberais dos países capitalistas desenvolvidos, com o consequente fim da ilusão da permeabilidade do regime à pressão popular. Maio de 1968 é o emblema de um momento em que múltiplos grupos se mobilizaram em defesa tanto de suas pautas específicas quanto de projetos de reorganização ampla do mundo social, isto é, o momento da rebelião estudantil que queria levar "a imaginação ao poder", dos protestos massivos contra a Guerra do Vietnã, do movimento pelos direitos civis dos negros estadunidenses, do *Women's Lib*, das ocupações de fábricas na Europa.

O ativismo foi contido, mas deixou cicatrizes. A mais gritante foi a eclosão de movimentos de contestação armada nos países capitalistas desenvolvidos, um sintoma claro de que muitos grupos sentiam que não tinham canais para serem ouvidos dentro do sistema. Mais importante a médio e longo prazos, porém, foi a erosão da passividade que sustentava a reprodução daquela divisão estrita entre governantes e governados

---

[10] ALMOND, Gabriel A.; VERBA, Sidney. *The Civic Culture: Political Attitudes and Democracy in Five Nations*. Boston: Little, Brown, 1963.

[11] DELILLO, Don. *Underworld*. New York: Scribner, 1997. p. 88.

tão funcional para o sistema. Na Ciência Política vai surgir, então, o tema da "ingovernabilidade das democracias", seguindo o diagnóstico apresentado por Samuel Huntington em seu relatório para a Comissão Trilateral (espécie de *think tank* multinacional, fundado por David Rockefeller e unindo grandes corporações da América do Norte, da Europa Ocidental e do Japão). Ele percebia que a democracia eleitoral abrigava mecanismos intrínsecos que favoreciam a multiplicação das pressões sobre os governos, a tal ponto que seria impossível atender minimamente a todas. O resultado seria, de um lado, déficit público e inflação; do outro, frustração crescente.[12]

O problema central identificado por Huntington, que faz com que a democracia tenda por sua própria natureza a se tornar "ingovernável", é a responsividade dos governantes ao eleitorado. Cada vez que o Estado atende a uma demanda popular, com o objetivo duplo de ampliar a própria legitimidade e de favorecer a continuidade no poder da minoria governante, ele incentiva a apresentação de novas e mais extravagantes exigências, pelo grupo atendido e por outros também. É um efeito demonstração nocivo, na apreciação de Huntington, mas inerente à lógica democrática. Se a democracia deve cumprir o papel de principal aparelho ideológico, como quer Perry Anderson,[13] comprovando por sua mera existência que não há dominação de classe, então é necessário que mantenha algum grau de responsividade em relação à maioria da população.

A preocupação da Ciência Política conservadora, da qual Huntington foi expoente, é como manter essa possibilidade como um potencial nunca explorado. Ele indicou expressamente dois caminhos a serem seguidos, ambos voltados a combater o que diagnosticava

---

[12] HUNTINGTON, Samuel P. The United States. In: CROZIER, Michel J.; HUNTINGTON, Samuel P.; WATANUKI, Joji. *The Crisis of Democracy: Report on the Governability of Democracies to the Trilateral Commission.* New York: New York University Press, 1975.

[13] ANDERSON, Perry. As antinomias de Gramsci. In: ANDERSON, Perry. *Afinidades seletivas.* Tradução de Paulo Castanheira. São Paulo: Boitempo, 2002, p. 40 (ed. orig.: 1976).

como "excesso de democracia": restaurar as hierarquias de autoridade baseadas em "expertise, senioridade, experiência e talentos especiais",[14] que deveriam ficar infensas a reclamos democráticos, e fomentar a apatia política.[15] Seu artigo tinha um travo pessimista, porque não fica claro como esses caminhos poderiam ser trilhados – como o respeito às hierarquias tradicionais poderia ser imposto num mundo que tinha rompido com elas e que exaltava a igualdade, como grupos sociais que tinham aprendido que a pressão política gera ganhos poderiam ser reconduzidos à passividade e à apatia.

A crise de governabilidade teorizada por Huntington tinha muitos pontos de contato com as teorias da crise de legitimação e da crise fiscal que, na mesma época, eram apresentadas por autores à esquerda no espectro político.[16] Num caso como no outro, o sistema político ficava espremido entre o caráter capitalista da economia, com o predomínio decorrente da classe burguesa, e a necessidade de responder às maiorias eleitorais, que naturalmente espelham outros estratos sociais. Mas enquanto os autores críticos entendiam que estava em jogo a possibilidade de realizar o ideal democrático da igualdade, para Huntington era imperativo proteger o capitalismo contra o excesso da democracia.

Na leitura de Claus Offe, que apresenta o modelo mais didático da crise dentro de um enquadramento de base marxista, estabelecia-se uma tensão entre as duas funções primárias do Estado capitalista – garantir a continuidade da acumulação e prover legitimidade para a dominação. A produção da legitimidade passa por políticas sociais diversas, que custam dinheiro, a ser obtido pelos impostos. A tributação progressiva,

---

[14] HUNTINGTON, The United States, p. 113.

[15] *Idem*, p. 114.

[16] OFFE, Claus. Dominação de classe e sistema político: sobre a seletividade das instituições políticas. In: OFFE, Claus. *Problemas estruturais do Estado capitalista*. Tradução de Bárbara Freitag. Rio de Janeiro: Tempo Brasileiro, 1984 (ed. orig.: 1972); O'CONNOR, James. *The Fiscal Crisis of the State*. New York: St. Martin's Press, 1973; HABERMAS, Jürgen. *Problemas de legitimación en el capitalismo tardío*. Tradução de José Luis Etcheverry. Buenos Aires: Amorrortu, 1975 (ed. orig.: 1973).

porém, é vista como uma ameaça ao lucro dos proprietários. É difícil alcançar um equilíbrio e ele sempre será instável.

O equilíbrio pode ser rompido pelo surgimento de novas demandas na população, tal como nas preocupações de Huntington. Este movimento seria quase que inevitável, mesmo sem o efeito demonstração – o sucesso do movimento reivindicativo de um grupo incentivando outros grupos a apresentarem suas demandas – que preocupava os teóricos da ingovernabilidade das democracias. A crer na velha tese da psicologia social sobre a "espiral ascendente das expectativas", os instrumentos de bem-estar social que ontem eram eficazes para prover legitimação hoje perdem essa capacidade à medida que se tornam corriqueiros. Passam a ser naturalizados na tessitura da vida cotidiana, percebidos apenas quando são subtraídos, vistos, em suma, como uma espécie de base já dada para maiores exigências.

Mas o equilíbrio entre as funções de acumulação e de legitimação pode ser rompido a partir do polo oposto, por uma ampliação da exigência da classe capitalista em relação à sua própria remuneração. O próprio Offe observou, em texto posterior, que a posição de força dos investidores na sociedade capitalista inclui "a capacidade de definir a realidade". Se em dado momento eles julgam que a carga de impostos está "insuportável", ela se mostra de fato insuportável, levando a uma queda do investimento. Portanto, o debate sobre se o Estado "realmente" reduziu os lucros abaixo do mínimo razoável com a carga tributária necessária para sustentar políticas sociais ampliadas seria meramente acadêmico: os investidores produzem um "estrangulamento do lucro" por suas próprias interpretações subjetivas.[17]

O que agravou a tensão foi a perda de dinamismo da economia capitalista, no início dos anos 1970. A crise financeira dos Estados Unidos levou à ruptura unilateral do acordo de Bretton Woods, em 1971, e em 1973 sobreveio o choque do petróleo. O efeito imediato foi a agudização do conflito distributivo, já que se reduziu a "gordura" que permitia

---

[17] OFFE, Claus. De quelques contradictions de l'État-providence moderne. In: OFFE, Claus. *Les démocraties modernes à l'épreuve*. Tradução de Yves Sintomer e Dider Le Saout. Paris: L'Harmattan, 1997. p. 84-85 (ed. orig.: 1984).

acomodá-lo. Ao mesmo tempo, o "fundamento epistemológico" da delegação do poder a uma minoria de políticos e técnicos era enfraquecido,[18] uma vez que as decisões se mostravam mais incertas, menos capazes de prover os resultados esperados e também de transitar socialmente como desconectadas de interesses parciais.

Revelava-se, assim, o segredo da estabilidade democrática dos "trinta anos gloriosos" nos países capitalistas centrais. Ela era fruto da barganha entre capital e trabalho – mais formalizada, como nos países da Europa do Norte, ou menos, como no resto do mundo desenvolvido – pela qual a manutenção da economia capitalista não era desafiada e, em troca, eram implementadas medidas que melhoravam o padrão de vida e minoravam a insegurança existencial da classe trabalhadora. As eleições competitivas livres funcionavam como mecanismo central para a afirmação da ficção do Estado "neutro" diante dos conflitos sociais e, ainda, como um termômetro para medir o ânimo dos dominados e calibrar as concessões que precisavam ser feitas. Para o arranjo funcionar, eram necessárias uma classe trabalhadora com algum poder de pressão, uma burguesia disposta a negociar e alguma prosperidade para acomodar as diferentes demandas.

Fica claro, também, por que este equilíbrio não era encontrado com tanta facilidade nos países do Sul. Nosso papel era outro. As trocas internacionais desiguais e a depreciação do valor da força de trabalho local – "superexploração", nos termos de Marini[19] – garantiam um fluxo de riquezas que contribuía para comprar a paz social nos países centrais. Por isso, em vez dos regimes de concorrência eleitoral, o capitalismo na periferia optou por formas menos ou mais veladas de autoritarismo. Ou de democracia, quando a havia, severamente limitada.

De maneira talvez paradoxal, o período da crise de governabilidade será depois associado ao início da "terceira onda" da democracia no mundo – expressão cunhada, uma vez mais, por Samuel Huntington. Nos anos 1970, ruíram os regimes autoritários do Sul da Europa (o salazarismo

---

[18] SINTOMER, Yves. *Le pouvoir au peuple: jurys citoyens, tirage au sort et démocratie participative*. Paris: La Découverte, 2007. p. 23.

[19] MARINI, Ruy Mauro. *Dialéctica de la dependencia*. México: Era, 1973.

português, o franquismo espanhol, a ditadura dos coronéis grega). Nos anos 1980, foi a vez das ditaduras militares da América Latina. Por fim, no começo dos anos 1990, foram, em bloco, os países de socialismo autoritário do Leste europeu.

O sentido das transições era o mesmo, ainda que o sucesso alcançado tenha variado de caso para caso: a edificação do conjunto de instituições características das democracias liberais, incluídas aí eleições pluripartidárias e competitivas, igualdade formal perante a lei, separação de poderes e economia de mercado. Afinal, a democracia que se espalhava pelo mundo era aquela que acompanhava a percepção minimalista, não dava grande espaço à participação popular e reforçava a divisão de trabalho entre governantes e governados. Logo no início de seu livro, Huntington indicava que ocorrera uma discussão sobre o sentido da democracia, mas "nos anos 1970 o debate estava encerrado e Schumpeter tinha vencido".[20] É uma leitura parcial, que ignora que a controvérsia prosseguiu acesa na teoria política, mas que responde ao fato de que, na América do Norte e na Europa Ocidental, mesmo a oposição de esquerda tendia cada vez mais a aceitar as instituições democrático-liberais como sendo insuperáveis (um ponto ao qual voltarei em seguida).

Sul da Europa e América Latina eram coadjuvantes na narrativa: o que Huntington estava comemorando era a vitória estadunidense na Guerra Fria. Bolsões de autoritarismo podiam permanecer nas periferias, mas não existia mais nenhum sistema que se apresentasse como alternativa global à ordem democrática capitalista. Ainda mais ousado, Francis Fukuyama, então estrela em ascensão no neoconservadorismo, decretou a chegada do fim da história, com uma eternidade de economia de mercado e instituições políticas liberais nos aguardando pela frente. A história continuaria apenas como fluxo de eventos sem qualquer transcendência e a humanidade, na ausência de qualquer nova batalha social ou política, estaria fadada a levar uma "vida de cachorro", limitada a comer e dormir.[21]

---

[20] HUNTINGTON, Samuel P. *The Third Wave: Democratization in the Late 20th Century*. Norman: University of Oklahoma Press, 1991. p. 5.

[21] FUKUYAMA, Francis. *The End of History and the Last Man*. New York: Free Press, 1992. p. 311. Há não muito tempo, defendendo a tese que desenhara

Tanto otimismo durou pouco. Nos últimos anos do século passado, Huntington já transferia para o islamismo o papel de antagonista global da democracia liberal, antes ocupado pelo socialismo, e anunciava o "choque de civilizações".[22] Os ataques terroristas do 11 de setembro de 2011 teriam sido a confirmação de sua tese. Já Fukuyama se viu constrangido a "adiar" o fim da história, e chegou, bem mais tarde, a uma explicação que guarda pontos de contato com Huntington, embora seja mais sutil. Segundo ela, a política de identidade e os ressentimentos por ela mobilizados não produziam um modelo alternativo à democracia liberal, tal como fora o socialismo, mas obstaculizavam sua implantação definitiva e representavam um novo desafio a ser vencido.[23]

Fukuyama escreveu sob o impacto da vitória de Donald Trump nas eleições presidenciais estadunidenses de 2016, correspondendo, portanto, a um momento posterior nesta cronologia que estou esboçando. De todo modo, sua leitura tem o mérito de admitir que os problemas não vêm apenas de fora, como afirma a tese do choque de civilizações, mas também de dentro dos regimes democráticos concorrenciais. Huntington podia estar feliz com o apassivamento quase absoluto dos cidadãos, na ressaca das mobilizações que ele via como causas da crise de governabilidade, mas não havia aí nenhum tipo de retorno à adesão confiante no sistema político, tal como nos anos 1950. Detectava-se um profundo mal-estar com o funcionamento da democracia eleitoral, traduzido em comparecimento eleitoral decrescente, declínio da adesão aos partidos

---

décadas antes, o autor esclareceu que falara em "fim da história" não para afirmar que a humanidade chegara enfim ao derradeiro estágio de seu percurso, como muito entenderam, mas no sentido hegeliano, de uma teleologia histórica: é para o casamento entre democracia liberal e capitalismo que a evolução das sociedades humanas necessariamente aponta (FUKUYAMA, Francis. *Identity: The Demand for Dignity and the Politics of Resentment*. New York: Farrar, Strauss and Giroux, 2018). Mas as descrições da vida pós-histórica, em que os humanos voltaríamos a uma vida como que puramente animal, parecem indicar que sua narrativa possui um elemento descritivo mais importante do que depois ele estaria disposto a reconhecer.

[22] HUNTINGTON, Samuel P. *The Clash of Civilizations and the Remaking of World Order*. New York: Simon & Schuster, 1996.

[23] FUKUYAMA, *Identity*.

e uma descrença generalizada nos políticos com mandato. A Ciência Política começou a apontar a emergência de "cidadãos críticos" ou o "paradoxo democrático" constituído por um amplo apoio aos valores da democracia, mas com baixa confiança nas instituições que deveriam realizá-la.[24] Um novo relatório encomendado pela Comissão Trilateral apontou o caráter global do fenômeno.[25]

O quadro então detectado era de ceticismo ou mesmo de cinismo quanto às instituições da democracia liberal. Havia uma crise da representação política, que deve ser entendida, em primeiro lugar, como uma crise do sentimento de ser representado. Os cidadãos julgavam que seus representantes atendiam antes a interesses de grupos poderosos do que ao povo ou ao eleitorado; o descompasso entre as decisões governamentais e uma possível "vontade popular" mostrava-se gritante. O sistema mostrava-se incapaz de garantir aquilo por que as pessoas ansiavam e, afinal, "as dificuldades cortam o afeto do povo pelos políticos" – como escreveu, a respeito do nosso contexto brasileiro e afiada como sempre, Carolina Maria de Jesus.[26] Mesmo politólogos vinculados ao *status quo* apontavam que ao menos uma parte do problema residia no compromisso dos gestores com a agenda neoliberal de redução do Estado, enquanto o público permanecia apoiando a continuidade dos programas governamentais existentes.[27]

Entende-se, na abordagem aqui adotada, que não se trata apenas de uma *percepção* de que a representação estava em crise. Se a questão

---

[24] NORRIS, Pippa. Introduction: The Growth of Critical Citizens?. In: NORRIS, Pippa (Ed.). *Critical Citizens: Global Support for Democratic Governance.* Oxford: Oxford University Press, 1999; DAHL, Robert A. A Democratic Paradox?. *Political Science Quarterly*, v. 115, n. 1, p. 35-40, 2000.

[25] PHARR, Susan J.; PUTNAM, Robert D. (Eds.). *Disaffected Democracies: What's Troubling the Trilateral Countries?* Princeton: Princeton University Press, 2000.

[26] JESUS, Carolina Maria de. *Quarto de despejo: diário de uma favelada.* Rio de Janeiro: Francisco Alves, 1983. p. 32 (ed. orig.: 1960).

[27] PHARR, Susan J.; PUTNAM, Robert D. Preface. PHARR, Susan J.; PUTNAM, Robert D. (Eds.). *Disaffected Democracies: What's Troubling the Trilateral Countries?* Princeton: Princeton University Press, 2000. p. xvii.

é limitada à percepção, o foco é deslocado para elementos externos que influenciam a compreensão do público sobre o funcionamento da democracia. A crença de que os políticos não representam bem sua base poderia ser resultado – por exemplo – dos novos circuitos informativos, que ampliavam a visibilidade das ações, portanto também das imperfeições, dos detentores de mandatos; ou, então, da disseminação de uma visão de mundo cínica, seja entre os profissionais da imprensa, seja entre o público.[28] Embora estes fatores possam ter dado sua contribuição, eram secundários diante de uma efetiva redução da disposição do sistema para responder, ainda que de maneira apenas parcial ou até mesmo ilusória, aos reclamos de uma fatia majoritária da população.

A crise de representação detectada a partir do final do século XX é fruto, assim, tanto de um esgotamento de ilusões quanto de uma ampliação real da impermeabilidade do sistema político às vozes dos cidadãos comuns.[29] O mais importante elemento que explica a situação provavelmente se liga ao movimento paralelo de pluralização dos eixos de disputa política e de perda da força da classe trabalhadora.

A emergência de novos eixos significa a redução da centralidade da classe na organização da disputa política. Ela pode ser vista, em parte, como efeito do sucesso das lutas da própria classe trabalhadora: com mais tempo livre e menos pauperizado, o trabalhador está melhor equipado para ocupar outras posições sociais, isto é, desenvolver novas identidades e novos padrões de engajamento, por vezes até contraditórios entre si.[30] A agenda política, assim, se torna mais plural e menos hierarquizada. Dividido entre posições sociais que ocupa de forma

---

[28] Cf.: CAPPELLA, Joseph N.; JAMIESON, Kathleen Hall. *Spiral of Cynicism: The Press and the Public Good*. Oxford: Oxford University Press, 1997. Para uma síntese crítica desta literatura, ver: MIGUEL, Luis Felipe. A mídia e o declínio da confiança na política. *Sociologias*, n. 19, p. 250-273, 2008.

[29] Cf.: MIGUEL, Luis Felipe. *Democracia e representação: territórios em disputa*. São Paulo: Editora Unesp, 2014.

[30] LACLAU, Ernesto. Os novos movimentos sociais e a pluralidade do social. Tradução de Tradutec. *Revista Brasileira de Ciências Sociais*, n. 2, p. 41-47, 1986 (ed. orig.: 1983).

alternada e que produzem interesses diversos, o cidadão comum não se vê mais como vinculado a um único partido, movimento ou líder. Isto traz dificuldades crescentes para o funcionamento de um modelo de representação política que permanece ancorado em pressupostos que não se efetivam mais, pelo menos não de forma tão completa – acordo básico sobre as questões centrais a serem resolvidas (e, portanto, sobre o eixo de estruturação do conflito social), unidade do sujeito, identificação com o representante como base da delegação política.

A perda de força da classe trabalhadora vai além disso. Nas últimas décadas do século XX, a economia mundial sofreu uma série de transformações, em parte impulsionadas pelas novas tecnologias, que teve, como um de seus efeitos, a ampliação da mobilidade do capital, o que fortalece sua posição *vis-à-vis* ao trabalho e aos governos nacionais. Não se trata de ver os Estados nacionais como irrelevantes, como meras sobrevivências do passado, muito menos como "Estados-zumbi", na expressão de Kenichi Ohmae.[31] Se assim fosse, não haveria um investimento maciço e permanente das grandes corporações globais para manter, à frente desses Estados, grupos alinhados a seus interesses – parafraseando Bourdieu, a globalização é determinante, mas para que ela opere são necessárias, nas posições de poder, "pessoas determinadas a se deixar determinar por esta determinação".[32] Mas, de fato, há uma alteração da correlação de forças. E, no bojo dela, ganha credibilidade o discurso de que a opção posta não é entre exploração ou superação da exploração, nem mesmo entre mais exploração ou menos exploração, mas apenas entre exploração ou marginalização.

A mudança tecnológica permitiu não apenas a globalização, mas também a ampliação do exército de reserva, fator, evidentemente, de enfraquecimento do movimento sindical. Acrescentam-se ao quadro outros elementos, mais estritamente políticos. Um é a vitória estadunidense na Guerra Fria. A despeito de seus inúmeros problemas, as

---

[31] OHMAE, Kenichi. *The End of the Nation State: The Rise of Regional Economies.* New York: The Free Press, 1995.

[32] BOURDIEU, Pierre. *Sociologie générale.* v. 2. Paris: Seuil, 2016. p. 162.

sociedades socialistas autoritárias representavam a prova viva de que uma alternativa ao capitalismo era possível e, assim, contribuíram para intensificar, no Ocidente, a compra da paz social com concessões à classe trabalhadora.

A debacle do bloco soviético turbinou a expansão do neoliberalismo, que corresponde a uma nova e fundamental derrota da classe trabalhadora. A implantação de seu programa exige quebrar a resistência dos assalariados. O Chile do general Augusto Pinochet, que foi o laboratório da virada neoliberal global, apresentou a versão mais brutal desta política – uma ditadura que baniu quaisquer posições dissidentes e deixou um saldo de milhares de mortos, dezenas de milhares de torturados e centenas de milhares de exilados. No Reino Unido de Margaret Thatcher, que foi por sua vez o modelo canônico da "revolução" neoliberal nos países centrais, a violência foi mais dosada. Tratou-se de destruir os sindicatos. Foi emblemática a longa greve dos mineiros, o elo mais forte do movimento operário inglês, em 1984-1985. Thatcher se recusou a negociar, reprimiu ferozmente piquetes e manifestações e, enfim, impôs aos trabalhadores uma derrota histórica, abrindo caminho para o aprofundamento de sua política de desmantelamento do Estado social e retração de direitos. No Brasil, mantidas as diferentes proporções, a receita foi seguida por Fernando Henrique Cardoso no enfrentamento com os petroleiros em 1995. Uma categoria tão central, para o movimento sindical brasileiro, quanto os mineiros para o Reino Unido enfrentou (e foi derrotada por) um governo que preferiu mandar o Exército ocupar as refinarias de petróleo a abrir qualquer canal de negociação. Um resultado que era essencial para a implementação das políticas de redução do Estado nos anos seguintes da presidência de Fernando Henrique.

Estas batalhas mais ostensivas foram acompanhadas, no mundo todo, por uma pressão contínua contra a sindicalização, por meio seja de uma campanha de desmoralização dos sindicatos e dos sindicalistas, seja de ameaças nos locais de trabalho. Por fim, houve a intensificação da operação ideológica destinada a minar a solidariedade de classe dos trabalhadores – já que o neoliberalismo projeta uma sociedade de indivíduos isolados e em competição permanente, prontos a serem recompensados por seus "méritos" diferenciais. O mundo ingressou, no final do século XX, em um longo período de *viés de derrota*, por assim dizer, para a classe trabalhadora. Este é um fator central para entender a crise da democracia liberal, em suas diversas etapas e dimensões.

Afinal, como visto, a democracia não é um terreno neutro em que as disputas se resolvem, como querem as visões ancoradas num institucionalismo ingênuo. É uma forma de dominação política, fruto de um processo histórico de embates entre grupos sociais, portanto sensível à correlação de força entre eles. Se o Estado é a condensação material de uma relação de forças, como dizia Poulantzas,[33] é claro que alterações nessa relação de forças exigem novas formas institucionais. À medida que a classe trabalhadora perde capacidade de pressão, cresce a tentação para que a burguesia exerça sua dominação de forma mais aberta e com menos concessões.

Dito de outra forma, a democracia na sociedade capitalista combina necessariamente *voto* e *veto* – a atribuição nominal de soberania ao eleitorado e o imperativo de garantir a reprodução do capital. O equilíbrio entre voto e veto não é fixo; isto é, quanto da decisão pública dependerá da formação da maioria eleitoral e quanto terá que se inclinar para as necessidades da acumulação capitalista depende da força relativa da burguesia, de um lado, e da classe trabalhadora e dos outros grupos dominados, do outro. O que vem ocorrendo é um predomínio crescente do veto sobre o voto. Como resultado, a responsividade dos representantes ao eleitorado cai, já que eles precisam responder antes e melhor ao capital.

É claro que a capacidade de definição de políticas pelo eleitorado – a dimensão que aqui estou chamando de "voto" – nunca se apresentou como inteiramente separada ou imune à influência do capital, que nela se exercia de variadas maneiras, incluindo o controle da informação e o financiamento das campanhas. Ademais, o próprio período dos "trinta gloriosos" viu a ampliação do poder do Executivo e, em particular, da tecnoburocracia estatal, em detrimento do parlamento e dos

---

[33] POULANTZAS, Nicos. *L'État, le pouvoir, le socialisme*. Paris: Les Prairies Ordinaires, 2013. p. 191 (ed. orig.: 1978).

partidos. Poulantzas, que julgava este movimento uma consequência necessária do crescente papel do Estado na economia e na acomodação dos conflitos entre diferentes frações do bloco no poder e entre este e as classes dominadas, dava a este arranjo, próprio das democracias da segunda metade do século XX, o nome de "estatismo autoritário". O neoliberalismo, que a despeito de todo o discurso sobre Estado mínimo não elimina sua função de intermediário dos conflitos e regulador da desregulação econômica, radicaliza tal processo, já que a imposição de sua lógica exige o esvaziamento dos espaços de representação abertos à voz popular.

A atual crise da democracia, detectada sobretudo a partir da vitória de Donald Trump em 2016, corresponde, portanto, a um desdobramento de tendências anteriores. As análises que ganharam corpo no *mainstream* da Ciência Política, porém, passam ao largo destes problemas. A despeito de mudanças de ênfase e de foco, em grande parte delas o subtexto é que estamos vivendo simplesmente um momento de exacerbação da incompetência do eleitorado. Naquela que é talvez a mais influente contribuição ao debate, o problema reside na crescente ineficácia dos filtros que a elite política coloca à sedução das massas por parte de discursos demagógicos e autoritários.[34] O afeto dominante, na nossa quadra histórica da crise da democracia, parece ser a *imoderação*, em dois sentidos complementares. Por um lado, a imoderação das massas, que não se contentam mais com sua posição passiva diante da elite governante e desejam se ver espelhadas plenamente no discurso do poder – aqui, os ecos de Ortega y Gasset não poderiam ser mais claros.[35] Por outro lado, e ainda mais importante, imoderação das próprias elites políticas, que passam a lançar mão de todos os meios possíveis em suas disputas internas, mesmo que coloquem em risco o edifício institucional por inteiro. Quando lembramos que, na tipologia clássica de Montesquieu, a moderação era a virtude necessária à sobrevivência do governo

---

[34] LEVITSKY, Steven; ZIBLATT, Daniel. *How Democracies Die*. New York: Crown, 2018. p. 20.

[35] ORTEGA Y GASSET, José. *A rebelião das massas*. Tradução de Herrera Filho. São Paulo: Martins Fontes, 1987 (ed. orig.: 1937).

aristocrático,[36] talvez se possa encontrar na leitura de Levitsky e Ziblatt uma crítica involuntária às limitações democráticas do regime em crise.

Não é uma leitura isolada. Anos antes, de fora da Ciência Política e falando a partir da Europa continental, logo mais sensível a mudanças no clima político anteriores a Trump e ao Brexit, o linguista Tzvetan Todorov havia associado a crise da democracia a uma *démesure*, isto é, a uma imoderação, pela qual um de seus componentes fundantes – povo, liberdade ou progresso – busca se tornar absoluto e recusar compromisso com os outros. Com isso, populismo e neoliberalismo são listados, ambos, entre os "inimigos íntimos" da democracia, tentando presumivelmente estabelecer, um, o império total do povo; outro, o da liberdade.[37] Todorov foi um autor excêntrico ao debate que resenho aqui, mas eu o evoco para sinalizar como é disseminada a compreensão de que a democracia depende de um equilíbrio instável de valores e apetites. Aliás, já no mítico diálogo entre os reis persas, descrito por Heródoto no século V antes da nossa era, o "descomedimento" (ὕβρις) é apresentado como o pecado da mentalidade popular e, portanto, da democracia.[38]

A imoderação das elites leva, por um lado, à crescente inobservância das regras não escritas, baseadas em bom senso e *fair play*, que Levitsky e Ziblatt julgam essenciais para a estabilidade democrática. Assim, as relações entre governo e oposição ou entre os diferentes ramos do governo se orientam cada vez mais para um "tudo ou nada" e instrumentos extremos, como o *impeachment* presidencial ou a obstrução parlamentar (*filebuster*), passam a ser usados de forma corriqueira. A oposição entende que seu papel não é fiscalizar e exigir negociação, mas impedir o governo de governar, ao passo que o governo fixa como objetivo aniquilar a oposição; a disputa política se torna um confronto total, sem

---

[36] MONTESQUIEU. De l'esprit des lois. In: MONTESQUIEU. *Œuvres complètes*. t. II. Paris: Gallimard, 1951 (ed. orig.: 1748).

[37] TODOROV, Tzvetan. *Les ennemis intimes de la démocratie*. Paris: Robert Laffont, 2012.

[38] Cf.: GOYARD-FABRE, Simone. *O que é democracia? A genealogia filosófica de uma grande aventura humana*. Tradução de Claudia Berliner. São Paulo: Martins Fontes, 2003. p. 16 (ed. orig.: 1998).

espaço para acomodação, negociação ou diálogo. Por isso, o caminho que os autores apontam para a saída da crise da democracia é que as elites voltem a cumprir seu papel, fornecendo ao sistema a racionalidade que o povo não tem condições de prover – na precisa expressão de um comentarista brasileiro, eles propõem um "salvacionismo elitista".[39]

A omissão das elites guardiãs abre as portas para outra manifestação de imoderação, aquela que faz com que os partidos se tornem irresponsáveis, sucumbindo à tentação do "populismo". O subtexto é o reconhecimento de que o cidadão comum é levado, quase que inevitavelmente, a fazer escolhas pouco razoáveis, quando não plenamente insensatas. O livro de Christopher H. Achen e Larry Bartels, sugestivamente intitulado *Democracia para realistas* e com o subtítulo *por que eleições não produzem governos responsivos*, é significativo. Trata-se de uma ampla e minuciosa revisão da literatura, mostrando que o processo eleitoral não permite identificar uma vontade popular e que, quando o povo se manifesta de forma menos ambígua, em geral erra.[40] Uma vez que, neste tipo de narrativa, a divisão do trabalho político é naturalizada (e, portanto, as razões da incompetência popular não são colocadas sob escrutínio), o único jeito para o sistema funcionar é um acordo de cavalheiros entre as elites políticas, que as iniba de tentar explorar em proveito próprio a ignorância do eleitorado. "Populista" é quem rompe este acordo.

Populismo é um termo tanto central quanto equívoco nesta literatura, usado em geral para indicar uma retórica simplista, demagógica e conspiratória. Os populistas

> afirmam que as soluções para os problemas mais prementes do nosso tempo são muito mais descomplicadas do que o *establishment* político nos faria acreditar e que a grande massa das pessoas comuns sabe instintivamente o que fazer. [...]

---

[39] MOREIRA, Marcelo Sevaybricker. Democracias no século XXI: causas, sintomas e estratégias para superar. *Lua Nova*, n. 111, p. 15-49, 2020.

[40] ACHEN, Christopher H.; BARTELS, Larry. *Democracy for Realists: Why Elections Do Not Produce Responsive Government*. Princeton: Princeton University Press, 2016.

Se os problemas políticos do nosso tempo são tão fáceis de resolver, por que eles persistem? Uma vez que os populistas são refratários a admitir que o mundo real pode ser complicado – que as soluções podem se mostrar esquivas mesmo para pessoas bem-intencionadas – eles precisam de alguém para culpar.[41]

Esta caracterização superficial e impressionista do populismo é dominante na Ciência Política convencional, no jornalismo e no discurso comum. Seu subtexto, explicitado décadas atrás em um influente livro de William Riker, é de que "liberalismo" e "populismo" são os dois polos entre os quais se move a democracia. A ambição de Riker é demonstrar que a determinação de uma vontade popular, promessa do populismo, é matematicamente inviável, o que ele faz a partir de múltiplas e virtuosísticas demonstrações do paradoxo de Condorcet.[42] Assim, como "populismo e liberalismo [...] esgotam as possibilidades" da democracia, e já que o populismo foi aniquilado, a última esperança para um regime democrático é a sobrevivência do liberalismo.[43] E o liberalismo, por sua vez, define-se pelo afastamento do povo comum dos processos de tomada de decisão, necessário para garantir a vigência dos direitos da minoria. Sem que necessariamente todo esse arcabouço seja assumido, a literatura pós-Trump identifica o declínio do respeito aos preceitos liberais, traço definidor do populismo, como o prenúncio do ocaso da democracia.

O debate aprofundado sobre o conceito de populismo vai ser feito muito mais às margens do *mainstream*, com destaque para a influente

---

[41] MOUNK, Yascha. *The People vs. Democracy: Why our Freedom is in Danger and How to Save It*. Cambridge: Harvard University Press, 2018. p. 7.

[42] O marquês de Condorcet, filósofo e matemático que foi um dos líderes da facção liberal da Revolução Francesa, apontou que, quando há mais de duas opções possíveis e mais de duas pessoas votando, há sempre o risco de que as preferências coletivas sejam intransitivas, isto é, de que não seja possível estabelecer uma ordenação coerente da opção mais preferida até a opção menos preferida. Daí se segue que o resultado de um processo eleitoral não indica necessariamente uma vontade popular real.

[43] RIKER, William H. *Liberalism Against Populism: A Confrontation Between the Theory of Democracy and the Theory of Social Choice*. Prospect Heights: Waveland, 1982. p. 241.

formulação de Ernesto Laclau, que o define como a lógica, sempre presente no discurso político democrático, de construção discursiva de uma maioria heterogênea, e para as tentativas de colocá-lo como o caminho para a reconstituição de uma esquerda que não é mais capaz de ativar eficazmente a luta de classes[44] – um ponto ao qual voltarei no Capítulo 7. De todo modo, como diz Margaret Canovan, apesar da "má fama" do populismo, "seu trunfo, a crença na soberania popular, jaz no próprio coração da democracia".[45] O diagnóstico dos autores liberais, de que a crise da democracia nasce do excesso de invocação do povo como sujeito político, já trai uma compreensão precisa dos limites do arranjo democrático.

Na versão da Ciência Política mais convencional, o afastamento do receituário neoliberal, que se impôs aos governos pelo mundo afora nas últimas décadas, é um dos sintomas do "populismo" nocivo que ameaça a ordem democrática.[46] Para vertentes mais críticas, porém, o neoliberalismo aparece como mecanismo central de destruição da democracia até agora existente. Distingo aqui duas abordagens, uma mais inspirada no pensamento de Michel Foucault, que tem Wendy Brown como principal expoente, e outra ligada à economia política, cuja elaboração mais robusta foi apresentada por Wolfgang Streeck.

---

[44] LACLAU, Ernesto. *On Populist Reason*. London: Verso, 2005. Para defesas do populismo como caminho para o reerguimento da esquerda, ver: MOUFFE, Chantal. *For a Left Populism*. London: Verso, 2018; e FRASER, Nancy. *The Old is Dying and the New Cannot be Born: From Progressive Neoliberalism to Trump and Beyond*. London: Verso, 2019. Já para uma visão divergente, ver: FASSIN, Éric. *Populisme: le grand ressentiment*. Paris: Textuel, 2017.

[45] CANOVAN, Margaret. *The People*. Cambridge: Polity, 2005. p. 5.

[46] Mesmo que um autor como Mounk (*The People vs. Democracy: Why our Freedom is in Danger and How to Save It*) inclua a deterioração das perspectivas de vida da maioria da população com um dos elementos deflagradores da crise. Para uma discussão sobre como diferentes correntes da teoria política enfrentam o tema da crise da democracia, cf.: MIGUEL, Luis Felipe. A teoria democrática, o capitalismo e a crise da democracia. In: MIGUEL, Luis Felipe; VITULLO, Gabriel Eduardo. *Democracia como emancipação: olhares contra-hegemônicos*. Porto Alegre: Zouk, 2021.

Para pensadores como Brown, o neoliberalismo não é simplesmente um tipo de política econômica ou de normatização da relação entre Estado e mercado. É uma racionalidade abrangente, que tem a ambição de regular a totalidade das relações humanas por meio da disseminação de uma determinada lógica. Como dizem dois autores também neofoucaultianos, que não focam especificamente na crise da democracia liberal e que Brown cita apenas casualmente, mas que antecipam muito de sua discussão, o neoliberalismo é uma "razão do mundo" que entroniza a competição e seu subtexto necessário, a responsabilização individual, como princípios universais de todas as relações humanas.[47]

Há aí uma visão antropológica muito precisa, que, uma vez aceita como correta, permite dela derivar todas as práticas neoliberais. A concorrência permanente e seu corolário, a "meritocracia", garantirão ganhos crescentes de produtividade e eficiência; e, como qualquer forma de solidariedade é banida do modelo, são estes ganhos que beneficiam os indivíduos, agora na condição de consumidores. Mais do que simplesmente deprimir a esfera do Estado em favor do mercado, a lógica neoliberal se impõe também às atividades estatais, como mostram as técnicas de gestão da administração pública, cada vez mais frequentemente adotadas, baseadas na disputa dos agentes pelos melhores indicadores de desempenho. Assim, as verbas para a educação, por exemplo, serão distribuídas de acordo com uma matriz destinada a premiar as escolas "mais eficazes". Estas, por sua vez, vão variar a remuneração dos professores de acordo com um ranqueamento vinculado ao alcance de determinadas metas pedagógicas. Todo o modelo se funda na emulação, exilando a cooperação entre agentes e ignorando as peculiaridades de cada situação específica.

Em Brown, este diagnóstico é aproximado de forma mais explícita da crise da democracia liberal. A redução de toda a vida social à economia faz com que o *homo œconomicus* se torne tudo, ao contrário do que ocorria no liberalismo clássico, e reduz todos a "capital humano",

---

[47] DARDOT, Pierre; LAVAL, Christian. *La nouvelle raison du monde: essai sur la société néolibérale*. Paris: La Découverte, 2009.

mas sob a lógica do capital financeiro, não do capital produtivo.[48] Mais do que privatizar, no sentido de transferir propriedades públicas para empresas privada, ele lê todo o mundo social, a começar pelas pessoas, em termos de investimento e valorização.[49] Fica destruída a possibilidade de constituição de um *demos* capaz de projetar um futuro comum; a questão é a governança de cidadãos isolados a serem responsabilizados por suas práticas (especulativas) de autoinvestimento.[50]

Não se trata apenas da destruição do sentido de comunidade pela expansão do mercado capitalista, que impõe uma racionalidade baseada no custo-benefício individual.[51] É um veto de princípio a qualquer forma de solidariedade, já que o socorro aos que estão ficando para trás impede que eles recebam a plena responsabilização por suas más escolhas e, assim, incentiva a permanência dos comportamentos danosos. Quem quer que tenha ouvido o discurso contra os "preguiçosos" beneficiários do Programa Bolsa Família – ou sua inspiração direta, a denúncia das *welfare queens* nos Estados Unidos – sabe do que se está falando.

Com isso, o neoliberalismo – que para Brown não é uma política econômica, mas uma "governamentalidade", no sentido de Foucault – perverte a linguagem da democracia liberal, que, ainda que "nunca tenha sido imune aos poderes e sentidos do capitalismo", "também carregou [...] a promessa de igualdade política inclusiva e compartilhada, liberdade e soberania popular".[52] O trecho é significativo por revelar uma compreensão da democracia liberal como modelo político íntegro, cuja relação com a ordem capitalista é de exterioridade.

Em outro momento do pensamento da autora, democracia, Estado-nação e capitalismo são descritos como "trigêmeos nascidos no

---

[48] BROWN, Wendy. *Undoing the Demos: Neoliberalism's Stealth Revolution.* New York: Zone Books, 2015. p. 33.

[49] *Idem*, p. 176.

[50] *Idem*, p. 84.

[51] MARGLIN, Stephen. *The Dismal Science: How Thinking Like an Economist Undermines Community.* Cambridge: Harvard University Press, 2008.

[52] BROWN, *Undoing the Demos*, p. 44.

início da modernidade europeia".[53] Mais fraca dos três, a democracia exigiria um permanente fluxo de bens públicos, que os mecanismos de mercado são incapazes de prover, para que seu fundamento, a igualdade política, pudesse vicejar.[54] Em um mesmo movimento, Brown apaga a discussão sobre o sentido da democracia, fixando-a na "igualdade política" tal como ela define, e também a investigação sobre a dinâmica da relação entre capitalismo e democracia que constituiu a ordem liberal-democrática que agora parece ameaçada. Sua leitura é, quanto a isso, estilizada, abstrata e anistórica.

Uma visão alternativa e mais bem informada historicamente, porém, entende que a democracia liberal nasceu do embate entre a ordem política pretendida pela burguesia em ascensão e demandas vindas das classes populares, responsáveis pela inserção dos componentes propriamente democráticos do arranjo[55] – e, portanto, a metáfora dos "trigêmeos" se mostra bastante inadequada. Não se trata de uma discussão bizantina. Ela orienta a resposta a duas questões centrais: o fulcro do problema é o neoliberalismo ou o capitalismo? E é possível sonhar com o restabelecimento do modelo liberal-democrático hoje em declínio ou, ao contrário, é necessário projetar uma institucionalidade democrática de novo tipo?

De acordo com Brown, por ser uma racionalidade governativa abrangente, o neoliberalismo pode permanecer dominante mesmo quando sua política econômica é pausada ou revertida – ele permanece de pé se continua imperando a lógica da concorrência universal e da redução das pessoas a meros suportes de capital humano.[56] Essa disjunção entre o neoliberalismo como modo de relação entre mercado e Estado

---

[53] BROWN, Wendy. *In the Ruins of Neoliberalism: The Rise of Antidemocratic Politics in the West.* New York: Columbia University Press, 2019. p. 25.

[54] *Idem*, p. 26.

[55] DOMÈNECH, Antoni. "Democracia burguesa": nota sobre la génesis del oxímoron y la necedad del regalo. *Viento Sur*, n. 100, p. 95-100, 2009; MIGUEL, Luis Felipe; VITULLO, Gabriel Eduardo. Democracia, dominação política e emancipação social. *Crítica Marxista*, n. 51, p. 11-35, 2020.

[56] BROWN, *Undoing the Demos*, p. 201-202.

e neoliberalismo como razão do mundo é essencial para sua leitura da crise da democracia, que se conserva, no final das contas, no âmbito de uma separação bastante convencional entre economia e política.

Aqui, há uma contradição patente com a perspectiva adotada por outra autora que discute a crise da democracia liberal e que, no entanto, repete em diferentes termos a mesma dicotomia. Para Nancy Fraser, a situação atual é marcada por uma crise da hegemonia neoliberal sem que a política econômica neoliberal seja ameaçada[57] – ou seja, o exato oposto do que diz Brown. O fenômeno é ilustrado pela decadência do "neoliberalismo progressista" da era Obama (política econômica pró-mercado associada a um reconhecimento de tipo "meritocrático" para os grupos identitários subalternos) e pela simultânea emergência do trumpismo. Donald Trump, na visão da autora, manteve um discurso consequente de oposição aos valores liberais e neoliberais no campo das políticas de reconhecimento, em favor de um conservadorismo de velho tipo. Mas foi incapaz de aplicar a política de redistribuição populista que alardeara, mostrando que os constrangimentos à ação do Estado como mecanismo compensatório às iniquidades geradas pelo capitalismo são de grande monta.

Como regra, a literatura produzida nos países do Norte tende a ignorar a experiência do Sul. O novo livro de Brown serve de exemplo: ao listar, logo no começo, a nova onda global da extrema-direita, colhe todos seus exemplos na Europa e na América do Norte, deixando de fora nomes como Narendra Modi, Rodrigo Duterte ou Jair Bolsonaro.[58] Contudo, uma análise do caso do Brasil, por exemplo, permitiria problematizar de maneira mais sofisticada tanto os limites da política econômica neoliberal (pensando nos governos petistas e sua combinação de ortodoxia com políticas compensatórias) quanto as formas de sobreposição entre neoliberalismo econômico radical e discurso ultraconservador (pensando no casamento entre Jair Bolsonaro e Paulo Guedes).

---

[57] FRASER, *The Old is Dying and the New Cannot be Born.*

[58] BROWN, *In the Ruins of Neoliberalism*, p. 1.

Nesse mesmo livro, a autora aprofunda a discussão sobre a fusão entre neoliberalismo e conservadorismo moral. Ela se inspira sobretudo em Melinda Cooper, para quem a relação entre as duas correntes não é de antagonismo latente, nem mesmo – como muitos apontaram – de colaboração contingente (dada, por exemplo, a utilidade da família tradicional para voltar a suprir as necessidades que o refluxo do Estado social deixava a descoberto). Na leitura de Cooper, os conservadores mudaram de atitude em relação ao Estado de bem-estar social a partir do momento em que, sob o influxo dos movimentos feministas e LGBT, sua vinculação com a família tradicional deixou de ser automática. Assim, neoconservadores convergiram com neoliberais na elaboração de uma crítica *moral* às políticas sociais, que promoveriam o hedonismo e dilapidariam os laços naturais de cuidado e de hierarquia próprios da família.[59] Trata-se de uma visão focada na experiência estadunidense, que privilegia o neoliberalismo como movimento político concreto, deixando em segundo plano a visão doutrinária de pensadores como Mises ou Nozick, cujo hiperindividualismo impede esta *démarche*, mas cuja influência na formulação da política pública sempre foi diminuta.

Brown faz recuar esta confluência até os escritos fundadores de Friedrich Hayek e vai mais além do que Cooper aponta. Ela lê Hayek como um conservador da linhagem de Burke; o próprio mercado é justificado menos em termos racionais e mais por seu caráter tradicional. Nesta leitura, Hayek propõe uma "simetria ontológica [...] entre códigos morais e regras do mercado. Ambos são práticas evoluídas, não simplesmente naturais, mas são 'bons' porque são evoluídos, adaptáveis e têm resistido ao teste do tempo".[60] Assim, o neoliberalismo deveria ser entendido como incluindo, de maneira simultânea e complementar, uma esfera do *homo œconomicus* e outra da família patriarcal.

Há uma contradição latente com a síntese oferecida no livro anterior, mas Brown a anota apenas de maneira incidental. E, embora

---

[59] COOPER, Melinda. *Family Values: Between Neoliberalism and the New Social Conservatism*. New York: Zone Books, 2017.

[60] BROWN, *In the Ruins of Neoliberalism*, p. 106.

a recuperação que ela faz da visão de mundo do pensador austríaco seja perspicaz e convincente, fica em aberto uma questão crucial: por que Hayek, e não qualquer outro, é guindado à posição de detentor do "segredo" do casamento entre neoliberalismo e conservadorismo? Afinal, o subtexto burkeano na defesa do mercado não parece ser tão frequente no discurso neoliberal, seja entre formuladores doutrinários, seja no discurso político corrente. Em suma, o movimento que Cooper faz, de privilegiar os autores que foram capazes de influenciar mais diretamente a formulação das políticas, é revertido em favor da entronização de uma doutrina fundadora. Caso o olhar ainda estivesse dirigido à produção das políticas de governo, talvez as formas de sobreposição entre neoliberalismo e conservadorismo mais "improvisadas", por assim dizer, que Brown critica como insuficientes (suplementação, hibridização, ressonância, convergência, exploração mútua),[61] permanecessem mais centrais para entender o fenômeno do que a formulação de Hayek.

A última linhagem de investigações sobre a crise da democracia que abordo aqui, focada na economia política, foi na verdade a primeira a surgir. Já em 2004, cunhando o termo "pós-democracia", Colin Crouch observava a tendência de declínio da substância democrática nas sociedades de tipo ocidental. Os rituais permanecem, mas as verdadeiras decisões são tomadas em interações privadas entre os governos eleitos e as elites que representam os negócios, sem participação ativa do eleitorado comum, tendo como consequência a crescente impotência das causas igualitárias.[62] Na contramão de boa parte da literatura, o autor deixa claro, em obra posterior, que não se trata da retração do Estado diante do mercado, mas da ascensão de um novo agente, a grande corporação, que submete o poder público e tampouco é controlada pelos mecanismos de mercado. É a autonomia

---

[61] *Idem*, p. 95. Ela se refere a mecanismos diversos pelos quais a literatura descreve como neoliberalismo e conservadorismo, embora respondendo a valores diversos e buscando modelos de sociedade igualmente diversos, se acomodam entre si e formam uma frente única, devido às circunstâncias históricas.

[62] CROUCH, Colin. *Post-Democracy*. Cambridge: Polity, 2004. p. 4-6.

diante do mercado que permite a ela se tornar "um ator político de direito próprio"[63] e exercer, sobre os governantes, uma pressão muito mais focada, permanente e eficaz do que a do público em geral. Se a *accountability* eleitoral (a obrigação de que os representantes prestem contas e se submetam ao veredito dos representados) é reconhecidamente pouco operante, devido à assimetria de informação e à baixa expressividade do voto,[64] as corporações, com interesses bem definidos e estruturas montadas para acompanhamento das decisões públicas, mostram-se bem mais efetivas.

Na visão de Crouch, portanto, o problema não é o capitalismo, mas o neoliberalismo, que destruiria o efeito benéfico do mercado para a dispersão do poder tradicionalmente apontado pela teoria política liberal. É possível questionar tal diagnóstico, seja porque a ascensão da grande corporação não é um distúrbio e sim um efeito esperado do funcionamento do mercado capitalista, seja porque mesmo um capitalismo competitivo idealizado concentra recursos de poder nas mãos da classe proprietária e compromete a igualdade política exigida pela democracia. Ainda assim, ele toca em um ponto relevante: a ordem neoliberal, que apresenta normativamente o mercado como regulador supremo de todas as relações humanas, é definida pela supremacia de entidades que, por sua força e tamanho, são capazes de curvar o mercado a seu próprio controle.

Uma leitura complementar à de Crouch é apresentada na discussão sobre "capitalismo de vigilância", associada, sobretudo, à obra de Shoshana Zuboff. A capacidade de supervisão e de indução de comportamentos por parte das grandes corporações do mundo digital destrói o espaço de autonomia individual que é necessário para o funcionamento tanto do capitalismo de mercado quanto da democracia. Ainda que Foucault não conste entre as referências da autora, seu relato aponta para a emergência de um panoptismo digital muito além do que seria

---

[63] CROUCH, Colin. *The Strange Non-Death of Neoliberalism*. Cambridge: Polity, 2011. p. 125.

[64] Cf.: MIGUEL, *Democracia e representação*.

possível imaginar no passado.[65] Técnicas sofisticadas de captura e de tratamento de dados permitem personalizar os estímulos destinados a produzir determinadas escolhas, elevando à enésima potência o efeito manipulador da propaganda (tanto comercial quanto política). Os Estados às vezes tentam impor alguma regulação, em geral tímida por causa da oposição das empresas e com eficácia limitada em decorrência da rápida mudança tecnológica. E, sobretudo, não desafiam o aspecto central do capitalismo de vigilância, que é sua reivindicação unilateral de toda a "experiência humana como matéria-prima grátis para tradução em dados comportamentais".[66]

O impulso primário é de natureza comercial, mas o impacto político direto também é significativo. O ambiente do mundo digital busca um equilíbrio entre o conforto de espaços de reafirmação de preferências e valores e a fricção ritual de fronteiras em que eles são exibidos diante de outros hostis, a fim de assegurar a própria identidade e reforçar o pertencimento de grupo. Isto vale para o consumo de grifes, clubes de futebol, artistas – ou ideologias e partidos políticos. Formam-se verdadeiras casamatas discursivas, enclaves de reforço mútuo de crenças, visões de mundo e informações, praticamente imunes a qualquer desafio vindo de fora. Há um reforço entre a tendência, própria da psicologia humana, de evitar a dissonância cognitiva e o funcionamento dos algoritmos das empresas comerciais que controlam a internet. Nessas bolhas, mesmo os discursos mais disparatados podem ganhar status de verdades compartilhadas incontestes. A reprodução desta situação depende da depreciação das fontes de autoridade até então reconhecidas, como a ciência, a academia ou mesmo o jornalismo profissional, destruindo a possibilidade de estabelecer qualquer critério fidedigno e universalizável de validação da informação. Essa indeterminação perene, que reproduz na vida cotidiana os paradoxos epistemológicos sobre a impossibilidade de um fundamento último do conhecimento, é por vezes chamada de "pós-verdade".

---

[65] Cf.: FOUCAULT, Michel. *Surveiller et punir: naissance de la prison*. Paris: Gallimard, 1975.

[66] ZUBOFF, Shoshana. *The Age of Surveillance Capitalism: The Fight for a Human Future at the New Frontier of Power*. New York: Public Affairs, 2018. p. 8.

A emergência da pós-verdade é indissociável da feudalização da esfera pública levada a cabo pelas novas tecnologias da informação.[67] Os efeitos sobre a possibilidade da democracia são múltiplos. Fica erodido o espaço comum em que os debates eram travados e as negociações eram feitas. No interior de cada enclave discursivo, há uma tendência a premiar as posições mais extremadas e a ver com desconfiança qualquer abertura para a barganha com os adversários. Desfazem-se velhas certezas da Ciência Política – a tendência centrípeta da competição eleitoral, o "teorema do eleitor médio", tudo o que fazia as eleições serem vistas como um instrumento de desradicalização das opções políticas. Eram mecanismos que serviam para pacificar o conflito e moderar as exigências dos dominados, mas cuja crise, num momento de refluxo da capacidade de mobilização da classe trabalhadora, abre caminho para a imposição de políticas cada vez mais regressivas. Também a passividade do eleitor comum, tão deplorada por adeptos de modalidades mais genuínas de democracia, é desafiada pelo crescimento de um ativismo digital indissociável das bolhas e da pós-verdade.[68] Há uma polarização crescente e assimétrica (pois a radicalização está concentrada à direita), fazendo com que a mediação da democracia representativa opere com dificuldades cada vez maiores.

É ferida de morte a percepção, subjacente aos modelos vigentes da democracia liberal, de que a competição eleitoral permite que uma situação de *participação política mínima* e *informação política mínima* leve, ainda assim, a escolhas coletivas dotadas de algum sentido. Essa presunção, que está no cerne de teorias como a de Downs, já citada, tem se mostrado cada vez mais insustentável, na medida em que os novos fluxos de comunicação erodem o público unificado que era, até então, o sujeito da democracia – o público que compartilhava um conjunto,

---

[67] SAWYER, Michael E. Post-Truth, Social Media, and the "Real" as Phantasm. In: STENMARK, Mikael. FULLER, Steve; ZACKARIASSON, Ulf (Eds.). *Relativism and Post-Truth in Contemporary Society*. Cham: Palgrave Macmillan, 2016; McINTYRE, Lee. *Post-Truth*. Cambridge: The MIT Press, 2018.

[68] CESARINO, Letícia. Como vencer uma eleição sem sair de casa: a ascensão do populismo digital no Brasil. *Internet & Sociedade*, v. 1, n. 1, p. 91-120, 2020.

mesmo que pequeno, de preocupações e informações que orientavam o debate político e as escolhas daí resultantes.

Há outra forma de feudalização em curso, que Zuboff destaca em sua obra, com consequências ainda mais profundas. Regras privadas das próprias corporações definem suas relações com os usuários, condenando à impotência os esforços de regulação pública. É um cenário que pode ser caracterizado como "neofeudalismo" e que, uma vez mais, é incompatível com o ordenamento político democrático. Não se trata de algo exclusivo das novas tecnologias. Como apontou Margaret Radin, a teoria liberal vê no contrato a forma correta de ajustamento das relações interpessoais, já que ele seria, por definição, voluntário e mutuamente vantajoso[69] – o que tradições críticas, do socialismo ao feminismo, vão denunciar como ilusório.[70] O contrato de adesão, porém, com cláusulas predefinidas e inegociáveis, como o exigido de compradores de diferentes serviços, de bancos e cartões de crédito a empresas de telefonia e TV a cabo, mas também agências de viagens, locadoras de automóveis ou imobiliárias, não é capaz de sequer simular tal legitimidade. É apenas um ritual para que os direitos dos usuários sejam confiscados. A única opção que resta a eles é recusar o contrato, o que significa, na prática, perder acesso a serviços que são essenciais para a vida na sociedade contemporânea.

No caso das novas tecnologias, a renúncia à privacidade é cláusula básica de todos esses contratos. Isso vale para servidores de correio eletrônico, redes sociais, aplicativos de celular, *gadgets* de todo tipo e, cada vez mais, para televisores e eletrodomésticos como aspiradores de pó, aquecedores ou geladeiras, todos conectados à internet. A sociabilidade contemporânea, incluindo diversas formas de ação política, ocorre cada vez mais nesses espaços, que são governados por regras próprias, ditadas pelas próprias corporações. Facebook ou Twitter, por exemplo, definem quais mensagens são aceitáveis e quais não e escolhem por critérios

---

[69] RADIN, Margaret Jane. *Boilerplate: The Fine Print, Vanishing Rights, and the Rule of Law*. Princeton: Princeton University Press, 2013.

[70] Cf.: PATEMAN, Carole. *The Problem of Political Obligation: A Critique of Liberal Theory*. Berkeley: University of California Press, 1985 (ed. orig.: 1979).

próprios, fundados nos dados pessoais coletados incessantemente, que conteúdos serão destacados para quais grupos de usuários. Eles moldam, de acordo com seus interesses, uma fatia relevante do debate público. Este é um elemento importante da desdemocratização: a impotência do Estado diante das corporações implica a perda de vigência de qualquer regulação democrática. O terreno no qual as regras da democracia podem vigorar é reduzido. Em vez de resolver os problemas do controle da informação por um punhado de empresas, como se sonhava no final do século XX, as novas tecnologias da comunicação os agravaram.

Crouch e Zuboff apontam, assim, para transformações no capitalismo que reduzem a possibilidade da democracia; o remédio sugerido é uma ação estatal que enquadre as empresas e reforce o capitalismo de mercado. Uma leitura mais estrutural e mais sofisticada é apresentada por Wolfgang Streeck. Embora fornecer uma definição de democracia não esteja entre suas preocupações, ele entende que o arranjo prevalecente no Ocidente no século XX era instrumental para a reprodução da dominação capitalista, permitindo uma acomodação com a classe trabalhadora. A dependência estrutural do Estado em relação ao investimento capitalista, tal como descrita por Offe,[71] por sua vez, garantia que os interesses fundamentais da classe burguesa fossem interiorizados pelos tomadores de decisões públicas.

Streeck inverte a leitura de Offe sobre a crise de legitimação do Estado capitalista: foi o capital que decidiu parar de pagar a conta da pacificação social, exigindo para si uma parcela maior da riqueza social. O próprio Offe, como visto, reconhecia que o patamar mínimo de remuneração aceitável para o capital é fruto da apreciação subjetiva dos capitalistas sobre as circunstâncias em que se encontram. Nas últimas décadas, este patamar subiu incrivelmente, como mostra a acentuada concentração da riqueza global,[72] estreitando a margem que permite concessões aos dominados.

Para que o Estado se submetesse a tais pressões, muitas das decisões econômicas centrais tiveram que ser subtraídas ao escrutínio

---

[71] OFFE, Dominação de classe e sistema político.

[72] PIKETTY, Thomas. *Le capital au XXIe siècle*. Paris: Gallimard, 2013.

do eleitorado. Redefinida como "entretenimento popular", a política foi desconectada das *políticas* adotadas pelos governos e, em especial, daquelas referentes à economia.[73] A desdemocratização, assim, é em primeiro lugar o resultado da pressão do capital, em particular do capital financeiro, num momento de confluência entre globalização (que amplia a mobilidade do capital e, portanto, sua autonomia diante dos Estados), mudança tecnológica (que diminui o consumo de mão de obra e, portanto, também a capacidade de pressão da classe trabalhadora) e crise mundial do capitalismo (que reduz o excedente disponível para o apaziguamento do conflito distributivo). Para o autor, esta crise, que se inicia nas últimas décadas do século XX e que se agravou a partir de 2008, é tripla: uma crise bancária, pelo excesso de crédito concedido, grande parte do qual se mostrou ruim; uma crise fiscal, resultado dos déficits orçamentários e da crescente dívida dos governos; e uma crise da economia real, manifestada em alto desemprego e estagnação.[74]

No contexto da crise, o capital financeiro exige políticas de austeridade que estrangulam as medidas de caráter redistributivo próprias do Estado social e pesam sobre a classe trabalhadora, os pensionistas e os grupos mais pobres em geral. Por meio das políticas de socorro a grandes grupos econômicos e do serviço das dívidas públicas, a tributação passa a funcionar como um novo mecanismo de transferência de riqueza dos mais pobres para os mais ricos – uma dívida pública cujo crescimento, analisados os dados, não pode ser atribuído ao excesso de demandas, mas sim ao declínio da taxação e incremento de sua regressividade.[75] De acordo com Streeck, esta passagem do Estado fiscal (*tax State*) para o Estado da dívida (*debt State*) implica a formação de uma nova *constituency* à qual os governantes devem responder, ao lado do eleitorado – ou, na verdade, acima, já que é muito mais coesa, mais

---

[73] STREECK, Wolfgang. *Buying Time: The Delayed Crisis of Democratic Capitalism*. Tradução de Patrick Camiller e David Fernbach. London: Verso, 2017. p. 74 (ed. orig.: 2013).

[74] *Idem*, p. 7-9.

[75] STREECK, Wolfgang. *How Will Capitalism End? Essays on a Falling System*. London: Verso, 2016.

bem informada e com maior capacidade de pressão do que os eleitores comuns: os credores.[76] Se a dívida, em geral, é "uma reivindicação sobre a produção futura de valor", conforme sintetiza Harvey,[77] a dívida do Estado é uma reivindicação sobre o imposto futuro que, assim, restringe a possibilidade de sua utilização.

Com isso, a própria ideia de um povo soberano, responsável último pelas decisões coletivas é esvaziada. As decisões são simplesmente subtraídas do alcance da maioria da população. Em contraste com as democracias do imediato pós-guerras, "nas quais os movimentos sociais organizados conseguiam penetrar de forma mediada [...] e pressionar pela implementação de suas reivindicações reformistas", hoje os núcleos decisórios do Estado se tornam "praticamente impermeáveis às demandas populares".[78]

A menor responsividade diante dos cidadãos não significa maior independência dos governantes; antes, revela maior submissão aos ditames do capital. Por este diagnóstico, portanto, a crise atual da democracia se liga à crise global do capitalismo – uma crise perene, o que não significa terminal, já que as políticas neoliberais de desregulação e privatização construíram uma ordem "na qual a crise não era mais gerenciada [...] mas simplesmente tornou-se normalizada".[79] Os governos agem sistematicamente para salvar os especuladores às custas dos cidadãos comuns, eternas vítimas das políticas de austeridade, justificando-se com argumentos quase rituais. Isto é, o sistema opera sem muito disfarce, contribuindo para a perda de legitimidade das instituições da democracia.

As leituras que balizam a discussão sobre a crise atual da democracia partem, sem exceção, da experiência dos países centrais. Os ruídos

---

[76] STREECK, *Buying Time*, p. 79.

[77] HARVEY, David. *A loucura da razão econômica: Marx e o capital no século XXI*. Tradução de Artur Renzo. São Paulo: Boitempo, 2018. p. 51 (ed. orig.: 2017).

[78] DEMIER, Felipe. *Depois do golpe: a dialética da democracia blindada no Brasil*. Rio de Janeiro: Mauad X, 2017. p. 39-40.

[79] GANDESHA, Samir. Introduction. In: GANDESHA, Samir (Ed.). *Spectres of Fascism: Historical, Theoretical and International Perspectives*. London: Pluto Press, 2000. p. 5.

causados na transposição para a realidade da periferia não são poucos. O ponto será analisado com mais cuidado no próximo capítulo; aqui, cabe apontar apenas que não se trata só da debilidade econômica que torna mais difícil a celebração de algum pacto que discipline o conflito distributivo. A condição de dependência faz com que a barganha necessária para a edificação da democracia não possa ser definida internamente. Quando os grupos dominados se tornam capazes de aproveitar os espaços que o arranjo democrático abre e ampliar suas exigências, o risco de colapso se torna grande. Para ampliar a margem de manobra, seria necessária uma classe dominante capaz de se dispor a abraçar um projeto nacional, enfrentando a dependência. A história da esquerda brasileira é, em alguma medida, a espera frustrada por essa burguesia nacional anti-imperialista.

Diante da retração da democracia liberal, grande parte da esquerda se viu na posição de sua defensora – ainda que antes, em geral, a criticasse como insuficiente. A visão canônica na tradição da esquerda política (entendida como o conjunto heterogêneo de grupos que pretendem falar em nome da classe trabalhadora e planejar uma nova sociedade pós-capitalista, influenciados sobretudo, mas não exclusivamente, pelo pensamento marxista) é a de que a "democracia" é apenas uma fachada para disfarçar a natureza real do Estado capitalista, isto é, a dominação burguesa. As sociedades socialistas não herdariam a "democracia burguesa", mas construiriam instituições novas, mais eficientes e também mais genuinamente democráticas, como escreveu o próprio Marx.[80]

No Brasil, e apesar das grandes diferenças de ênfase, antes do golpe de 1964, esta era a posição seja do Partido Comunista Brasileiro (PCB), pró-União Soviética, seja de seus muitos dissidentes. O próprio golpe mostrou os limites do arranjo liberal-democrático; o presidente deposto, João Goulart, não era um radical que pretendia derrubar o capitalismo, mas um proprietário de terras cujo programa incluía um aumento dos salários urbanos, reforma agrária e um imposto mais alto

---

[80] MARX, Karl. *A guerra civil na França*. Tradução e notas de Rubens Enderle. São Paulo: Boitempo, 2011 (ed. orig.: 1871); MARX, Karl. *Crítica do programa de Gotha*. Seleção, tradução e notas de Rubens Enderle. São Paulo: Boitempo, 2012 (ed. orig.: 1875).

sobre a remessa de lucros ao exterior pelas empresas multinacionais. A lição foi: os padrões aberrantes de desigualdade social e os ganhos do capital internacional estavam além do alcance das decisões políticas. Para sobreviver neste contexto, a democracia deve ser muito limitada.

Ao mesmo tempo, a ditadura significou uma grande deterioração das condições da vida política no Brasil. No regime de 1945-1964, apesar do banimento legal do Partido Comunista e de algumas perseguições localizadas, houve uma imprensa de esquerda florescente, um movimento operário vigoroso e um clima de razoável liberdade de expressão e associação. Os comunistas não podiam concorrer a eleições por conta própria, mas estavam no Congresso sob outros rótulos partidários, em agências governamentais e em sindicatos. Após o golpe militar, a imprensa e as artes estiveram sob censura, os sindicatos foram severamente reprimidos e o serviço público foi expurgado de funcionários de esquerda ou mesmo liberais. E, embora a ditadura brasileira não tenha sido tão sangrenta quanto suas contrapartes argentina, chilena ou uruguaia, como não cansam de lembrar seus nostálgicos envergonhados, milhares de cidadãos foram exilados, presos, torturados e mortos. A "democracia burguesa" não podia dar tudo o que prometia em relação à igualdade política e à soberania popular, mas era mais do que uma mera fachada.

O confronto com a ditadura exigiu a escolha entre luta política ou luta armada. Enquanto o PCB preferia a primeira, a maioria das outras organizações, incluindo muitas novas dissidências, optou, pelo menos de início, pela segunda. Para quem preferiu trilhar pelo caminho das armas, a presença ou ausência de direitos formais era irrelevante. Afinal, a tarefa era "transformar a situação política numa situação militar", como escreveu o lendário líder guerrilheiro Carlos Marighella.[81] Outra escolha fundamental estava ligada ao caráter nacional-democrático ou socialista da luta a ser travada. O PCB procurou formar a frente mais ampla possível, incluindo liberais de diferentes matizes, conservadores insatisfeitos, trânsfugas do regime militar. Tais decisões, no entanto, não implicaram uma admissão do valor intrínseco das instituições liberais

---

[81] MARIGHELLA, Carlos. Chamamento ao povo brasileiro. *Marxists.org*, on-line, 2004 (orig.: 1968).

e democráticas, apenas uma compreensão diversa das possibilidades de ação numa conjuntura política adversa.

O momento decisivo na reflexão da esquerda brasileira sobre a democracia ocorreu depois, na segunda metade da década de 1970. Por um lado, a longa duração da ditadura aumentou o sentimento de que a existência ou não de alguns direitos e liberdades fazia muita diferença. Com a derrota das tentativas de luta armada, tanto urbanas quanto rurais, todas as organizações de esquerda passaram a lutar no campo político, seja na arena eleitoral ou na mobilização de massa, e sentiram que a repressão política aberta prejudicava gravemente seu trabalho. Por outro lado (e este segundo elemento provavelmente foi ainda mais crítico), muitos líderes haviam se exilado na Europa e acompanhado as discussões que mudavam a face da esquerda local.

Graças à experiência do exílio, ativistas e intelectuais brasileiros tiveram conhecimento em primeira mão da "nova esquerda" ocidental. Houve a influência do feminismo da chamada "segunda onda" e também, em menor grau naquele momento, do movimento negro e do então chamado movimento gay, uma influência que desafiou o entendimento da classe como único divisor social relevante e colocou na agenda a questão de autonomia pessoal. O livro de um ex-guerrilheiro, *O que é isso, companheiro?*, foi um grande sucesso de vendas, misturando memórias da luta armada e discussões sobre os valores da esquerda.[82] A ele se seguiram outros, de sucesso apenas um pouco menos estrondoso, em que a temática era desenvolvida e desdobrada. Mais do que os livros, talvez, foi a pessoa pública do autor que alimentou o debate. Posando para fotos usando uma pequena sunga cor de rosa na praia de Ipanema, como forma de questionar os protocolos da masculinidade hegemônica, ou defendendo a legalização das drogas, então um tabu para a direita e a esquerda, Gabeira procurou ampliar o pensamento político da esquerda brasileira, na direção do que talvez se pudesse chamar de "valorização da individualidade". (Mais tarde, moveu-se para a direita e hoje assume o papel de "conservador transgressivo".)

---

[82] GABEIRA, Fernando. *O que é isso, companheiro?*. Rio de Janeiro: Codecri, 1979.

Outro elemento esteve mais ligado às próprias instituições políticas e à tradição da esquerda marxista organizada em partidos. Após a derrota da rebelião de 1968 e à luz do desapontamento com a desestalinização insuficiente da União Soviética, abriu-se uma discussão aprofundada sobre o valor da democracia liberal. Era o momento de críticas crescentes ao autoritarismo dos países do "socialismo real" e de ascensão do eurocomunismo – a doutrina elaborada por alguns partidos comunistas europeus, notadamente o italiano, o espanhol e, num primeiro momento, o francês, que tentavam conciliar o marxismo e os princípios centrais da democracia representativa. Eles assumiram uma revisão de seus princípios, comprometendo-se especialmente com a concorrência multipartidária, a separação de poderes e o Estado de direito. A mudança foi motivada por uma preocupação genuína com a democracia institucional ou pelo cálculo eleitoral – mais provavelmente, por uma combinação de ambos.

Há, certamente, um reconhecimento das limitações da elaboração de Lênin sobre a questão da democracia, em particular, e da institucionalidade política, de forma mais geral. De acordo com o caminho esboçado em *O Estado e a revolução*, a vitória política da classe operária será acompanhada pela edificação da ditadura do proletariado – com "ditadura", seguindo Marx, no sentido clássico de interregno excepcional. Como o caráter do regime depende do ponto de vista de classe sob o qual ele é apreciado, a ditadura *do* proletariado seria uma ditadura sobre a burguesia, mas uma democracia para a classe operária.

Esse regime, no entanto, duraria pouco, uma vez que seu projeto é desaparecer. Na medida em que o Estado de transição leva à sociedade sem classes, todo o aparato repressivo estatal torna-se inútil. Lênin julga, ecoando uma fórmula de Saint-Simon, que as funções políticas seriam transformadas "em simplesmente administrativas" e o "Estado em extinção" seria "o Estado não político".[83] É a substituição da política pela "administração das coisas", sem a necessidade de qualquer coordenação formal ou aparelho de coerção. As questões coletivas poderiam ser

---

[83] LÊNIN, Vladimir I. O Estado e a revolução. In: LÊNIN, Vladimir I. *Obras escolhidas em seis tomos*. v. 3. Tradução de José Oliveira. Moscou: Progresso; Lisboa: Avante, 1985. p. 240 (ed. orig.: 1917).

dirigidas pela famosa cozinheira. Eventuais problemas seriam resolvidos de forma espontânea, pela cooperação horizontal, da mesma maneira como um grupo de pessoas impede um assalto sexual sem precisar recorrer a uma força policial especializada (o exemplo é do próprio Lênin). Nesse momento, quando não houver mais classes, "só então será possível e será realizada uma democracia verdadeiramente plena, verdadeiramente sem nenhuma exceção".[84] Mas, ao mesmo tempo em que se realiza, a democracia desaparece, junto com o Estado, do qual ela é uma forma específica.

O modelo de *O Estado e a revolução* se apoia em duas premissas, ambas discutíveis. Primeiro, a de que a divisão de classes é a única fonte de todo o conflito social. Depois, a de que o interesse da classe operária pode ser compreendido de forma unívoca e objetiva. Aceitas as duas premissas e também a noção de que haveria uma rápida transição para a sociedade sem classes, marcada, aliás, pela paulatina redução da importância dos aparelhos repressivos, é natural que as questões relativas às formas institucionais do período da transição e aos mecanismos de controle do exercício do poder recebam relativamente pouca atenção.

A realidade da revolução, no entanto, foi muito diferente deste roteiro. O acentuado maquiavelismo – no bom sentido – dos bolcheviques não permitiria que o êxito de Outubro fosse abandonado diante de condições adversas, em nome de princípios abstratos que não encontravam possibilidade de realização efetiva naquele momento. A dura realidade da guerra civil e do "comunismo de guerra" fez com que o aparato repressivo estatal se agigantasse, em vez de se reduzir. E ampliou-se também o cerceamento das liberdades, não apenas para os burgueses, mas para a classe operária e seus aliados. A revolução parecia condenada a cumprir o vaticínio do girondino francês Pierre Vergniaud e, como Cronos, devorar seus filhos.

Os primeiros anos da Rússia revolucionária testemunharam, assim, a convivência contraditória entre (por um lado) um espírito

---

[84] *Idem*, p. 262.

decididamente libertário, com uma explosão criativa nas artes e na cultura e sua transformação num verdadeiro laboratório de novas práticas sociais, emancipadoras e voltadas à ampliação da autonomia de todos e de cada um, e (por outro lado) as exigências autoritárias da guerra e da reconstrução econômica do país. A deriva stalinista sufocou a crítica e o debate, transformando o Estado operário num aparelho de dominação da camada burocrática. O descuido com os mecanismos de controle do exercício do poder cobrou um preço alto.

A crítica ao autoritarismo dos bolcheviques no poder, por parte da esquerda, começou logo após a revolução, tendo Rosa Luxemburgo como principal porta-voz. Ela parte de importantes convergências de base com o entendimento de Lênin e é cuidadosa ao evitar que suas posições críticas se confundam com uma retirada de apoio ao novo regime. Luxemburgo repudia a posição da Segunda Internacional, que julgava que a tomada do poder depende do apoio prévio da maioria: ao contrário, o partido revolucionário deve conquistar a maioria no curso da revolução. Mas esse apoio *tem que ser conquistado* – e aí ela denuncia o desprezo glacial dos revolucionários russos pelo "arsenal das liberdades democráticas fundamentais das massas populares", categoria que inclui sufrágio universal, liberdade de imprensa e liberdade de reunião.[85]

Luxemburgo se esforça para valorizar as instituições democráticas sem, com isso, negar o enquadramento de classe de sua vigência nos regimes liberais. Ao socialismo não caberia reproduzir, com o sinal trocado, as práticas da burguesia como classe dominante. Ele deveria realizar as promessas incumpridas da democracia. Seria, afinal, um regime em que o poder estaria com a ampla maioria da população, portanto propício a alimentar "a vida política enérgica, sem entraves, ativa das mais largas massas populares".[86]

A posição de Luxemburgo teve relativamente pouca influência nas organizações políticas da esquerda, que se dividiu numa corrente

---

[85] LUXEMBURGO, Rosa. A Revolução Russa. In: LUXEMBURGO, Rosa. *A Revolução Russa*. Tradução de Isabel Maria Loureiro. Petrópolis: Vozes, 1990. p. 77 (ed. orig.: 1918).

[86] *Idem*, p. 88.

social-democrata e outra comunista que, em suas múltiplas divisões internas, reivindicava a herança leninista quase sempre de forma acrítica. A revalorização da democracia política só ressurge com força na virada "eurocomunista" dos anos 1970. A reflexão eurocomunista, porém, é bem menos sofisticada do que a da revolucionária polonesa. O famoso discurso do secretário do Partido Comunista Italiano, Enrico Berlinguer, em Moscou, durante a celebração do 60º aniversário da Revolução Russa, sintetiza seus limites. Ele decretou que a democracia é um "valor historicamente universal" e a própria base para a edificação de uma sociedade socialista. Mas aceita implicitamente o valor universal da forma histórica da democracia nas sociedades burguesas, resumida à competição partidária e à delegação do poder por meio do voto.

A fala de Berlinguer inspirou o importante artigo de Carlos Nelson Coutinho, então militante do PCB, intitulado "A democracia como valor universal", que deu força ao debate no Brasil. A supressão da qualificação – "historicamente" – do caráter universal da democracia, no título do artigo, não é apenas uma escolha estilística. Embora não tenha abordado abertamente esse ponto, Coutinho adota uma visão ainda menos situada da democracia liberal do que no discurso de Berlinguer. No contexto da luta contra a ditadura ainda em curso, seu objetivo é criticar aqueles que veem a defesa da democracia apenas em termos instrumentais. Em vez disso, ela deve ser vista como objetivo estratégico e valor em si mesma.

Apoiando-se na passagem da *Contribuição à crítica da economia política*, na qual Marx diz que a poesia de Homero não perde validade como modelo estético com o desaparecimento da sociedade grega, ele afirma que a democracia também permanecerá válida após o fim da sociedade burguesa em que surgiu.[87] Ou seja, transcende tanto a história quanto seu caráter de classe. O paralelo é controverso, assim como a formulação original de Marx já o era, mas o sentido apontado pelo pensador baiano não deixa margem para dúvidas. É possível dizer que, como a nova esquerda "cultural", mas por caminhos diferentes, o

---

[87] COUTINHO, Carlos Nelson. A democracia como valor universal. *Encontros com a Civilização Brasileira*, n. 9, p. 36, 1979.

"eurocomunismo" de Coutinho também produz a perda de centralidade da divisão de classes na explicação da sociedade: de alguma forma, as instituições políticas emancipam-se das classes.

Na leitura de Coutinho, a estratégia gramsciana de "guerra de posição" implica a luta dentro das instituições democráticas. Ele não assume apenas que o Brasil era um país "ocidental", com uma sociedade civil relativamente forte (o que era, neste momento, uma questão muito controversa na esquerda brasileira). Também caminha em direção a uma discutível fusão entre a luta pela hegemonia na sociedade civil, como disse Gramsci, e uma luta dentro das instituições democráticas liberais. Aqueles que recusaram esse caminho foram anatematizados como orientados pelo "golpismo de esquerda", que infelizmente teria marcado "boa parte do pensamento e da ação política das correntes populares no Brasil".[88] Sem querer aprofundar em excesso a discussão, vale anotar que a posição de Coutinho sobre a democracia é marcada por sua interpretação geral da teoria política gramsciana, que um comentarista rotulou de "relação algébrica entre dominação e direção"[89] e que talvez seja melhor definida como *relação de soma zero*: a cada acréscimo na capacidade de direção da sociedade corresponde uma redução similar na necessidade de dominação e vice-versa. A democracia, assim, é percebida como espaço da disputa pela produção do consenso, com correspondente recuo da coação estatal.

Embora diga que uma democracia socialista deve ir além da burguesa, seu artigo deixa claro que é muito mais uma expansão que preserva suas instituições primárias, com maior participação popular, não uma superação revolucionária. O artigo despertou um debate candente e agora é reconhecido como um marco no pensamento marxista brasileiro. Na época, a reação mais frequente foi acusar Coutinho de reformista; sua avaliação da democracia (burguesa) seria a contrapartida de sua rejeição à revolução.[90] Com o tempo, porém, sua leitura das virtudes

---

[88] *Idem*, p. 45.

[89] BIANCHI, Alvaro. *O laboratório de Gramsci: filosofia, história e política*. São Paulo: Alameda, 2008. p. 165.

[90] Por exemplo: GENRO, Adelmo. A democracia como valor operário e popular. *Encontros com a Civilização Brasileira*, n. 17, p. 195-202, 1979.

da democracia liberal passaria a hegemônica – e, em particular, dentro do PT, que logo substituiria o PCB no lugar de principal organização da esquerda brasileira, incluindo sua intelectualidade.

O debate sobre democracia esteve vivo dentro do PT, na linha aberta por Coutinho. A questão central era se a democracia representativa liberal era ou não a base para formas mais avançadas e populares de governo. Afinal, entre os muitos grupos e visões políticas que formaram o partido, uma característica dominante foi a desconfiança nas hierarquias e a consequente valorização da participação direta, não mediada. A democracia era vista não apenas como uma maneira de organizar o Estado, mas também como um tipo de relacionamento interpessoal que deve preencher todos os espaços sociais. A diferenciação política é mais uma ameaça do que um ativo; a representação política sempre traz o risco de dissociação entre representante e representado e deve ser controlada pelo cidadão comum, da maneira mais próxima que seja possível.

Em resumo, no início, a maioria do PT era favorável a alguma versão da "democracia radical" em vez da democracia representativa liberal. Uma minoria de marxistas mais ortodoxos permaneceu fiel à doutrina da "ditadura do proletariado". Por outro lado, a ala direita do partido estava mais próxima da tese de Coutinho – e, em alguns casos, a acomodação com a democracia burguesa foi muito além do que ele havia proposto. Para Francisco Weffort, um dos intelectuais mais influentes da primeira fase do PT, a democracia pode ser liberal ou socialista, mas é sempre um valor "de todos, espaço irrenunciável de realização da dignidade humana".[91] Há, portanto, um substantivo, a *democracia*, cuja unidade claramente antecede os diversos adjetivos (*liberal, socialista*) que podem qualificá-la.

Então minoritária (o próprio Weffort deixaria o PT depois de alguns anos), esta posição tornou-se hegemônica à medida que o partido ganhava espaço no jogo político brasileiro. Apesar de suas origens radicais, a hegemonia do PT na esquerda brasileira coincide com uma

---

[91] WEFFORT, Francisco. *Por que democracia*. São Paulo: Brasiliense, 1984. p. 61.

crescente aceitação das regras liberais do jogo. A crítica aos limites do ordenamento democrático liberal foi restrita às margens, com a adoção de mecanismos participativos que se tornaram as marcas do "modo petista de governar". Tais instrumentos, porém, na forma de fóruns populares para discussão do orçamento público e conselhos com representantes da sociedade civil, permaneciam secundários em relação às instituições representativas tradicionais e desinflavam as apostas mais radicais da democracia participativa.[92]

Em suma: no Brasil, a ordem democrático-liberal existente também cumpriu seu papel de domar e normalizar os conflitos políticos. A democracia representativa opera como um modelo normativo primordial, restringindo a imaginação política. Mesmo que suas insuficiências fossem percebidas, como no caso do PT, ela era aceita como tal, sendo inútil pensar em alternativas. Ou se aceita a democracia tal como ela se constituiu no processo de acomodação com a dominação capitalista ou se abraça o autoritarismo. Quero crer, no entanto, que a tarefa da esquerda devia ser levar a sério a discussão liberal sobre o controle do exercício do poder e a vigência das liberdades e direitos, mas sem perder de vista o fato de que, como dizia Marx, a emancipação política não esgota a questão da emancipação humana.[93]

A contribuição teórica mais importante, nesse sentido, foi dada por Nicos Poulantzas. Ele entende que a forma que o Estado adquire (a "institucionalidade", no vocabulário padrão da Ciência Política) só é compreensível à luz das lutas de classe – mas não, como nas visões marxistas menos sofisticadas, como um instrumento dos dominantes. A forma do Estado é resultante da correlação de forças de uma determinada formação social naquele momento histórico. Assim, ela pode incorporar avanços, mas dentro dos limites da hegemonia estabelecida. A democracia pode ser entendida como um desses avanços – nem um

---

[92] MIGUEL, Luis Felipe. *Dominação e resistência: desafios para uma política emancipatória*. São Paulo: Boitempo, 2018. Capítulo 8.

[93] MARX, Karl. *Sobre a questão judaica*. Tradução de Nélio Schneider e Wanda Caldeira Brant. São Paulo: Boitempo, 2010. p. 46 (ed. orig.: 1844).

espaço neutro de resolução dos conflitos, nem uma mera fachada para manter a dominação burguesa.

Poulantzas define, assim, que as instituições do Estado são, a um só tempo, agentes na luta política, o espaço em que essa luta ocorre e um alvo da luta. Por isso, não basta dizer "que as contradições e as lutas atravessam o Estado". É mais do que isto: elas "constituem o Estado, presentes na sua ossatura material, e fabricam assim sua organização".[94] Ao mesmo tempo, ele observa que a disputa política nunca se esgota na institucionalidade. Os grupos dominantes operam também com a "falha" estrutural das instituições (a violência "descontrolada", porém seletiva, do aparelho repressivo e a permeabilidade do campo político à corrupção servem de exemplos). Para os dominados, limitar-se à ação nos canais institucionais é abrir mão da possibilidade de romper com a hegemonia estabelecida. Poulantzas aponta, assim, para uma valorização *crítica* da democracia, que a oriente na direção da radicalização, por meio de uma ação política que ocorra simultaneamente dentro e fora das instituições.

Mas não se trata de uma posição que se traduza facilmente em uma estratégia política, até porque a institucionalidade política cobra um alto preço dos que nela ingressam. A aderência a seus limites é condição *sine qua non* para a permanência no jogo político. E aqui, uma vez mais, o caráter de classe do Estado se revela, tanto quanto na permanência da "falha estrutural" que faz com que seus aparelhos ultrapassem sistematicamente os limites na repressão aos dominados e sejam tolerantes com transgressões, quando vindas dos dominantes.

Assim, a subversão da legalidade por parte de governantes da extrema-direita é muito melhor tolerada do que tentativas de reforma, mesmo que tímidas, partindo da esquerda. Por exemplo: Jair Bolsonaro conspirou abertamente contra as regras democráticas, ameaçando fechar poderes ou anunciando o desrespeito a resultados eleitorais; desvirtuou sem disfarce a operação de determinados organismos estatais, como os de proteção ambiental ou de promoção da igualdade racial; tentou aparelhar

---

[94] POULANTZAS, *L'État, le pouvoir, le socialisme*, p. 197.

muitos outros em defesa de si e de seus próximos. Recebeu respostas às vezes enfáticas, às vezes acomodatícias dos outros poderes, mas não se viu obrigado a recuar da estratégia de fazer bravatas e ameaças – e, em grande parte das vezes, alcançou o que desejava. Já iniciativas bem menos arrojadas vindas de governos do PT foram aniquiladas na raiz. Foi o caso da criação do Conselho Federal de Jornalismo, do projeto de Lei de Audiovisual, da política de combate à homofobia nas escolas e da instituição do Sistema Nacional de Participação Social, para citar apenas alguns poucos exemplos.

Assim, a esquerda foi levada a se acomodar à democracia liberal, uma vez que não apenas os caminhos para transformá-la pareciam bloqueados como a mera tentativa de trilhá-los era punida. Esta acomodação permitia obter vitórias eleitorais, conquistar governos e implantar políticas de alcance limitado, mas que, sobretudo nos países mais pobres e desiguais, eram importantes por responder às urgências dos mais vulneráveis. No momento em que tanto o caráter democrático quanto o liberal do regime se enfraquecem, reduzindo suas brechas para a promoção de transformações pontuais, partidos e movimentos de esquerda se veem na posição de defensores da ordem em crise – a mesma ordem que, no entanto, era identificada como guardiã da estabilidade da dominação de classe.

Com isso, grande parte da esquerda passa a ser identificada com o *establishment*, abrindo espaço para que o sentimento antissistêmico fosse canalizado para a extrema-direita. Falando a respeito do declínio do Partido Comunista Francês e da ascensão do Front National, Ernesto Laclau observa que "a necessidade [...] de um voto radical de protesto permaneceu e, como os significantes da esquerda tinham abandonado o campo da divisão social, este campo foi ocupado por significantes da direita".[95] Não se está dizendo que os eleitores da esquerda radical se transferiram para a direita – mesmo no caso da França, a ilação de que o eleitorado do Front National foi em grande parte formado por comunistas órfãos com o declínio de seu partido é contestável.[96] Mas

---

[95] LACLAU, *On Populist Reason*, p. 88.

[96] Cf.: FASSIN, *Populisme*.

é aberto um espaço de contestação que os chamados "populistas de direita" sabem ocupar.

A crise da democracia liberal tornou-se, desta maneira, uma nova etapa da crise da esquerda. Desde o final do século passado, ela permanecia mergulhada naquilo que Fraser batizou de "condição pós-socialista", marcada pela ausência de uma alternativa global factível à ordem presente, pela falta de enfrentamento às questões da economia política e pela priorização das questões vinculadas a identidades, a reconhecimento e também a participação política.[97] Hoje, nem esse fiapo de projeto se sustenta mais. A esquerda tem que voltar a pensar a relação entre democracia e capitalismo para reconstruir suas ambições emancipatórias.

---

[97] FRASER, Nancy. *Justice Interruptus: Critical Reflections on the "Postsocialist" Condition*. New York: Routledge, 1997.

2

A crise vista do Sul

Este capítulo retoma, em alguma medida, o percurso do capítulo anterior, mas a partir de uma perspectiva diversa. Afinal, produzidas sobretudo nos Estados Unidos e na Europa Ocidental, respondendo à realidade destes espaços geográficos e políticos, as teorias sobre a des-democratização global, em suas diversas vertentes, iluminam de forma apenas parcial e enviesada os processos em curso nos países do Sul. Seu quadro de referência é a história do pós-guerras, de onde emerge o modelo da democracia liberal hoje em refluxo. Mas essa história não é a mesma para todos os cantos do mundo: a nossa foi muito diversa e, assim, nos levou a ordenamentos políticos também diversos. É verdade que as democracias que conseguimos construir, quando conseguimos, em geral foram inspiradas naquelas dos países centrais e tentavam mimetizar suas práticas e suas instituições. Associavam-se, porém, a realidades com características diferentes – entre elas, com destaque, a própria posição periférica nas relações econômicas e políticas interna-cionais. Portanto, enfrentaram desafios diferentes e sua crise também apresenta traços próprios.

A literatura internacional tende a apresentar o funcionamento "normal" da democracia liberal como aquele das três décadas de relativa estabilidade e prosperidade que se seguiram ao fim da Segunda Guerra Mundial: o período muitas vezes referido como *les trente glorieuses*. Altos índices de crescimento econômico, em parte proporcionados pelo Plano Marshall, nível de emprego elevado e uma redução relativa da desigualdade de renda e riqueza,[1] com a plena integração da classe trabalhadora à sociedade de consumo, pareciam apontar para uma condição em que o capitalismo era capaz de regular a si mesmo, conter ou evitar ao menos seus malefícios mais gritantes e anular muitas de suas principais contradições.

A prosperidade permitia margens razoavelmente amplas para acomodar os conflitos distributivos, levando, assim, à estabilidade política. Formava-se um consenso aparente sobre as políticas de fundo, para o qual convergiam todas as forças relevantes, tanto à esquerda (que abandonava qualquer propósito pós-capitalista, no máximo mantendo-o de forma retórica e destinando-o a um futuro distante e indeterminado) quanto à direita (que aceitava as políticas de bem-estar). Com isso, a disputa perdia seu caráter antagonístico e se organizava dentro da institucionalidade liberal democrata, sem desafiá-la ou forçar seus limites. O apaziguamento do conflito político, tornado morno e desinteressante, era um emblema das sociedades maduras e uma meta a ser perseguida pelos países que ainda não o tivessem alcançado.[2] Isto levou a que, já no final dos anos 1950 e começo dos 1960, ganhassem curso percepções que antecipavam, ainda que de forma menos bombástica, a aposta de Fukuyama no "fim da história". É o caso, notadamente, do influente diagnóstico de Daniel Bell sobre o "fim das ideologias",[3] matriz do discurso vulgarizado sobre a superação da dicotomia esquerda-direita até há pouco tempo tão presente em certa retórica política. Contudo, o plural na fórmula de Bell engana: o fim que ele aponta não é das ideologias em geral, mas do projeto socialista, o que se vincula a um diagnóstico da decadência definitiva da classe trabalhadora como sujeito

---

[1] PIKETTY, Thomas. *Le capital au XXIe siècle*. Paris: Gallimard, 2013.

[2] Um entusiasta da candidatura de Fernando Henrique Cardoso nas eleições de 1994, por exemplo, exaltava seu papel na "desdramatização" da política brasileira, com o "rebaixamento da paixão" e sua suposta substituição pela racionalidade. Ver: BARBOZA FILHO, Rubem. A desdramatização da mudança ou o "desencantamento" do Brasil. *Dados*, v. 38, n. 1, p. 148, 1995.

[3] BELL, Daniel. *The End of Ideology: On the Exhaustion of Political Ideas in the Fifties*. Cambridge: Harvard University Press, 2000 (ed. orig.: 1961).

político. Fica implícito que a visão liberal que ele esposa não seria uma ideologia, mas – talvez – a percepção correta e desapaixonada da realidade tal como ela é.

Anos depois, uma versão ligeiramente mais sofisticada do argumento apareceu na teoria do "pós-materialismo", que aponta que a abundância material e a consequente segurança existencial, aceitas como universalizadas no capitalismo desenvolvido, levavam a disputa política a se concentrar em questões de caráter sobretudo "estético" (categoria que incluiria das demandas por igualdade de gênero ao ambientalismo) e a se orientar pelo desejo de autoexpressão dos agentes.[4] Trata-se, uma vez mais, de uma visão interessada, que tanto se apressa a anunciar a morte da luta de classes quanto se recusa a perceber o caráter obviamente material de muitas das demandas focadas em outros eixos de conflito.[5]

Mais do que por seu conteúdo intrínseco, essas teorias são importantes por revelar o ambiente ideológico em que operam – marcado, em primeiro lugar, por "um anglo-eurocentrismo metodológico e um liberalismo ideológico particulares e não necessariamente extensivos à escala global".[6] Nele, se considera que os grandes eixos do conflito social estão pacificados, operando como aquela profecia que trabalha para se fazer cumprir. A democracia liberal floresceria, então, graças ao apagamento da luta de classes – que, por sua vez, era resumida ao conflito sobre o nível de remuneração do salário, aquele que, imaginava-se, fora resolvido com a emergência da "sociedade afluente". Este caminho leva, posteriormente e pela mão de autores mais à esquerda, à ideia de uma primazia absoluta das lutas por "reconhecimento" sobre as lutas por redistribuição (ponto que será discutido no Capítulo 6).

A história não tardou a desfazer essas ilusões. Mesmo nesse período considerado áureo para os países centrais, a realidade era bem mais

---

4 INGLEHART, Ronald. *The Silent Revolution: Changing Values and Political Styles Among Western Publics*. Princeton: Princeton University Press, 1977.

5 Cf.: MIGUEL, Luis Felipe. *Dominação e resistência: desafios para uma política emancipatória*. São Paulo: Boitempo, 2018. Capítulo 7.

6 BALLESTRIN, Luciana. O debate pós-democrático no século XXI. *Revista Sul-Americana de Ciência Política*, v. 4, n. 2, p. 150, 2018.

complexa. Funcionamento a pleno vapor da democracia liberal e pacificação do conflito social nunca foram realidades absolutas. A democracia estadunidense, para começar pelo exemplo mais vistoso, conviveu com uma forma extensiva de perseguição política, o macarthismo, que usava a retórica da "ameaça vermelha" para restringir liberdades e garantias – na letra da lei ou, com ainda mais frequência, em práticas sociais de perseguição e de silenciamento que eram toleradas ou mesmo incentivadas por agentes do Estado. O macarthismo não foi uma aberração: foi a manifestação mais extrema e indisfarçada do clima repressivo próprio da Guerra Fria. Em declínio a partir do final dos anos 1950, foi substituído por formas menos ostensivas, mas nem por isso menos efetivas, de restrição do debate e de contenção da dissidência política.

Os Estados Unidos também conviviam com a segregação racial, que tinha como consequência, entre outras, o veto ao acesso aos direitos políticos pela população negra nos estados do Sul. Diante de exclusões tão escancaradas, a exaltação da democracia "consolidada" e do consenso social que ela espelhava dependia de uma boa dose de cegueira deliberada – na tradição, aliás, da obra reconhecida como fundadora da reflexão sobre o sistema político estadunidense, *A democracia na América*, de Alexis de Tocqueville, que discorre sobre a escravidão ainda em vigor, mas como sendo um fenômeno à parte, desconectado por completo da sociedade integralmente igualitária e avessa às hierarquias descrita no restante da obra.

Na Europa Ocidental, ditaduras fascistas resistiam em Portugal e na Espanha, com o apoio das democracias liberais, por serem consideradas úteis à luta global contra o "comunismo". A elas se somou a Grécia, em 1967, com a instauração da violenta ditadura dos coronéis, que permaneceu no poder por sete anos. São regimes que podem ser considerados marginais, tolerados apenas pelas conveniências do momento. Mas o registro das democracias plenamente reconhecidas também é mais discutível do que se apresenta. Na Alemanha Federal, a vigência da democracia liberal era coadjuvada por leis que vetavam a presença de pessoas consideradas excessivamente de esquerda em cargos públicos, em especial na educação, e pela proibição do funcionamento do Partido Comunista. Proeminentes colaboradores do regime nazista permaneciam em altos cargos no Executivo e no Judiciário, mesmo após as campanhas de "desnazificação".[7] Na Itália, sobretudo no Sul, boa parte da política era moldada pela violência aberta praticada pela aliança entre neofascistas e camorristas, com a benção do Vaticano. O Reino Unido aplicava a mão pesada da repressão sobre movimentos independentistas, em especial na Irlanda do Norte. Na França, as tensões provocadas pela descolonização desestabilizaram a política metropolitana – a solução, encontrada pela Constituição que inaugurou a Quinta República, em 1958, foi temperar o regime democrático e liberal com uma enorme concentração de poderes na presidência do general Charles de Gaulle. Os exemplos poderiam ser multiplicados.

A crise de maio de 1968 expôs as tensões subjacentes, mesclando rebelião juvenil, demandas dos movimentos negro e feminista e insatisfações da classe trabalhadora. Embora questões redistributivas estivessem envolvidas (e o Partido Comunista Francês, em particular, esforçou-se para reduzir as demandas dos operários em greve a reajustes salariais), as pautas revelavam sobretudo o mal-estar com a ausência de autonomia e o fechamento de horizontes vigentes nos países democráticos e liberais. Já se fazia sentir o paradoxo que, muitos anos depois, foi descrito por Zygmunt Bauman: considerava-se que "a questão da liberdade" estava "resolvida da melhor maneira possível", mas ao mesmo tempo que era impossível mudar o mundo.[8] Que liberdade é essa em que estamos condenados a reproduzir a ordem social?

A sensação de uma institucionalidade irremediavelmente enviesada e de um sistema político impermeável de antemão às demandas de muitos grupos, que prosseguiu após 1968, levou a diferentes formas de radicalização política, incluindo desobediência civil, grupos de autoproteção armada (como os Panteras Negras) e mesmo terrorismo. O fracasso das grandes manifestações contra a Guerra do Vietnã no objetivo de sensibilizar o *establishment* político foi central para que uma parcela da

---

[7] KURLANSKY, Mark. *1968: The Year That Rocked the World*. New York: Ballantine, 2004. p. 143-147.

[8] BAUMAN, Zygmunt. *Em busca da política*. Tradução de Marcus Penchel. Rio de Janeiro: Jorge Zahar, 2000. p. 9 (ed. orig.: 1999).

juventude radicalizada estadunidense passasse a cometer atentados contrapostos de alistamento militar. Na Alemanha Ocidental, que contava com um clima político e ideológico particularmente repressivo por estar na linha de frente da Guerra Fria, uma proporção significativa dos mais jovens expressava algum grau de simpatia pelos terroristas da Facção do Exército Vermelho, mais conhecida como "grupo Baader-Meinhof".[9] São sintomas da expansão do entendimento de que a institucionalidade política vigente não era capaz de atender ou mesmo de expressar de forma adequada as demandas de muitos grupos sociais, que se viam condenados a uma situação de frustração permanente.

Se mesmo nos países centrais o consenso em torno da democracia vigente nos *trente glorieuses* nunca foi tão absoluto, na periferia a situação era ainda mais dramática. A derrota do Eixo fez com que, ao final da Segunda Guerra Mundial, muitos novos regimes formalmente democráticos se constituíssem, tanto em Estados que recém ganhavam sua independência quanto – como no Brasil – em nações que já a tinham obtido antes. Eram democracias que não apenas conviviam com fortes restrições como também eram reversíveis ao sabor de pressões que vinham das classes dominantes locais e dos interesses econômicos externos. A lista de golpes militares que substituíram governos que se queriam mais democráticos e mais nacionalistas por regimes inegavelmente autoritários, com participação direta dos Estados Unidos, é grande, incluindo Síria (1949), Irã (1953), Guatemala (1954), Brasil (1964), Indonésia (1965), Congo (1965), República Dominicana (1965), Bolívia (1971), Chile (1973) e Uruguai (1973), entre outros. Nas ex-colônias sobre as quais mantinham influência, as antigas potências europeias agiam de forma similar.

Na periferia do capitalismo, portanto, a época áurea da democracia não se efetivou. Os regimes democráticos que encontram a crise do século XXI são, via de regra, bem mais recentes. São frutos da "terceira

---

[9] Cf.: VARON, Jeremy. *Bringing the War Home: the Weather Underground, the Red Army Faction, and Revolutionary Violence in the Sixties and Seventies.* Berkeley: University of California Press, 2004; AUST, Stefan. *Baader-Meinhof: the Inside History of the R.A.F.* Tradução de Anthea Bell. Oxford: Oxford University Press, 2008 (ed. orig.: 1985).

onda" da democratização, aquela que surge exatamente ao final dos *trente glorieuses* – como visto no capítulo anterior, os marcos iniciais, apontados por Samuel Huntington, são as transições no Sul da Europa, em meados dos anos 1970, com a derrubada do salazarismo português, do franquismo espanhol e da ditadura grega dos coronéis. Seguem-se, a partir do começo dos anos 1980, os regimes militares da América Latina e, por fim, com a queda do muro de Berlim e a dissolução da União Soviética, o Leste europeu.

A menor duração da experiência democrática tende a ser um fator para explicar a menor consolidação, isto é, a maior instabilidade desses regimes. "Consolidação democrática" é um conceito escorregadio, com um forte subtexto ideológico, cujo sentido final é afirmar que os novos regimes do Sul e do Leste devem reproduzir com a maior fidelidade possível as instituições e as práticas vigentes na América do Norte e na Europa Ocidental.[10] Ainda assim, é razoável admitir que a variável "tempo" tem relevância. Qualquer ordem de dominação e qualquer canalização institucional das disputas políticas ganham com a normalização que a passagem do tempo proporciona, à medida que os diversos agentes passam a aceitar que as regras são aquelas e a estabelecer suas estratégias tomando-as como dados fixos. Regimes mais antigos tendem a ser mais estáveis, sobretudo quando – como é o caso das democracias eleitorais, mas também de monarquias hereditárias – têm fórmulas bem estabelecidas para a substituição dos governantes. Em termos weberianos, seria um verniz "tradicional" que se acrescenta à dominação democrática, cujo fundamento inicial é "racional-legal".

Mas creio que há um fator mais importante do que o tempo para explicar a relativa fragilidade das novas democracias: são regimes que se instituíram em um momento histórico de retrocesso mundial das lutas da classe trabalhadora. Não que, nos diversos casos nacionais, a pressão dos trabalhadores não tenha sido importante – ela foi, por toda a parte, mesmo nos países que abandonavam o socialismo autoritário de tipo soviético (o caso do sindicato Solidariedade, na Polônia, é o exemplo mais conhecido,

---

[10] VITULLO, Gabriel E. Transitologia, consolidologia e democracia na América Latina: uma revisão crítica. *Revista de Sociologia e Política*, n. 17, p. 53-60, 2001.

mas com certeza não o único). No Brasil, é impossível entender o declínio da ditadura empresarial-militar, por exemplo, sem levar em conta a retomada das lutas operárias a partir de meados dos anos 1970, culminando nas grandes greves dos metalúrgicos do ABC paulista em 1979 e 1980. Mas já estavam se pondo em marcha os fatores que levariam à afirmação, pelo mundo afora, de uma modalidade radical de capitalismo: disseminação da ideologia neoliberal, mudança tecnológica que fez crescer significativamente o exército de reserva, mobilidade ampliada dos capitais graças à chamada "globalização", declínio da União Soviética.

O caso brasileiro serve, uma vez mais, de ilustração. A transição à democracia encontrou forte alavanca no aumento da insatisfação popular, mas se construiu por meio da barganha entre o regime e a oposição burguesa, com as demandas da classe trabalhadora e da população mais pobre sendo acomodadas de maneira secundária. A própria ordem democrática a ser erigida foi vista como limitada à regulação da competição pelo governo e à expansão dos direitos liberais. A insatisfação com a ditadura unia violação de direitos humanos e perda de poder aquisitivo dos salários, ausência de eleições e carestia. Vitoriosa, a redemocratização desidratou a chamada "agenda social" e passou a entender sua própria tarefa como sendo apenas a edificação de instituições que garantissem a competição eleitoral, a separação de poderes e a vigência legal dos direitos e liberdades liberais.

Em suma (e de maneira necessariamente esquemática): enquanto na Europa a democracia liberal nasceu como resultado da pressão dos dominados, que forçaram a instauração de um regime em que suas vozes tivessem alguma chance de serem ouvidas, no Sul ela foi fruto da diluição dessa pressão. A democracia já é, aí, um modelo fechado, a ser importado copiando da maneira mais fiel possível as instituições que se cristalizaram nos países centrais, um regime que aparece para as classes dominantes nacionais e internacionais não como um desafio a ser domado, mas como uma forma testada, pouco custosa e eficaz para promover a pacificação social – e que, assim, é a melhor opção para garantir a reprodução de sua própria dominação.

Esta perspectiva foi incorporada por boa parte da Ciência Política latino-americana, que aceitou a redução da democracia à cópia das instituições da Europa Ocidental ou da América do Norte, medindo sua consolidação pela extensão do apoio social que tais instituições recebem. Multiplicaram-se os "barômetros" que denunciam a fraqueza de nossas democracias pelo alto percentual de pessoas que se dizem insatisfeitas com elas ou que discordam de fórmulas genéricas, do tipo "a democracia é sempre a melhor forma de governo". Baixa cultura política e autoritarismo atávico seriam os responsáveis por um povo eternamente inadaptado para gozar as delícias da ordem democrática liberal.

Falando sobre a penetração da ciência econômica europeia no Brasil, Celso Furtado escreve que "ali onde a realidade se distanciava do mundo ideal da doutrina, supunha-se que tinha início a patologia social".[11] Com a Ciência Política não é muito diferente. A democracia dos países desenvolvidos é desconectada dos processos históricos que permitiram a sua emergência; em seguida, num movimento inverso, a realidade local é julgada por sua adequação ou não à institucionalidade abstrata produzida pela desconexão anterior. Mas é claro que não tem como a conta fechar. Falando no final do século XIX, no contexto da periferia europeia que é Portugal, já dizia João da Ega, personagem de *Os maias*:

> Aqui importa-se tudo. Leis, ideias, filosofias, teorias, assuntos, estéticas, ciências, estilo, indústrias, modas, maneiras, pilhérias, tudo nos vem em caixas pelo paquete. A civilização custa-nos caríssima, com os direitos de alfândega; e é em segunda mão, não foi feita para nós, fica-nos curta nas mangas.[12]

É possível reforçar o paralelo com a economia, voltando a Celso Furtado. Em seus escritos sobre o "mito do desenvolvimento econômico", ele observava que é impossível que os países da periferia repliquem o processo que permitiu o crescimento nos países centrais. A busca por reproduzir o modelo estrangeiro leva a indústria nacional a

---

[11] FURTADO, Celso. *Formação econômica do Brasil*. São Paulo: Companhia das Letras, 2007. p. 130 (ed. orig.: 1959).

[12] QUEIROZ, Eça de. *Os Maias*. Belo Horizonte: Itatiaia, 1980. p. 96 (ed. orig.: 1888).

buscar as inovações que lhe permitam fabricar produtos similares aos importados, "não as que permitam uma transformação mais rápida da estrutura econômica, pela absorção do setor de subsistência".[13] Por outro lado, as condições econômicas não permitem que o padrão de consumo imitado do mundo desenvolvido seja universalizado. O crescimento econômico não se torna propriamente desenvolvimento, já que se funda na reprodução da desigualdade: "Em um país como o Brasil basta concentrar a renda (aumentar o consumo supérfluo em termos relativos) para elevar o crescimento do PIB".[14] De forma similar, a estabilidade democrática dependeria da passividade e alheamento políticos da maioria da população.

Em suma, a gênese diferenciada da democracia nos países da periferia significa que o equilíbrio entre *voto* e *veto*, próprio da acomodação entre regime político democrático e economia capitalista (ver Capítulo 1), torna-se, já de partida, diferente. Os limites impostos ao exercício da soberania popular são mais estritos e opera toda uma pedagogia que força os agentes políticos a trabalhar dentro deles. São limites de vários tipos, que envolvem equilíbrios tanto internos quanto externos e se traduzem na manutenção de prerrogativas excepcionais para diversos grupos.

Há, evidentemente, variações de caso a caso. A ditadura argentina, por exemplo, chegou ao fim graças à incapacidade crescente que os donos do poder tinham de reproduzir a ordem vigente: o que a literatura chama de *transição por colapso*. Com a legitimidade em queda, os generais optaram por dobrar suas apostas, invadindo as Ilhas Malvinas em vez de usar os recursos de que ainda dispunham para impor limites à transição. A derrota humilhante para os ingleses abriu caminho para uma mudança política em que o poder de veto das Forças Armadas foi muito reduzido. Generais envolvidos no terrorismo de Estado foram levados aos tribunais, condenados e presos, algo inimaginável no Brasil, onde o regime manteve forte controle de todas as etapas da transição. Por

---

[13] FURTADO, Celso. *Desenvolvimento e subdesenvolvimento*. Rio de Janeiro: Contraponto; Centro Internacional Celso Furtado, 2009. p. 171 (ed. orig.: 1961).

[14] FURTADO, Celso. *O mito do desenvolvimento econômico*. Rio de Janeiro: Paz e Terra, 1974. p. 116.

isso, ao contrário do que ocorreu na Argentina, os limites da nascente democracia brasileira incluíam o veto a qualquer punição pelos crimes da ditadura – e, de maneira mais ampla, a manutenção de amplos recursos políticos nas mãos das Forças Armadas (ver Capítulo 3).

A pedagogia à qual me referi significa que os limites são interiorizados pelos agentes políticos e como que naturalizados, inibindo ações com o objetivo de rompê-los. Determinadas propostas podem até permanecer nos programas partidários e mesmo na retórica dos líderes, mas a energia mobilizada em favor delas é pouca, pois se julga de antemão que não há condições para implementá-las. Uma insistência excessiva pode suscitar reações extremadas de grupos poderosos e "desestabilizar" a democracia. Os alertas permanentes da cúpula militar brasileira contra aquilo que batizaram de "revanchismo" tinham por objetivo relembrar esse fato. A estabilidade, como se vê, não é produto apenas do apoio disseminado às regras vigentes – a democracia como *the only game in town*, o único caminho admissível para a conquista do poder, reconhecido como tal por todas as elites políticas em disputa, como dizem os autores anglófonos. É resultado também da conjugação entre ameaças críveis, menos ou mais veladas, por parte de grupos com poder, e uma severa autolimitação de propósitos das correntes políticas com plataforma de transformação social mais profunda. O que conta como "transformação profunda", porém, varia de acordo com as circunstâncias.

É possível adaptar, aqui, a noção de "espaço da controvérsia legítima", desenvolvido por Daniel Hallin no contexto de um estudo sobre a cobertura da mídia jornalística. Segundo ele, a imprensa segue o sistema político no estabelecimento de uma linha divisória entre consenso e desvio, mas que gera também uma zona de disputas que são reconhecidas como legítimas e para as quais valem as regras de dar voz aos dois lados. Tendo como objeto a cobertura da Guerra do Vietnã, Hallin observa que a mídia nunca questionou que a manutenção de um Vietnã anticomunista fosse um propósito válido da política estadunidense, isto é, tratava-se de um ponto de consenso. Mas o envio de combatentes para o Sudeste Asiático, aparentemente necessário para alcançá-lo, transferiu-se pouco a pouco para o espaço da controvérsia legítima, à medida que o custo humano (humano estadunidense, para ser exato) da intervenção se tornava mais patente e a oposição da juventude ao alistamento militar se ampliava, se tornava mais vocal e passava a receber simpatia de políticos do *establishment*.[15]

O alinhamento entre imprensa e sistema político na fixação da controvérsia legítima, indicado na discussão feita por Hallin, nunca foi tão perfeito no caso do Brasil. Questões que são aceitas como tema de polêmica na mídia corporativa – a descriminalização do aborto ou mesmo meu exemplo anterior (a punição dos culpados pelos crimes da ditadura) – são entendidas como vetadas pelos atores políticos institucionais. Além disso, o novo cenário informacional, aberto pelas novas tecnologias e, em especial, pela disseminação das mídias sociais, mudou a situação mesmo naqueles locais aos quais o modelo de Hallin se aplicava com maior exatidão. Meu ponto, porém, não se liga especificamente aos meios de comunicação, mas ao sistema mais geral de limitação da amplitude das divergências, que opera em qualquer regime político, mesmo nos democráticos, e às diferenças que separam países centrais de periféricos.

Em resumo: é possível dizer que, por toda a parte, vigora um veto a políticas que apontem para a superação do capitalismo ou para o fracionamento do Estado nacional. Forças políticas que insistem em tais pautas – como objetivos palpáveis, não como mero pano de fundo retórico – tendem a ser marginalizadas ou então reprimidas. Nos países do Sul, porém, vigoram outras restrições além destas, que podem se referir à justiça de transição, como no caso brasileiro, mas também e ainda mais frequentemente a políticas redistributivas, ainda que tímidas, e ao enfrentamento ao capital internacional. A memória dos golpes do século XX, que interromperam experimentos democráticos que tentaram (ou foram percebidos como tentando) ultrapassar tais limites contribuiu para disciplinar as forças políticas.

O Brasil, uma vez mais, serve de exemplo. A despeito de suas origens mais radicais, o Partido dos Trabalhadores, ao se encaminhar para o exercício do poder, adotou um programa muito mais moderado do que

---

[15] HALLIN, Daniel C. *The "Uncensored War": the Media and Vietnam*. Berkeley: University of California Press, 1986.

aquele indicado pelas "reformas de base" que levaram à queda de João Goulart, em 1964. Pontos centrais de divergência, como reforma agrária e taxação da remessa de lucros para o exterior, saíram do horizonte ou foram relegados a um distante segundo plano. As políticas de inclusão social adotadas pelos governos petistas privilegiaram mecanismos de mercado, de maneira a não ameaçar a apropriação privada do fundo público, e os interesses das principais frações do capital foram zelosamente preservados. Mesmo os discursos faziam questão de enfatizar o consenso, em vez do conflito, e evitavam oferecer qualquer estímulo à produção de uma identidade de classe.

Este último elemento é central (e será aprofundado no Capítulo 4). Os governos petistas foram governos *desmobilizadores*, que assim afiançaram seu compromisso com os limites definidos para a mudança – ao inibir o acúmulo de forças que permitiria desafiá-los. Não se trata, aqui, de promover uma condenação moral, como fazem setores da esquerda inconformados com a deriva conciliatória do PT. O que houve foi o reconhecimento objetivo de que o espaço de ação era estreito, levando à opção por avançar o pouco que se podia em vez de apostar todas as fichas numa mudança da correlação de forças, em futuro incerto. O PT, portanto, foi sensível – acredito que conscientemente – aos constrangimentos objetivos à transformação política no Brasil e escolheu se adaptar a eles a fim de promover, aqui e agora, políticas que enfrentassem as carências mais prementes da maioria da população. É por isso que a pedagogia política que leva à autolimitação por parte dos agentes políticos funciona: porque ela se apoia em ameaças reais.

Em países como o Brasil, dois fatores limitantes principais, ligados entre si, devem ser considerados: o extraordinário apego dos grupos dominantes às distâncias sociais e o imperialismo. Para entender o primeiro deles, creio que é importante recorrer à história, mas não necessariamente a explicações culturalistas, como aquelas que evocam a chamada "herança ibérica". Os fenômenos da colonização e do escravismo produziram uma ordem social profundamente hierárquica, marcada por dicotomias para todos os efeitos intransponíveis – colono/nativo, senhor/escravo. A irrupção abrupta e violenta do europeu desorganizou as sociedades locais e impôs uma dinâmica de separação e de conflito social que não se esgota, nem de longe, no momento da "independência".[16] Como dizia Amílcar Cabral, "no momento em que o imperialismo e o colonialismo chegaram, fizeram com que nós deixássemos a nossa história e entrássemos numa outra história".[17]

No caso brasileiro, em particular, as transições (proclamação da independência, abolição da escravatura) foram feitas quase sem nenhuma ruptura, por acertos de cúpula que desprezaram cuidadosamente as pressões vindas de baixo, o que favoreceu a continuidade da dinâmica hierárquica mesmo após a ultrapassagem das instituições antes responsáveis por sua existência.

Trabalhador assalariado e escravo estão ambos submetidos a formas de coação que os obrigam à entrega de sobretrabalho, mas o caráter *pessoal* da sujeição do escravo, em contraste com a sujeição impessoal, motivada por uma coação de caráter apenas econômico do trabalhador dito "livre", tem impacto significativo na ordem social. Compromete a possibilidade de estabelecimento coerente de um sistema de direitos liberais, bem como de uma democracia de tipo moderno, isto é, baseada na inclusão "universal" e formalmente igualitária da população. A meio caminho entre coisa e pessoa, o escravo não se qualifica como sujeito de direitos, nem como partícipe da soberania coletiva. A associação entre racismo e estigmatização do trabalho braçal, que é própria do escravismo colonial (em oposição à escravidão antiga), amplia a continuidade dessa dinâmica de exclusão mesmo após a abolição da escravidão como tal.

O escravismo colonial também marca uma forma de inserção subordinada na economia global, com consequências abrangentes e perenes. Gorender vê nele um modo de produção próprio, complementar ao capitalismo em ascensão, ao passo que Tomich prefere ver escravatura

---

[16] Cf.: BALLESTRIN, Luciana. Condenando a terra: desigualdade, diferença e identidade (pós)colonial. In: MIGUEL, Luis Felipe (Org.). *Desigualdades e democracia: o debate da teoria política*. São Paulo: Editora Unesp, 2016.

[17] CABRAL, Amílcar *apud* BLACKEY, Robert. Fanon and Cabral: A Contrast in Theories of Revolution for Africa. *The Journal of Modern African Studies*, v. 12, n. 2, p. 196, 1974.

e assalariamento formando uma unidade assimétrica de relações sociais de produção diversas no seio da economia capitalista mundial.[18] Sem entrar nos detalhes da formulação de cada autor, muito menos na longa polêmica sobre a relação entre escravismo e capitalismo, ambas convergem em aspectos que são importantes para compreender a posição de classes dominantes como a brasileira.

O primeiro deles é que o escravismo colonial, mesmo se caracterizado como um modo de produção de pleno direito, necessariamente tem um caráter subsidiário, já que seu dinamismo se apoia em causas externas a ele. Esta é uma de suas feições mais importantes. O simples fato de ter que imobilizar capital na compra de trabalhadores, reduzindo a parcela que está disponível para a valorização, já o coloca em situação de inferioridade *vis-à-vis* o capitalismo europeu. Não apenas o valor aplicado na compra do escravo só será recuperado após anos de exploração de seu trabalho como o proprietário tem que manter seu plantel mesmo quando a força de trabalho é subutilizada, seja pela sazonalidade própria da produção agrícola, seja por oscilações na demanda. São baixos tanto os incentivos para ganhos de produtividade do trabalho quanto as possibilidades de uso alternativo dos fatores de produção. Assim, "a curto prazo a oferta era totalmente inelástica",[19] isto é, a economia colonial dificilmente escapa de um comportamento passivo diante do comércio mundial do qual depende.

Os proprietários auferem rendas extraordinárias, sobretudo quando seus produtos tomam caráter de monopólio ou semimonopólio, mas exercem controle quase nulo sobre sua comercialização, que fica a cargo de grandes empresas da metrópole, e são pesadamente vulneráveis às flutuações da demanda mundial. Essa posição de classe dominante, porém dominada, e muito rica, porém carente de autonomia, leva a uma ênfase na ostentação como forma de reforçar a própria posição

---

[18] GORENDER, Jacob. *O escravismo colonial.* São Paulo: Expressão Popular; Perseu Abramo, 2016 (ed. orig.: 1978); TOMICH, Dale W. *Pelo prisma da escravidão: trabalho, capital e economia mundial.* Tradução de Antonio de Pádua Danesi. São Paulo: Edusp, 2011 (ed. orig.: 2004).

[19] FURTADO, *Formação econômica do Brasil,* p. 101-102.

diante dos dominados, dos parceiros externos e de si mesmos. Para Gorender, os escravistas coloniais formavam tanto uma classe como um estamento; "acumulação e luxo ostentatório apareciam como fins igualmente imperativos e, por isso, conflitantes".[20]

Isto ajuda a entender por que a manutenção das distâncias sociais tem tanta centralidade na agenda não só da classe dominante brasileira, mas também das classes médias. O temor de diminuição dessas distâncias é sempre um fator importante para a mobilização reacionária, desestabilizando iniciativas igualitárias, ainda que pouco ousadas. Foi assim ao longo de todo o experimento democrático iniciado em 1945, culminando no golpe empresarial-militar de 1964, e, igualmente, no processo de produção do golpe de 2016.

O segundo aspecto também está ligado ao fato de que o escravismo colonial existe em função do comércio mundial (ao contrário do escravismo antigo ou patriarcal, voltado sobretudo à produção para consumo na unidade doméstica). Isso faz com que ele tome a forma da monocultura, com um setor secundário de produção de subsistência. Este setor diminui ou cresce também, em grande medida, em função inversa à da demanda mundial pelo produto de exportação, isto é, da capacidade produtiva menos ou mais ociosa. Em momentos de maior demanda, a cultura de subsistência pode ser severamente deprimida, levando à importação dos bens de consumo das famílias, gerando carestia para as populações urbanas. Em suma, a ideia de um "mercado interno" é inexistente. A força de trabalho, tanto escrava quanto livre, integra o processo de valorização do capital apenas no momento da produção, como fonte de extração de mais-valor. Sua contribuição no momento da circulação, como consumidora e, portanto, partícipe da realização do mais-valor, é insignificante. Como consequência dessa disjunção entre produção e circulação, a tendência do sistema "será explorar ao máximo a força de trabalho do trabalhador, sem se preocupar em criar as condições para que ele a reponha, desde que possa substituí-la com a incorporação de novos braços".[21]

---

[20] GORENDER, *O escravismo colonial*, p. 592.

[21] MARINI, Ruy Mauro. *Dialéctica de la dependencia*. México: Era, 1973. p. 52.

O escravismo colonial foi superado, mas esta característica permanece nas trocas entre centro e periferia, com impacto central na possibilidade de edificação do tipo de pacto que favorece o florescimento da democracia liberal sob o capitalismo. Do ponto de vista dos países centrais, a manutenção de um padrão de superexploração do trabalho nas periferias cumpre, em primeiro lugar, a função de minimizar o dilema perene dos capitalistas, que desejam pagar o mínimo possível a seus próprios empregados, mas precisam de um público consumidor para seus produtos. As trocas desiguais fundadas na superexploração da mão de obra das periferias agem no sentido de compensar a remuneração um pouco mais elevada dos trabalhadores das metrópoles, que permite fomentar o mercado consumidor. Mas cumpre, no mesmo movimento, o papel de garantir a possibilidade de pacificação social, exatamente por conferir aos locais um padrão de vida mais elevado, pelo acesso ao consumo, e uma menor insegurança quanto à própria subsistência, graças aos mecanismos de bem-estar social.[22]

Fica evidente que, para os países do Sul, este caminho não é possível, seja porque há menos recursos para aplacar o conflito distributivo, seja porque as potências imperialistas fazem ativa pressão, política e mesmo militar, para impedir que sejam adotadas medidas que desafiem a situação. Não é possível, portanto, entender os desafios da democracia nos países periféricos sem colocar o imperialismo como parte importante da equação.

A partir do final do século XX, falar de "imperialismo" tornou-se *démodé* na América Latina. Invocado como conceito ou como mera figura de retórica por parte cada vez mais minoritária da esquerda latino-americana, perdeu presença como fator explicativo das limitações das experiências

---

[22] A depreciação do pacto social vigente nos países desenvolvidos tem levado à depreciação dos salários – e, para minorar a frustração dos assalariados, uma aposta redobrada na superexploração de setores da mão de obra tanto internos quanto da periferia, gerando mercadorias mais baratas que mesmo os salários baixos conseguem comprar – o que é chamado de "efeito Walmart" por VAROUFAKIS, Yanis. *O minotauro global: a verdadeira origem da crise financeira e o futuro da economia global.* Tradução de Marcela Werneck. São Paulo: Autonomia Literária, 2016. p. 158 (ed. orig.: 2011). Sobre o ponto, ver, adiante, o Capítulo 7.

democráticas no subcontinente. É como se o fim da bipolaridade típica da Guerra Fria tivesse eliminado as práticas hegemônicas das potências centrais e, em particular, dos Estados Unidos. Ou, em outras palavras, é como se a motivação para a presença estadunidense na política latino-americana fosse apenas o equilíbrio geopolítico mundial, na disputa com a União Soviética, e não, centralmente, os interesses econômicos.

A presidência de Donald Trump mudou um pouco a situação, sobretudo com as ameaças abertas à Venezuela (que incluíram a instalação de um "governo" paralelo em 2019 e a participação direta numa tentativa de derrubada de Maduro, no ano seguinte) e o golpe deflagrado na Bolívia em 2019. Durante o período anterior, porém, quando as palavras de Washington eram mais suaves e suas preocupações estavam concentradas no Oriente Médio, falar da interferência dos Estados Unidos caiu um desuso. Em muitos círculos de analistas políticos, incluindo progressistas, apontar a interferência imperialista em conjunturas nacionais era o primeiro passo para ser visto como adepto de "teorias da conspiração".

É verdade que, embora os métodos usuais definitivamente não tenham sido abandonados, como mostram os exemplos venezuelano e boliviano, agora é privilegiada a ação de centros de agitação e propaganda com financiamento privado.[23] Recentemente, um centro de pesquisa ligado às forças armadas estadunidenses publicou um manual destinado a "apoiar" movimentos de "resistência" com o objetivo de mudar regimes políticos.[24] Tais métodos também estiveram presentes no passado – organizações como IPÊS e IBAD, frutos diretos da estratégia estadunidense, foram fundamentais para a produção de um clima de opinião que permitisse a deflagração do golpe de 1964 no Brasil. O que parece ocorrer é uma inversão de papéis, com a pressão militar passando a segundo plano e cedendo o protagonismo a formas de subversão da ordem instituída.

---

[23] FISCHER, Karin; PLEWE, Dieter. Redes de *Think Tanks* e intelectuales de derecha en América Latina. *Nueva Sociedad*, n. 245, p. 70-85, 2013.

[24] IRWIN, Will. *Support to Resistance: Strategic Purpose and Effectiveness*. Florida: The JSOU Press, 2019.

De um jeito ou de outro, o fato é que os Estados Unidos, hoje como ontem, zelam pelos interesses de seus capitalistas usando as armas de que puderem dispor. Sem incluí-los na narrativa, é difícil compreender a erosão da democracia brasileira, cujo marco principal é o golpe de 2016. Apesar de toda a cautela, os governos petistas tiveram atritos com os interesses estadunidenses, seja pela política externa de aproximação Sul-Sul, seja por medidas internas de nacionalismo econômico, como a proteção ao petróleo do pré-sal ou, então, a preferência por fornecedores locais nas compras de órgãos públicos e de empresas de economia mista. Já estão bem documentados o apoio de fundações empresariais (mas sustentadas por renúncia fiscal) estadunidenses a organizações dedicadas à desestabilização da ordem política, de *think tanks* como o Instituto Liberal e o Instituto Millenium a grupos ativistas como o Movimento Brasil Livre (MBL),[25] a espionagem contra governantes brasileiros e as conexões da Operação Lava Jato com o FBI.[26] Cumpre lembrar que estas são iniciativas que precedem a eleição de Donald Trump, levadas a cabo em governos do Partido Democrata.

De fato, a doutrina sintetizada por Theodore Roosevelt, no início do século XX, para as relações dos Estados Unidos com a América Latina nunca caiu completamente em desuso: *Speak slowly and carry a big stick*. A parte do "falar suave" às vezes é esquecida, mas o grande porrete sempre está à mão. Esse é um determinante crucial para qualquer regime político da região. Não se trata apenas do fato, já apontado, de que as redemocratizações do final do século traziam viva a memória de Jacobo

---

[25] AMARAL, Marina. Jabuti não sobe em árvore: como o MBL se tornou líder das manifestações pelo *impeachment*. In: JINKINGS, Ivana; DORIA, Kim; CLETO, Murilo (Orgs.). *Por que gritamos golpe? Para entender o* impeachment *e a crise política no Brasil*. São Paulo: Boitempo, 2016; CASIMIRO, Flávio Henrique Calheiros. *A nova direita: aparelhos de ação política e ideológica no Brasil contemporâneo*. São Paulo: Expressão Popular, 2018.

[26] OHANA, Victor. Entenda o relatório que acusa os EUA de cooperação ilegal na Lava Jato. *CartaCapital*, on-line, 2 jul. 2019; FISHMAN, Andrew; VIANA, Natália; SALEH, Maryam. EUA estão com faca e queijo na mão. *The Intercept Brasil*, on-line, 12 mar. 2020; VIANA, Natália; NEVES, Rafael. O FBI e a Lava Jato. *Agência Pública*, on-line, 1º jul. 2020.

Árbenz, João Goulart, Salvador Allende e outros governantes reformistas que caíram pela ação combinada das oligarquias e do imperialismo. O imperialismo, convém ressaltar, não é uma influência *externa*, mas um elemento incorporado nas estruturas locais de dominação e cujos interesses estão estreitamente enlaçados aos de suas associadas, as classes dominantes nativas.

O imperialismo, em suma, é elemento atuante na pedagogia da autolimitação, já referida, que leva a que todos os agentes, quaisquer que sejam suas inclinações, precisem incorporar ao cálculo político o uso desordenado dos meios de influência e pressão e a capacidade de reação extrainstitucional dos grupos privilegiados. O horizonte possível da decisão política democrática é então restringido por um realismo que implica acomodação com as desigualdades e hierarquias vigentes.

Neste sentido, pode-se dizer que a desdemocratização descrita pelos analistas dos países desenvolvidos corresponde a uma espécie de teleologia às avessas. A perspectiva teleológica da transição democrática nos fez olhar para os países do Norte, buscando neles o futuro de nossas instituições políticas. Mas, suprema ironia, são suas democracias que estão se tornando cada vez mais limitadas, mais ostensivamente vulneráveis ao poder de veto de grupos poderosos, enfim, mais semelhantes às nossas.

A primeira característica das pós-democracias, na influente perspectiva de Colin Crouch, é que os rituais democráticos – eleições, parlamentos, controle judicial – permanecem, mas as decisões reais são tomadas por meio de acertos entre autoridades eleitas e as grandes corporações[27] (ver Capítulo 1). Se o voto perde o poder de decisão, as demandas das maiorias pobres, que dependem mais do que qualquer outro grupo do voto para expressá-las, também perdem capacidade de pressão. A desdemocratização leva as democracias do Norte a se tornarem mais parecidas com as velhas democracias limitadas do Sul.

É que na periferia, como visto, o ponto de equilíbrio entre o poder do voto popular e o poder de veto dos grupos dominantes sempre

---

[27] CROUCH, Colin. *Post-Democracy*. Cambridge: Polity, 2004.

esteve em patamar inferior. Mas isto não significa que a onda global de desdemocratização não tenha sido sentida na América Latina. Ela levou a um estreitamento ainda maior dos parâmetros dentro dos quais a disputa política ocorre. Em uma canção crítica da modernidade brasileira, composta no final do século passado, Caetano Veloso fala da "ruína de uma escola em construção: aqui tudo parece que é ainda construção e já é ruína".[28] Creio que é uma imagem poderosa para entender os processos de redução democrática experimentados em muitos dos países da América Latina.

O que é desmontado nunca esteve inteiro: a democracia liberal, o Estado de direito, a igualdade formal, os sistemas de bem-estar social. A ofensiva "pós-democrática", aqui, assume diferentes feições; sua pretensão é, antes de tudo, bloquear os processos de transformação que estavam sendo ensaiados por governos mais ou menos progressistas. É que a chamada "onda rosa", experimentada a partir dos últimos anos do século passado, colocou grande parte do subcontinente na contracorrente dos países centrais. Enfrentando o neoliberalismo ou procurando maneiras de se acomodar a ele, com o fito de levar suas sociedades à modernidade capitalista ou com horizontes algo mais radicais, que projetavam novas relações sociais, houve tentativas de promover maior igualdade, de garantir um padrão mínimo de vida para os mais pobres e de estabelecer um padrão mais alto de soberania nacional. A diminuição dos espaços de decisão democrática e de ação estatal, com a imposição da ordem neoliberal, e a intensificação das práticas imperialistas mais ostensivas no subcontinente, após uma trégua relativa no período pós-Guerra Fria, desafiaram violentamente esses experimentos.

Portanto, a primeira dimensão do retrocesso é a reafirmação dos limites estreitos permitidos à democracia latino-americana, bloqueando iniciativas que procuravam relaxá-los. Às vezes, essas iniciativas estavam cientes da escassa margem de manobra de que gozavam e procuravam um caminho de imensa cautela. No Brasil, os governos do Partido dos Trabalhadores (PT), iniciados com a

---

[28] VELOSO, Caetano. Fora da ordem. In: *Circuladô*. Polygram, 1991 (CD musical).

vitória de Luiz Inácio Lula da Silva nas eleições presidenciais de 2002, tentaram acomodar toda a elite política tradicional, garantir a continuidade dos ganhos do capital financeiro e acalmar a classe dominante, inibindo a mobilização popular – tudo para viabilizar políticas compensatórias destinadas a combater a pobreza extrema. A opção preferencial de inclusão pelo consumo, em vez da prioridade para os serviços socializados, garantiu a reapropriação do fundo público pelo capital, minimizando ainda mais o potencial de conflito. No entanto, ele enfrentou uma oposição cada vez mais agressiva, culminando no golpe de 2016.[29]

O golpe não apenas encaminhou a anulação das políticas de inclusão social e do moderado nacionalismo econômico do PT, mas também reverteu rapidamente muitos dos consensos consignados na Constituição escrita após o fim da ditadura. Em algumas áreas, os retrocessos foram ainda mais longe: a reforma da legislação trabalhista, uma prioridade do governo que assumiu o poder com a derrubada da presidente Dilma Rousseff, revogou proteções que, em alguns casos, figuravam na estrutura legal brasileira desde a primeira metade do século XX. E esta é a segunda dimensão da crise da democracia limitada na América Latina: não basta reafirmar os limites estritos permitidos às políticas redistributivas, mas também se deseja impor um padrão ainda maior de desigualdade social.

É necessário, portanto, interpretar os fenômenos da retração democrática na América Latina não como meros exemplos de um processo global – e sim levando em consideração suas condições peculiares. Desta forma, a importação do referencial teórico que

---

[29] Ver: JINKINGS, Ivana; DORIA, Kim; CLETO, Murilo (Orgs.). *Por que gritamos golpe? Para entender o* impeachment *e a crise política no Brasil*. São Paulo: Boitempo, 2016; FREIXO, Adriano de; RODRIGUES, Thiago (Orgs.). *2016, o ano do golpe*. Rio de Janeiro: Oficina Raquel, 2016; SINGER, *André et al.* (Orgs.). *As contradições do lulismo: a que ponto chegamos?*. São Paulo: Boitempo, 2016; MIGUEL, Luis Felipe; BIROLI, Flávia (Orgs.). *Encruzilhadas da democracia*. Porto Alegre: Zouk, 2017; MIGUEL, Luis Felipe. *O colapso da democracia no Brasil: da Constituição ao golpe de 2016*. São Paulo: Expressão Popular; Fundação Rosa Luxemburgo, 2019.

estuda a desdemocratização nos países do Norte não é suficiente. Talvez uma construção teórica atenta aos obstáculos à democracia que sempre operaram em nossos países seja mais capaz de iluminar a excepcionalidade histórica da democracia liberal e de perscrutar soluções para a crise que não se limitem à recuperação ou reedição de seu ideal.

O que a desdemocratização do Norte expõe é a tensão permanente entre o ideal democrático e a economia capitalista (ver Capítulo 1). E, como já apontado antes, a estabilidade da democracia depende de que os grupos dominantes julguem que é mais vantajoso mantê-la do que liquidá-la. Na conta, entram tanto o custo de deixar a democracia funcionar (as concessões que ela acaba por impor em favor dos dominados) quanto o risco de, ao tentar suprimi-la, enfrentar uma resistência que termine por ameaçar a reprodução da dominação. Uma das hipóteses que guia este livro é que, nas condições da periferia capitalista, as classes dominantes tendem a sobrevalorizar os custos da ordem democrática, dada sua repulsa à igualdade. As democracias se tornam mais instáveis, portanto, devido à sensibilidade exacerbada ao potencial igualitário que está presente em qualquer regime democrático, ainda que apenas concorrencial.

Em outras palavras, o problema se refere à capacidade que as regras democráticas têm de impactar a dinâmica social. A própria compreensão do que é a democracia – um conceito disputado, tanto na reflexão acadêmica quanto no discurso político – reflete esta questão. O conteúdo mínimo da democracia indica que todos os cidadãos devem pelo menos autorizar o exercício do poder, que todos esses cidadãos são iguais pelo menos em termos do potencial formal de intervenção no processo de tomada de decisão e que está em vigor um conjunto de direitos que dá a cada pessoa a capacidade de exercer seu poder político, se assim o desejar. Para alguns, esse conteúdo mínimo é suficiente e há democracia onde quer que isso se realize, mesmo que a distância entre a vigência de tais prerrogativas e a capacidade para fazer uso efetivo delas seja, para uma maioria de cidadãos, intransponível. Para outros, o mínimo definidor da democracia é um instrumento para a promoção de valores mais exigentes (igualdade efetiva, soberania popular) e deve ser avaliado de acordo com seu sucesso nessa tarefa. Em favor da simplicidade, podemos estabelecer uma dicotomia entre democracia mínima e democracia exigente. O que estou apontando aqui é que, nos países da periferia capitalista, os grupos dominantes não toleram nenhuma tentativa de transição de uma democracia mínima para uma democracia mais exigente, optando, quando necessário, por renunciar à primeira para impedir a emergência da segunda.

Na América Latina, assim como em outros países da periferia capitalista, as classes dominantes sempre apresentaram uma rejeição radical do risco igualitário que a democracia – mesmo que formal – implica. Manifestando-se nos países centrais, este padrão de comportamento agora constitui a "novidade" da desdemocratização.

Não é irrelevante, para aquilatar a gravidade do processo de retração democrática, o fato de que ele ocorre num período histórico marcado por um declínio acentuado nos horizontes utópicos. Na teoria política, um dos reflexos dessa mudança foi a crescente aceitação da ideia de neutralidade do Estado e, como consequência, da negação do caráter de classe da democracia. Ela seria a "regra do jogo", portanto, imparcial em relação aos jogadores. A expressão "democracia burguesa", contaminada por seu uso por um marxismo simplificado e dogmático, se não pela vontade de justificar os regimes repressivos do socialismo realmente existente, foi jogada na lata de lixo da história das ideias. Mas se o rótulo foi comprometido por seu vínculo com essa perspectiva, a ideia subjacente – de que as instituições refletem as relações sociais de dominação – permanece válida e precisa ser resgatada.

Sem descartar os mecanismos democrático-representativos em vigor devido à sua natureza "burguesa", nem aceitá-los como canais neutros para a resolução de disputas políticas, é possível ver que eles revelam tanto a força dos grupos dominados (que foram capazes de impor a igualdade política na lei e no processo eleitoral como formas quase universais de legitimação) como sua fraqueza (uma vez que o campo político permanece excludente e a seletividade das instituições enviesa os resultados em favor dos dominantes). Portanto, são expressões claras da condensação material de uma certa correlação de forças, para usar as palavras de Poulantzas.[30] De onde se segue que mudanças na correlação da força requerem novas formas institucionais.

Ao identificar a crise da democracia com o avanço do neoliberalismo, até a literatura crítica sobre os processos de desdemocratização contribui para manter um pano de fundo, ainda que implícito, de neutralidade das instituições até então em vigor. É como se o equilíbrio relativo entre capital e trabalho, que a ordem democrática liberal implica, não passasse necessariamente por uma vigência reduzida da própria democracia. Em resumo: ao apontar o neoliberalismo como vilão, por causa de sua imoderação, essa narrativa obscurece o fato de que o obstáculo à democracia está no próprio capitalismo. É como se uma ordem genuinamente democrática pudesse florescer no meio da dominação de classe, desde que não se manifestasse de maneira demasiado extremada.[31]

A periferia capitalista enfrenta, como visto, dificuldades adicionais, apresentadas por sua posição na divisão internacional do trabalho e por sua vulnerabilidade à ação do imperialismo. O nó, que a história recente da América Latina demonstra que é difícil de ser desatado, é que a democracia autolimitada requer baixa ativação política popular – essa é uma condição de sua existência. Mas a baixa ativação política popular é incompatível com a resistência às pressões imperialistas, especialmente quando, como costuma acontecer, as elites não são capazes de produzir um projeto nacional minimamente independente.

---

[30] POULANTZAS, Nicos. *L'État, le pouvoir, le socialisme*. Paris: Les Prairies Ordinaires, 2013 (ed. orig.: 1978).

[31] Há uma vasta literatura sobre a incompatibilidade de fundo entre democracia e capitalismo. Ver, por exemplo: BORON, Atilio A. Mercado, Estado e democracia: reflexões em torno da teoria política do monetarismo. In: BORON, Atilio A. *Estado, capitalismo e democracia na América latina*. Tradução de Emir Sader. São Paulo: Paz e Terra, 1994 (ed. orig.: 1991); PRZEWORSKI, Adam. *Estado e economia no capitalismo*. Tradução de Argelina C. Figueiredo e Pedro P. Z. Rio de Janeiro: Relume-Dumará, 1995 (ed. orig.: 1990); WOOD, Ellen Meiksins. *Democracy Against Capitalism: Renewing Historical Materialism*. Cambridge: Cambridge University Press, 1995.

De fato, a acomodação subordinada ao centro capitalista aparece como proteção contra o risco de democratização interna que o enfrentamento a ele acarretaria. O caso brasileiro é particularmente desmedido. Discorrendo sobre as classes dominantes do período colonial, Emília Viotti da Costa observou que "a aversão às formas populares de governo, a desconfiança em relação à massa ignara que compunha a maioria da população", faziam com que elas preferissem "contemporizar, enquanto puderam, com a monarquia portuguesa".[32] Apenas quando a permanência deste arranjo se mostrou inviável é que houve a opção pela independência – ainda assim, por meio do príncipe português, de maneira a afastar a mobilização popular. O relato ilustra a posição de grande parte da burguesia latino-americana e, em particular, da brasileira. Em vez de ser percebida como uma limitação à sua autonomia como classe dominante, a submissão ao imperialismo ajuda a afastar o risco de construção de uma democracia efetiva, com a consequente ampliação do poder de pressão dos dominados.

Nos países da periferia capitalista, o neoliberalismo também impôs outra limitação aos projetos de soberania nacional, reforçando as antigas teses de "vantagens comparativas" que levaram à acomodação de muitos deles à posição de receptores passivos da revolução tecnológica e exportadores de *commodities*, produtos de baixo valor agregado e cuja competitividade no mercado internacional em geral depende diretamente da baixa remuneração da mão de obra. Mesmo os governos do ciclo pós-neoliberal aberto nos primeiros anos do século XXI tiveram dificuldades em escapar disso, muitas vezes limitando-se a diversificar os eixos da inserção subordinada nas trocas comerciais internacionais por meio de parcerias com outros compradores e fornecedores e combinando-os com políticas compensatórias internas. O Brasil, uma vez mais, serve de exemplo: o projeto "desenvolvimentista" que incomodava os economistas ortodoxos no século XXI (e que muitos apontam como causas dos problemas enfrentados pela presidência de

---

[32] COSTA, Emília Viotti da. *Da monarquia à república: momentos decisivos*. 6. ed. São Paulo: Editora Unesp, 1999. p. 46 (ed. orig.: 1979).

Dilma Rousseff) está furos abaixo do desenvolvimentismo dos anos 1930 a 1980, apoiando-se no potencial exportador do agronegócio e na mineração. Cabe observar que a crise sanitária causada pela irrupção do novo coronavírus revelou, da maneira mais trágica, as consequências da dependência tecnológica e, por consequência, os limites de um projeto desenvolvimentista tão mitigado – quando os países periféricos se viram pouco capazes de enfrentar a escassez de medicamentos, de equipamentos hospitalares (de respiradores a máscaras cirúrgicas), de insumos laboratoriais (para a produção de testes) e, enfim, de vacinas.

A realidade do imperialismo não apenas gera uma grave limitação extra para a democracia na América Latina e em outras regiões da periferia capitalista. Ela também ajuda a explicar por que estamos condenados a estar um passo atrás dos países centrais. A compreensão dessa realidade requer o reconhecimento de suas particularidades e uma teoria que, ao rejeitar a teleologia ocidentalizante, esteja atenta aos eixos de dominação presentes na sociedade, começando pelos da classe, e não perca de vista as linhas de força das relações internacionais.

Isso implica entender que a democracia é diretamente revolucionária em países como o Brasil. Se é para ela ser mais do que um frágil simulacro, precisa estar vinculada a um projeto anti-imperialista, portanto respaldada por uma mobilização popular que enfrente os interesses coligados do capital externo e associado – uma mobilização que, a história mostra, não pode esperar a participação, muito menos a liderança da "burguesia nacional".

São, portanto, vários desafios sobrepostos. No Brasil, a Nova República não foi, tanto quanto a chamada República Populista (1945-1964), capaz de combinar o aprofundamento da democracia, que exige a resolução da dívida social, com a estabilidade política. Há um *trade-off*, segundo o qual a manutenção dos rituais da vida democrática implica em evitar promover a redução das desigualdades, que corresponde a um teto, bastante baixo, para a qualidade da democracia praticada no Brasil.

Para a Ciência Política conservadora, a estabilidade depende da contenção da própria democracia. É a tese colocada em circulação pelo famoso relatório da Comissão Trilateral sobre a crise dos regimes democráticos e que entrou na linguagem corrente por meio do conceito sorrateiro de "governabilidade".[33] A governabilidade exige a submissão à correlação de forças real e, em nome dela, a democracia precisa se autolimitar. Seus impulsos igualitários devem ser refreados. O discurso realista da governabilidade leva ao paradoxo de uma democracia que deve negar a si mesma. Foi com essa percepção em mente que as forças políticas, mesmo do campo popular, moderaram seus programas. A ideia era que uma democracia menos profunda e menos igualitária seria mais segura. Tal como no velho ditado, seria melhor ter um pássaro na mão do que dois voando.

Afinal, é inevitável que, funcionando de forma mais plena, as regras democráticas produzam medidas de combate à desigualdade. A democracia é, ao menos em seu autodiscurso, um regime que se propõe dar poder às maiorias. A situação é mais dramática no Brasil porque, como apontado, a tolerância de nossos grupos dirigentes à igualdade é muito limitada. Mesmo a estratégia colocada em marcha pelos governos do PT, conciliadora e avessa a enfrentamentos, mostrou-se demasiada para eles. Seu programa – explicitado pelo governo que emergiu com a vitória do golpe e aprofundado na presidência Bolsonaro – é a ampliação da desigualdade e o reforço das hierarquias, com o cancelamento de políticas sociais e a retirada de direitos.

O desafio que se coloca à imaginação política é como romper este círculo. Como permitir o florescimento do ímpeto igualitário que a democracia promove, sem que ele leve à ruptura da própria democracia. É um desafio dramático, de proporções gigantescas. Mas ele não é facultativo. As únicas opções são resolvê-lo ou se resignar a um país iníquo e autoritário.

É um desafio em escala global, mas que ganha nitidez maior visto pela perspectiva do Sul. A desdemocratização não é o fim da democracia

---

[33] HUNTINGTON, Samuel P. The United States. In: CROZIER, Michel J.; HUNTIGTON, Samuel P.; WATANUKI, Joji. *The Crisis of Democracy: Report on the Governability of Democracies to the Trilateral Commission.* New York: New York University Press, 1975.

porque, ao menos até onde a vista alcança, o rótulo será mantido, cada vez mais reduzido a uma caricatura degenerada de seu sentido original. Para o campo popular, a tarefa é fazer o contrário. É buscar resgatar os valores centrais do ideal de democracia e afirmá-los de maneira intransigente – a paridade de influência política de todas as cidadãs e todos os cidadãos, a autonomia coletiva, o combate sem tréguas às diversas formas de opressão. E, mesmo sem a esperança de uma vitória no futuro próximo, é manter o horizonte de uma sociedade democrática e igualitária, sabendo que esses dois adjetivos são mutuamente dependentes. A democracia que pode se opor à desdemocratização não é uma democracia amedrontada, disposta a se contentar com o mínimo, passiva diante das desigualdades e das opressões. É uma democracia que afirme de maneira plena a si mesma. A luta contra a desdemocratização não pode levar a uma nova acomodação em condições precárias, mas à radicalização da própria democracia.

Parte II

A EXPERIÊNCIA BRASILEIRA

3
O arranjo de 1988 e seus limites

O processo de desdemocratização é "global" porque reflete mudanças mundiais, tanto na economia quanto no ambiente político e ideológico, que reduzem a capacidade da classe trabalhadora de pressionar para ser ouvida no processo decisório. Nos diferentes países, porém, ele se manifesta de diferentes maneiras. Se na Hungria, na Polônia, na Turquia, nas Filipinas ou então nos Estados Unidos assumiram governantes autoritários que fizeram por dentro, com menor ou maior sucesso, o trabalho de destruição das instituições, na França o preço a pagar para manter a extrema-direita longe do poder foi a vitória de um tecnocrata disposto a implementar os "ajustes" exigidos pelo mercado sem manchar ostensivamente a ordem liberal-democrática. Trata-se, portanto, de um processo de restrição do horizonte de resultados possíveis das disputas políticas, isto é, de retirada de determinadas questões do escrutínio efetivo do eleitorado, que pode ou não passar por alterações na institucionalidade ou por "viradas de mesa" menos ou mais disfarçadas.

No Brasil, a desdemocratização toma, sobretudo, a forma do desmonte da Constituição de 1988, que balizou nosso experimento democrático até ele ser fraturado em 2016. Fruto de um processo longo e tenso, a Constituição que depois se tornaria símbolo da democracia e emblema da esperança de progresso social não foi unanimidade no momento de sua elaboração. Derrotas em questões importantes levaram a bancada do Partido dos Trabalhadores a não assinar a nova carta. Longe de ser uma mera demonstração de sectarismo, o gesto – do qual o partido logo viria a se arrepender – expressava a compreensão de muitos movimentos e ativistas, de que a Constituição marcava o fim das esperanças de que a transição democrática abrisse caminho para a construção de um país radicalmente diferente.

A associação da Constituição de 1988 com uma ideia de democracia inclusiva e progressista, no entanto, começou cedo. O presidente da Constituinte que a elaborou, deputado Ulysses Guimarães, mais do que qualquer outro, estabeleceu que se tratava da "constituição cidadã". A expressão captura um elemento importante: de fato, a Constituição foi o momento central da entronização da ideia de *cidadania*, entendida como o direito a ter direitos, segundo a fórmula de Hannah Arendt, no centro do nosso ordenamento jurídico.[1] Com isto, a linguagem dos direitos se estabeleceu como meio por excelência da disputa política. Tratava-se de saber quais direitos seriam concedidos a que grupos e como o Estado garantiria sua vigência.

Ulysses foi mais longe. No inflamado discurso que pronunciou ao promulgar a Constituição de 1988, afirmou que ela fora escrita "com ódio e nojo à ditadura" – uma caracterização generosa, já que muitos dos constituintes eram antigos apoiadores do regime autoritário que se adaptavam aos novos tempos por necessidade, sem nenhuma convicção. A reação dos chefes militares à fala de Ulysses, recusando-se a aplaudi-la e criticando-a de público imediatamente ao final da cerimônia, contribuiu para fixar a impressão de que a nova carta sinalizava uma ruptura completa com o passado.

É inegável que a Assembleia Nacional Constituinte (ANC) não ficou imune ao momento histórico. Fruto do processo de superação do regime militar, tinha que responder à expectativa social de construção de uma institucionalidade diversa. Se "ódio e nojo" foram um arroubo retórico, ao menos é verdade que a Constituição foi escrita buscando algum distanciamento em relação à ditadura e em diálogo com as esperanças e forças sociais que haviam levado à redemocratização. Muitas de suas características – como o garantismo jurídico, depois considerado

---

[1] ARENDT, Hannah. *Origens do totalitarismo*. Tradução de Roberto Raposo. São Paulo: Companhia das Letras, 1989 (ed. orig.: 1951).

excessivo e contestado por aqueles que deflagraram o golpe de 2016 – respondem à intenção de evitar a repetição das arbitrariedades do período ditatorial.

Ao mesmo tempo, porém, as Forças Armadas – e seus aliados civis no exercício do poder – mantiveram um grande controle sobre a transição política, incluindo uma influência nada desprezível na redação da nova Constituição. As ambiguidades do texto derivam não apenas das múltiplas pressões contraditórias de grupos da sociedade civil, que os constituintes buscaram refratar e acomodar. Elas advêm também da tensão gerada pela permanência de tantos recursos de poder nas mãos dos homens do regime que se pretendia superar.

O regime que se encerrou de forma melancólica em março de 1985, com o general-presidente saindo pelos fundos do palácio para não ter que passar a faixa a seu sucessor civil, tivera êxito em boa parte daquilo que planejara fazer. Ao contrário de outros governos de segurança nacional da América do Sul, como o argentino, que promoviam políticas de desindustrialização por julgarem que a presença da classe trabalhadora urbana gerava um risco permanente de desestabilização, o brasileiro apostava no desenvolvimento e na diversificação da economia. Não transformou o Brasil na "potência" com a qual alguns chefes militares sonharam, mas promoveu uma acelerada modernização do país em áreas como comunicações, transportes e geração de energia. Em 1973, no auge do chamado "milagre", o PIB avançou 14%. O crescimento econômico estancou logo em seguida, em meio a uma persistente crise inflacionária. A pobreza não diminuiu e a desigualdade social se ampliou – em suma, o bolo parou de crescer e nunca foi dividido. O resultado obtido na economia, portanto, pode ser considerado ambíguo.

Já na política, o saldo foi inequivocamente positivo – do ponto de vista dos objetivos do regime, é claro. O golpe de 1964 deu a si mesmo a tarefa de "limpar" o Brasil por meio de expurgos no serviço público e na elite política, o que começou com os próprios militares; em curto espaço de tempo, toda a ala legalista e democrata do oficialato foi extirpada. Postos sob intervenção assim que manifestavam qualquer intenção mobilizadora, os sindicatos foram logo silenciados. O Ato Institucional n.º 5, decretado em 1968, e leis auxiliares a ele (como o decreto-lei

477, de 1969, destinado a estancar a "agitação" nas universidades) garantiam uma resposta rápida e eficaz da repressão a qualquer ameaça. No começo dos anos 1970, a guerrilha urbana estava liquidada; pouco depois, seria derrotada de vez a guerrilha do Araguaia, comandada pelo Partido Comunista do Brasil (PCdoB). Debelada esta ameaça, foi a vez de eliminar o PCB, então a principal organização marxista do país, que ficara de fora da luta armada. Em meados da década, grande parte dos integrantes de seu Comitê Central e outros dirigentes destacados foram mortos ou presos. O que sobrara da direção do PCdoB após a derrota do Araguaia foi atingido pelo massacre da Lapa, no final de 1976. A liquidação da esquerda, ansiada pelo golpe, estava concluída em meados dos anos 1970. As organizações atingidas nunca foram capazes de se recuperar.

O regime reconheceu que o êxito nessa tarefa possibilitava uma mudança de sua feição. Em 1973, no final do governo Médici, o Gabinete Civil da Presidência da República, então chefiado por Leitão de Abreu, encomendou ao cientista político estadunidense Samuel Huntington um estudo sobre como conduzir com segurança um processo de distensão política no Brasil. O consultor escolhido, não custa lembrar, era um crítico dos problemas da democracia e advogava, em sua obra mais conhecida até então, não apenas a contenção da ativação política popular quanto a necessidade de algum grau de autoritarismo para promover a modernização de sociedades atrasadas.[2]

Intitulado "Approaches to political decompression" [Abordagens para a descompressão política], o documento produzido para subsidiar a ditadura brasileira enfatizava que a iniciativa política devia permanecer sempre nas mãos do governo e que era necessário equilibrar o combate à oposição externa e também interna, isto é, a "linha dura" militar que recusava qualquer abertura do regime.[3] Nos anos seguintes, Huntington permaneceu em diálogo com o general Golbery do Couto e Silva,

---

[2] HUNTINGTON, Samuel P. *Political Order in Changing Societies*. New Haven: Yale University Press, 1968.

[3] HUNTINGTON, Samuel P. Approaches to Political Decompression. (Estudo encaminhado à Casa Civil do governo brasileiro em 1973.) Disponível

que substituiu Abreu no Gabinete Civil após a ascensão de Ernesto Geisel à presidência e é considerado o principal artífice da abertura "lenta e gradual" implementada pela ditadura. Sua estratégia dos golpes concomitantes, contra a esquerda e contra os "bolsões sinceros, mas radicais" entre os militares (a expressão é de Geisel), foi, em linhas gerais, seguida até o final.

A destruição da esquerda marxista foi parte central da estratégia da abertura. Tratava-se de "eliminar aqueles considerados 'irrecuperáveis'",[4] que não tinham espaço no futuro que a ditadura projetava. Esse futuro era o de uma "democracia" abastardada, em que a competição política era muito limitada e qualquer alternativa considerada demasiado radical pelos militares então no poder estava, de antemão, afastada. Somente por isso, porque o horizonte de possibilidades estaria restrito, o princípio da soberania do voto popular poderia ser restabelecido.

Da elaboração da estratégia de descompressão até o retorno dos civis ao poder se passaram mais de dez anos, o que é indício da grande capacidade de controle sobre o ritmo da abertura política. Não se tratou, é claro, de definir um *script* e impô-lo. Os generais no poder tiveram que lidar com múltiplos desafios, tanto dos radicais dentro das Forças Armadas quanto de diversos setores da sociedade civil, e sofreram derrotas pontuais, por vezes importantes. Mas foram capazes de definir limites até o fim – por exemplo, derrotando a emenda que restabelecia as eleições diretas – e de garantir restrições às ações do novo governo civil. O entendimento da Lei da Anistia como "bifronte", incluindo o perdão autoconcedido aos agentes do terrorismo de Estado, é o exemplo mais evidente, mas há muitos outros.

---

em: *Arquivos da ditadura: documentos reunidos por Elio Gaspari*, <https://arquivosdaditadura.com.br/>. Acesso em: 2 mar. 2022.

[4] TELES, Janaína de Almeida. Os familiares de mortos e desaparecidos políticos e a luta por "verdade e justiça" no Brasil. In: TELES, Edson; SAFATLE, Vladimir (Orgs.). *O que resta da ditadura: a exceção brasileira*. São Paulo: Boitempo, 2010. p. 261.

Já no momento simbólico da transição, a transferência do poder ao governante civil eleito, o peso dos militares se fez notar. Quando o presidente eleito, Tancredo Neves, foi hospitalizado e não pôde tomar posse, abriu-se nos bastidores uma polêmica jurídica sobre quem deveria assumir em seu lugar, se o presidente da Câmara do Deputados, Ulysses Guimarães, ou o vice-presidente eleito, José Sarney. Em suma: Sarney era mesmo vice, uma vez que o titular não fora empossado? Ulysses abriu mão do cargo, mas depois explicou: "Segui as instruções do meu jurista. O meu 'Pontes de Miranda' [o general Leônidas Pires Gonçalves, nomeado ministro do Exército] estava lá fardado e com a espada me cutucando que quem tinha de assumir era o Sarney".[5] Aliado fiel da ditadura que só mudara de lado na undécima hora, Sarney era considerado, pelos chefes militares, mais confiável do que Ulysses, que encarnara a face mais destemida da oposição liberal.

Com repercussões talvez ainda maiores, a formatação da própria Assembleia Nacional Constituinte, ápice da transição, sofreu influência das Forças Armadas. Elas compuseram o bloco que vetou a ideia de uma constituinte exclusiva. Em vez disso, foi o Congresso, incluindo o terço do Senado Federal que havia sido eleito ainda durante o regime militar e que permanecia com mandato, que recebeu poderes constituintes a serem exercidos concomitantemente com suas tarefas usuais. A mudança foi importante tanto pelo impacto na composição do corpo de representantes que redigiria a nova constituição quanto pelo efeito simbólico de indicar que a nova ordem não representaria uma ruptura completa com o regime anterior.

A deterioração das condições de vida da classe trabalhadora, que pouco se beneficiara do "milagre" econômico mas que arcara com a maior parte do ônus da severa crise que se seguiu a ele, levou ao renascimento do movimento sindical, do qual as greves no ABCD paulista, no final dos anos 1970, são o emblema. A

---

[5] O episódio é narrado em: COUTO, Ronaldo Costa. De 1964 ao governo Sarney. In: BASTOS, Oliveira (Org.). *Sarney: o outro lado da história.* Rio de Janeiro: Nova Fronteira, 2001. p. 101.

anistia aos exilados e presos políticos, lance crucial do processo de distensão, concomitante ao afrouxamento da censura, ampliou a discussão na esquerda, sobretudo nos ambientes universitários. No entanto, as maiores organizações do campo haviam adotado sem ressalvas uma estratégia de frente ampla para derrotar a ditadura, cujo elemento central era não questionar a liderança da burguesia na oposição ao regime.

Um aspecto central para entender a capacidade de controle do regime está ligado à pedagogia política que ele manteve ativa durante toda sua longa duração. Ao contrário do que ocorreu nas outras ditaduras do Cone Sul, a brasileira manteve um simulacro de competição política. O debate eleitoral era cerceado, os cargos considerados mais importantes eram retirados do alcance do voto popular e as regras eram mudadas frequentemente para favorecer o governo, mas as eleições foram mantidas. O parlamento estava aberto, ainda que com poderes limitados e suscetível a intervenções de força, na forma seja de cassações de mandatos, seja de fechamentos temporários. A reforma partidária de 1965, que instituiu o bipartidarismo, acomodou candidatos e detentores de mandato nas novas legendas e cortou os laços com o passado. Ao contrário do que ocorreu em países como Argentina, Chile ou Uruguai, no Brasil o fim da ditadura não levou à reconstituição do sistema partidário anterior a ela. A competição política foi amoldada nas linhas definidas pelo regime – que reinstituíra o multipartidarismo quando julgara conveniente, por meio de nova reforma, em 1979.

Com isso, a ditadura gerou uma nova elite política dentro de suas próprias instituições e por meio de suas próprias regras. Embora a transição para o poder civil tenha sido conduzida por líderes veteranos formados no período anterior a 1964, como Tancredo Neves, José Sarney ou Ulysses Guimarães, a primeira eleição presidencial direta, em 1989, já sinalizou a troca de guarda – os dois candidatos que chegaram ao segundo turno, Fernando Collor e Luiz Inácio Lula da Silva, eram de uma nova geração. Uma geração que ingressou na política entendendo que a tutela ostensiva das disputas por grupos dotados de poder, capazes de intervir quando julgavam que determinados limites haviam sido ultrapassados, era parte integrante do jogo. Essa pedagogia, que a ditadura pôs em prática ao manter uma fachada de instituições democráticas funcionando, certamente ajuda a explicar a adaptação relativamente fácil às restrições pouco disfarçadas que operaram na redação da própria Constituição – assim como, décadas depois, àquelas que passaram a vigorar com o golpe de 2016.

O cenário em que se desenvolveu a Constituinte foi, então, o de um forte empuxo antiautoritário, responsável pela superação da ditadura, que incluía a percepção difusa de que um ordenamento democrático necessariamente teria que produzir uma sociedade menos injusta – o que, na linguagem da época, era chamado de "resgate da dívida social". No entanto, isto se combinava com a manutenção de muitos recursos de poder nas mãos dos militares, capazes de impor veto em questões sensíveis a eles. E muitos grupos dentro da própria esquerda consideravam que a edificação dos conjuntos de instituições próprios da democracia liberal (eleições livres, direitos individuais, separação de poderes) tinha primazia absoluta. A construção de um país mais justo e a melhoria das condições de vida da classe trabalhadora, para nem falar do socialismo, viriam das lutas possíveis dentro desse novo quadro de liberdades.

A construção institucional costuma ser apontada como o aspecto mais exitoso da nossa transição política – com uma ressalva importante, que será apontada adiante. Caso ela seja analisada do ponto de vista das duas dimensões da democratização apontadas por Robert Dahl,[6] o Brasil estaria desenvolvendo uma das poliarquias mais avançadas do planeta. Garantiu-se a competição política mais ampla possível, com praticamente todos os interesses sociais sendo capazes de ingressar na disputa, dada a completa liberdade de organização partidária. A inclusão também, graças à suspensão do veto ao voto dos analfabetos (já com a Emenda Constitucional n.º 25, de 15 de maio de 1985) e a abertura do alistamento, de forma

---

[6] DAHL, Robert A. *Polyarchy: Participation and Opposition*. New Haven: Yale University Press, 1971.

facultativa, aos jovens de 16 e 17 anos de idade (na Constituição de 1988). Na época, um acesso tão precoce ao direito de voto só ocorria na Nicarágua.[7] A franquia eleitoral ficou próxima do limite historicamente possível.[8]

Seguindo a tradição republicana do Brasil, a combinação entre separação de poderes e federalismo consignada no texto constitucional é decalcada do presidencialismo estadunidense, com algumas modificações pontuais, como a eleição direta do presidente da República. Mas, como nosso federalismo nasce de processo oposto ao deles (a descentralização do Estado unitário imperial, ao passo que na América do Norte houve a concentração dos poderes antes dispersos nas colônias que haviam conquistado a independência), a força relativa da União sempre foi maior por aqui, o que a nova Constituição manteve, a despeito de ajustes.

Na letra da lei, há um sistema bastante elaborado de *checks and balances*. Ao mesmo tempo, a Constituição abrigou a possibilidade de ampliação da participação social no Estado – e, em especial nos artigos 198, 204 e 206, abriu caminho para a formação de conselhos de políticas públicas pelo país afora. Somados a experiências que nasciam em paralelo, na efervescência de inovação institucional gerada pelo fim da ditadura, como os orçamentos participativos, eles fizeram do Brasil um exemplo de possível oxigenação das práticas democráticas, sempre citado nos estudos internacionais.

As liberdades cidadãs foram garantidas na lei, com a abolição plena da censura estatal (o último episódio rumoroso foi o da proibição do

---

[7] Até hoje, o voto aos 16 anos só é possível em menos de uma dezena de países. O acesso ao voto em idade ainda mais reduzida (15 anos) foi permitido apenas no Irã, durante dois curtos períodos.

[8] Com esta expressão, indico que as exceções – as crianças e jovens de menos de 16 anos, os residentes que não dispõem de nacionalidade brasileira, os incapazes civis (incluídos tanto os mentalmente insanos quanto os povos indígenas não integrados), os conscritos e quem está cumprindo pena privativa de liberdade, além dos cidadãos que foram condenados expressamente à suspensão de seus direitos políticos – são, em geral, consideradas "autoevidentes" e não há, com ligeira exceção apenas do caso dos conscritos, nenhuma movimentação expressiva no sentido de revogá-las.

filme *Je vous salue, Marie*, do cineasta francês Jean-Luc Godard, por pressão da Igreja Católica, ainda em 1985) e amplo reconhecimento dos direitos de associação e manifestação. Numa das inovações mais festejadas, foram ampliados os poderes do Ministério Público, consagrado à defesa de direitos coletivos e difusos – como os direitos humanos, os direitos do consumidor, a proteção ao meio ambiente e o combate à corrupção. Pelo arranjo constitucional e mais ainda pela dilatação gradual de suas prerrogativas ao longo da Nova República, ele se tornou um órgão em que a amplitude da autonomia e das funções que cumpre contrasta com a fragilidade dos mecanismos de prestação de contas aos quais estaria submetido.[9]

O principal ponto em que a Constituição não corresponde ao figurino de uma democracia liberal avançada é o que se refere às Forças Armadas. Elas atuaram ostensivamente como um grupo de pressão na Assembleia Nacional Constituinte – mas um grupo naturalmente especial. Afinal, como observou um estudioso das relações civis-militares, suas vantagens políticas diante de outros grupos "são esmagadoras. Os militares possuem uma organização amplamente superior. E possuem *armas*".[10] No caso brasileiro, especial também pelos limites que elas tinham sido capazes de impor à transição. Seus recursos de poder tinham de fato crescido à medida que Sarney, vice que chegara à presidência sem a legitimidade do titular, engolfado pela crise econômica e por escândalos de corrupção, passou a depender mais e mais delas. Foram mantidos seis ministérios militares: um para cada força, mais Estado-Maior das Forças Armadas, Gabinete Militar da Presidência da República e Serviço Nacional de Informações (SNI). Os titulares de pelo menos dois deles, Exército e SNI, foram homens fortes do governo, com influência muito além de sua área de atribuição específica. A tarefa de impor o controle civil sobre

---

[9] KERCHE, Fábio. Autonomia e discricionariedade do Ministério Público no Brasil. *Dados*, v. 50, n. 2, p. 259-279, 2007; KERCHE, Fábio. Ministério Público, Lava Jato e Mãos Limpas: uma abordagem institucional. *Lua Nova*, n. 105, p. 255-286, 2018.

[10] FINER, Samuel. *The Man on Horseback: the Tole of the Military in Politics*. 2. ed. Boulder: Westview; London: Pinter, 1988. p. 4 (ed. orig.: 1962).

os militares (isto é, de fazer com que homens armados obedecessem a governantes desarmados) tornava-se ainda mais desafiadora.

No esforço de pressão sobre a Constituinte, as Forças Armadas usaram diversas estratégias.[11] Colocaram oficiais para atuar como lobistas, ofereceram viagens com mordomias a parlamentares, promoveram reuniões entre líderes políticos e os ministros militares. Por vezes, estes últimos não se eximiam de fazer advertências públicas sobre o que consideravam desejável ou indesejável, admissível ou inadmissível na nova Carta. Várias questões eram consideradas sensíveis; um livreto produzido pelo Exército e distribuído aos constituintes listava oito temas, incluindo a anistia a praças e oficiais cassados pela ditadura, a competência da justiça militar ou a permanência do serviço militar obrigatório. Mas o mais importante deles dizia respeito à destinação constitucional das Forças Armadas.

Por pressão militar, o presidente da ANC, deputado Ulysses Guimarães, transferiu a discussão sobre o tema para a Comissão da Organização Eleitoral, Partidária e de Garantia das Instituições – contrariamente ao entendimento do relator do regimento interno da Constituinte, senador Fernando Henrique Cardoso, para quem ele caberia à Comissão de Organização dos Poderes e Sistema de Governo (que era também a seção da Constituição de 1967 que tratava do assunto). Não se tratava de discussão abstrata. Na comissão e na subcomissão que a ordenação de Fernando Henrique indicava, os relatores eram parlamentares da esquerda do Partido do Movimento Democrático Brasileiro (PMDB). Da forma como foi determinado por Ulysses, a destinação das Forças Armadas ficou a cargo de comissão e subcomissão cujas relatorias estavam nas mãos de deputados conservadores, antigos apoiadores do regime militar.

O que estava em jogo concretamente era a brecha constitucional para que as Forças Armadas interviessem em conflitos políticos internos. Uma definição restritiva, descrevendo-as como voltadas apenas

---

[11] Um relato circunstanciado da atuação do *lobby* militar que serve de base para esta seção está em: MIGUEL, Luis Felipe. Os militares na Assembleia Nacional Constituinte. *Sociedade e Cultura*, v. 2, n. 1-2, p. 167-199, 1999.

à defesa das fronteiras e da soberania nacional, suprimiria – na letra da Constituição – a presença militar na vida política brasileira. Já na Emenda n.º 1, nos artigos 90 e 91, cujo texto os militares gostariam de preservar, as Forças Armadas eram definidas como "instituições nacionais, permanentes e regulares", submetidas "dentro dos limites da lei" à autoridade do Presidente da República e destinadas "à defesa da Pátria e à garantia dos poderes constituídos, da lei e da ordem".[12]

Entre as polêmicas suscitadas pelo texto, duas tiveram especial relevância. A primeira dizia respeito à caracterização da submissão ao chefe do Poder Executivo como "dentro dos limites da lei". Presente em todas as Constituições republicanas, exceto na do Estado Novo, ela se inspirava na doutrina positivista do "soldado-cidadão", mas tinha o efeito de conceder aos militares "uma atribuição privativa de função judiciária, a saber, julgar da legalidade de uma decisão administrativa".[13] Já aqui, portanto, estava indicada uma ânsia militar pela colonização das competências típicas do Poder Judiciário. A segunda polêmica relevante, como é óbvio, referia-se à destinação das Forças Armadas à "defesa da lei e da ordem". A redação não apenas as direciona para missões internas, de caráter policial, como tem a peculiaridade de apresentar a ordem como algo à parte da lei.

O texto da Comissão Affonso Arinos (a "Comissão Provisória de Estudos Constitucionais", criada por Sarney em julho de 1985, que apresentou um anteprojeto de Constituição após 17 meses de trabalho) rompeu com tal entendimento, afirmando que as Forças Armadas, "sob o comando supremo do presidente da República", "destinam-se a assegurar a independência e a soberania do País, a integridade de seu território e os poderes constituídos".[14] Caiu a ressalva à obediência ("dentro dos limites da lei"), mas os militares se preocuparam menos com isso. Eles concentraram seus reclamos na ausência da destinação à

---

[12] BRASIL. *Constituição*. Texto de 1967, com a redação dada pela Emenda n.º 1 de 1969 e demais emendas n. 2 a 27. São Paulo: Atlas, 1986.

[13] MORAES, João Quartim de. O estatuto constitucional das Forças Armadas. *Política e Estratégia*, v. III, n. 3, p. 388, 1985b.

[14] *Apud* MIGUEL, Os militares na Assembleia Nacional Constituinte, p. 172.

defesa da lei e da ordem (ainda que o anteprojeto mantivesse a função de assegurar os poderes constituídos). A defesa da "missão tradicional" das Forças Armadas tornou-se *leitmotiv* dos pronunciamentos militares, sobretudo, mas não só, entre os generais do Exército.

Um documento intitulado "Sugestões das Forças Armadas sobre a Constituição", entregue à comissão pouco após a divulgação preliminar do texto do anteprojeto referente aos militares, enfatizou que "seria um grave equívoco omitir da Constituição o potencial das Forças Armadas como instrumento da segurança interna", pois "privaria a nação e sua representação política de um mecanismo de defesa da ordem constituída e legal, útil em instâncias graves, e não eliminaria a hipótese de interveniência militar não controlada pelos poderes constitucionais". Em rara autocrítica, feita com cuidado extremo, o documento admitia que a acusação de "uso desmesurado" da atribuição de defesa da ordem interna pelas Forças Armadas "é, de certa forma, em parte, verdadeira".[15] Pressionado pelos militares, o presidente da Comissão sugeriu reformar o texto já aprovado, em desacordo com o que deveria ser seu funcionamento normal[16] – e, de fato, isso ocorreu.

O argumento apresentado à Comissão era de caráter consequencialista: se a Constituição não permitisse a intervenção política das Forças Armadas, os militares legalistas ficariam impossibilitados de defender o poder civil. Já militares golpistas, por definição, não se importam com o que diz o texto constitucional. A tentativa ingênua de controlá-los por esse meio levaria ao resultado oposto.

Esse argumento tinha eco, ainda que em versão modificada, entre políticos e acadêmicos, mesmo aqueles com convicções democráticas. O cientista político Fábio Wanderley Reis defendeu que uma tutela das Forças Armadas sobre a política estivesse especificada no texto constitucional, como forma tanto de dar limites à sua interferência quanto de adaptá-las à convivência com outros atores políticos dentro da institucionalidade:

---

[15] *Apud idem*, p. 173.

[16] ARINOS QUER REVER decisão sobre Forças Armadas – anteprojeto prevê votos para cabos e soldados. *Folha de S.Paulo*, p. 8, 11 jul. 1986.

Com isso se estaria dando consequência legal à constatação irrecusável de que os militares são efetivamente um ator político importante e tratando de regular o jogo real que os têm como participantes, ao invés do mero voluntarismo de proibi-los de agir politicamente que deriva da velha ficção legal em que aparecem como guardiães neutros e profissionais da legalidade e da soberania nacional.[17]

A contradição implícita na posição de Reis era que, recusando como voluntarismo inócuo a ideia de vetar na Constituição a presença política militar, acreditava na efetividade de um dispositivo que regulasse tal presença. Se uma destinação estrita das Forças Armadas para a defesa externa corre o risco de se tornar letra morta, na ausência de condições políticas para que se concretize, o mesmo se pode dizer da interferência canalizada institucionalmente, tal como desejava Reis. E, no meio de caminho, se perde a afirmação da vontade política nacional, que o texto constitucional deveria expressar, em favor de uma democracia não tutelada.[18] São sacrificados "aqueles elementos que deveriam ser exaltados com o objetivo de desmilitarizar o sistema político".[19]

Na comissão Affonso Arinos, a redação final sobre a missão das Forças Armadas admitiu sua presença em conflitos internos, mas reforçando a subordinação ao poder civil: "As Forças Armadas destinam-se a assegurar a independência e a soberania do país, a integridade do seu território, os poderes constitucionais e, por iniciativa expressa destes, nos casos estritos da lei, a ordem constitucional".[20] O presi-

---

[17] REIS, Fábio Wanderley. Consolidação democrática e construção do Estado. In: O'DONNELL, Guillermo; REIS, Fábio Wanderley (Orgs.). *A democracia no Brasil: dilemas e perspectivas*. São Paulo: Vértice, 1988. p. 35; cf. também: REIS, Fábio Wanderley. La construction démocratique au Brésil: diagnostic et perspectives. *Problèmes d'Amerique Latine*, n. 90, p. 18, 1988.

[18] COELHO, Edmundo Campos. A Constituinte e o papel das Forças Armadas. *Política e Estratégia*, v. III, n. 3, p. 375-376, 1985.

[19] GÓES, Walder de. Militares e política, uma estratégia para a democracia. In: O'DONNELL, Guillermo; REIS, Fábio Wanderley (Orgs.). *A democracia no Brasil: dilemas e perspectivas*. São Paulo: Vértice, 1988. p. 247.

[20] *Apud* MIGUEL, Os militares na Assembleia Nacional Constituinte, p. 175.

dente José Sarney optou por não enviar o anteprojeto à Constituinte. Criticada pela esquerda ao ser nomeada, a comissão tornou-se alvo dos conservadores pelo resultado de seu trabalho, considerado avançado em excesso. Ainda assim, seu texto tornou-se uma das referências dos trabalhos posteriores.

No caso da destinação dos militares, a proposta da Comissão tornou-se a alternativa perseguida pelos setores mais progressistas da ANC – redações que apontavam para uma subordinação ainda mais estrita ao poder civil e uma missão exclusiva de defesa externa eram apresentadas, mas não tinham chance de progredir. Os grupos mais próximos aos militares se alinharam com a proposta apresentada pelo próprio Exército no livreto *Temas constitucionais: subsídios*, distribuído em 1987 aos constituintes.

> As Forças Armadas, constituídas pela Marinha, pelo Exército e pela Aeronáutica, são instituições nacionais permanentes e regulares, organizadas com base na hierarquia e na disciplina, sob a autoridade suprema do presidente da República.
>
> As Forças Armadas destinam-se à defesa da Pátria e à garantia dos poderes constitucionais, da lei e da ordem.
>
> Parágrafo único: Cabe ao Presidente da República a direção da política de guerra e a escolha dos Comandantes-Chefes.[21]

Já há, aqui, uma mudança em relação ao momento da convocação da Constituinte, quando os chefes militares defendiam a simples manutenção do texto da Emenda n.º 1. Não consta mais a ressalva à obediência ao presidente da República ("dentro dos limites da lei"). Se a Comissão cedera ao introduzir a possibilidade de intervenção para defender a ordem constitucional, as Forças Armadas também cederam um pouco. A polêmica se concentrou, então, na amplitude e nos mecanismos deflagradores para essa intervenção. O texto do Exército abria a possibilidade de uma ação autônoma das Forças Armadas, quando considerassem que os poderes constitucionais, a lei ou a ordem estavam

---

[21] EXÉRCITO, Ministério do. *Temas constitucionais: subsídios*. Brasília: Centro de Comunicação Social do Exército, 1987. p. 3.

sob ameaça. Já a Comissão dava à legislação ordinária a prerrogativa de definir que ameaças seriam essas; também sugeria, ao determinar que a intervenção ocorreria por "iniciativa expressa destes [poderes]", que havia necessidade de apoio de todos os três poderes da República.

No livreto distribuído pelo Ministério do Exército, destacava-se um argumento em favor da presença militar nas questões política internas. Ele começava por enfatizar a presença histórica das Forças Armadas brasileiras "na Defesa Interna, por iniciativa do poder civil",[22] citando a unificação do Império, a campanha de Canudos, a campanha do Contestado. Num Estado federativo, lembrava-se, o uso interno da força militar não pode ser descartado, "sob pena de ficar em cheque a supremacia da União".[23] Diversos exemplos internacionais, que iam dos Estados Unidos à "Polônia comunista" (então governada pelo general Wojciech Jaruzelski), comprovariam que todos os regimes políticos preveem uma missão de defesa interna para seus militares.[24] Ao mesmo tempo, porém, as Forças Armadas eram apresentadas como intérpretes da "vontade nacional", de uma maneira que os mecanismos representativos não seriam capazes de alcançar.[25] Sua intervenção teria ocorrido sempre em resposta "às aspirações do povo", o que era sintetizado por uma citação do então ministro do Exército, general Leônidas Pires Gonçalves: "Nós, militares, nunca fomos intrusos na História do Brasil, mas, sim, instrumentos da vontade nacional".[26]

Ao ressaltar o alinhamento dos militares com a "vontade nacional", este discurso acena para a velha tese das Forças Armadas como poder moderador. Este poder, como se sabe, era atribuído ao Imperador

---

[22] *Idem*, p. 4.

[23] *Idem*, p. 5.

[24] *Idem*, p. 5-6.

[25] A ideia de que há uma "vontade nacional" independente de sua formulação por procedimentos democráticos e de que as Forças Armadas a vocalizam é central na doutrina da Escola Superior de Guerra. Ver: MIGUEL, Luis Felipe. A formação da ideologia da Escola Superior de Guerra. *Archè Interdisciplinar*, n. 22, p. 177-196, 1999.

[26] EXÉRCITO, *Temas constitucionais*, p. 6.

pela Constituição de 1824. Com a República, o país ficaria órfão de um dispositivo institucional que permitisse dirimir conflitos entre os poderes. O resultado seria uma instabilidade permanente, dada a imaturidade política do Brasil – caracterização que é central no pensamento autoritário da Primeira República (de Oliveira Vianna, Alberto Torres e outros), cuja influência sobre os militares foi significativa.

Tal como decodificado pelo brasilianista Alfred Stepan, o "modelo moderador" se impõe em um cenário em que tanto civis quanto militares admitem que uma intervenção política retificadora das Forças Armadas é legítima e, por isso, atores políticos civis buscam soluções militares para seus impasses.[27] No entanto, a legitimidade se restringe a intervenções pontuais, de caráter corretivo. Por isso, segundo Stepan, o padrão teria sido rompido após o golpe de 1964, quando o poder não foi devolvido aos civis.

A abordagem de Stepan foi bastante criticada por incorreções históricas. Em especial, ela atribui às Forças Armadas uma posição de árbitro, acima dos conflitos políticos, o que uma análise das sucessivas intervenções na vida republicana não corrobora. Como observou João Quartim de Moraes, em vez de um "modelo moderador" há uma "ideologia moderadora", que impregna fortemente a autoimagem da cúpula militar e, no momento da transição política, permitia construir uma "alternativa à solução democrática da 'volta aos quartéis', isto é, como compromisso entre a ditadura e a democracia".[28] A situação é melhor descrita como "'democracia tutelar': um regime com instituições competitivas, formalmente democráticas, mas no qual o aparato de poder, neste momento reduzido às Forças Armadas, detém a capacidade de intervir numa situação indesejável".[29] O poder das Forças Armadas, assim, consiste em controlar a incerteza quanto aos resultados das

---

[27] STEPAN, Alfred. *Os militares na política: as mudanças de padrões na vida brasileira.* Tradução de Ítalo Tronca. Rio de Janeiro: Artenova, 1975 (ed. orig.: 1971).

[28] MORAES, João Quartim de. Alfred Stepan e o mito do poder moderador. *Filosofia Política*, n. 2, p. 195, 1985a.

[29] PRZEWORSKI, Adam. Ama a incerteza e serás democrático. Tradução de Roseli Martins Coelho. *Novos Estudos*, n. 9, p. 37, 1984 (ed. orig.: 1983).

disputas políticas – incerteza que, de acordo com o próprio Przeworski, seria característica definidora dos regimes democráticos.

O que a descrição de Stepan alcança de mais importante é o fato de que a presença política militar é *buscada* ativamente por políticos civis. O atraso da organização política brasileira estaria refletido, assim, numa hegemonia incapaz de se reproduzir por meios normais, exigindo intervenções de força, de tempos em tempos, para corrigir a rota. A "quebra" do padrão em 1964 revela o fato de que, naquela quadra histórica, as crises de hegemonia se mostravam mais profundas, exigindo uma ingerência mais prolongada.

O texto proposto pelo Exército foi mantido inalterado, em sua essência, na Subcomissão de Defesa do Estado, da Sociedade e de sua Segurança e na Comissão de Organização Eleitoral, Partidária e de Garantia das Instituições. Mas a proposta da Comissão Affonso Arinos ressurgiu no primeiro substitutivo apresentado pelo deputado Bernardo Cabral, relator da Comissão de Sistematização. Embora tenha sido retirada a referência aos "casos estritos da lei" para que os poderes solicitassem a ação das Forças Armadas, suscitou uma reação violenta do general Leônidas Pires Gonçalves, que, em reunião ministerial, acusou a Constituinte de estar a serviço de minorias.[30] Cabral recuou e, em seu segundo substitutivo, que foi adotado quase na íntegra no texto final da nova Constituição, alcançou uma fórmula que satisfez os militares.

Há, no texto, diferenças significativas em relação à Emenda n.º 1. Mas permanece a possibilidade de intervenção na vida política do país.

> Art. 142. As Forças Armadas, constituídas pela Marinha, pelo Exército e pela Aeronáutica, são instituições nacionais permanentes e regulares, organizadas com base na hierarquia e na disciplina, sob a autoridade suprema do Presidente da República, e destinam-se à defesa da Pátria, à garantia dos poderes constitucionais e, por iniciativa de qualquer destes, da lei e da ordem.

---

[30] ROSSI, Clovis. Leonidas afirma que "minoria" se impõe na Constituinte. *Folha de S.Paulo*, p. A-5, 28 ago. 1987.

§ 1º Lei complementar estabelecerá as normas gerais a serem adotadas na organização, no preparo e no emprego das Forças Armadas.[31]

Em contraste com o texto constitucional anterior, foi suprimida a referência à "obediência dentro dos limites da lei", que os próprios militares logo abandonaram no debate. Permaneceu a possibilidade de utilização das Forças Armadas para conter distúrbios internos, ausente apenas da redação inicial do projeto da Comissão Affonso Arinos – esta posição, que restringia a função militar à defesa exterior, foi logo aceita como irrealista pela maior parte da elite política. Como já apontado, a discórdia e a negociação ficaram concentradas em saber quem pode acionar as Forças Armadas e com que objetivos.

A solução encontrada é problemática por manter a prerrogativa de garantir "a lei e a ordem". Como observou Roberto Aguiar, discorrendo sobre a Constituição de 1934, isso indica que "lei e ordem são realidades diferentes e separadas. Não mais a ordem da lei, mas a ordem que está para além da lei".[32] As Forças Armadas podem, assim, se sentir legitimadas a operar em defesa de uma ordem abstrata, vinculada a uma visão de mundo particular, que ultrapassa o ordenamento legal. Seria mais acertado o uso da expressão "ordem constitucional", que oferecia um conteúdo concreto à ordem a ser defendida e reduzia o arbítrio dos militares.

Além disso, o texto permite que qualquer um dos poderes constitucionais decida pelo emprego das Forças Armadas. O que ocorre, então, caso elas sejam convocadas a agir por mais de um poder, com objetivos divergentes? Elas ficam, implicitamente, na posição de juízas nas disputas entre os poderes civis. E, na ausência da lei complementar prevista no § 1º, ao estabelecer a iniciativa de *qualquer* dos poderes, o texto possibilitava que um prefeito, uma Câmara de Vereadores ou um juiz de primeira instância convocasse os militares. Essa brecha não tardou a se revelar trágica. Um mês após a promulgação da Constituição, o Exército foi chamado por um juiz local para reprimir uma greve

---

[31] BRASIL. *Constituição*. Brasília: Senado Federal, 1988.

[32] AGUIAR, Roberto A. R. de. *Os militares e a Constituinte*. São Paulo: Alfa-Ômega, 1986. p. 23.

na Usina Siderúrgica de Volta Redonda, resultando na morte de três trabalhadores.[33]

A brecha aberta pela redação do artigo 142 ganhou centralidade na agitação política da extrema-direita. Nas manifestações pela derrubada da presidente Dilma Rousseff, em 2015 e 2016, não faltavam faixas pedindo uma suposta "intervenção militar constitucional". Quando, já com Jair Bolsonaro na presidência, ampliaram-se as tensões entre os poderes, integrantes do Executivo vieram a público sugerir que, caso os impasses não encontrassem outra solução, caberia aos militares decidir. Por mais estapafúrdia que fosse, a tese foi encampada por um famoso jurista, Ives Gandra da Silva Martins, que pontificou em pequeno artigo doutrinário: "Cabe às Forças Armadas moderar os conflitos entre os poderes".[34] Tratava-se, no caso, de restringir a capacidade do controle do Legislativo e, sobretudo, do Judiciário sobre as ações e omissões da presidência da República. Em resposta, o Supremo Tribunal Federal, que dissipara boa parte de seu capital de credibilidade ao se associar ao golpe de 2016, mas se tornara alvo da ira dos bolsonaristas, viu-se constrangido a apresentar proclamações de sua própria autoridade. O texto constitucional contribuiu para gerar confusão e para alimentar o discurso autoritário da extrema-direita.

Os militares obtiveram vitórias em outros pontos importantes de sua agenda, como a não reincorporação às suas fileiras dos cassados durante a ditadura (ao contrário do que ocorreu com o funcionalismo civil). Foi mantida a Justiça Militar – e, mais importante, permaneceu, ainda que de forma implícita, a possibilidade de que ela também julgasse civis (art. 124), uma "inovação" introduzida após o golpe de 1964. Por fim, foi mantida a caracterização das polícias como forças auxiliares e reserva do Exército.

A Comissão Affonso Arinos propôs eliminar tal vinculação, posição que foi defendida pela esquerda nos trabalhos da Constituinte. As

---

[33] FONSECA, Sandra Mayrink; VARGAS, Isaque. *Volta Redonda: entre o aço e as armas*. Petrópolis: Vozes, 1990.

[34] MARTINS, Ives Gandra da Silva. Cabe às Forças Armadas moderar os conflitos entre os poderes. *Consultor Jurídico*, on-line, 28 maio 2020.

polícias só estariam subordinadas às Forças Armadas em casos excepcionais, como estado de sítio, intervenção federal no estado federado ou guerra. A vinculação entre o Exército e as polícias é um dos índices de poder presente na literatura sobre relações civis-militares: "Quanto mais estreitas e íntimas forem as conexões dos militares com polícia, milícia, guarda civil, forças armadas privadas, organizações patrióticas juvenis, organizações militares femininas etc., maiores serão os recursos militares para o exercício do poder".[35] Forças paramilitares autônomas podem significar um obstáculo à ação política das Forças Armadas.

O texto finalmente aprovado pelos constituintes, depois de idas e vindas, manteve a caracterização das polícias militares e dos corpos de bombeiros como "forças auxiliares e reserva do Exército", mas enfatizando sua subordinação aos governadores das unidades da federação (art. 144, § 6º). A vinculação às Forças Armadas seria contrabalançada pela vinculação paralela aos executivos estaduais. No entanto, a Constituição relativizou o controle dos governadores ao incluir como competência privativa da União – conforme sugestão do Exército – legislar sobre "normas gerais de organização, efetivos, material bélico, garantias, convocação e mobilização das polícias militares e corpos de bombeiros militares" (art. 22, XXI). Ficou bastante restrito o espaço em que a subordinação aos governadores poderia se efetivar.

Mais uma vez, a presidência de Bolsonaro exibe com clareza ímpar o significado que a fragilidade do texto constitucional assume. O governo foi marcado, desde o início, pela forte presença militar: oficiais das três armas, mas sobretudo do Exército, ocuparam 6 mil cargos civis, incluindo um bom número dos ministérios. Ao mesmo tempo, houve uma ofensiva em direção às polícias, por meio tanto de gestos simbólicos (como a presença constante do presidente da República em cerimônias de formatura de novos agentes) quanto de concessão de vantagens materiais (como uma linha exclusiva de financiamento subsidiado para a aquisição de casa própria). Tratava-se de promover a lealdade pessoal dos corpos armados, introduzindo ruídos na cadeia

---

[35] ABRAHAMSSON, Bengt. *Military Professionalization and Political Power.* Beverly Hills: Sage, 1972. p. 141.

local de comando, cujo ápice estava em governadores que eram, muitas vezes, seus opositores ou rivais.

Marcadas pela violência contra suspeitos e contra as classes populares em geral, pelo racismo e pela corrupção, as polícias permaneceram como um dos problemas mais salientes do Brasil redemocratizado. Poucos governos se dispuseram a lidar com o problema, que enfrentava a resistência não apenas das próprias corporações e do *establishment* conservador, mas também de uma larga parcela da opinião pública, ensinada a equivaler segurança pública com violência policial e a desprezar o discurso dos direitos humanos como artifício para proteção de "bandidos" – para o que contribuíram amplamente os programas "mundo cão" no rádio e na televisão, difundidos pelo país afora ao longo da ditadura e que permaneceram após o fim dela.

A seletividade nada disfarçada da polícia e de instituições próximas do aparelho repressivo de Estado (judiciário, sistema prisional) sempre foram a faceta mais visível dos limites do ordenamento democrático no Brasil – a fronteira para além da qual o Estado de direito e a igualdade perante a lei se revelavam como ficções sem fundamento no real. Como sintetizou Luiz Eduardo Soares, "a transição democrática não se estendeu ao campo da segurança pública".[36] As organizações de esquerda deram, como regra, menor atenção a essas questões, adotando um discurso abstrato de vinculação entre criminalidade e desigualdade social e, nas situações concretas, oscilando entre a denúncia da brutalidade policial, quando na oposição, e um enfrentamento no máximo tímido a ela, quando no governo.

Convém lançar um olhar, ainda que breve, sobre a questão da tortura. Símbolo máximo da barbárie do regime que se encerrava, que a aplicou como política de Estado contra seus opositores à esquerda, ela foi rapidamente reduzida a uma questão menor da agenda pública tão logo as prisões políticas se esvaziaram – os responsáveis pela repressão vetavam a discussão e boa parte da oposição aceitou essa imposição como um limite que não se podia transpor. No entanto, a tortura permaneceu

---

[36] SOARES, Luiz Eduardo. *Desmilitarizar: segurança pública e direitos humanos.* São Paulo: Boitempo, 2020. p. 25.

e permanece como prática corrente das polícias brasileiras, aplicada a "suspeitos" que são quase sempre pretos e pobres, seja como forma de intimidação, seja para arrancar confissões forjadas que substituem o trabalho de investigação. A "displicência histórica" em relação à tortura, para usar as palavras de Maria Rita Kehl,[37] cobra um alto preço não só em relação à memória da ditadura, mas também ao presente.

Já a questão militar propriamente dita pareceu se resolver por mágica, sem que tenha havido empenho real das novas autoridades civis. Se o governo Sarney transcorreu à sombra dos generais, seu sucessor, Fernando Collor de Melo, que contava com a legitimidade das urnas, era um político que, embora conservador e oriundo do partido de sustentação à ditadura, tinha um histórico de desavenças com a hierarquia militar. Ao se posicionar como oposição a Sarney para viabilizar sua candidatura presidencial, ele entrou em choque com alguns dos ministros fardados, em particular o influente chefe do Serviço Nacional de Informações (SNI), general Ivan de Souza Mendes. Na presidência, deu pouca relevância para as pastas militares – o próprio SNI, herança mais vistosa do aparato de repressão política do regime autoritário, mudou de nome, perdeu o status de ministério e foi entregue ao comando de um civil. Em 1999, com pouco alarde e menos oposição ainda, o presidente Fernando Henrique Cardoso completou o serviço, fundindo as pastas ministeriais destinadas a cada uma das três armas em um único Ministério da Defesa sob chefia civil, o que era uma das principais medidas apontadas como necessárias para fortalecer o controle do poder civil sobre os militares.

Assim, de Collor em diante, os militares saíram do proscênio político. A memória da ditadura continuou sendo um ponto sensível e a eventual punição dos responsáveis por seus crimes, objeto de veto. Os governantes civis foram em geral cuidadosos ao lidar com estes assuntos, reduzindo as tensões. Os governos do PT, cientes de que enfrentavam desconfiança por suas origens, buscaram garantir uma boa relação com

---

[37] KEHL, Maria Rita. Tortura e sintoma social. In: TELES, Edson; SAFATLE, Vladimir (Orgs.). *O que resta da ditadura: a exceção brasileira*. São Paulo: Boitempo, 2010. p. 132.

as Forças Armadas, dedicando-se à atualização da Política Nacional de Defesa e prometendo, ainda que cumprindo só parcialmente, o reaparelhamento das três armas. A fim de resolver a questão do chamado "desemprego estrutural" – o diagnóstico de que, sem inimigos externos críveis, portanto sem perspectivas de serem empregadas em suas funções específicas, as Forças Armadas se sentiriam tentadas a intervir nas questões políticas internas –, foi financiada a participação de tropas brasileiras em missões de paz das Nações Unidas, notadamente no Haiti. Muitos dos chefes destas missões tornaram-se depois ativos participantes do retrocesso democrático no Brasil, o que respalda a tese de que, em vez de estabelecer um novo profissionalismo, elas reforçaram a tendência salvacionista própria do espírito militar brasileiro.[38] Mas o objetivo, cristalinamente, era encontrar para as Forças Armadas uma posição compatível com a ordem democrática, evitando, no entanto, um confronto com seu recente passado autoritário.

A situação parecia tão pacificada que, durante o governo Dilma Rousseff, o Ministério da Defesa esteve nas mãos de um político civil então filiado a um partido nominalmente comunista, sem reações contrárias do oficialato. E a mesma Dilma, que chegou à presidência com a pecha de "ex-guerrilheira", deu o passo mais ousado ao criar a Comissão Nacional da Verdade – mas a possibilidade de que os culpados pelas violações dos direitos fossem levados aos tribunais nunca foi tangível. Ainda assim, como se sabe, os trabalhos da Comissão agastaram os militares, dissiparam qualquer simpatia que as outras ações do governo pudessem ter gerado e contribuíram de forma decisiva para que eles avalizassem o golpe de 2016.

O legado da ditadura, que os militares se recusavam a discutir, não diz respeito apenas ao passado. A defesa da legitimidade do golpe de 1964 e das arbitrariedades que se seguiram a ele implica a manutenção de um autoentendimento sobre a função das Forças Armadas e o funcionamento da sociedade incompatível com o poder civil e com a

---

[38] MARQUES, Adriana A. A conexão Porto Príncipe-Brasília: a participação em missões de paz e o envolvimento na política doméstica. In: MARTINS FILHO, João Roberto (Org.). *Os militares e a crise brasileira*. São Paulo: Alameda, 2021.

democracia. De fato, uma análise dos documentos da Escola Superior de Guerra, principal local de produção da ideologia dos militares brasileiros, mostra que permaneceram vivas a ideia de inimigo interno, a crença na necessidade de alguma forma de tutela sobre as instituições civis e a equivalência entre a expressão de interesses em conflito e a desordem. O que mudou, do fim da ditadura em diante, foi a redução da aposta na centralidade do Estado na promoção do desenvolvimento, com a consequente adesão à fé no livre-mercado.[39]

Nas escolas militares, a tendência foi a ampliação do hiato em relação às instituições civis, sobretudo no ensino de História. A manutenção da estrutura educacional separada é, em si mesma, um problema. Um colóquio internacional sobre como combater a tortura, realizado em Genebra em 1983, concluiu que "o treinamento militar deve ser feito de tal maneira que não desenvolva uma subcultura, completamente separada do resto da sociedade", recomendando a abolição do ensino militar em escolas secundárias e, mesmo em nível universitário, "o treinamento militar deveria ser dado nas universidades, com outros estudantes, e não exclusivamente por instrutores militares e policiais".[40] Nenhum passo nesta direção foi dado no Brasil.

Os militares praticamente saíram do universo de preocupações dos civis, na política e também na academia, no exato momento em que sua presença nos assuntos nacionais se tornou menos ostensiva. Quando o golpe contra a presidente Dilma Rousseff foi deflagrado, a cúpula das Forças Armadas refugiou-se numa posição de "neutralidade" – ainda que muitos generais da reserva e mesmo alguns da ativa pregassem abertamente a derrubada do governo. Nas primeiras análises, o golpe era adjetivado como parlamentar, judiciário, midiático ou empresarial,

---

[39] LENZ, Rodrigo. *Pensamento político dos militares no Brasil: mudanças e permanências na doutrina da ESG (1974-2016)*. 321 f. 2021. Tese (Doutorado em Ciência Política) – Programa de Pós-Graduação em Ciência Política, Universidade de Brasília, Brasília, 2021.

[40] VARGAS, François (Relator). *Como combater a tortura: relatório do Colóquio Internacional sobre como Combater a Tortura*. Tradução de Eglê Malheiros. Florianópolis: Editora da UFSC, 1986. P. 45-46. (ed. orig.: 1984).

mas, em geral, não como militar. A ausência desse componente aparecia mesmo como um traço distintivo do neogolpismo em relação às intervenções dos anos 1960 e 1970 na América Latina. No entanto, já na presidência de Michel Temer foi revelada a importância das Forças Armadas como garantidoras do retrocesso político (ver, adiante, o Capítulo 5). Com Bolsonaro, os cargos civis do Estado foram colonizados por militares da ativa e da reserva, que justificavam sua presença por pretensos diferenciais de competência operacional e patriotismo. No frigir dos ovos, depois de três décadas de poder civil, os militares brasileiros permaneciam ideologicamente na mesma posição. Não se produziu um novo regime militar, mas um regime formalmente civil penetrado por forças militares e policiais com crescente influência.

Ressalvada a resolução da questão militar, a Constituição promulgada em 1988 delineou uma ordem liberal democrática bastante avançada. Ainda assim, o sistema político brasileiro viveu de crise em crise, com escândalos diversos se sucedendo e dois *impeachments* presidenciais, é verdade que muito dessemelhantes entre si, em pouco mais de duas décadas. Parte da explicação pode ser atribuída a uma peculiar fragilidade das instituições representativas.

Não é algo exclusivo do Brasil. Os regimes representativos concorrenciais são uma aproximação muito deficiente aos ideais democráticos, com uma enorme quantidade de fatores gerando ruídos na relação entre representantes e representados, ao ponto de descaracterizá-la quase por completo – o peso do dinheiro, a distinção social, o controle da informação, a forma da separação entre esferas pública e privada.[41] A representação política é necessariamente imperfeita, uma vez que a especialização funcional dos representantes os afasta de suas bases, mas trata-se de uma imperfeição *desigual*, que afeta de forma muito mais pesada os grupos dominados, como a classe trabalhadora, as mulheres, a população negra, os povos indígenas, os grupos LGBT, que têm maiores dificuldades para ver seus interesses e suas perspectivas espelhados nos espaços de poder. A partir do final do século XX, a crescente consciência

---

[41] MIGUEL, Luis Felipe. *Democracia e representação: territórios em disputa*. São Paulo: Editora Unesp, 2014.

desse problema levou a uma crise de confiança nas democracias representativas (ver Capítulo 1).

No Brasil, um agravante é que a lógica do sistema representativo se apoia sobre os partidos políticos, mas eles sempre foram relativamente fracos no país e, após a ditadura militar, tornaram-se mais fracos ainda. O contraste com o sistema partidário do período 1945-1964 é elucidativo. Ele se estruturava em torno da tríade PTB-PSD-UDN; embora mantivessem razoável heterogeneidade interna, os três grandes partidos correspondiam, em linhas gerais, a um *continuum* de posições, mais à esquerda, no PTB, e mais à direita, na UDN, com o PSD no centro. Embora muitas outras legendas conseguissem representação parlamentar e tivessem importância regional, a política nacional girava em torno dos três. Em todo o período, nas eleições para a Câmara dos Deputados, eles sempre obtiveram, reunidos, entre 80% e 89% das cadeiras; a principal tendência foi o crescimento da parcela do PTB.[42] Já durante a Nova República, há uma crescente fragmentação. Excluída a eleição de 1986, na qual o efeito do Plano Cruzado provocou uma extraordinária ampliação da votação do PMDB, as bancadas dos três maiores partidos, fossem quais fossem no momento, somaram apenas entre 42% e 56% das cadeiras, descendo para meros 37% em 2014 e pouco mais de 28% em 2018. Os índices de fragmentação partidária são gigantescos e crescentes.[43] São partidos muito fracos, que possuem baixa coesão interna e despertam pouca lealdade do eleitorado. O sistema eleitoral de representação proporcional com listas abertas estimula o personalismo e a competição fratricida entre correligionários. Políticos mudam de partido conforme a conveniência, sem que isso costume implicar em custos diante do eleitorado, tornando o sistema partidário ainda mais gelatinoso.

---

[42] NICOLAU, Jairo. Partidos na República de 1946: velhas teses, novos dados. *Dados*, v, 47, n. 1, p. 85-129, 2004.

[43] MIGUEL, Luis Felipe; ASSIS, Pedro Paulo Ferreira Bispo de. Coligações eleitorais e fragmentação das bancadas parlamentares no Brasil: simulações a partir das eleições de 2014. *Revista de Sociologia e Política*, n. 60, p. 29-46, 2016.

A grande quantidade, a heterogeneidade interna e a instabilidade dos partidos colocam problemas para o funcionamento do regime representativo. Para os eleitores, fica mais difícil balizar as escolhas políticas, já que os partidos não cumprem sua função de servir de marcos relativamente fixos das disputas. Para os governantes, torna-se complicado compor maiorias parlamentares; por vezes, não é possível dar por garantido nem mesmo o apoio dos integrantes de sua própria legenda.

Um dos pontos recorrentes da interminável discussão sobre "reforma política" no Brasil incide exatamente sobre a necessidade de reduzir o número de partidos, seja por intervenções arbitrárias (como a introdução de cláusula de barreira), seja por mudança no sistema eleitoral (os sistemas de votação majoritária, como o chamado "voto distrital", tendem ao bipartidarismo). O preço a pagar pela simplificação do sistema partidário, no entanto, é elevado. Quanto menor o cardápio de alternativas, mais fácil tende a ser a escolha – mas também menos satisfatória. Supondo que cada partido corresponda a uma posição política ou a um interesse social particular, um amplo multipartidarismo dá ao eleitorado a chance de fazer um ajuste mais fino na manifestação de suas preferências. Levado ao extremo, porém, tal caminho chegaria à multiplicação de opções idiossincráticas, dificilmente discerníveis entre si, o que complicaria demasiado não apenas a opção eleitoral, mas também as próprias tarefas de governo, dada a dificuldade para formar maiorias quando as negociações envolvem um número muito grande de atores. O sistema ideal faria com que posições substantivamente diversas aparecessem separadas, mas posições suficientemente próximas estivessem unidas. Não há, porém, uma medida objetiva que se possa aplicar para verificar o cumprimento deste critério.

A suposição antes indicada – de que a cada partido corresponderia uma posição política – é desafiada pela realidade empírica, mas é crucial para o funcionamento do modelo. Se não partimos da ideia de que os partidos encarnam ou ao menos *podem encarnar* posições políticas e/ou interesses sociais diversos, desmorona qualquer justificativa com conteúdo democrático para o modelo vigente de competição eleitoral. Restam apenas aquelas de matiz schumpeteriana, segundo as quais a única virtude do processo eleitoral é renovar a dominação política, sem que haja a menor sinalização de uma suposta vontade popular. Neste caso, discutir vantagens e desvantagens dos diferentes sistemas eleitorais seria um exercício ocioso. De forma simplificada, é possível afirmar que os sistemas eleitorais perseguem três objetivos – que, no entanto, geram *trade-offs* entre si: a compreensibilidade por parte do eleitorado, a possibilidade de manifestação precisa das preferências políticas e a geração de um corpo de eleitos capaz de exercer com efetividade as funções de governo. Como regra, as fórmulas majoritárias tendem a privilegiar o primeiro e o terceiro objetivos; as proporcionais, o segundo. Num país marcado por desigualdades como o Brasil, a redução da capacidade de espelhamento das preferências políticas no corpo de representantes agravaria a oligarquização do sistema. Uma reforma que reduzisse o número de partidos por força da legislação, não como resultado do amadurecimento político dos cidadãos, certamente resultaria numa democracia ainda mais precária.

Apesar da simpatia de muitos cientistas políticos, tais mudanças nunca foram introduzidas, a não ser de forma bastante comedida, em grande parte pela natural reticência da elite política para mudar as regras que até então a mantinham nessa posição. Quanto à questão da capacidade governativa, a solução que o sistema político encontrou para resolver o problema foi o "presidencialismo de coalizão", assim batizado por Sérgio Abranches.[44] Trata-se, em resumo, da capacidade de cooptação de parlamentares pelo presidente da República como forma de driblar a fragmentação das bancadas e a fraca coerência dos partidos. O presidente permite que deputados e senadores exerçam influência sobre nomeações e distribuição de verbas. Em troca, ganha a capacidade de comandar a agenda legislativa e garante a aprovação de projetos de seu interesse. Aparentemente eficaz, ao menos em momentos em que o conflito político está menos acirrado, o arranjo, no entanto, cobra um alto preço. O trabalho legislativo passa a girar em torno da permanente barganha autointeressada entre os parlamentares

---

[44] ABRANCHES, Sérgio. Presidencialismo de coalizão: o dilema institucional brasileiro. *Dados*, v. 31, n. 1, p. 5-32, 1988.

e o Executivo, colocando em segundo plano os compromissos com os eleitores. Isto é, o vínculo representativo é depreciado.

Durante parte da Nova República, havia um ponto fora da curva – o Partido dos Trabalhadores, considerado "radical" ou mesmo antissistêmico, avesso a negociações e compromissos. Funcionava como um ponto fixo num sistema partidário de enorme fluidez, com os outros partidos em alguma medida balizando suas posições por meio da distância em relação a ele (ver Capítulo 4). Com o tempo, porém, o PT adaptou-se às práticas políticas dominantes e também ao horizonte restrito de possibilidades que a ordem instituída permitia. Ele tornou-se o partido da Nova República, aquela que ele rejeitara ao não apoiar a chapa Tancredo Neves-José Sarney no Colégio Eleitoral, em 1985, e o partido da Constituição de 1988, que ele se recusara a assinar. Em suma, o PT tornou-se o partido da ordem (constitucional).

Neste processo, porém, reduziu-se a possibilidade de que o sistema partidário brasileiro fosse capaz de realmente expressar os interesses sociais em conflito. Uma percepção convencional, com grande curso no jornalismo e também na Ciência Política, entende que a metamorfose do PT, partido antissistêmico convertido em partido da ordem, favoreceria a estabilidade política. Mas não foi o que ocorreu, até porque o PT nunca foi um partido antissistêmico. Segundo a tipologia do cientista político italiano Marco Damiani, é possível distinguir uma extrema-esquerda antissistêmica, uma esquerda radical "anti-*establishment*" e uma esquerda moderada reformista.[45] A crer no modelo, o PT original se enquadrava majoritariamente como "anti-*establishment*". Isto é, ele representava a demonstração de que um sentimento contrário ao *establishment* tinha condições de ser expresso dentro do sistema político em vigor. Ao passar à posição de esquerda moderada, sem um substituto que ocupasse a posição anterior, contribuiu na verdade para revelar a impermeabilidade do sistema a visões políticas dotadas de maior radicalidade.

---

[45] DAMIANI, Marco. *La sinistra radicale in Europa: Italia, Spagne, Francia, Germania*. Roma: Donzelli, 2016.

Outro problema que a ordem balizada pela Constituição de 1988 não soube enfrentar foi o do controle da comunicação. Com investimentos maciços, a ditadura militar modificou profundamente o ambiente da comunicação brasileira. A televisão, até então restrita aos maiores centros e às camadas abastadas, passou a alcançar quase a totalidade do território nacional e tornou-se o principal meio de entretenimento (e de informação) das massas. Em 1969, por meio de uma rede de micro-ondas, foi transmitido o primeiro programa em cadeia nacional de TV, isto é, simultaneamente para todo o país – uma edição do *Jornal Nacional*, da Rede Globo. Já mais perto do final da ditadura, começaram as transmissões via satélite. A televisão mostrava-se um instrumento importante para a "integração nacional" desejada pelos governantes militares e a Globo se firmou como parceira privilegiada do regime, o que lhe permitiu assumir uma liderança absoluta e distanciada em relação às emissoras concorrentes.

A partir da "abertura política", em 1979, a Rede Globo teve que se adaptar a um ambiente que se tornava menos repressivo. Sua primeira experiência com eleições relativamente livres foi desastrosa, envolvendo-se num esquema destinado a fraudar a vitória de Leonel Brizola para o governo do Rio de Janeiro, em 1982. Depois de tentar invisibilizar a campanha pelas eleições diretas, apoiou a candidatura de Tancredo Neves no Colégio Eleitoral e teve talvez o ápice de seu poder no governo José Sarney – basta dizer que o único ministro civil que permaneceu no cargo ao longo de todo o mandato presidencial foi o das Comunicações, indicado pela Globo e estreitamente ligado a ela, e que Roberto Marinho (o dono da emissora) chegou a ter poder de nomear ministros da área econômica. Maílson da Nóbrega, o último ministro da Fazenda de Sarney, contou em entrevista que o presidente lhe pediu para ter uma conversa com Marinho:

> Fui lá e fiquei mais de duas horas com o doutor Roberto Marinho. Ele me perguntou sobre tudo, parecia que eu estava sendo sabatinado. Terminada a conversa, falou: "Gostei muito, estou impressionado". De volta ao Ministério, entro no gabinete e aparece a secretária: "Parabéns, o senhor é o ministro da Fazenda". Perguntei: "Como assim?". E ela: "Deu no plantão da Globo". [...] Ou seja, em dez minutos o Roberto

Marinho ligou para o presidente, estou supondo, porque o presidente nunca me contou nada. Imagino que conversaram e o presidente deve ter dito que então eu seria o ministro.[46]

Foi desta posição de força que a Globo, aliada às outras empresas do setor, enfrentou a Assembleia Nacional Constituinte. Os avanços na liberdade de expressão e de imprensa, consignados no artigo 220, não foram acompanhados por medidas que apontassem para a efetiva pluralização do acesso ao debate – nem mesmo medidas liberais, como aquelas voltadas a impedir a concentração da propriedade dos meios ou a reforçar o caráter público dos serviços prestados por concessionários estatais, como as emissoras de rádio e TV.[47] O Conselho de Comunicação Social do Congresso Nacional, cuja constituição foi determinada pelo artigo 224 e que alimentava a esperança de dar voz à sociedade civil e aos movimentos pela democratização da mídia, foi regulamentado já em 1991, mas só passou a funcionar 14 anos depois – e de forma muito esvaziada.[48]

Trata-se de uma questão importante para a possibilidade da democracia. Os meios de comunicação de massa ocupam uma posição central nos regimes políticos contemporâneos, na medida em que são os principais filtros pelos quais passa o debate público e os canais predominantes de contato dos representantes com os representados. Mais ainda: é possível dizer que eles incorporam em si mesmos uma dimensão da representação política, uma vez que os cidadãos comuns, impossibilitados de participar diretamente, são representados não apenas na tomada de decisões, mas também nas trocas argumentativas e na produção da agenda pública. Parte deste segundo aspecto da representação é realizada pelos próprios parlamentares eleitos, uma

---

[46] NÓBREGA, Mailson da. Entrevista a Carlos Alberto Sardenberg. *Playboy*, n. 284, p. 48, 1999.

[47] Para um relato escrito no calor da hora, cf.: LIMA, Venício A. de. Comunicação na Constituinte de 1987/88: a defesa dos velhos interesses. *Caderno CEAC*, n. 1, p. 143-152, 1987.

[48] SIMIS, Anita. Conselho de comunicação social: uma válvula para o diálogo ou para o silêncio?. *Revista Brasileira de Ciências Sociais*, n. 72, p. 59-71, 2010.

vez que trocas argumentativas e produção da agenda ocorrem também nos espaços formalizados do Poder Legislativo, mas outra parte se vincula ao ambiente social mais amplo – e aí a mídia é crucial.[49] Por isso, a qualidade da democracia é dependente do grau de abertura que os meios de comunicação dão às diferentes visões de mundo e interesses presentes na sociedade.

A literatura sobre mídia e política costuma distinguir "pluralismo interno", quando cada veículo de comunicação dá espaço a diferentes grupos, e "pluralismo externo", quando, ainda que os veículos estejam alinhados a posições específicas, o sistema de mídia, em seu conjunto, reflete uma diversidade de perspectivas.[50] O ponto é a *pluralidade*, não a neutralidade ou imparcialidade, uma vez que se reconhece que estes ideais convencionais não são exequíveis, pois toda narrativa é socialmente situada.[51] A ética profissional certamente impede o falseamento daquilo que se entende como sendo a realidade objetiva, mas ainda assim há um vasto espaço para disputa quanto aos valores que presidem a seleção, hierarquização e interpretação dos fatos.

No Brasil, ambos os pluralismos sempre foram deficientes. Uma vasta literatura mostra como, ao longo da Nova República, os principais veículos de comunicação do país estiveram sempre do mesmo lado, seja nas eleições presidenciais, seja nas grandes questões nacionais (sobretudo as políticas de redução do Estado e de desproteção do trabalho). Todos atuaram também pela deflagração do golpe que derrubou a presidente Dilma Rousseff, em 2016, e pela construção da conjuntura eleitoral que permitiu a ascensão de Jair Bolsonaro ao poder, em 2018, ainda que, para a maioria deles, o ex-capitão não fosse a primeira opção presidencial. Assim, continuaram investindo no sentimento "antipetista", justificaram as manobras judiciais que retiraram da disputa o ex-presidente Lula e difundiram o discurso que apresentava Bolsonaro e seu adversário,

---

[49] MIGUEL, *Democracia e representação*, Capítulo 3.

[50] HALLIN, Daniel C.; MANCINI, Paolo. *Comparing Media Systems: Three Models of Media and Politics*. Cambridge: Cambridge University Press, 2004.

[51] MIGUEL, Luis Felipe; BIROLI, Flávia. *Caleidoscópio convexo: mulheres, política e mídia*. São Paulo: Editora Unesp, 2011. Capítulo 1.

Fernando Haddad, como ameaças simétricas, legitimando o voto em um candidato notoriamente despreparado, truculento e autoritário. Alguns órgãos da imprensa escrita abrem espaço para articulistas com posições divergentes em suas páginas de opinião, a fim exatamente de simular algum grau de pluralismo, mas o viés se manifesta com clareza na reportagem "factual" e na escolha das manchetes. Na televisão e no rádio, que atingem um público mais amplo e, na média, ainda menos sofisticado, o monolitismo do conteúdo é ainda mais acentuado.

É importante observar aqui que os meios de comunicação produzem o ambiente público de discussão política na medida em que funcionam como um sistema integrado dentro do qual a agenda (os temas colocados para debate), as personagens (os atores sociais dignos de atenção) e o enquadramento (o balizamento da compreensão de cada problema) de cada veículo são confirmados por todos os outros. Dito de outra forma: o pequeno pluralismo proporcionado, no caso brasileiro, pela presença de certas publicações alinhadas às políticas do Partido dos Trabalhadores e de outras, ainda menores e menos numerosas, posicionadas à esquerda do PT é anulado por sua exclusão do sistema. Os grandes veículos, como *Veja, Folha de S.Paulo, O Estado de S.Paulo, O Globo* e as redes de televisão, repercutem uns aos outros, gerando uma pauta comum, mas as reportagens publicadas na *CartaCapital* ou no *Brasil de Fato* são sistematicamente ignoradas por eles.

Deste ponto de vista, o pluralismo vigente nos meios de comunicação brasileiros é *inferior* ao do sistema político. O ambiente de informação resultante da mídia reduz a amplitude do debate público e funciona como um poderoso incentivo para que os agentes políticos se adaptem às restrições impostas pelos veículos – sob pena de serem sub-representados, silenciados ou folclorizados. Este foi, certamente, um fator operante na gradual moderação do PT, com sua ala à esquerda se tornando menos relevante. Os líderes petistas com discurso mais palatável tendiam a ganhar mais visibilidade e cobertura mais positiva, o que reforçava seu peso dentro do partido e nas disputas eleitorais, gerando um círculo de reforço no qual o jornalismo desempenhava papel central.

Durante certo tempo, houve a expectativa de que os meios empresariais seriam capazes de se adaptar às regras da democracia liberal e modulariam sua intervenção em parâmetros similares aos dos países desenvolvidos – isto é, preocupando-se com o reforço de consensos básicos e com a preservação de elementos-chave da ordem social (a economia capitalista, valores liberais), mas evitando um partidarismo excessivo no dia a dia da política. Houve, de fato, algo que se poderia considerar uma evolução – e uso a Rede Globo, maior conglomerado de mídia, novamente como exemplo principal. Em 1982, nas eleições para os governos estaduais, ainda na ditadura, a Globo, como visto, participou da tentativa de fraude na contagem dos votos de Leonel Brizola no Rio de Janeiro. Na eleição presidencial de 1989, liderou a "mera" manipulação do noticiário em favor de Fernando Collor de Mello. Em 1994, optou por fazer uma propaganda forte, mas apenas indireta, para Fernando Henrique Cardoso. Com Fernando Henrique buscando a reeleição, em 1998, simplesmente apagou a campanha eleitoral de seus noticiários, assim como temas espinhosos para o governo, transformando o pleito em mero ritual de recondução do presidente.

Em 2002, por fim, a Rede Globo deu o passo mais significativo rumo ao padrão de intervenção da mídia nos países capitalistas centrais. Era nítida sua simpatia, tal como no restante da grande imprensa, pelo candidato José Serra, do PSDB. Mas, ao contrário do que ocorrera no pleito anterior, o *Jornal Nacional* deu amplo espaço à campanha eleitoral. Cronometrou o tempo destinado aos quatro principais candidatos, dando a eles visibilidade similar. A agenda de campanha de cada um deles merecia atenção diária. Ainda que uma análise fina das reportagens possa demonstrar simpatias e antipatias, havia um esforço para ostentar imparcialidade. A influência exercida pela emissora estava concentrada em extrair de todos os candidatos a garantia expressa de que a política econômica em vigor não seria alterada e os "contratos" seriam respeitados. A grande imprensa, Globo incluída, enfatizava o perigo de uma vitória da oposição (alta do dólar e do chamado "risco-Brasil"), que só seria evitado assegurando a permanência do modelo vigente. Em suma: mais do que garantir a vitória de Serra, o empenho era para disciplinar todos os candidatos competitivos, comprometendo-os com a defesa de determinados interesses básicos.[52]

Era apresentada uma aparente neutralidade diante da disputa eleitoral, ao mesmo tempo em que o espectro das propostas que os candidatos podiam "legitimamente" defender ficava severamente restrito. É evidente que o jornalismo de uma sociedade democrática precisa de muito mais pluralismo. Ainda assim, em 2002 os conglomerados de mídia tiveram que demonstrar disposição para aceitar a alternância no poder, que se tornara cada vez mais inevitável. Com isso, avançaram rumo ao padrão de cobertura preferido por seus congêneres nos países do Norte, que também defendem interesses, mas evitam a manipulação eleitoral indisfarçada.

De 1982 a 2002, portanto, formas mais abertas de intervenção política da mídia foram substituídas por formas mais veladas. A partir da crise do mensalão, no primeiro mandato de Lula, porém, o quadro mudou. As campanhas de 2006, 2010 e 2014 se deram numa crescente de engajamento eleitoral aberto dos meios. No processo, não só a Rede Globo, mas todos os principais veículos de comunicação brasileiros passaram a adotar um padrão menos cauteloso de envolvimento político. A Operação Lava Jato, deflagrada em 2014 com o propósito transparente de retirar o PT do governo, foi uma coprodução entre setores do aparelho repressivo do Estado e os conglomerados de mídia, interessados em construir o clima de opinião que impedisse a reeleição da presidente Dilma Rousseff e, uma vez que o objetivo não foi alcançado, que permitisse a sua derrubada. O golpe de 2016, que selou o fim da Nova República, ocorreu em meio ao clamor unânime dos grandes meios impressos e das redes de rádio e TV, que apresentavam a substituição da presidente e a criminalização de seu partido como indispensáveis à salvação do Brasil.

O cenário não fica completo sem a inclusão dos novos meios de informação, abertos pela mudança tecnológica – com o uso das mídias sociais, no caso brasileiro em especial do WhatsApp, gerando uma onda

---

[52] MIGUEL, Luis Felipe. A eleição visível: a Rede Globo descobre a política em 2002. *Dados*, v. 46, n. 2, p. 289-310, 2003.

de desinformação e de manipulação de comportamentos que a Constituição de 1988 obviamente não tinha como prever. Mas, ao contrário do que afirmam algumas análises apressadas, o avanço tecnológico não tornou irrelevantes os meios tradicionais, muito menos a relação entre eles e os novos fluxos comunicativos é de exterioridade. No caso da preparação do golpe de 2016, para continuar tratando do mesmo episódio, o noticiário enviesado da Lava Jato, militantemente contrário a Dilma, associando o Partido dos Trabalhadores à corrupção e retratando seus líderes como bandidos, fornecia o caldo de cultura para a desinformação pesada que circulava nos novos circuitos virtuais. Criava-se, assim, uma situação em que as chamadas *fake news* eram difundidas em espaços privados ou semiprivados, como listas e grupos de mídias sociais, e os meios convencionais de acesso público, ainda que não reproduzissem o mesmo conteúdo, apresentavam narrativas convergentes a ele e não disponibilizavam nenhum contradiscurso.

Na prática, formou-se uma triangulação entre aparelho repressivo de Estado, mídia e fábricas de *fake news*. Informações contrárias a Lula e ao PT eram vazadas por policiais, procuradores ou juízes e repercutidas com alarde no noticiário nacional; ou, então, a informação, apresentada como um furo de reportagem, motivava uma investigação da polícia ou do Ministério Público. Isso criava o clima de opinião propício para que organizações da extrema-direita produzissem seu próprio material – versões exageradas das notícias iniciais ou simples mistificações –, ancoradas na credibilidade original dos funcionários públicos e do jornalismo profissional. A mídia gerava, portanto, o ambiente para que as *fake news* prosperassem. Sem a reiterada afirmação de que Lula era o chefe e o PT, uma quadrilha criminosa, as histórias sobre seus filhos serem proprietários de grandes empresas ou ele possuir castelos e contas bilionárias no exterior teriam mais dificuldade para se propagar.

Em suma: no Brasil, os meios de comunicação de massa foram, ao longo de todo o processo de deflagração do golpe de 2016 e da criminalização do PT, parceiros das fábricas de *fake news*. Trata-se de uma diferença fundamental em relação àquilo que é descrito na literatura estadunidense, em que mídia e *establishment* político foram simultaneamente desafiados por *outsiders* que se impuseram por meios heterodoxos. A análise de Benkler, Faris e Roberts indica, por um lado, que o "ecossistema" da mídia de direita, incluindo canais como Fox News, radialistas como Rush Limbaugh e websites como Breitbart, descolou-se do *mainstream* e, assim, tornou-se infenso a qualquer confronto com a realidade factual, ao passo que os veículos da esquerda continuam dialogando com os órgãos tradicionais da imprensa (*The New York Times*, CNN, *The Wall Street Journal*, Bloomberg, agência Reuters).[53] Por outro lado, o enorme barulho feito pela direita em torno de seus assuntos capturou a agenda da mídia tradicional e, assim, definiu a pauta da disputa eleitoral de 2016. Como observou David Runciman, o novo ambiente informacional se estrutura como uma "competição pela nossa atenção" e, nela, Donald Trump e seu histrionismo eram irresistíveis para o *New York Times* tanto quanto para os adolescentes macedônios que simplesmente caçavam cliques de internautas estadunidenses.[54]

Já o jornalismo corporativo brasileiro esposou desde o princípio a agenda da direita em sua luta para retirar do governo (e da esfera do politicamente aceitável) a centro-esquerda, encarnada pelo PT, e seu programa de reformas moderadas. Todos os principais veículos, incluindo jornais, revistas, emissoras de rádio ou TV e grandes portais de notícias, participaram deste esforço. Se, no que se refere aos Estados Unidos, concluiu-se que não houve "uma divisão entre esquerda e direita, mas uma divisão entre a direita e o resto do ecossistema midiático",[55] para o Brasil seria possível dizer quase o oposto.

A emergência de novos circuitos de difusão de mensagem, graças às novas tecnologias, apenas agravou o fato de que o controle da informação permanece como um obstáculo central para o funcionamento da democracia no Brasil. A Constituição de 1988 não foi capaz de atacar o

---

[53] BENKLER, Yochai; FARIS, Robert; ROBERTS, Hall. *Network Propaganda: Manipulation, Disinformation, and Radicalization in American Politics.* Oxford: Oxford University Press, 2018.

[54] RUNCIMAN, David. *How Democracy Ends.* New York: Basic Books, 2018. p. 157.

[55] BENKLER; FARIS; ROBERTS, *Network Propaganda*, p. 73.

problema – e legou à Nova República uma situação difícil de ser rompida. A exigência de uma transformação profunda na comunicação social é praticamente ignorada, até porque os políticos que tentam colocá-la na agenda podem contar com uma reação feroz dos conglomerados de mídia, com efeitos muito negativos sobre suas carreiras futuras. Nos governos Lula e Dilma, propostas tímidas para democratizar o setor foram atacadas sem trégua como sendo projetos para o retorno da censura e a geração de um monopólio estatal da informação, e em geral não conseguiram ser levadas adiante.

Contra a democratização da mídia, as empresas brandem o valor da *liberdade de expressão*, que é enquadrada como um direito individual. A liberdade de expressão, assim entendida, permitiria que cada um fale o que quer e como quer – lançando mão dos meios que estiverem a seu alcance. Ou seja, quem dispõe de televisão, jornal, rádio ou revista vai usá-los; quem não dispõe, não chegará a eles, mas a liberdade de expressão estará vigorando plenamente em ambos os casos. Assim, a liberdade de expressão, tal como apresentada no discurso das empresas de comunicação e de seus aliados, é a lei do mais forte.

Trata-se de uma visão limitada e incorreta do significado da liberdade de expressão. Ela também é, de maneira central, um direito coletivo. Ela é necessária para que o público ganhe acesso a ideias, valores, perspectivas sociais e propostas divergentes, isto é, ao debate público em toda a sua pluralidade. Quando se lê a defesa liberal clássica da liberdade de expressão nas obras de John Milton, já no século XVII, ou de John Stuart Mill, duzentos anos depois, é esta compreensão que transparece. Sua preocupação principal era impedir a censura estatal e eclesiástica, o que reflete o contexto em que escreviam. Mas, como bem sabemos hoje, o controle dos recursos de comunicação nas mãos de alguns poucos agentes privados leva ao mesmo resultado: o empobrecimento da discussão, a invisibilidade da dissidência, o silenciamento de múltiplas vozes. O que os donos da mídia estão protegendo quando invocam os valores da liberdade de expressão e da liberdade de imprensa é sua própria capacidade de dominar o discurso público. Este é um problema comum às democracias liberais, mas que adquire gravidade maior em países como o Brasil, com uma tradição de baixa independência da imprensa – e ao qual os constituintes não conseguiram, não souberam ou não quiseram dar uma resposta adequada.

Referi-me há pouco à Operação Lava Jato. Ela também foi, a seu modo, um fruto inesperado da Constituição de 1988. Um de seus avanços mais celebrados foi o reforço do caráter "republicano" do Estado brasileiro, com a profissionalização do funcionalismo, contratado exclusivamente por meio de concursos públicos, e a maior autonomia (em relação ao governo de ocasião) concedida a vários de seus órgãos. Como já dito, foi comemorada, em especial, a ampliação do âmbito de ação e da independência do Ministério Público, com caráter judiciário, embora lotado no Poder Executivo.

É bem verdade que a exigência de respeito ao republicanismo sempre foi variável, de acordo com o grupo político no poder. Visto com desconfiança por parte importante da elite política, empresarial e militar, dadas as suas origens no sindicalismo e sua história de compromissos considerados radicais, o PT no governo fez questão de demonstrar que não pensava em cercear a ação dos órgãos de controle. Assim, ampliou os recursos e a autonomia operacional da Polícia Federal; no caso do Procuradoria Geral da República, optou por nomear de forma automática o primeiro colocado na votação interna do Ministério Público, mesmo que não fossem os candidatos mais alinhados ao partido. Já Fernando Henrique Cardoso escolhera para o cargo Geraldo Brindeiro, que ficou conhecido como "engavetador-geral da República", por seu desinteresse em levar adiante investigações sobre o governo. Quando a votação entre os procuradores foi instituída, em 2001, o presidente não se importou com o fato de Brindeiro ter ficado em sétimo lugar na preferência de seus pares e o reconduziu para um quarto mandato à frente da procuradoria. E os presidentes que chegaram ao cargo após a derrubada de Dilma Rousseff, Michel Temer e Jair Bolsonaro, mostraram a mesma sem cerimônia ao escolher seus procuradores-gerais.

Ao mesmo tempo, a profissionalização do funcionalismo público, indicada pela nova carta constitucional, gerou, como efeito talvez inesperado – e com impacto relevante no cenário político –, a formação de uma elite de servidores altamente remunerados, sobretudo no aparelho repressivo do Estado (juízes, procuradores, delegados da

Polícia Federal). Com origem nas classes médias, muitos deles passaram a professar um tipo de discurso meritocrático que pode ser sintetizado na fórmula "legitimação pelo concurso":[56] tendo sido aprovados em seleções públicas muito disputadas, mostravam, assim, sua superioridade intrínseca e se faziam merecedores de todas as vantagens que os cargos lhe pudessem proporcionar. Tornaram-se porta-vozes de uma percepção agressiva e exclusivista da "meritocracia", baseada na minimização e negação das desigualdades estruturais. Uma parte das instituições fortalecidas pela nova Constituição atraiu, assim, funcionários com uma visão de mundo contrária a qualquer forma de progresso social, que usaram suas prerrogativas e meios expandidos contra a possibilidade de estabelecimento de uma ordem mais democrática e inclusiva. No processo de destruição da Nova República, muitos juízes e procuradores ocuparam papel de protagonistas.

O breve percurso realizado neste capítulo sobre a Constituição de 1988 buscou contribuir para o entendimento dos limites da distinção convencional muitas vezes feita – que diz que a construção institucional representou um êxito da transição democrática, ao passo que o enfrentamento das desigualdades deixou a desejar. De fato, há uma estreita vinculação entre os dois aspectos. As brechas no arranjo constitucional são aquelas que garantem que os recursos políticos concentrados nas mãos de grupos minoritários terão uso mesmo dentro das "regras do jogo", reduzindo a tensão existente entre a vigência da democracia e a reprodução das relações de dominação.

A Ciência Política, como visto no capítulo anterior, costuma estabelecer que uma das condições da estabilidade democrática é o reconhecimento, por todos os atores políticos relevantes, de que a democracia é *the only game in town*: não há alternativa, a não ser jogar o jogo democrático. Ainda que os resultados sejam frustrantes, todos envidam esforços para melhorar a própria posição na próxima rodada, não para encontrar alguma maneira de virar a mesa. Justamente por isso, como escreveu Adam Przeworski, a democracia exige tolerância à

---

[56] SOUZA, Jessé. *A radiografia do golpe*. São Paulo: Leya, 2016. p. 121.

incerteza: os resultados do jogo não são sabidos de antemão, mas nos comprometemos a aceitá-los mesmo assim.[57]

Apresentado de outra maneira, trata-se do quesito de "intercambialidade" de Robert Dahl, que ordena que os resultados do jogo político sejam sempre respeitados, mesmo que o grupo dos vencedores e o grupo dos perdedores troquem de posição.[58] Daí deriva o que seria a "comprovação" de que uma ordem democrática está consolidada: dois processos de alternância no poder.[59] Da regra abstrata à operacionalização, no entanto, o caminho é conturbado. Não há, nos sistemas políticos reais, uma homologia plena entre os diferentes níveis de conflito de interesses. Pensemos, por exemplo, nos Estados Unidos. A disputa política corrente se dá entre republicanos e democratas, que há décadas se alternam no exercício da presidência. Sob este ponto de vista, a exigência de Huntington é cumprida e estamos diante de um regime democrático perfeitamente consolidado. Mas é possível observar democratas e republicanos como sendo duas expressões ligeiramente diferenciadas dos mesmos interesses – do grande empresariado ou, melhor, usando a expressão famosa do discurso de despedida do presidente Dwight Eisenhower, do complexo industrial-militar. Como escreveu Lawrence Ferlinghetti em 1997, em um famoso poema, o sistema político estadunidense é um "pássaro com duas asas direitas". Nesse caso, a concentração da disputa em dois partidos tão próximos passa a ser um indício do fechamento do sistema político e o teste da intercambialidade exigiria que o poder de Estado fosse entregue a um agrupamento que afrontasse pelo menos alguns dos interesses básicos da burguesia estadunidense e das altas patentes militares.[60]

---

[57] PRZEWORSKI, Ama a incerteza e serás democrático.

[58] DAHL, Robert A. *A Preface to Democratic Theory*. Chicago: The University of Chicago Press, 1956.

[59] HUNTINGTON, Samuel P. *The Third Wave: Democratization in the Late 20th Century*. Norman: University of Oklahoma Press, 1991.

[60] A ascensão no Partido Republicano de uma nova extrema-direita que se apresenta como anti*establishment*, personificada por Donald Trump, complica um pouco a metáfora, já que a distância entre os partidos dominantes se tornou

Ainda com todas essas precauções, não é possível negar que houve uma mudança nítida entre o período 1945-1964 e aquele aberto a partir do fim da ditadura militar. A República Populista foi uma "democracia sem democratas",[61] já que as principais forças políticas, à direita, ao centro e à esquerda, manifestavam desconfiança e pouca disposição para respeitar as regras instituídas. Muitas lideranças políticas do campo progressista descendiam do varguismo, uma escola que privilegia o senso de oportunidade política. A direita, frustrada por sucessivas derrotas eleitorais, buscava nos quartéis as justificativas para impedir que os resultados das urnas fossem respeitados. Não só os derrotados, aliás: presidente no exercício do cargo, Jânio Quadros renunciou na esperança de retornar com poderes de exceção. A renúncia levou a uma crise brutal, resolvida com mais uma transgressão às regras do jogo: a adoção do parlamentarismo por imposição dos chefes militares. O golpe que derrubou João Goulart, em 1964, foi aplaudido por muitos políticos que aceitavam que as Forças Armadas "limpassem o tabuleiro" antes da rodada seguinte.

O registro da Nova República se mostra diferente já a partir do cenário internacional. Em 1945, com o fim da Segunda Guerra Mundial, a democracia estava a caminho de se tornar um valor político cultuado por todos – mas com sentidos muito díspares, de acordo com as preferências de cada um. O fim da ditadura empresarial-militar brasileira integra uma nova onda de democratizações, mas na qual o que se persegue, mais do que o valor abstrato do governo popular, é o conjunto de instituições próprio do mundo ocidental. Trata-se de multipartidarismo, concorrência eleitoral, império da lei, separação de poderes, direitos individuais e controle civil sobre as Forças Armadas. Há uma definição muito mais clara de quais são as regras legítimas do jogo e um novo ambiente discursivo, no qual se torna bastante improvável

---

bem maior em uma parte importante da agenda, mas permanece o fato de que os interesses centrais da classe dominante não são ameaçados.

[61] MENDONÇA, Daniel de. *1961-1964: a ditadura brasileira em dois golpes.* Curitiba: Appris, 2017.

que alguém combine de forma verossímil – por exemplo – apelos à intervenção militar e protestos de respeito à ordem democrática.

Após o período inicial tumultuado, em particular durante a Assembleia Nacional Constituinte, como já visto, o Brasil da Nova República pareceu imune a tentativas de virar a mesa. Resultados eleitorais eram lamentados e mesmo desqualificados – por exemplo, com setores relevantes da elite política e da mídia atribuindo as vitórias do PT à incompetência, à ignorância ou mesmo à venalidade da base eleitoral que fora conquistada com as políticas de transferência de renda iniciadas no primeiro mandato de Lula. A revista *Veja* chegou a propor um plebiscito para saber se os beneficiários do Programa Bolsa Família deveriam ter direito de voto.[62] Mas, antes de 2014, não se registrou nenhuma tentativa digna de nota de reverter o resultado de um processo eleitoral, invalidando a expressão das urnas.

Estava assim configurado o apego às "regras do jogo"? Nem tanto. A elite política brasileira pode não ter agido para reverter resultados já cristalizados nas urnas, mas seu repertório de ação sempre incluiu doses generosas de práticas que nunca foram contempladas nas normas oficiais. O poder econômico condiciona fortemente as possibilidades de êxito eleitoral, criando pontes privilegiadas por meio do financiamento (legal ou ilegal) de campanhas às quais se somam as outras, geradas pelos *lobbies* ou pela corrupção de funcionários públicos, sem falar na dependência estrutural do Estado capitalista em relação ao investimento privado. Por outro lado, a manipulação da informação também foi sempre moeda corrente nas campanhas eleitorais brasileiras, como visto parágrafos acima.

Há um hiato entre as regras do jogo tal como consignadas na lei e as regras do jogo aceitas pelas elites. Este segundo é muito mais bruto, com pitadas de vale-tudo. Seu limite, porém, era a expressão das urnas – os mandatos conquistados seriam respeitados. O *impeachment* de Fernando Collor, em 1992, ocorreu sem que houvesse dúvida sobre a veracidade das acusações ao presidente e muito menos sobre o fato de

---

[62] CABRAL, Otávio; LEITÃO, Leslie. O poder nas nuvens. *Veja*, p. 56, 10 jul. 2013.

que elas constituiriam crime de responsabilidade. Por isso, o processo foi saudado como uma demonstração de amadurecimento da democracia brasileira. No caso de Dilma Rousseff, foi o contrário. A derrubada da presidente foi definida no dia seguinte à sua vitória, buscando-se apenas o melhor meio para efetivá-la. Não foi um processo de *impeachment* desencadeado a partir da identificação de um crime; buscou-se um crime que justificasse o impedimento.

Não cabe, aqui, revisitar todo o processo – o papel desempenhado pelo presidente da Câmara dos Deputados, Eduardo Cunha, que atuou sem disfarces como um autêntico gângster político; as fragilidades da peça de acusação; a impossibilidade de considerar as chamadas "pedaladas fiscais" como crime de responsabilidade. O ponto é que ficou patente que importantes atores políticos estavam dispostos a desprezar mesmo a regra mais básica do jogo, retirando da presidência alguém que obtivera os votos populares, mas perdera a simpatia de grupos poderosos. O impedimento de Dilma foi, como gostavam de enfatizar seus defensores, um "julgamento político". Mas a ideia de julgamento político, tal como entendida normalmente, não indica que os elementos comprobatórios do crime de responsabilidade podem ser desprezados, mas sim que as consequências políticas devem ser pesadas em adição às provas. Sinaliza que, na ausência de um razoável consenso sobre a presença de crimes de responsabilidade, com setores importantes se alinhando à tese de que não há razão para uma interrupção do mandato, o Congresso deve se abster de invalidar a legitimidade conferida pelas urnas. Ou seja, impera a preocupação *política* de evitar uma conflagração potencialmente incontrolável.

O regime brasileiro, afinal, é presidencialista. Nesse regime, quem exerce a presidência possui uma legitimidade popular própria, independente do Congresso. O fato de estar em minoria no parlamento não retira tal legitimidade, que emerge do voto popular. Por isso, o *impeachment*, ao contrário do voto de desconfiança típico do parlamentarismo, é uma medida excepcional, que exige a identificação nítida de um crime da presidente para ser posta em marcha. Também por isso, o fato de o julgamento ser político não implica a irrelevância do fundamento jurídico. Se tudo se apoiasse no arbítrio de uma maioria qualificada no Congresso Nacional, nem precisaria haver uma legislação caracterizando as situações em que pode ocorrer o *impeachment* presidencial – e a própria noção de crime de responsabilidade seria carente de sentido. Em suma, um julgamento meramente político, no sentido de desinteressado das razões jurídicas, compromete o equilíbrio que, no presidencialismo, se espera manter entre o Poder Executivo e o Poder Legislativo.

No processo de deposição da presidente Dilma Rousseff, foi rompido o respeito ao resultado eleitoral e também à Constituição – com o Supremo Tribunal Federal, seu guardião, sendo incapaz de protegê-la, por covardia ou por conivência. Não é por acaso que o período após o golpe é marcado por uma acentuada instabilidade institucional, da qual o primeiro exemplo extremo foi a crise ocorrida no começo de dezembro de 2016, quando STF e Senado Federal entraram numa queda de braço para saber quem mandava mais, tendo por objeto a permanência ou não de Renan Calheiros na presidência daquela casa legislativa (o Senado ganhou aquele *round*). Revelou-se o sentimento geral, mesmo nas cúpulas dos poderes, de que não havia mais normas fixas vigentes, de que a institucionalidade passara a ser uma terra de ninguém, de que o conflito de atribuições se tornara descontrolado e permanente. Em suma, de que era hora de medir forças, já que manda quem pode (e, como conclui o dito popular, obedece quem tem juízo). A nova regra do jogo era que as regras estavam em aberto. Jair Bolsonaro, que chegou à presidência disposto a testar todos os limites da institucionalidade vigente, mostrou ter entendido bem esta lição.

4
O partido da Nova República

Há várias explicações possíveis para o porquê de o sistema partidário da Nova República ter se mostrado tão gelatinoso e pouco capaz de organizar a disputa política. Entram na conta algumas de suas características institucionais: a votação em listas abertas, que personaliza as disputas e importa a competição eleitoral para dentro de cada partido; a facilidade para a troca de legendas, que desincentiva o investimento na construção das estruturas partidárias e contribui para que elas não se prestem a balizar as disputas aos olhos do eleitorado; o amplo uso de coligações, permitindo a sobrevivência eleitoral de dezenas de siglas sem base social e sem identidade programática; a baixa nacionalização dos partidos. Também é importante lembrar que a ditadura desorganizou o sistema anterior, com a extinção dos partidos e a implantação do bipartidarismo, em 1965; manteve uma fachada de competição eleitoral de maneira a suplantar e desvanecer as lealdades partidárias anteriores; e voltou a desorganizar o sistema, com o fim do bipartidarismo, em 1979 (ver o capítulo anterior).

O fator mais importante, porém, é que aquela que seria a distinção "natural" que contribuiria para dar lógica ao sistema partidário após 1985 – a separação entre os antigos opositores e os herdeiros do regime militar – perdeu substância precocemente. Isto se deve tanto às características da transição democrática brasileira, altamente conciliatória e conservadora, quanto, de forma mais pontual, à presença do Partido da Frente Liberal (PFL), a legenda dos dissidentes da ditadura, que fazia a ponte entre a antiga oposição agora no poder (o PMDB) e a antiga situação agrupada no Partido Democrático Social (PDS), permitindo que os méritos da redemocratização fossem reivindicados por quem se alinhara ao autoritarismo até a undécima hora. Esta mistura entre opositores históricos e trânsfugas de último minuto contribuiu ainda para que a memória da ditadura pouco fosse discutida durante o novo governo civil, permitindo que uma visão falsificada e nostálgica prosperasse não apenas entre reacionários empedernidos, mas também entre jovens e pessoas pouco ativas politicamente, culminando, como será visto no Capítulo 6, no ressurgimento espetacular de uma extrema-direita agressiva.

A fraqueza do sistema partidário deve-se também, enfim, à permanência de um intenso trânsito entre partidos, motivado apenas pelo cálculo eleitoral de curto prazo, sem revisão das posições anteriores e com baixo custo simbólico. Apenas como ilustração, é possível lembrar que quase 20% dos parlamentares eleitos, em 1986, pelo PMDB para a Assembleia Nacional Constituinte tinham, antes, sido filiados ao partido de sustentação da ditadura, a Arena. Uma análise do comportamento dos ex-arenistas na Constituinte mostrou que eles se mantiveram coesos, ainda que espalhados em diversas legendas[1] – um indício de que as siglas nominais a que se filiavam estes parlamentares, isto é, os partidos do período pós-1985, não cumpriam minimamente o papel de preditores de compromissos políticos ou posicionamentos ideológicos.

Foi a gradual ascensão do Partido dos Trabalhadores que supriu o sistema político brasileiro de um ponto de balizamento que contribuía para sua maior inteligibilidade. Nascido no bojo da reforma partidária do fim do regime autoritário que reinstituiu o multipartidarismo, o PT parecia destinado a uma posição secundária na disputa política. No entanto, em menos de uma década já ocupava a posição de referência central do polo esquerdo do espectro político. E pouco mais de duas décadas após sua fundação chegaria ao centro do poder nacional, vencendo

---

[1] MADEIRA, Rafael Machado. A atuação de ex-arenistas e ex-emedebistas na Assembleia Nacional Constituinte. *Revista Brasileira de Ciências Sociais*, n. 77, p. 189-202, 2011.

quatro eleições presidenciais seguidas – um recorde na história do país – e sendo necessário um golpe "de novo tipo" para apeá-lo do governo.

O Partido dos Trabalhadores representou de fato uma experiência nova para a esquerda não só do Brasil, mas do planeta. Ele nasceu de um conjunto heterogêneo de elementos, com destaque para o sindicalismo combativo que emergiu em São Paulo no final dos anos 1970. Era um sindicalismo que mantinha liames apenas tênues com a tradição anterior a 1964, aquela que desembocou no Comando Geral dos Trabalhadores sob forte influência comunista e que a ditadura tratou de aniquilar – um sindicalismo, portanto, que se encontrou com a reflexão socialista e marxista já em meio ao processo de construção de uma prática política de classe, não como ponto de partida para ela. Lula foi encarado com certa simpatia por setores da burguesia: já que era inevitável que algum tipo de movimento reivindicatório ressurgisse, era melhor ter um "líder sindical desvinculado das organizações de esquerda".[2] Nas greves e no processo de politização que levou à fundação do PT, tal simpatia se dissipou, ainda que a desconfiança de que o partido foi um projeto do general Golbery para bloquear o crescimento da esquerda tradicional (comunistas e brizolismo) permanecesse por longo tempo.

Para a formação de um novo partido capaz de representar a classe trabalhadora confluíram também, entre outros setores, o catolicismo progressista vinculado à Teologia da Libertação, que se espalhara pelo país por meio das Comunidades Eclesiais de Base e constituíra um verdadeiro laboratório de ativação política popular, e veteranos da esquerda comunista derrotada, de diferentes matizes, interessados na renovação das práticas revolucionárias. Era natural que uma organização partidária nascida de um encontro de grupos tão diversos não tivesse suas feições definidas de antemão.

O impulso para formar um partido brasileiro de trabalhadores nasceu da insatisfação destes setores com a legenda da oposição oficial à ditadura militar. A partir sobretudo de meados da década de 1970, o MDB havia conseguido passar de mero legitimador do regime

---

[2] MENEGUELLO, Rachel. *PT: a formação de um partido (1979-1982)*. Rio de Janeiro: Paz e Terra, 1989. p. 59.

autoritário, prestando-se à farsa da disputa eleitoral pelo poder, a instrumento de vocalização efetiva, ainda que controlada, das demandas por redemocratização. Para isso, pagou o preço das repetidas cassações dos mandatos de suas lideranças e das várias reformas casuístas da legislação eleitoral – que culminaram no fechamento temporário do Congresso e no pacote de abril de 1977 – com o objetivo de minimizar o impacto do apoio crescente que o partido vinha ganhando entre os votantes. Com a derrota da luta armada, todas as principais organizações da esquerda optaram por privilegiar o caminho político para vencer o autoritarismo, estratégia que passava pelo fortalecimento do MDB. Obrigados à clandestinidade, o PCB e os grupos menores encontravam abrigo dentro dele, onde também estavam políticos tradicionais e empresários liberais, por um motivo ou outro descontentes com o regime. O partido se tornara, na prática, a pretendida frente ampla contra a ditadura.

Como de costume, o preço a pagar pela amplitude da frente era a redução de seu programa ao mínimo denominador comum – o retorno das liberdades democráticas. Alguns grupos da esquerda reconheciam aí uma versão da velha percepção etapista, dominante nas leituras da realidade nacional feitas pelo PCB, para a qual a tarefa do momento, num país por vezes considerado "semifeudal", seria concluir a revolução burguesa, com seu corolário de instituições liberais, antes de pensar numa transformação socialista.[3] Outros simplesmente se rendiam à falta de perspectivas de longo prazo e à urgência de liquidar o regime repressivo. De um jeito ou de outro, era uma estratégia que, mais uma vez, concedia a liderança do processo à burguesia e minimizava a presença autônoma das classes trabalhadoras no debate político.

Quando o regime militar decidiu restaurar o pluripartidarismo, em 1979, com o objetivo mal disfarçado de dividir a oposição, o PT surgiu com perfil diferenciado. Era oposição à ditadura, mas fazia questão de marcar sua distância também em relação aos outros partidos da oposição. Negava, no discurso e sobretudo na prática, a hierarquização de pautas

---

[3] Não cabe, aqui, discutir a inanidade da tese das "sobrevivências feudais" no Brasil; remeto, apenas, aos escritos de: PRADO JR., Caio. *A revolução brasileira*. São Paulo: Companhia das Letras, 2014 (ed. orig.: 1966).

que colocava a retomada da democracia liberal à frente das reivindicações classistas. Na famosa entrevista ao *Pasquim*, antes da fundação do partido, Lula – com forte carga retórica e uma dose igualmente forte de simplismo – equivalia a situação dos operários à dos presos políticos: "A classe trabalhadora é uma eterna prisioneira. Ao invés de pedir anistia pra poucos, prefiro pedir pra toda a classe trabalhadora".[4]

Formado por grupos fortemente heterogêneos entre si, o PT unia diferentes visões da transformação social, mas tendo como eixos o compromisso forte com a ideia de uma democracia mais inclusiva e aberta à participação popular (aí incluída a democracia interna ao partido) e a visão de que a organização partidária deveria estar a serviço dos movimentos sociais. Na obra que permanece como a mais rica análise do processo de emergência dessa renovada sensibilidade popular na política brasileira, o livro *Quando novos personagens entram em cena*, Eder Sader destaca a valorização das "práticas concretas dos indivíduos e dos grupos em contraposição às estruturas impessoais, aos objetivos abstratos e às teorias preestabelecidas".[5]

Assim, o PT nasceu com um projeto inacabado, em aberto, contraditório. A identidade de classe, presente já no nome do partido, era reivindicada como sua marca principal. Em sua primeira campanha eleitoral, foi adotado o *slogan* "Trabalhador vota em trabalhador". Seus líderes, a começar por Lula, se orgulhavam de introduzir na política um discurso contrastante àquele das elites, mesmo as "progressistas": traziam uma "palavra imperfeita", como disse Haquira Osakabe.[6] Imperfeita não apenas por transportar para a arena política, de forma inédita no

---

[4] *Apud* OLIVEIRA, Roberto Véras de. *Sindicalismo e democracia no Brasil: atualizações (do novo sindicalismo ao sindicato cidadão)*. 561 f. 2002. Tese (Doutorado em Sociologia) – Programa de Pós-Graduação em Sociologia, Universidade de São Paulo, São Paulo, 2002. p. 96 (ênfase suprimida).

[5] SADER, Eder. *Quando novos personagens entraram em cena: experiências, falas e lutas dos trabalhadores da Grande São Paulo (1970-1980)*. Rio de Janeiro: Paz e Terra, 1988. p. 194.

[6] OSAKABE, Haquira. A palavra imperfeita. *Remate de Males*, n. 7, p. 167-171, 1987 (ed. orig.: 1980).

Brasil, a prosódia e a sintaxe próprias das classes populares. Imperfeita sobretudo porque não se prendia às fórmulas acabadas, nem mesmo aos modelos prontos das esquerdas tradicionais, e ignorava ativamente os constrangimentos do campo político. Era um discurso que afirmava sua legitimidade por critérios externos ao campo, por refletir a experiência vivida dos trabalhadores e os embates cotidianos dos movimentos sociais.

Mas, embora o programa petista tivesse um evidente compromisso com a redistribuição da riqueza e abraçasse os valores de uma sociedade igualitária, era pouco nítido qual o conteúdo do socialismo que ele pregava. O partido não seguia nenhum dos alinhamentos comuns à esquerda da época – União Soviética, China, Albânia, quartas internacionais, Internacional Socialista. Havia, sim, uma simpatia ativa em favor de Cuba, mas que em grande parte dos dirigentes petistas indicava muito mais o apreço à ilha como símbolo de resistência anti-imperialista na América Latina do que a adesão a um modelo de organização social, econômica e política.

É razoável afirmar que muito do apelo inicial do PT vinha menos de algum projeto econômico e mais da promessa de horizontalidade: a revalorização da experiência das classes trabalhadoras, uma forma mais participativa e popular de fazer política, a construção de relações substancialmente democráticas. O interesse que despertou na esquerda em busca de renovação em muitos lugares do mundo nasceu também disso. Ainda que mantendo perfil classista, o PT prenunciou a nova esquerda que se impôs sobretudo após o fim do socialismo real, mas que já se anunciava a partir das jornadas antiautoritárias do final dos anos 1960, e que, em lugar da economia política, marca sua posição pela defesa de uma democracia radical.

Para as tradições organizativas dominantes na esquerda, que tinham o bolchevismo como modelo principal, o PT original era um mostruário de problemas. Seu programa era indefinido, reflexo de falta de clareza ideológica; seu centralismo, insuficiente, atrapalhava a ação política coordenada; seu basismo era paralisante; seu purismo traía uma concepção ingênua da atividade política. De fato, o partido surgiu num momento em que essas tradições estavam em xeque. Os equívocos do PT foram frutos de sua vontade de não repetir o trajeto dos partidos leninistas ou da social-democracia, que, cada um a seu modo, tenderam a se fossilizar em estruturas hierárquicas e burocráticas. Recusava, em especial, a divisão do trabalho político que colocava toda a iniciativa nas mãos de uma minoria dirigente, dotada de ferramentas teóricas exclusivas e, portanto, habilitada a exercer a liderança, e concedia à massa dos trabalhadores a posição de seguidores passivos.

Não se trata de uma preocupação estranha à esquerda mundial do pós-guerras – sua expressão mais desenvolvida foi talvez o operaísmo italiano, que nos anos 1960 e 1970 desembocou em organizações como Potere Operaio e Lotta Continua. Mas, em relação a essas experiências, o PT tinha a singularidade de inspirar-se mais na vivência concreta da classe trabalhadora do que nas elaborações de estudantes e intelectuais radicalizados. Se do Lotta Continua, que teve uma importante inserção nas fábricas do Norte da Itália, se podia dizer que em geral a contribuição dos trabalhadores ao debate se limitava a "enunciar a linha [política] de modo mais pitoresco",[7] para o PT tal consideração seria não apenas injusta, mas também absurda.

Além disso, em comparação com o operaísmo, o PT apresentava já de partida uma relação muito mais ambígua com a institucionalidade política. Embora criticasse a estrutura sindical oficial, mobilizava-se para ganhar a direção dos sindicatos; embora desdenhasse a possibilidade de introduzir mudanças profundas por meio de eleições, organizava-se para disputá-las. O batismo nas urnas, nas eleições gerais de 1982, foi encarado com entusiasmo por dirigentes e militantes, mas levou a resultados frustrantes. O partido conquistou apenas oito cadeiras na Câmara dos Deputados (das 479 em disputa), apenas uma prefeitura (entre 4.103) e nenhum governador ou senador. Lula, a maior estrela do partido e candidato ao governo paulista, ficou em penúltimo lugar, com pouco menos de 11% dos votos. O PT era, de longe, a menor das cinco agremiações partidárias então existentes.

Uma parte do fraco desempenho nas urnas pode ser explicada pelas regras eleitorais. A fim de alcançar o propósito da reforma partidária,

---

[7] *Apud* CAZZULLO, Aldo. *I ragazzi che volevano fare la rivoluzione (1968-1978): storia di Lotta Continua*. Milano: Mondadori, 1998 (livro eletrônico).

que era dividir a oposição, o regime proibiu coligações e, em seguida, para evitar coalizões informais, estabeleceu o voto vinculado: o eleitor precisaria votar no mesmo partido para os seis cargos em disputa (vereador, prefeito, deputado estadual, deputado federal, senador e governador), sob pena de anulação. Isso concentrou o voto oposicionista mais politizado – aquele de onde, imaginava-se, viria uma parte importante do apoio ao PT – em quem apresentava maior chance de ganhar cada governo estadual, o que significou, na grande maioria dos casos, o PMDB, partido que sucedeu ao Movimento Democrático Brasileiro (MDB) como a principal legenda da oposição. Além disso, vigorava a Lei Falcão, que limitava a campanha eleitoral no rádio e na televisão à leitura do currículo dos candidatos. Antidemocrática em todos os sentidos, a lei tinha reflexos especialmente negativos para um partido como o PT, que apresentava uma percepção distinta da luta política e, portanto, precisava elucidar suas ideias para a população.

Mas outra parte da explicação reside na debilidade de sua inserção social, concentrada em algumas franjas melhor organizadas da classe trabalhadora e em setores específicos das classes médias urbanas, em particular estudantes e outros grupos intelectualizados.[8] À falta de capilaridade geográfica – o PT nasce como um partido paulista – acrescenta-se a pequena base social, mesmo nas regiões em que o partido estava melhor organizado.

Se, por um lado, o baixo desempenho nas urnas, em 1982, frustrou expectativas, por outro fortaleceu a compreensão de que o PT não podia ser um "partido eleitoral". Mais importante do que disputar votos uma vez a cada quatro anos era o trabalho cotidiano nas fábricas, nas escolas e nas vizinhanças. Os votos, quando viessem, seriam fruto desse trabalho. As tensões internas, relacionadas a visões diversas sobre a natureza da organização política que se desejava construir, tenderam a se aprofundar. Já em 1983, elas levaram a uma inflexão que apontava para a solução de algumas delas. O Manifesto dos 113 iniciou um movimento para garantir maior coesão na atuação do PT e reduzir a autonomia tanto

---

[8] A análise de Meneguello – *PT: a formação de um partido (1979-1982)* – sobre o desempenho eleitoral do PT no Estado de São Paulo corrobora esta conclusão.

de correntes internas quanto de lideranças individuais. A partir daí, formou-se uma ampla tendência dominante (a Articulação) que definia a linha dirigente petista, a princípio ao centro – o manifesto condenava tanto as correntes social-democratas que estariam conciliando com a oposição liberal à ditadura quanto as organizações de extrema-esquerda, em geral trotskistas, que agiam como partidos dentro do partido.[9]

Ou seja: a frustrante estreia nas urnas levou ao desencanto com a política eleitoral, mas também provocou reação em sentido contrário. Diante do desafio de administrar os primeiros mandatos obtidos sob seu próprio nome, o PT decidiu iniciar uma correção de rumo. Já se fazia sentir uma tensão comum a todas as organizações políticas, tanto mais premente quanto mais elas ganham força: a eficiência organizativa trabalha contra a democracia interna. De fato, parece fácil "discutir com a militância" quando se é um ator pouco relevante – os estatutos iniciais do PT previam que todas as decisões das bancadas parlamentares e iniciativas legislativas fossem previamente aprovadas pelos núcleos de base,[10] o que, ao menos em tese, garantiria a autoridade final dos filiados comuns sobre as lideranças eleitas. Depois, fica cada vez mais claro que o *timing* da negociação política prevê a concentração das decisões nas mãos dos líderes, pois os interlocutores não vão esperar o desenrolar da democracia interna, e que a obediência mais ou menos automática das bases é condição para a efetividade da ação.

Tal conflito, é natural, cresceu conforme o próprio partido crescia. O Manifesto dos 113 e a formação da Articulação foram os primeiros passos na modificação de rota, mas, mesmo com tais mudanças, o PT permaneceu muito menos hierarquizado e disciplinado do que as organizações de inspiração bolchevique das quais eram originários vários de seus dirigentes e militantes.

Esta característica também sofreu o enfrentamento com a realidade. Como costuma ocorrer em organizações políticas com projeto

---

[9] Cf.: SOUZA, Lincoln Moraes de. Das marcas do passado à primeira transição do PT. *Perseu*, n. 2, p. 10-27, 2008.

[10] Cf.: MENEGUELLO, *PT*, p. 99.

inovador, o crescimento de sua relevância, com o consequente aumento das pressões por conformidade aos padrões existentes, levou a tensões crescentes entre percepções mais "realistas", que julgavam necessário o esforço de adaptação ao mundo da política tal como ele é, e outras mais principistas. Os sucessos do partido, porém, conspiravam contra estas últimas. É mais fácil adotar um programa intransigente quando não há nenhuma expectativa de vitória eleitoral. Quando a recompensa por algumas concessões é a obtenção da maioria dos votos, o cálculo muda. Da mesma maneira, o custo de marcar posição nos mandatos parlamentares, em vez de negociar e alcançar acordos, é quase nulo se a bancada é tão pequena que sua possibilidade de influenciar na barganha é irrisória. Quando esse quadro muda, talvez seja mais atraente usar o peso político que foi conquistado para obter algum ganho, em lugar de bater pé em favor de um programa máximo que, até aonde a vista alcança, não será realizado. Assumir uma prefeitura com o programa de romper com a lógica do Estado capitalista é a receita para chegar ao caos administrativo. Já aceitar as regras do jogo e gerir o município dando prioridade a premências das classes populares permite tanto fortalecer o partido quanto suprir carências reais das pessoas.

Cada um destes casos conta como manifestação concreta de uma disjuntiva sempre presente na ação política dos grupos dominados: responder a demandas urgentes, para atender necessidades prementes dos mais pobres, ou recusar qualquer acomodação com as estruturas profundas da desigualdade social, para manter o horizonte de uma sociedade integralmente renovada.[11] Não há solução fácil para o dilema, exceto, talvez, para quem se vê em condição suficientemente confortável para manter uma "radicalidade" imune a qualquer embate com o mundo real.

Os debates internos do partido foram movimentados e duraram – com paulatino domínio das correntes pragmáticas – até a chegada ao poder, nas eleições de 2002, quando as concepções principistas foram definitivamente marginalizadas. A contribuição de dois importantes dirigentes petistas, José Genoíno e Ozeas Duarte, ao II Congresso do PT,

---

[11] Cf.: MIGUEL, Luis Felipe. *Dominação e resistência: desafios para uma política emancipatória*. São Paulo: Boitempo, 2018. p. 222.

em 1999, é reveladora: ainda que a relação entre trabalho institucional e extrainstitucional estivesse presente, a questão era mesmo imprimir maior *efetividade* à ação dos eleitos. Dois dos três desafios que eles indicavam como centrais a serem enfrentados apontam nessa direção: "a necessidade de imprimir maior eficácia na ação dos governos executivos do PT no sentido de produzir profundas transformações sociais, econômicas e políticas em favor dos setores populares" e "a necessidade de recuperar uma maior iniciativa e ofensividade na ação do Partido e de suas bancadas".[12] Ou seja, o partido não sucumbiu às pressões por acomodação, mas, antes, refletiu sobre elas e reavaliou suas práticas a partir de uma apreciação das possibilidades que se encontravam (ou não) em aberto.

Os brados por eficácia, assim, operam objetivamente contra a democracia interna. A grande inovação petista residia no poder concedido aos núcleos de bases. Formados por local de moradia, de trabalho ou de estudo ou então por categoria profissional ou movimento social, eles seriam o espaço da militância cotidiana e teriam, de acordo com as regras estatutárias, uma influência permanente sobre as decisões partidárias. A atividade continuada dos núcleos exigiria uma vontade política sempre renovada por parte de lideranças que zelassem por ela. Afinal, eles pressupõem um grau de engajamento elevado e um grande dispêndio do recurso primário para ação política, em geral escasso para os trabalhadores (e ainda mais para as trabalhadoras): o tempo livre. Os núcleos nunca conseguiram corresponder inteiramente ao ideal que os animava. Com o passar do tempo, vários foram instrumentalizados por tendências partidárias para uso nas disputas internas do PT ou por parlamentares, funcionando como comitês eleitorais.[13] Houve certamente uma cadeia de realimentação entre a redução do entusiasmo com os núcleos, causada por seu desvirtuamento, e a redução do investimento

---

[12] GENOINO, José; DUARTE, Ozeas. Programa: a centralidade do Congresso. Texto para o II Congresso do PT – 1999. *Genoino*, on-line. O terceiro desafio se referia à retomada da ação dos movimentos sociais.

[13] Para um breve relato do apogeu e da queda dos núcleos de base, cf.: RIBEIRO, Pedro Floriano. *Dos sindicatos ao governo: a organização nacional do PT de 1980 a 2005*. São Carlos: Editora UFScar, 2010. p. 260-266.

partidário na ativação e animação dos núcleos, gerada pela mudança de prioridades dos líderes.

No processo, os detentores de mandatos foram ganhando força crescente dentro do partido. Afinal, os mandatos parlamentares tendem a se tornar "centros autônomos de poder, pelo volume que acumulam de recursos tangíveis, como verbas e assessorias de livre provimento, e intangíveis, como o espaço na mídia".[14] Nos seus primórdios, o PT se esforçava conscientemente para reduzir essa força. Nas eleições de 1982, além de se posicionar contra as candidaturas natas (norma que fazia com que detentores de mandato legislativo tivessem direito automático a buscar a reeleição), estabeleceu uma série de compromissos para os eventuais eleitos, que tinham como objetivo comum reduzir sua autonomia no exercício das funções.[15]

Com o passar do tempo, o partido se aproximou do padrão organizativo das outras legendas brasileiras, que em grande medida se traduz em atuar como uma federação de mandatos. Se antes as direções partidárias limitavam o arbítrio dos detentores de mandatos, depois foram eles que passaram a influenciar de forma decisiva a composição e a atuação dos diretórios. A decisão de eleger os dirigentes por eleição direta dos filiados, prática iniciada em 2001, aparentemente beneficiava a democracia interna, mas esvaziava as discussões nos encontros, reduzia o peso da militância mais orgânica e ampliava a influência de quem tinha estrutura para fazer campanha – novamente, os que dispunham de mandatos. A existência de um projeto voltado à disputa do poder nacional, o valor da marca de distinção do PT no mercado político e a presença da indiscutível liderança de Lula serviram de contrapeso, por isto o partido nunca se tornou plenamente uma simples federação de mandatos (como, por exemplo, o PMDB, depois novamente tornado MDB). Ainda assim, o contraste com o período inicial é enorme.

A predominância dos detentores de mandato na direção do partido contribuiu para orientá-lo de maneira cada vez mais decidida para a

---

[14] *Idem*, p. 221 (ênfase suprimida).

[15] Cf.: MENEGUELLO, *PT*.

disputa eleitoral. Esta é, naturalmente, uma preocupação primordial do político de carreira. E a organização partidária tem incentivos muito objetivos, ligados a seu financiamento, para ir na mesma direção: o desempenho eleitoral define a parcela de recursos públicos, do fundo partidário, que será destinada a cada legenda. No caso do PT, soma-se a isso a contribuição obrigatória de parte do salário, imposta aos eleitos e aos indicados para cargos de confiança.[16]

O perfil dos detentores de mandatos também mudou, no sentido de uma profissionalização acelerada. Nas eleições de 1986, que escolheram os constituintes, dois em cada três deputados federais eleitos pelo PT não tinham qualquer experiência prévia em cargos eletivos ou no primeiro escalão dos poderes executivos – contra apenas 18,3% nos outros partidos. Eram, em geral, sindicalistas transportados para o parlamento, embora houvesse espaço também para um intelectual como Florestan Fernandes. Três eleições depois, em 1998, esse percentual caiu, o que seria esperado, como parte do processo de fixação de uma nova elite política pós-redemocratização. Mas, enquanto nos outros partidos passou para 10,4%, no PT desabou para 3,4%, isto é, ele se tornou o partido com menor abertura para a inclusão de *outsiders* em sua bancada federal. Mais orgânico do que os outros, o PT mostrou-se mais capaz de impor a seus integrantes a observância dos passos de uma carreira política "normal".

Como em geral ocorre, os incentivos do campo político para a acomodação com suas regras implícitas interferiram nas disputas internas ao PT, em benefício daqueles que se adaptaram a eles. A acomodação concede espaços de interlocução e permite obter vitórias, ainda que parciais; por diversos motivos, os detentores de mandatos são os mais sensíveis à sua pressão. Quem cede é festejado por seu "amadurecimento", ganha voz e reconhecimento. Os renitentes, por outro lado, são estigmatizados como radicais (no sentido de sectários). Desde cedo, os meios de comunicação brasileiros construíram a divisão dos petistas em duas aulas, uma chamada de "light", outra de "xiita". Ambos os

---

[16] Um estudo detalhado do financiamento do PT se encontra em: RIBEIRO, *Dos sindicatos ao governo*, Capítulo 4.

termos têm algo de zombeteiro, mas "light" – usado na promoção de alimentos com baixas calorias – denotava simpatia, ao passo que "xiita", que ganhara uso corrente a partir da Revolução Islâmica e, sobretudo, da crise dos reféns estadunidenses no Irã, apontava para intolerância e agressividade.

As posições rotuladas como xiitas eram, na melhor das hipóteses, consideradas irrelevantes para o debate público – por serem irrealistas e/ou atrasadas, representativas de um registro socialista ou marxista que em seguida também ganharia um qualificativo jocoso: "jurássico". Eram descritas de forma anedótica, em paralelo ao noticiário voltado aos atores políticos considerados sérios. Na pior das hipóteses, quando elas demonstravam algum respaldo social, eram apresentadas como uma ameaça a ser debelada.[17]

Em pouco tempo, tornou-se perceptível o hiato entre o peso das diversas tendências dentro do partido e os resultados eleitorais e mandatos conquistados. A esquerda petista tinha força internamente, mas, folclorizada pela mídia e com menor visibilidade pública, via limitadas as suas chances eleitorais. O hiato, porém, tendia a se reduzir a favor das correntes moderadas. Com bom desempenho nas eleições, ela obtinha cargos e suas respectivas estruturas (gabinetes, assessores, imunidades), o que ampliava sua força também dentro do partido.

Sem que tenham se tornado irrelevantes, os "xiitas" foram se tornando cada vez mais minoritários dentro do PT. Algumas correntes foram expulsas, como a trotskista Convergência Socialista, que em 1993 fundou o Partido Socialista dos Trabalhadores Unificado (PSTU); outras permaneceram. Mas o mais importante é que o sentido de "direita" e "esquerda" dentro do partido se deslocou – para a direita. O relato de Carlos Nelson Coutinho é interessante. Ele ingressou no PT no início dos anos 1980, sendo então considerado como alinhado à

---

[17] O tratamento dado pelos jornais ao Movimento dos Trabalhadores Rurais Sem Terra (MST), o mais importante movimento social brasileiro do período da Nova República, com laços importantes com o PT, é significativo. Cf.: BERGER, Christa. *Campos em confronto: a terra e o texto*. Porto Alegre: Editora da UFRGS, 2003.

direita do partido. Ao abandoná-lo nos anos 2000, estava entre aqueles, à esquerda, que fundaram o Partido Socialismo e Liberdade (PSOL). No entanto, ele manteve, em linhas gerais, a mesma visão política; sua localização relativa mudou porque o partido se deslocou para posições mais moderadas.[18] Os incentivos à acomodação com o sistema político tiveram êxito.

Depois do insucesso de 1982, o desempenho petista nas urnas melhorou de eleição em eleição. Mas foi só a chegada de Lula ao segundo turno das eleições presidenciais de 1989 que transformou o PT num partido importante. A diferença em relação ao ex-governador do Rio Grande do Sul (no período pré-1964) e do Rio de Janeiro (eleito em 1982), Leonel Brizola, do Partido Democrático Trabalhista (PDT), o outro candidato a líder da esquerda, foi de menos de meio ponto percentual, mas a campanha do segundo turno uniu todos os setores progressistas em torno do candidato petista e transformou-o num dos dois protagonistas da eleição mais importante em décadas, projetando-o como esperança da transformação do Brasil. Nas eleições presidenciais seguintes, em 1994, Lula e Brizola foram novamente candidatos: o petista fez 8,5 vezes mais votos que o pedetista.[19] Assim, ainda que graves problemas de capilaridade permanecessem e sua importância na política nacional se espelhasse de forma muito imperfeita nas arenas estaduais e municipais, a partir de 1989 o PT se tornou o polo indiscutível, e Lula, a liderança máxima da oposição. E foi também a "ameaça petista" que permitiu que, na política nacional, o PSDB se tornasse seu reverso: o comandante de um polo de centro-direita, aceito por todos nessa posição a despeito das importantes rivalidades regionais entre os partidos que o constituíam.

A ocupação deste lugar de importância na política eleitoral brasileira exigiu múltiplas transformações no partido. O PT apresentava um claro compromisso com os movimentos sociais e os trabalhadores e

---

[18] COUTINHO, Carlos Nelson. Socialismo e liberdade. *O Globo*, p. 7, 30 dez. 2008.

[19] Em 1998, Brizola admitiu a situação e compôs chapa como vice de Lula.

uma postura de intransigência quanto a seus princípios, que separavam com nitidez um "nós" e um "eles" dentro do campo político. Foi por isso que, à medida que se tornou central às disputas políticas, contribuiu para demarcar espaços diferenciados nos quais os outros partidos se alojavam. Ele ocupou, assim, a posição de espinha dorsal do sistema partidário brasileiro. Não se trata, convém frisar, de algum arranjo próximo à clivagem classista entre partidos, de acordo com o modelo vigente em muitos países europeus ao longo do século XX. O discurso do PT logo privilegiou um elemento ético, vinculado à moralidade na gestão pública, que se sobrepunha às questões de classe. Canalizava a frustração com as promessas não cumpridas da transição para a democracia na forma de um rechaço cabal ao *modus operandi* político vigente, capaz de aglutinar um conjunto socialmente heterogêneo de simpatias.

Com o progressivo triunfo do pragmatismo do PT, que o levou à adaptação às práticas políticas correntes no Brasil, a diferença que contribuía para balizar o sistema de partidos se enfraqueceu. É possível abordar este processo a partir das mudanças na plataforma partidária e nos programas de governo,[20] nas formas de organização interna,[21] na geografia do voto[22] ou no discurso de campanha.[23] Em todos os casos, o que se percebe é a diminuição da diferença que caracterizava o PT em relação aos outros partidos brasileiros.

Os padrões de coligação eleitoral também servem de exemplo. De maneira esquemática, é possível identificar duas abordagens às coligações partidárias. A perspectiva *ideológica* julga que a coligação é um instrumento que permite que partidos que se encontram próximos

---

[20] AMARAL, Oswaldo E. do. *A estrela não é mais vermelha: as mudanças no programa petista nos anos 90*. São Paulo: Garçoni, 2003.

[21] RIBEIRO, *Dos sindicatos ao governo*.

[22] TERRON, Sonia Luiza; SOARES, Gláucio Ary Dillon. As bases eleitorais do PT: do distanciamento ao divórcio. *Opinião Pública*, v. 16, n. 2, p. 310-337, 2010.

[23] MIGUEL, Luis Felipe. A palavra "aperfeiçoada": o discurso do Partido dos Trabalhadores nas eleições de 2002. In: LEMOS, André; BERGER, Christa; BARBOSA, Marialva (Orgs.). *Narrativas midiáticas contemporâneas*. Porto Alegre: Sulina, 2006.

uns dos outros no espectro esquerda-direita ampliem suas chances de vitória contra adversários situados em posição oposta. Já a perspectiva *pragmática* acredita que os competidores com chances reais na disputa buscam o maior número possível de apoios, não importa de onde venham, a fim de garantir a máxima vantagem sobre seus adversários. Esta dicotomia é adaptada da literatura sobre coalizões parlamentares;[24] mas, ao contrário do parlamento, em que se conhece o peso de cada partido e, portanto, o quão mínima pode ser a amplitude da coalizão, na disputa eleitoral é impossível determinar em quantos votos cada apoio se traduz. Portanto, a perspectiva pragmática é também aquela que se impõe a agentes políticos racionais avessos a riscos.

Nas três primeiras eleições presidenciais de que participou, o PT teria assumido uma perspectiva ideológica, sendo apoiado apenas por partidos considerados do campo da esquerda. Um episódio das eleições de 1989 emblematiza a posição que o partido mantinha então sobre as alianças eleitorais. Luiz Inácio Lula da Silva chegara ao segundo turno, na contramão das expectativas iniciais, liderando uma coligação com dois partidos menores de esquerda. Ulysses Guimarães, candidato do PMDB, o maior partido do país, um político conservador, mas com um histórico indiscutível de oposição à ditadura militar, ficou em sétimo lugar, com pouco mais de 3 milhões de votos. No segundo turno, manifestou preferência por Lula. Após uma breve discussão interna, o partido rejeitou publicamente o apoio. Ao final, Lula foi derrotado por Fernando Collor de Melo, por uma diferença de 4 milhões de votos.

Em 2002, quando se aliou ao Partido Liberal (PL), o PT mostrou que teria passado à segunda perspectiva, pragmática. O apoio de partidos de direita aos candidatos presidenciais petistas ampliou-se nas eleições seguintes, de 2006, 2010 e 2014.[25] Foi o golpe de 2016 que

---

[24] LIJPHART, Arend. *Patterns of Democracy: Government Forms and Performance in Thirty-Six Countries*. New Haven: Yale University Press, 1999.

[25] Um estudo sobre as coligações do PT em eleições municipais mostrou uma evolução similar (MIGUEL, Luis Felipe; MACHADO, Carlos. De partido de esquerda a partido de governo: o PT e suas coligações para prefeito (2000 a 2008). In: KRAUSE, Silvana; DANTAS, Humberto; MIGUEL, Luis Felipe

reembaralhou as peças, reforçando a linha divisória entre esquerda e direita: em 2018, o candidato a presidente pelo PT, Fernando Haddad, só obteve apoio de partidos à esquerda.

Mas esta abordagem dicotômica é insuficiente. Em primeiro lugar, porque "ideologia" e "pragmatismo" não explicam a variedade de comportamentos dos partidos nas disputas eleitorais. E também porque ideologia e pragmatismo não são características "naturais" de um ou outro ator político, nem opções sempre à disposição, a serem escolhidas aleatoriamente. O comportamento diante das possibilidades de coligação é efeito das trajetórias dos partidos no campo político; ideologia e pragmatismo não são mutuamente excludentes e, pelo contrário, por vezes se confundem. No próprio PT, a intransigência que marcou o partido em seus primeiros tempos permitiu a construção de uma "marca" política distinta, que se tornou um importante ativo para disputas políticas posteriores. A diferença do PT em relação a boa parte dos outros partidos brasileiros inclui também o fato de que ele possuía um projeto de longo prazo e era capaz de recusar uma vantagem imediata (composição de uma coligação, participação num governo) que, no entanto, comprometeria as chances de conquistas maiores no futuro. O comportamento lido como ideológico em relação a uma determinada disputa possuía, assim, uma dimensão pragmática quando observado da perspectiva de uma temporalidade mais dilatada.

O purismo inicial do PT levou-o a dispensar oportunidades que outros partidos brasileiros dificilmente desprezariam e a adotar medidas duras para garantir internamente o respeito a essas decisões. Seu perfil, nas duas primeiras décadas de existência, foi definido por sucessivas *recusas*. Recusou-se a participar das negociações que permitiram à oposição alcançar o governo por meio do Colégio Eleitoral, chegando a expulsar três deputados, quase metade de sua minúscula bancada, que votaram a favor de Tancredo Neves em vez de nulo. Recusou-se, obviamente, a apoiar o novo governo civil. Recusou-se a receber o apoio de políticos conservadores no segundo turno das eleições de 1989. Recusou-se a

---

(Orgs.). *Coligações partidárias na nova democracia brasileira: perfis e tendências.* São Paulo: Editora Unesp; Rio de Janeiro: Fundação Konrad Adenauer, 2010).

assinar a nova Constituição, vista como pouco progressista. Recusou-se a integrar o governo Itamar Franco, ainda que tivesse participado da campanha pelo *impeachment* de Fernando Collor – e, uma vez mais, expulsou do partido a deputada Luiza Erundina, que aceitou um ministério. O partido fazia questão de ser visto como aquele que dizia *não* às práticas correntes do jogo político, aos acertos, às acomodações. A intransigência ética e o rechaço a flexibilizar princípios foram cultivados como marcas do petismo. Perderam-se cargos e oportunidades, mas, a médio prazo, o purismo se mostrou rentável eleitoralmente.

Não se trata de mensurar o quanto havia de cálculo e o quanto havia de fidelidade a preceitos rigorosos em cada uma dessas decisões, até porque não são elementos excludentes. O fato, porém, é que a intransigência demonstrada nestes e em outros episódios credenciou o PT como força política, levou-o a um crescimento constante e mesmo concedeu-lhe um saldo ético que lhe permitiu, mais adiante, envolver-se em transações pragmáticas, com menor desgaste diante de sua base de militantes e simpatizantes.

Ou seja: a diferença política representada pelo PT tornou-se também um capital mobilizado pelo partido no jogo eleitoral. Num país cuja elite política recebe – por bons motivos – a desconfiança ou mesmo a repulsa de grande parte da população, mostrar-se como um partido que não é igual aos outros certamente rende vantagens. O que não quer dizer que este caminho estivesse traçado desde o início. O que a história mostra é um processo tenso e, a cada passo, em aberto de acomodação entre um partido com proposta inovadora e as pressões e incentivos próprios do campo político.

Não há exagero, portanto, em dizer que entre o PT fundado em 1980 e aquele que chega à Presidência da República em 2002 há um fosso. Seja "amadurecimento" ou "degradação", de acordo com o ponto de vista adotado, o fato é que, no espaço de pouco mais de duas décadas, esse partido purista e em muitos momentos sectário passou a adotar um pragmatismo desenfreado. O que é necessário aqui não é um veredito condenatório, como muitas vezes é feito, reduzindo a estratégia política a uma oposição entre intransigência ou transigência ética. Meu entendimento, ao contrário, é que não se trata de uma falha moral de seus líderes, de falta de fibra ou do canto de sereia da "conciliação de classes". As *condições de efetividade* que o campo político apresenta à ação de seus integrantes foram sentidas pelo PT, que optou por se adaptar a elas: os incentivos à acomodação, que o campo político apresenta a todos os que nele ingressam e que desempenharam seu papel com tanto mais força quanto mais o PT se aproximava das posições centrais do poder. Em suma, não há uma oposição chapada entre capitular ou resistir, mas a tentativa de encontrar caminhos possíveis para a luta política nas circunstâncias reais em que ela ocorre, com as escolhas levando a consequências que não são inteiramente antecipadas pelos agentes.

Os estudos iniciais sobre o PT o celebravam como uma bem-vinda exceção em um ambiente político marcado pela falta de compromisso programático, pelo oportunismo e pela venalidade – mais do que uma exceção, uma "anomalia", para usar as palavras de Keck.[26] No entanto, a mesma plasticidade do PT, que estava na raiz de muitas de suas virtualidades positivas, como a desconfiança em relação a receitas prontas, tornava-o particularmente suscetível às pressões do campo político por acomodação e adaptação.[27]

Já foi indicado que a inovação representada pelo PT, com a democracia interna e o chamamento ao debate com as bases, gerava custos crescentes, à medida que o partido se tornava mais importante e ocupava mais espaços de poder. Mas a adoção de um modelo mais expedito, que confere maior autonomia aos dirigentes, gera também outros efeitos. Ao apresentar sua famosa lei de ferro das oligarquias, a partir de um

---

[26] KECK, Margaret E. *PT: a lógica da diferença*. São Paulo: Ática, 1991. *passim*.

[27] Por isso, discordo da leitura de que os trabalhos focados na novidade ou diferença do PT incluem a "avaliação subliminar" de que o partido faria a política brasileira se tornar mais ideológica, aproximando-a "daquilo que a política verdadeiramente [...] deveria ser" (LEAL, Paulo Roberto Figueira. *O PT e o dilema da representação política: os deputados federais são representantes de quem?*. Rio de Janeiro: FGV, 2005. p. 18). Pelo contrário, nestes estudos a falta de rigidez ideológica do PT tende a ser contrastada positivamente à tradição da esquerda comunista. A novidade representada pelo partido residiria não na ideologia, mas no compromisso com a voz popular e na ausência de caciquismo.

estudo sobre a evolução da social-democracia alemã, Robert Michels afirmou que "quem fala organização, fala oligarquização". A divisão entre líderes e liderados, argumentou, sempre se torna mais do que uma mera divisão funcional.

O primeiro passo é o alargamento do fosso de experiência política e informação que separa líderes de liderados. Para o pensador alemão, a diferenciação entre direção e base é função da complexidade do jogo político, que exige uma *expertise* própria, inacessível a quem não se dedica a ele com exclusividade.[28] Com isso, a capacidade de interlocução entre dirigentes e base tende a ficar cada vez mais reduzida. Os liderados perdem a capacidade de supervisionar os líderes – e os líderes também passam a perceber como infrutíferas suas tentativas de se justificar diante de uma base de apoiadores que não tem como entendê-los. Assim, em vez de interlocução (e, em última análise, de controle dos liderados sobre os líderes), a relação entre eles torna-se de uma relação de mando e obediência. Seria uma relação similar à do paciente com o médico, que também é de uma autoridade baseada na confiança em um conhecimento superior.[29]

O passo mais importante, porém, é o esgotamento da solidariedade em relação à classe de origem. Queiram ou não, as camadas dirigentes de uma organização operária que conquista peso social passam a integrar a elite política. São guindadas a novos ambientes, passam a frequentar outros grupos, sofrem as pressões pela adequação a outros padrões de comportamento. Assim, tendem a desenvolver interesses diferenciados daqueles da massa de militantes. A dissociação entre o interesse próprio do representante e o interesse que ele deve defender, da base de representados, surge mesmo quando a origem social é similar. É um efeito da desigualdade de poder que a representação política necessariamente gera. A divisão funcional, exigência do trabalho político, torna-se uma diferenciação de interesses e uma forma de dominação.

---

[28] MICHELS, Robert. *Sociologia dos partidos políticos*. Tradução de Arthur Chaudon. Brasília: Editora UnB, 1982. p. 54 (ed. orig.: 1911).

[29] *Idem*, p. 56.

O pensador alemão é presa de um materialismo mecânico e simplificador, que anula a complexidade das relações de representação política e torna impossível qualquer solidariedade na ausência de similitude absoluta de condições de vida. Sua obra desemboca em um determinismo retrógrado, que serve ao propósito de anular qualquer possibilidade de transformação social. Mas é possível lê-lo a contrapelo e buscar nele não esta conclusão desencantada e paralisante, mas indícios de dilemas reais a serem enfrentados por organizações políticas de extração popular.[30] O caso do PT mostra como tais dilemas são desafiadores: um partido que nasceu com a preocupação de garantir um alto grau de horizontalidade interna foi, ainda assim, empurrado para um estilo mais concentrado de exercício do poder, pelas exigências mesmas da disputa política.

Estes dilemas que afetaram o PT não são desconhecidos de outras organizações voltadas para uma transformação profunda do mundo. O que talvez surpreenda é a evolução tão rápida, que em poucos anos fez o partido sair de um principismo radical para uma adesão igualmente radical à *realpolitik*. Mais uma vez, não se trata de falar em "traição" dos ideais originais do partido. Ainda que a ascensão dos dirigentes à elite política – oligarquização, nos termos de Michels – certamente tenha contribuído em muitos casos para uma percepção mais benevolente da ordem social reinante, o fator principal foi a apreciação realista das possibilidades de transformação concreta no futuro próximo. Em especial, uma nova avaliação comparativa do potencial do investimento na mobilização de massas, que prometia mudanças mais profundas, mas cuja vitória era incerta e distante, em relação a reformas limitadas, mas ao alcance da mão.

Um complicador, no caso brasileiro, é que não se tratava apenas de moderar o programa, ampliar o arco de alianças ou fazer acenos para grupos sociais que, em princípio, seriam estranhos ao projeto do partido, quando não identificados expressamente como adversários.[31]

---

[30] Cf.: MIGUEL, Luis Felipe. *Consenso e conflito na democracia contemporânea*. São Paulo: Editora Unesp, 2017. Capítulo 4.

[31] Um dos *slogans* do PT inicialmente era "Um partido sem patrões" (cf.: MENEGUELLO, *PT*, p. 107; 118).

Para ingressar na "política como se faz no Brasil" e ser aceito como parceiro no jogo era preciso ir além disso, ultrapassando limites éticos no relacionamento entre as empresas privadas, os fundos do Estado e os funcionários públicos. No caso do PT, a flexibilização ética – que foi do financiamento privado e do loteamento da máquina administrativa entre aliados ao caixa dois, ao favorecimento a empresas para alimentar os fundos do partido e à corrupção como forma de garantir apoio político – cobrou um preço alto devido também ao discurso público petista, que, como visto antes, se deslocara da intransigência política e da afirmação inequívoca da identidade de classe para a defesa da probidade no manejo das verbas públicas.

É possível entender que a aproximação do discurso do PT ao registro udenista, tão presente no Brasil, já marcava sua vulnerabilidade aos incentivos dados pelo sistema político. A luta contra a corrupção, muitas vezes combinada com a denúncia dos privilégios de agentes do Estado (as "mordomias" no final da ditadura, os "marajás" do marketing de Fernando Collor), não delimita uma distinção entre esquerda e direita, que dirá uma posição de classe: a fronteira é dada por governo contra oposição, com o discurso da moralidade estando à disposição também para a oposição à direita, que costuma fazer intenso uso dele. Trata-se, como observou Vitullo, da redução da disputa à pequena política, que a restringe à temática moral, elide os principais eixos do conflito social e permite atingir um público despolitizado.[32] Como regra, a relação entre a corrupção e o funcionamento da economia capitalista é deixada de lado, em prol de um enquadramento voltado para a punição dos culpados. A identificação do mau comportamento de funcionários públicos como causa dos males da nação é facilmente combinada à defesa da redução do Estado, que mataria o mal pela raiz. Em vez de se discutir a dominação e a exploração, nos diferentes eixos em que ocorrem, discute-se uma falha ética. O debate político, em que projetos de sociedade se enfrentam, é substituído pelo combate entre o

---

[32] VITULLO, Gabriel E. O honestismo e o triunfo da pequena política. In: VITULLO, Gabriel E. (Org.). *A ideologia do "Terceiro Setor": ensaios críticos*. Natal: Editora da UFRN, 2012.

bem e o mal, de uma maneira que não permite ambivalências: afinal, quem pode ser a favor do desvio de dinheiro público?

Quando na oposição, é tentador para qualquer partido se apresentar como o porta-voz da moralidade pública. No PT, este discurso concorreu com (e por vezes ofuscou) a afirmação de seu compromisso classista. É um discurso mais fácil, que enfrenta menor resistência e desperta simpatia imediata; não por acaso, no momento da crise do governo Dilma Rousseff ele foi incorporado por organizações à esquerda do PT, que disputavam com a direita não o enquadramento da realidade, mas o direito de portar com legitimidade a bandeira do combate à corrupção. A tentação perene do udenismo para as organizações progressistas é um dos efeitos colaterais do enraizamento da corrupção nas práticas políticas brasileiras.

Uma vez no poder, porém, a coerência com esse discurso exigiria enfrentar todo o sistema político, a fim de moralizar seu funcionamento, e também grandes grupos do capital privado, que são o outro lado da moeda, beneficiários destas práticas na posição de corruptores. As consequências prováveis seriam a paralisação prolongada da máquina administrativa, a desorganização da atividade econômica – e a derrota. Sem base popular mobilizada e sem o apoio de grupos poderosos no aparato repressivo do Estado e na mídia, o confronto de um governo petista com os padrões corruptos da política brasileira provavelmente levaria à sua derrubada. Uma hipótese importante sobre a queda de Dilma Rousseff, aliás, indica que ela cultivou inimizades ao se sentir (erroneamente, como se comprovou em seguida) forte o suficiente para enfrentar esquemas enraizados de corrupção em algumas empresas estatais estratégicas, como a Caixa Econômica Federal e a Petrobrás (ver o próximo capítulo). Ao mesmo tempo, porém, uma adesão imoderada do partido às práticas que antes denunciava com vigor fatalmente geraria, como de fato gerou, um enorme desgaste.

As transformações do PT, portanto, foram respostas aos incentivos que o sistema político oferece para a adequação aos discursos e comportamentos dominantes. Por isso, enfatizei que um ponto de inflexão crucial na trajetória do partido foi o resultado do primeiro turno das eleições de 1989. Parecia claro que um bom aproveitamento do clima político, aliado a um marketing eleitoral competente, proporcionaria um acesso mais rápido ao poder do que o trabalho de mobilização no qual o partido apostava desde sua fundação. O fato de que o partido hesitou em aceitar, no segundo turno, o apoio de políticos conservadores, mas democratas, é em geral apontado como uma demonstração de seu caráter *naïf* e de seu despreparo para a política real. O trabalho de acomodação ainda não havia surtido efeitos. Mas o PT posterior aprendeu tão bem a lição que, para ele, ninguém, de Maluf a Collor, de Sarney a Jader Barbalho, de Kátia Abreu a Michel Temer, estava fora do raio de uma possível aliança.

Entre a hesitação inicial de 1989 e a política de alianças indiscriminada adotada a partir de 2002 houve uma evolução gradual, eleição após eleição. O partido expandiu seu arco de coligações, direcionou seu discurso para um público mais heterogêneo e se esforçou para estabelecer pontes com setores do capital. Nas eleições de 1989, 1994 e 1998, Lula concorreu tendo na chapa, como candidatos à vice-presidência, políticos com claro compromisso popular. Em 2002, foi acompanhado por um grande empresário, José Alencar, filiado ao Partido Liberal. Atribuiu-se a ideia da chapa ao marqueteiro Duda Mendonça; ela reuniria "dois meninos pobres que subiram na vida", um pela política, outro pelos negócios. Se, como indicado antes, Lula e o PT introduziram no debate político brasileiro a "palavra imperfeita" oriunda dos movimentos populares que chegavam ao campo político vindos de fora, na eleição de 2002, com marketing 100% profissionalizado, sua palavra já estava aperfeiçoada, pronta para disputar – e ganhar – o jogo político tal como ele sempre foi jogado.

Quando Lula deu um ultimato a seus companheiros de partido, dizendo que não entraria numa quarta campanha presidencial para perder, verbalizou o pragmatismo e a opção absoluta pelo caminho eleitoral que já haviam conquistado o PT. Duda Mendonça assumiu a publicidade petista trazendo consigo os métodos de remodelagem de imagem pública que o deixaram famoso, quase lendário. De seu trabalho anterior com diversos políticos de direita, o mais notável foi com Paulo Maluf. Depois de uma série de derrotas eleitorais, estigmatizado como emblema daquilo que a política brasileira trazia de mais corrupto, símbolo de um passado a ser enterrado, um Maluf repaginado por Mendonça conquistou a prefeitura de São Paulo em 1992 e renasceu politicamente. A contratação do marqueteiro, por si só, deixava claro que o PT entendia que não se devia mais disputar a agenda, nem os enquadramentos ou valores dominantes, enfrentamentos demasiado árduos para que fosse possível sonhar com a vitória. Era mais promissor aceitá-los tal como eram e adequar o discurso às expectativas que eles geravam.

Não foi uma correção de rumo abrupta no pleito de 2002: nele, o PT apenas terminou sua transição para o modelo de campanha profissionalizada, em que o papel da militância é secundário. Já no manual de campanha elaborado por Elói Pietá, amplamente utilizado na campanha municipal de 1996, o recurso ao marketing profissional, "independente de ideologia", é apresentado como parte da necessidade objetiva de "adaptação" do partido às práticas dos concorrentes. A equivalência entre eleitor e consumidor é assumida sem rodeios. O militante é tratado como uma ferramenta secundária da estratégia traçada pelos especialistas, "uma 'mídia interativa' de curto alcance".[33]

Duas implicações principais, ao menos, surgem dessa mudança. A primeira diz respeito à relação entre o partido e os detentores do capital. Campanhas eleitorais são muito custosas; os profissionais mais conhecidos são regiamente remunerados. É preciso, portanto, encontrar fontes robustas de financiamento. Ribeiro data do 10º Encontro Nacional, em 1995, a oficialização pelo PT de que seria legítimo aceitar doações de grandes empresas para suas campanhas.[34] No encontro, foi revelado que a campanha de José Dirceu para o governo de São Paulo, no ano anterior, teria se beneficiado de importante doação da construtora Odebrecht. Argumentou-se, então, que uma doação feita nos marcos legais não era problemática. Para uma organização que ao nascer proclamava ser "sem patrões", trata-se de uma mudança e tanto.

A implicação principal, porém, é a segunda. A profissionalização indica uma mudança no sentido conferido à campanha e às eleições. Não

---

[33] *Apud* RIBEIRO, *Dos sindicatos ao governo*, p. 117-119.

[34] *Idem*, p. 109.

eram mais vistas como um momento de debate e educação política, em que se conquistam não apenas votos, mas sobretudo a adesão a uma visão de sociedade. Tratava-se apenas de encontrar a fórmula que garantisse a maioria naquele momento. Ao contrário do que ocorrera nas três vezes anteriores, o Lula que disputou as eleições presidenciais de 2002 não se contrapôs às visões dominantes da realidade e das alternativas possíveis. O esforço foi focado na construção de uma imagem pública apropriada para o clima de opinião vigente.[35] Na prática, houve uma capitulação diante das visões hegemônicas sobre o mundo social, entendendo que remar a favor de concepções e compreensões já estabelecidas – ainda que limitadas, errôneas ou preconceituosas – ampliava as chances de sucesso eleitoral. Para ganhar a eleição, o caminho era adaptar o discurso e a imagem do candidato, a fim de se encaixar nas expectativas vigentes. Foi quando surgiu o "Lulinha paz e amor", caracterização verbalizada pelo próprio candidato. Ele era uma persona do marketing eleitoral, claro, mas carregada de implicações. Era a indicação, traduzida em imagem acessível ao grande público, de que o PT se comprometia com a visão de que seria possível fazer política contornando os conflitos.

Isso porque as concessões feitas no processo eleitoral exercem efeitos sobre as condições em que o mandato obtido será exercido. Ainda que o discurso adotado durante a campanha constranja muito pouco a ação do eleito (uma das críticas mais comuns à democracia representativa é a distância entre promessas e realizações), a adequação aos padrões dominantes mostra menor disposição para enfrentamentos e reduz a mobilização das bases. No caso da campanha de Lula em 2002, houve uma opção pensada por apresentar uma face palatável às elites, sinalizando abertura para acordos muito amplos e um horizonte de transformação social bastante limitado. A contraface do "Lulinha paz e amor" foi a "Carta ao povo brasileiro", manifesto lançado durante a campanha e que se tornou o programa de governo *de facto*, no qual eram

---

[35] RUBIM, Antonio Augusto Canelas. Visibilidades e estratégias nas eleições presidenciais de 2002: política, mídia e cultura. In: RUBIM, Antonio Augusto Canelas (Org.). *Eleições presidenciais em 2002: ensaios sobre mídia, cultura e política*. São Paulo: Hacker, 2004.

apresentadas extensas garantias ao capital. Como já assinalei antes, não creio que seja útil tratar tal opção por meio de categorias exclusivamente morais, como "traição". O principismo extremado também pode ser muito confortável, já que, por meio dele, todos os caminhos levam a becos sem saída. É um privilégio que só está ao alcance de quem se encontra em posições sociais vantajosas e, portanto, perde pouco ou nada ao desprezar avanços que do ponto de vista de um projeto radical de sociedade renovada são medíocres, mas que podem fazer enorme diferença no dia a dia dos mais vulneráveis.

Fazer concessões, adaptar o discurso e moderar o programa podem ser maneiras de conseguir alcançar algum tipo de progresso, em circunstâncias nas quais a transformação radical teima em não se viabilizar, mas as urgências dos pobres e dos excluídos são gritantes. A "conciliação" execrada pelas posições ortodoxas pode, assim, também ser vista como respondendo ao interesse dos dominados – com primazia a seus interesses mais imediatos e intranscendentes. Lula quis entrar na disputa para ganhar também porque uma quarta derrota, por mais heroica e limpa que fosse, significaria permanecer sem os meios para promover mudanças, ainda que limitadas. O príncipe maquiaveliano está pronto a sacrificar sua alma imortal pela grandeza do Estado; o PT sacrificou sua pureza pela transformação efetiva possível. Em suma, o que o purismo vê como oportunismo, o pragmatismo vê como nobreza de espírito, talvez até uma forma de autossacrifício.

O caminho que o PT encontrou para se acomodar à ordem, deixando – ou ambicionando deixar – de ser visto como como ameaça, mas ainda assim mantendo algum compromisso com a transformação social, foi tornar-se plenamente o partido da Nova República, destinado a avançar nas linhas da Constituição de 1988 sem deixar de reproduzir as práticas políticas correntes, incapaz de superar as contradições aí presentes. Havia terreno para avançar, uma vez que a Nova República se anunciou sob bandeiras republicanas, pluralistas e igualitárias que nunca foram devidamente implementadas. E havia também muitos entraves, já que a recusa aos enfrentamentos também é uma marca de nascença da Nova República. O PT acabou por se tornar aquilo que teria sido o PMDB, se não tivesse perdido identidade e sucumbido ao oportunismo mais míope. Com isso, deixou de ser aquilo que ele próprio, o PT, ambicionava ser e que motivara sua recusa terminante a tudo aquilo que agora abraçava.

No que consistia, então, o núcleo das políticas que o PT pretendia implementar no governo, em nome das quais aceitava abrir mão da quase totalidade de seu programa original? Em primeiro lugar, estava o combate à fome. No início do primeiro governo Lula, o carro-chefe foi o Programa Fome Zero, com desenho mais clássico de política de segurança alimentar e contando com a expectativa de engajamento da sociedade civil. Em seguida, ele foi substituído pelo Programa Bolsa Família, de transferência de renda, que se tornou a marca principal do lulismo. Mas o combate à fome, por mais prioritário que seja, é um objetivo pontual: apela a uma determinada sensibilidade, sem desenhar um projeto de sociedade.

Alinho-me entre os que consideram que o PT no poder nunca foi capaz de definir tal projeto. Guiou-se, por um lado, por um conjunto de metas a serem alcançadas (ou de propósitos a serem perseguidos) e, por outro, pela convicção de que não havia condições de um confronto direto com os principais setores da burguesia, com o imperialismo ou com as oligarquias políticas, o que levava a um comportamento de máxima prudência e constantes concessões. As metas apontavam para uma aproximação ao ideal da "igualdade de oportunidades", que se tornou dominante no discurso petista a partir da campanha de 2002.[36] Ela é, convém lembrar, um valor tipicamente liberal, em contraste com posições socialistas ou socializantes, que sonham com levar a igualdade para além das oportunidades.

A igualdade de oportunidades não é, em si, desprezível, sobretudo em realidades tão iníquas quanto é o caso do Brasil, mas é compatível com uma desigualdade real significativa. Em suma, "uma igualdade inicial de recursos, com uma oportunidade igual de escolher o que fazer com eles, não satisfaz os requerimentos da igualdade" real.[37] A igualdade de oportunidades se combina bem com o discurso da

---

[36] Cf.: MIGUEL, A palavra "aperfeiçoada".

[37] PHILLIPS, Anne. *Which Equalities Matter?*. London: Polity, 1999. p. 60.

"meritocracia" e da "responsabilidade individual" pelas escolhas feitas, próprio de versões extremadas do liberalismo, que bane qualquer forma de solidariedade social: todos partem com oportunidades iguais e, daí em diante, cada um faz as escolhas que bem entender e cuida da própria vida.

Não foi esse, é claro, o caminho adotado pelo PT. Mas a partir de 2002 seu discurso centrou-se na ideia de "oportunidades para todos". Com esse espírito, promoveu uma grande expansão do ensino superior – mas, em boa parte, por meio de subsídios para inscrição em instituições privadas. Estabeleceu cotas raciais e sociais para o ingresso nas universidades públicas, sob forte oposição das classes médias, uma medida que rapidamente mudou o perfil do estudantado. Outras iniciativas buscaram atacar o racismo, o sexismo e a homofobia, incluindo a criação da Secretaria de Políticas para as Mulheres e da Secretaria de Políticas de Promoção da Igualdade Racial, ambas com status de ministério, e a afirmação da transversalidade destas questões na elaboração das políticas governamentais.

Essa abertura no Estado foi aproveitada por muitos movimentos e coletivos; se as administrações petistas certamente não são as responsáveis pelo crescimento do ativismo antirracista, feminista, LGBT, das periferias e outros, é preciso reconhecer que deram espaços a ele. Optou-se, porém, por não mexer em questões centrais para a agitação dos grupos conservadores, em especial religiosos. O PT assumiu o compromisso de não avançar na pauta do direito ao aborto (que é, no entanto, um problema importante de saúde pública e uma bandeira associada à plena cidadania das mulheres) e mesmo iniciativas para garantir o acesso ao abortamento nos casos já previstos em lei foram, muitas vezes, seguidas de recuo. Um recuo particularmente importante ocorreu na campanha de combate à homofobia nas escolas. O governo abdicou de enfrentar o falso enquadramento dado à questão pela direita (que estigmatizou a campanha como *kit gay*) e pagou um preço alto – a desinformação sobre o tema assombra todas as campanhas eleitorais petistas desde então.

A meta central, como visto, era a erradicação da miséria, o que passava pelos programas de transferência de renda, pela substantiva ampliação do poder de compra do salário mínimo e por estímulo ao emprego. O Programa de Aceleração do Crescimento, criado em 2007 como resposta à piora das condições do capitalismo internacional, recolocou o Estado em posição de grande indutor da atividade econômica. Na transição de Lula para Dilma, houve um ajuste e o papel do Estado deslocou-se, cada vez mais, de indutor direto para o de estimulador do capital privado. O Banco Nacional de Desenvolvimento Econômico e Social (BNDES) ampliou sua ação, chegando enfim ao modelo das "campeãs nacionais" (empresas privadas que, com financiamento governamental, tornar-se-iam *players* no mercado mundial), inspirado nos *chaebol* sul-coreanos. O arranjo não foi coroado de êxito. Segundo o sumário de Paulani, a nova matriz econômica de Dilma foi "troca do investimento público por aposta na retomada do investimento privado, que acabou não ocorrendo", como mostra a desaceleração da formação bruta de capital fixo.[38]

É possível ler nesse conjunto de políticas um *projeto* para o país, mesmo que um projeto contraditório ou impuro? Para essa direção apontam leituras influentes, como a de Evelina Dagnino, para quem ocorreu uma "confluência perversa" entre um projeto democrático e participativo e outro neoliberal. O primeiro, fruto das lutas contra a ditadura, tem a Constituição de 1988 como marco e as políticas de apro-fundamento democrático das gestões locais petistas como manifestação mais importante. O segundo, que traduz o Consenso de Washington e o clima ideológico mundial do final da Guerra Fria, manifestou sua força com a vitória de Fernando Collor nas eleições presidenciais de 1989. A confluência ocorreria porque, embora "apontando para direções opostas e até antagônicas, ambos os projetos requerem uma sociedade civil ativa e propositiva".[39] E é perversa, obviamente, porque

---

[38] PAULANI, Leda. Desenvolvimentismo, planejamento e investimento público nos cinco mil dias do lulismo. In: MARINGONI, Gilberto; MEDEIROS. Juliano (Orgs.). *Cinco mil dias: o Brasil na era do lulismo.* São Paulo: Boitempo; Fundação Lauro Campos, 2017. p. 98.

[39] DAGNINO, Evelina. Confluência perversa, deslocamentos de sentido, crise discursiva. In: GRIMSON, Alejandro (Org.). *La cultura en las crisis latinoamericanas.* Buenos Aires: Clacso, 2004. p. 197.

a identidade entre eles, apenas aparente, leva ao embaralhamento das linhas da luta política, que

> assume então o caráter de uma disputa de significados para referências aparentemente comuns: participação, sociedade civil, cidadania, democracia. A utilização dessas referências, que são comuns mas abrigam significados muito distintos, instala o que se pode chamar de crise discursiva: a linguagem corrente, na homogeneidade de seu vocabulário, obscurece diferenças, dilui nuances e reduz antagonismos. Nesse obscurecimento se constroem sub-repticiamente os canais por onde avançam as concepções neoliberais, que passam a ocupar terrenos insuspeitados.[40]

A tese da confluência perversa ilumina aspectos importantes do ambiente em que o debate político se desenrolou a partir da década de 1990. Mas creio que, em vez de revelar a convergência entre dois projetos adversários, mostra como o campo popular, *carente de um projeto próprio*, ficou vulnerável à contaminação pela racionalidade neoliberal.[41] Como busquei apontar antes, a vertente democrático-participativa muito mais corresponde a uma determinada *sensibilidade* política do que configura um projeto propriamente dito. Cabe lembrar que as experiências de incremento da participação popular, às quais ficaram associadas as administrações petistas (orçamentos participativos, conselhos etc.), embora tenham gerado espaços potencialmente importantes de educação política, não desafiaram as principais estruturas de dominação da sociedade.[42] Representam a implementação localizada, restrita a espaços paralelos às estruturas representativas do Estado, de um ideal de radicalização democrática que, por sua vez, como anotou Nancy Fraser, não alcança uma "visão progressista abrangente de uma

---

[40] *Idem*, p. 198.

[41] A própria Dagnino observou, em nota de rodapé, que os "projetos" talvez fossem melhor entendidos como "conjuntos de princípios básicos" com "relativa diversidade interna". DAGNINO, Evelina. Construção democrática, neoliberalismo e participação: os dilemas da confluência perversa. *Política & Sociedade*, n. 5, p. 141, 2004.

[42] Cf.: MIGUEL, *Dominação e resistência*, em especial o Capítulo 8.

ordem social justa", já que elude a questão da economia política.[43] É essa ausência que impede a formulação de um efetivo projeto político, capaz de guiar o exercício do poder.

Uma interpretação alternativa, de inspiração poulantziana, vê nos governos petistas o momento de um rearranjo do bloco no poder, com a hegemonia passando do capital internacional e seus associados para setores da burguesia local. Na síntese do principal expoente deste entendimento, "a grande burguesia interna brasileira, que mantém uma relação ambivalente, de dependência e conflito, com o capital internacional, foi a fração burguesa hegemônica no bloco no poder durante os governos Lula e Dilma".[44] É uma tentativa de dotar de sentido a política econômica do período a partir de uma análise de classe, mas enfrenta algumas dificuldades. Se, como já observava Fernando Henrique quando sociólogo, mesmo na fase do capitalismo nacional a burguesia dos países dependentes carece de "vocação hegemônica",[45] que dirá hoje.

Ao que parece, a grande burguesia interna passara a hegemônica no bloco no poder sem sequer formular seus interesses, sem que seus porta-vozes ocupassem espaços decisórios e agindo, sobretudo a partir de certo momento, com o intuito de desestabilizar o governo que a representava... Mesmo restringido a análise ao período em que Dilma indicou uma "nova matriz econômica", que em alguns momentos contou com o apoio de organizações como a Federação das Indústrias do Estado de São Paulo (Fiesp), é difícil encontrar tal hegemonia. De fato, a própria ideia de que a burguesia interna forma uma fração claramente distinguível da burguesia associada – mesmo tendo em mente a distinção que Poulantzas faz entre burguesia nacional e burguesia interna, esta

---

[43] FRASER, Nancy. *Justice Interruptus: Critical Reflections on the "Postsocialist" Condition*. New York: Routledge, 1997. p. 2.

[44] BOITO JR., Armando. *Crise e reforma política no Brasil: os conflitos de classe nos governos do PT*. Campinas: Editora Unicamp; São Paulo: Editora Unesp, 2018. p. 11.

[45] CARDOSO, Fernando Henrique. *Política e desenvolvimento em sociedades dependentes: ideologias do empresariado industrial argentino e brasileiro*. Rio de Janeiro: Jorge Zahar, 1971. p. 164.

última já ligada aos circuitos de valorização do capital internacional[46] – pode ser questionada, no atual estágio do capitalismo brasileiro. Isto ocorre tanto porque há uma profunda interpenetração dos diversos setores do capital quanto porque o próprio empresariado interno foi levado a assumir a ideologia neoliberal dominante e tem dificuldade para estabelecer de forma autônoma os seus interesses.

Com mais radicalidade do que Fernando Henrique, a tese da impotência dirigente da burguesia brasileira foi elaborada por Florestan Fernandes. Ela precisa se afirmar contra a classe trabalhadora e os destituídos, que são seu "inimigo principal", mas também diante das burguesias centrais, seu "aliado principal". Tais contradições "minam a partir de dentro e a partir de fora o padrão de dominação burguesa, o poder real da burguesia".[47] Também por isso, talvez seja mais razoável ver, no período petista, a ação de governos nascidos da classe trabalhadora, mas que chegaram ao poder com um programa autolimitado, que incluía o reiterado compromisso de não oferecer ameaça à reprodução da ordem capitalista. A fim de alcançar os objetivos a que se propunham, cujos pilares, como visto, eram a redução da miséria e a ampliação do nível de vida da maioria da população brasileira, esses governos adotaram algumas políticas que correspondiam àquilo que, segundo se imagina, seria a plataforma da burguesia interna *caso ela fosse capaz de formulá-la*: medidas de ampliação do mercado interno, estímulo às empresas nacionais (mas só por meio de compras públicas, sem proteções tarifárias, vetadas na nova ordem econômica mundial) e certa retomada do desenvolvimentismo, ainda que modelado às novas condições da economia global na fase do neoliberalismo.

É estranho entender a burguesia interna como a fração de classe que empalma a hegemonia quando o que se vê é um governo que representa outra classe social adotando algumas políticas que *presumivelmente*

---

[46] POULANTZAS, Nicos. *Poder político e classes sociais*. Tradução de Francisco Silva. São Paulo: Martins Fontes, 1986 (ed. orig.: 1968).

[47] FERNANDES, Florestan. *A revolução burguesa no Brasil: ensaio de interpretação sociológica*. 6. ed. Curitiba: Kotter; São Paulo: Contracorrente, 2020. p. 343 (ed. orig.: 1975).

corresponderiam a seus interesses, quando esta fração não se reconhece como tal e muito menos é propulsora de um projeto. Mas – e volto assim ao ponto que me interessa – o projeto putativo da igualmente putativa burguesia interna também não era "o projeto" dos governos petistas. Orientou algumas medidas que ajudaram a moldar a feição das administrações de Lula e Dilma Rousseff, mas sem coerência e sem perseverança. Muitas de suas políticas permaneceram respondendo fortemente aos interesses do rentismo e à necessidade, vista como inevitável, de atrair o capital especulativo internacional, ponto que os críticos à esquerda das administrações petistas não cansaram de enfatizar.[48]

Esta ambivalência é melhor entendida a partir da compreensão do lulismo como uma política voltada a postergar a resolução dos principais conflitos sociais, assegurando algumas melhorias para os mais pobres sem ameaçar os privilegiados. Na leitura de André Singer, tratava-se de um "reformismo fraco", que dilui, sem abandonar, o "reformismo forte" que antes caracterizava o partido.[49] Mas é importante observar que o adjetivo "fraco" não se refere à intensidade das reformas adotadas, mas ao fato de que elas não incidiram sobre os desafios estruturais à transformação da sociedade brasileira. Não se mexeu na estrutura tributária, que permaneceu altamente regressiva (e um dos fatores que explicam por que as políticas petistas, embora tenham melhorado a situação dos mais pobres e reduzido a desigualdade entre salários, pouco alteraram a distribuição da riqueza entre capital e trabalho). Pouco se avançou na reforma agrária, bandeira histórica do PT; de fato, os governos de Lula e Dilma valorizaram o chamado agronegócio como pilar do desenvolvimento econômico e contribuíram para que o tema da reforma agrária perdesse peso no debate público. Como uma espécie de compensação, foram adotadas medidas de amparo à agricultura familiar, que opera sobretudo nos nichos preteridos pelo agronegócio. Espaços de participação da sociedade civil, como conferências e conselhos, foram

---

[48] PAULANI, Leda. *Brasil delivery: servidão financeira e estado de emergência econômico*. São Paulo: Boitempo, 2008.

[49] SINGER, André. *Os sentidos do lulismo: reforma gradual e pacto conservador*. São Paulo: Companhia das Letras, 2012.

fomentados em paralelo às estruturas formais de representação, mas sempre em posição subalterna diante da política "de gente grande", que continuava sendo a negociação entre o Executivo e o Legislativo (e as pressões diretas do capital) – e a agenda da reforma política não foi levada adiante. A lista poderia continuar, incluindo o controle dos meios de comunicação de massa, a educação militar, a chantagem imposta por grupos religiosos sobre questões de direitos individuais (sobretudo de mulheres e da população LGBT), as políticas de segurança pública, a política ambiental, a política indigenista etc.

Mais do que como reformismo fraco, portanto, a política petista pode ser definida como um *reformismo superficial*. A ausência de um projeto pode ser creditada a essas circunstâncias, de adaptação a uma correlação de forças adversa e de busca de brechas pontuais para promover mudanças localizadas. De alguma maneira, é possível ver aí a permanência de uma característica do PT original, a valorização da experiência vivida dos dominados – que é estruturada pela necessidade de constante ajustamento a um ambiente sob o qual eles têm baixíssimo controle e que prioriza a prudência diante de enfrentamentos que raras vezes levam a vitórias, mas cujas derrotas podem ter consequências avassaladoras.[50]

Intervém aí outra característica do lulismo, que é a acomodação com a correlação de forças vigente. Para o sucesso do pacto que estava sendo proposto, era fundamental que o PT desse garantias da "seriedade" de suas intenções conciliatórias. Por isso, o partido foi levado – talvez não como deliberação própria, mas como resposta a estímulos constantes – a desmobilizar as forças sociais que poderiam impulsionar o governo na direção de reformas mais profundas. Os movimentos sociais e, em particular, o movimento sindical ganharam importantes

---

[50] Cf.: SCOTT, James C. *Weapons of the Weak: Everyday Forms of Peasant Resistance*. New Haven: Yale University Press, 1985; SCOTT, James C. *Domination and the Arts of Resistance: Hidden Transcripts*. New Haven: Yale University Press, 1990. Uma convincente interpretação da formação política de Lula, sob esta chave, encontra-se na biografia do ex-presidente escrita por: FRENCH, John D. *Lula and his Politics of Cunning: from Metalworker to President of Brazil*. Chapel Hill: The University of North Carolina Press, 2020.

espaços de interlocução no Poder Executivo, mas perderam capacidade de pressão por meio da mobilização da base. Trata-se de um movimento em certa medida inevitável: afinal, de onde um governo de esquerda, recém-chegado ao poder, vai tirar os quadros necessários para ocupar o Estado? No caso do Brasil, porém, ele foi reforçado pela tendência do governo petista de ver o partido e os movimentos vinculados a ele como agentes de sua própria estratégia política, carentes de autonomia e impossibilitados de fazer pressão.

Com isso, o PT enfraqueceu a si próprio, como ficou patente na crise que terminou por derrubar a presidente Dilma Rousseff. Não se trata de um efeito colateral ou inesperado. O refluxo dos movimentos sociais que alimentaram a experiência do PT em sua fase heroica representou a garantia tácita, dada ao capital, de que a inflexão moderada, pragmática ou conservadora expressa em documentos como a "Carta aos brasileiros", da campanha de Lula em 2002, não seria letra morta. Minando a possibilidade de ação efetiva dos setores que sustentariam um projeto de transformação mais radical, garantiu-se a credibilidade das promessas feitas de manutenção das linhas gerais do modelo de acumulação em vigor.

É possível, também quanto a este aspecto, ver no lulismo uma versão apequenada do pacto que os partidos social-democratas celebraram nos países europeus. Em vez da construção de um Estado de bem-estar social, o que se proporcionou aos mais pobres foi uma modesta ampliação do acesso ao mercado de bens de consumo, viabilizada graças a políticas de transferência de renda e de aumento do poder de compra dos salários, em particular do salário mínimo. Foi nelas que se ancorou a política social do governo, com os serviços públicos socializados permanecendo sempre num distante segundo plano. Além de indicar o abandono da busca da construção de uma lógica social alternativa ao capitalismo e a rendição ao modelo de desenvolvimento vigente, esta política era mais palatável para o capital por não desafiar a transferência do fundo público para investidores privados.

E em vez da incorporação negociada das classes trabalhadoras ao pacto, como fez o arranjo social-democrata, no qual o poder de pressão das organizações sindicais era uma parte central da equação, viveu-se um momento de desmobilização, que retirava capacidade de reação dos trabalhadores e apaziguava o capital. Este ponto não está desligado do anterior. O mercado oferece respostas imediatas, ao alcance da mão, e o lulismo admitiu isso, como observou Adalberto Cardoso.[51] Não é preciso esperar para obter vaga na faculdade privada, ainda que o ensino seja de baixa qualidade, ou financiar a compra de um automóvel, embora com efeitos nocivos seja para o meio ambiente, seja para a vida urbana, ao passo que a ampliação do ensino superior federal e soluções de transporte público exigem largo investimento e tempo até surgirem os frutos. É possível pensar que, para esperá-los, seria necessária uma base social bem mais politizada – e, sobretudo, que se sentisse participante de uma construção coletiva, em vez de beneficiária de políticas que outros destinavam a ela.

Enfim, tudo apontava para padrões muito pouco exigentes de redução da desigualdade e de segurança existencial para os mais vulneráveis. O cálculo era: obter pouco, mas com certeza de que dará certo, em vez de sonhar com muito e nada conseguir.

O mesmo pode ser dito a partir de uma abordagem centrada nas relações internacionais. Os governos petistas aproveitaram a conjuntura favorável, dada sobretudo pela valorização das *commodities* no mercado global, para avançar algumas casas na direção de uma maior autonomia econômica para o Brasil, de uma maneira que a direita, quando no poder, não fizera. Também ampliaram a presença do país no cenário internacional, tomando iniciativas que antes seriam consideradas inimagináveis; o caso mais emblemático foi certamente a intervenção na crise relacionada ao programa nuclear do Irã. Buscaram diversificar os vínculos do Brasil, com uma nova política Sul-Sul e a integração a outros países chamados "emergentes", em especial no bloco BRICS (acrônimo, em inglês, para Brasil, Rússia, Índia, China e África do Sul). Foram todos movimentos de afirmação da soberania, que geraram insatisfação nos Estados Unidos. Mas não enfrentaram as causas estruturais

---

[51] CARDOSO, Adalberto. *À beira do abismo: uma sociologia política do bolsonarismo*. Rio de Janeiro: Amazon, 2020.

da condição dependente. A capacidade de poupança interna e a de inovação permaneceram limitadas pelo padrão de consumo dos grupos sociais mais privilegiados, espelhado naquele das elites dos países ricos. A inserção internacional permaneceu fortemente ancorada na produção de bens de baixo valor agregado; de fato, o processo de reprimarização da economia continuou avançando. O processo de integração regional avançou de forma apenas tímida.[52]

A conclusão que se impõe, portanto, é que o PT chegou ao governo sem um projeto de país. Aquele, de socialismo vago, igualitarismo exigente e democratização radical do Estado e da sociedade, no qual apostara desde sua fundação, era tido como bloqueado pelas classes dominantes. Restava adaptar práticas de governos aceitos como progressistas ou, ao menos, com compromisso social e/ou nacional – estímulo ao mercado interno, uma reinvenção do desenvolvimentismo mais em intenções do que em atos, a promessa da incorporação por meio da extensão de direitos própria da "cidadania regulada" de estilo varguista.[53] Se o governo estava condenado a buscar *brechas* a fim de avançar na consecução de objetivos mínimos, não era razoável esperar que um projeto o conduzisse.

Fica claro que o caminho inclui, desde o princípio, a limitação da própria democracia. No avesso da proposta democratizante que marcou sua origem, o PT no poder precisava garantir que os velhos caciques políticos não se sentiriam ameaçados, para que conferissem o suporte necessário à administração federal – a "governabilidade". Se as democracias permitem a livre expressão das demandas e concedem poder de pressão aos grupos subalternos, estão sob risco de se tornar "ingovernáveis". A governabilidade exige a submissão à correlação de

---

[52] FERREIRA, Mariana Davi; COELHO, Jaime Cesar. As experiências latino-americanas na busca por autonomia: um exercício analítico pela ótica da economia política internacional e do pensamento social latino-americano. *PRACS – Revista Eletrônica de Humanidades do Curso de Ciências Sociais da UNIFAP*, v. 10, n. 2, p. 131, 2017.

[53] Cf.: CARDOSO, Adalberto. *A construção da sociedade do trabalho no Brasil: uma investigação sobre a persistência secular das desigualdades.* 2. ed. rev. ampl. Rio de Janeiro: Amazon, 2019.

forças real e, em nome dela, a democracia precisa controlar seus impulsos igualitários. O discurso realista da governabilidade leva ao paradoxo de uma democracia que deve negar a si mesma.

Uma parte da "governabilidade" é a obtenção do apoio parlamentar, que no Brasil do "presidencialismo de coalizão" passa pela concessão de nacos da máquina estatal aos diferentes partidos – e, na verdade, a blocos de deputados e senadores dentro de cada partido. O PT resistiu a algumas práticas. Esforçou, por exemplo, para manter um mínimo de identidade: enquanto o PSDB inchou-se com a adesão de 42 deputados federais ao longo do primeiro mandato de Fernando Henrique, o PT ganhou apenas dois no primeiro mandato de Lula,[54] preferindo acomodar os adesistas em legendas coligadas. Não se negou, porém, ao toma-lá-dá-cá próprio das relações entre Executivo e Legislativo. Só que, recém-chegado no jogo e enfrentando a desconfiança gerada por seu passado na esquerda radical, o PT se viu constrangido a pagar um sobrepreço pelos apoios de que precisava. Ao aceitar o *modus operandi* da política brasileira, baseado no aparelhamento do Estado para fins privados e na corrupção, o partido se tornou vulnerável.

O chamado "escândalo do mensalão", desencadeado na metade do primeiro mandato de Lula, fez com que o PT passasse, no que se refere às denúncias de corrupção, definitivamente para a posição de vidraça. O estopim foi uma entrevista do deputado Roberto Jefferson, então presidente nacional do Partido Trabalhista Brasileiro – que, a despeito do nome e da pretendida vinculação com a legenda varguista, era um entre tantos partidos sem ideologia ou programa, usados apenas para obter vantagens e espaços de poder. Insatisfeito com o quinhão que lhe cabia no loteamento do Estado promovido pelo governo petista, Jefferson denunciou a prática de comprar a lealdade de parlamentares, pretensamente com o pagamento de uma mesada em dinheiro.

Não importa que práticas assemelhadas tenham ocorrido em governos anteriores e que escândalos de grandeza pelo menos similar, como a compra de votos para a emenda da reeleição de Fernando Henrique

---

[54] HUNTER, Wendy. *The Transformation of Workers' Party in Brazil, 1989-2009.* Cambridge: Cambridge University Press, 2010. p. 161.

Cardoso, tenham gerado apenas incômodos passageiros para seus responsáveis, em comparação ao terremoto gerado pelo mensalão. O fato é que o PT se dispôs a aceitar também esta parte do jogo. Um relato interessante foi apresentado pelo deputado Miro Teixeira, anos depois, em outra entrevista à *Folha de S.Paulo*. Segundo ele, que integrou o primeiro ministério de Lula, no início foi discutido se a sustentação parlamentar do governo seria obtida por meio de negociação programática ou, como ele disse eufemisticamente, "organizada por orçamentos". Venceu a segunda opção.[55]

É difícil recusar a conclusão de que a corrupção provavelmente foi mais efetiva do que seria discutir projetos com o Congresso Nacional, composto tal como ele costuma ser no Brasil. Mas a compra de apoio abriu um flanco fácil para a mobilização dos setores conservadores, que singularizaram PT e esquerda como os únicos culpados pelos problemas éticos da política brasileira. Ao mesmo tempo, seja por inexperiência, seja pela permanência de um compromisso moral, seja ainda por uma posição de relativa fraqueza no sistema político, os governos petistas não foram capazes de sustar as investigações, como faziam seus antecessores; ao contrário, reforçaram os aparatos de controle do Estado. Houve uma contradição perene entre a continuidade das práticas corruptas, aceitas como necessárias para o manejo do Estado brasileiro, e o fortalecimento dos órgãos destinados a combatê-la. Com a ascensão de um grupo altamente adestrado e ideologizado de promotores e juízes, em uma deliberada parceria com a grande mídia, estava montado o cenário para a criminalização do petismo (e da esquerda).

Parte importante do eleitorado petista tradicional, baseado nas classes médias urbanas mais escolarizadas e nos trabalhadores sindicalizados, se afastou do partido ao longo do primeiro mandato de Lula. Decepcionou-se com as medidas de ajuste fiscal (os trabalhadores, em especial os do serviço público) e com a leniência com a corrupção (as classes médias). Esses eleitores foram substituídos pela massa desorganizada de trabalhadores pobres ou subproletários, principal beneficiária

---

[55] TEIXEIRA, Miro. Seria útil se Eduardo Cunha renunciasse ao mandato. Entrevista a Leonardo Souza. *Folha de S.Paulo*, p. A-10, 20 jul. 2015.

das políticas sociais do governo. Sem tradição de participação política, este grupo certamente apreciava a elevação de seu padrão de vida e de seus horizontes de futuro, mas – como observou Singer – mantinha apego a uma ideia de "ordem" que bloqueava iniciativas de maior enfrentamento às estruturas vigentes de dominação.[56] Assim, a moderação política do PT no poder viria tanto das pressões dos poderosos quanto do ajuste fino à sensibilidade conservadora de suas novas bases eleitorais.

A deriva conciliatória do PT foi facilitada pela ausência de opções factíveis à esquerda do espectro político. Nem as pequenas legendas doutrinárias de inspiração trotskista que já se haviam desgarrado antes da conquista da presidência, nem as dissidências posteriores conseguiram se firmar como alternativas sólidas ao petismo. O Partido Socialismo e Liberdade (PSOL), que nasceu diretamente das insatisfações com as "traições" do lulismo no poder, não conseguiu firmar um perfil próprio nem construir base social significativa – e fez o papel, sobretudo, de grilo falante da consciência petista, apontando suas incoerências e vacilações. Os candidatos presidenciais que tinham tido trajetórias proeminentes nos governos de Lula e Dilma e obtiveram desempenho eleitoral digno de nota (Marina Silva, em 2010 e 2014, e Ciro Gomes, em 2018) buscaram um espaço ainda mais ao centro do que já estava o próprio PT. Para eleitores, militantes, sindicalistas, ativistas de movimentos sociais, intelectuais, em suma, para as pessoas comprometidas com uma visão à esquerda, a alternativa padrão continuou sendo o apoio ao PT, ainda que com críticas e frustrações.

O reconhecimento dos limites das políticas dos governos petistas, com excesso de realismo e baixa voltagem utópica, não deve levar a considerá-las irrelevantes. A crítica de esquerda que bate na tecla da "traição" representada pela conciliação de classes parece operar num universo mental em que a escolha entre revolução e reformismo tímido depende apenas da vontade da liderança política. Mas não depende, é claro. A opção é entre a promessa muito incerta de uma revolução que, quem sabe, ocorrerá num futuro distante e a possibilidade mais

---

[56] SINGER, *Os sentidos do lulismo.*

tangível de mudanças que podem ser insuficientes e localizadas, mas são reais. Não é uma escolha fácil: o desfecho do experimento petista mostra que este segundo caminho também não está livre de armadilhas. Mas o discurso de condenação liminar e automática das políticas de conciliação é autocomplacente e revela incapacidade para compreender as premências daqueles que são mais vulneráveis. O pragmatismo do PT revelava sensibilidade a estas necessidades urgentes e buscava dar respostas possíveis a elas, entendendo que não podia esperar pelas respostas ideais.

Por toda essa complexidade, o lulismo não pode ser simplesmente descartado como uma forma de traição. Ele foi a aposta de que um projeto civilizador bem moderado, que garantisse um patamar mínimo de condições de vida a todos e permitisse uma pequena aproximação ao ideal liberal de igualdade de oportunidades, seria tolerado pelos setores dominantes, que, em troca, ganhariam o apaziguamento do conflito social. O fato de que a aposta foi perdida não autoriza dizer que o caminho alternativo teria obtido sucesso. Em suma, o lulismo é melhor entendido como uma demonstração da complexidade dos dilemas envolvidos no projeto de efetiva transformação do mundo.

As contradições internas se revelavam em iniciativas pontuais para ultrapassar os limites do pacto conservador e promover mudanças mais aprofundadas – muitas vezes seguidas por recuos que denotavam a opção permanente pela prudência extremada e, sobretudo, que o partido nunca se sentiu plenamente à vontade na posição que passara a ocupar na política brasileira. Nossa fórmula de "governabilidade" se baseia na força da presidência da República diante dos outros poderes. Os recursos que controla e a capacidade de distribuir favores dão a ela condições de barganha muito favoráveis. A estratégia do PT reconhecia este fato, tanto que sacrificava a conquista de governos estaduais ou a ampliação de sua bancada no Congresso para acomodar aliados que lhe garantissem alcançar o poder central. Mas, paradoxalmente, na hora em que negociava com seus parceiros conservadores, o governo parecia não confiar no que dispunha e adotava o recuo como modo *default*.

O PT cedeu tudo o que pôde para garantir o mínimo. Para viabilizar tal acerto, conformou-se à desmobilização dos movimentos sociais;

como visto, o que se apresentou ao capital foi a capacidade de mantê-los quietos. Os beneficiados das políticas compensatórias garantiriam a continuidade do projeto; em sintonia com o caráter desmobilizador do petismo no poder, a expressão de seu apoio se daria exclusivamente por meio do voto. No momento de maior sucesso do lulismo, era possível imaginar que ele tinha dado certo. Apostas mais elevadas na construção de uma sociedade diferente tinham sido abandonadas, mas ao menos o combate à miséria extrema e a obtenção de um patamar mínimo de inclusão social estavam garantidos – formavam, na leitura de André Singer, o novo patamar de onde partia a disputa política no Brasil.[57]

Os eventos que sucederam à eleição de 2014 desmentiram tal veredito. A fragilidade de uma política que não enfrentou nenhuma questão estrutural nem desafiou privilégios ficou patente pela facilidade com que os avanços da era petista foram sendo desmontados. Em um par de anos, voltamos ao momento do desemprego, da redução do poder de compra dos salários, do desinvestimento nos serviços públicos, da desnacionalização da economia, da recusa a qualquer ideia de solidariedade social. E, como o ambiente parece propício, de roldão são acrescentados retrocessos ainda maiores: desmonte da legislação trabalhista, criminalização da juventude, legislação retrógrada no campo da família e da sexualidade. A direita, em vez de se civilizar, radicalizou seu programa e seu discurso.

O caminho da conciliação fora escolhido a partir do entendimento de que a via do confronto estava fadada ao fracasso. Mas a conciliação depende da colaboração do adversário: quando um não quer, dois não conciliam. A direita radicalizada destruiu o frágil arranjo que sustentava o projeto lulista.

---

[57] *Idem*. Apesar de vinculada a uma posição muito mais crítica aos governos petistas, a ideia de que suas políticas de inclusão teriam resultado incontornáveis foi abraçada também por: NOBRE, Marcos. *Choque de democracia: razões da revolta*. São Paulo: Companhia das Letras, 2013.

5
A crise do lulismo

Na metade do primeiro mandato, o governo Lula parecia fadado ao fracasso. Os principais programas sociais ainda não mostravam os resultados esperados; de fato, toda a máquina administrativa federal andava devagar, fenômeno normal quando ocorre uma "troca de guarda" de grandes proporções, como a chegada ao poder de um partido que sempre estivera na oposição. As concessões ao capital feitas logo no início do governo, em particular a reforma da Previdência Social, geraram insatisfação nas bases tradicionais do PT e levaram a uma cisão significativa, com a fundação do PSOL. A má vontade da mídia corporativa tornou-se, a partir da crise do mensalão (que eclodiu em junho de 2005), uma campanha de demolição indisfarçada e sem tréguas. Crente de que estava seguindo com perfeição a cartilha da "governabilidade", isto é, dando à elite política predatória e ao capital (sem esquecer das grandes empresas de comunicação) aquilo que queriam, o governo se mostrou atônito com a virulência dos ataques. Cedeu terreno com rapidez, inclusive sacrificando alguns de seus principais quadros, como o ministro da Casa Civil, José Dirceu, o ministro da Secretaria de Comunicação, Luiz Gushiken, e o presidente do PT, José Genoíno. Parecia se justificar a *blague* fácil cometida por um comentarista antipático ao lulismo: "Dizer que [o governo] acabou não deixa de ser um exagero piedoso, pois supõe que em algum momento ele tenha começado".[1]

---

[1] ARANTES, Paulo. O governo Lula acabou?. In: ARANTES, Paulo. *Extinção*. São Paulo: Boitempo, 2007. p. 253 (ed. orig.: 2005).

No entanto, Lula se reelegeu em 2006, com margem significativa sobre seus adversários. Terminou seu segundo mandato com índices de aprovação na casa dos 80% e força suficiente para emplacar sua sucessora, uma ministra desconhecida do grande público, que jamais disputara uma eleição antes. Sensibilidade política e reações bem azeitadas às condições flutuantes da economia mundial permitiram que, embora carente de um efetivo projeto nacional, Lula encaminhasse com êxito o encantamento que norteou seu governo: melhorar as condições de vida e ampliar os horizontes dos mais pobres sem comprometer as vantagens dos ricos.

Torna-se necessário explicar, então, por que este arranjo entrou em crise e Dilma Rousseff, depois de um início de governo em que parecia destinada a ampliar ainda mais o consenso sobre o lulismo (mereceu alguma simpatia da mídia corporativa, por exemplo, o que nunca ocorreu com seu antecessor), foi derrubada do jeito que foi. A resposta não se reduz à piora nas condições externas, que dificultaram a reprodução de políticas cuja fatura, aparentemente, não seria paga por ninguém. Tampouco aos discretos ajustes que a nova presidente buscou incorporar no arranjo herdado de Lula. Embora eles tenham gerado reações, elas não foram de tal monta que expliquem uma ofensiva tão violenta, que incluía a exigência da derrubada da presidente a qualquer custo.

Creio que são outros os elementos centrais, aliás ligados entre si. (1) A "conciliação" lulista passava pela incorporação, mesmo que contida e limitada, da classe trabalhadora à mesa principal da barganha política. Com isso, e a despeito de toda sua prudência, punha em marcha o maior medo das classes dominantes brasileiras, que, como visto nos capítulos anteriores, é a instauração de um regime político efetivamente democrático. (2) Houve mudanças no comportamento de setores tanto da base popular beneficiada pelas políticas governamentais quanto das classes dominantes, vinculadas a transformações nas expectativas e nas exigências apresentadas ao Estado brasileiro – por sua vez, vinculadas a deslocamentos no cenário que o êxito do próprio lulismo introduzira. Este foi, talvez, o paradoxo central: o lulismo presumia um congelamento da correlação de forças e encontrou dificuldade para reagir às alterações que ele mesmo gerou no mundo social.

Dilma Rousseff, é importante lembrar, chegou à presidência por efeito do escândalo do mensalão, que atingiu em cheio a cúpula petista e retirou do páreo os principais pretendentes potenciais do partido à sucessão de Lula. Ministra de perfil mais técnico, apesar da longa militância na esquerda, ela conquistou a estima do presidente por seu desempenho no governo. Sem jamais ter disputado uma eleição, pouco eloquente, não estava à vontade na posição de candidata. Enfrentava a desconfiança da elite política em geral, incluindo seus próprios correligionários, diante dos quais sofria ainda com o agravante de não ser petista "raiz", pois havia sido filiada inicialmente ao PDT de Leonel Brizola. Ela entrou na campanha como uma quase desconhecida, com índices de intenção de voto que não alcançavam os 10%, e sua vitória em 2010 foi, por boas razões, creditada ao patrocínio de Lula, figura quase onipresente na propaganda eleitoral do PT daquele ano.

No governo, Dilma julgou que era possível introduzir algumas mudanças em relação ao arranjo lulista, sempre com prudência. A ampla aprovação de Lula ao término de seu segundo mandato, medida não apenas pelas sondagens "de opinião", mas sobretudo pelo arco de apoios que ele congregava, parecia justificar a ideia de que passos cautelosos, mas significativos, poderiam ser dados. Uma das mudanças foi confrontar alguns dos esquemas de corrupção presentes em áreas sensíveis do Estado brasileiro. A faceta mais visível deste passo foi a chamada "faxina ética" do início do mandato, que levou à demissão de vários ministros sobre os quais pesavam denúncias de corrupção – foram seis só no primeiro ano de governo. Ao contrário de Lula, que preservava os aliados enquanto podia, Dilma optou por substituir os ocupantes de cargos tão logo as denúncias ganhassem força. Com isso, a presidente construiu a imagem de enérgica no combate à corrupção, o que lhe valeu ganhos de popularidade; ao mesmo tempo, alimentou a antipatia de amplos setores da elite política. Para garantir a lealdade da base do governo, permanecia o loteamento dos cargos entre os partidos aliados. O horizonte parecia ser o de um governo "limpo" (sem roubalheira), mas sustentado pela política "suja" (do toma-lá-dá-cá): a classe política podia continuar a parasitar o Estado, mas dentro dos limites da lei. Sem tanta visibilidade quanto as mudanças ministeriais, mas prenhe de maiores consequências, foi o afastamento de alguns dos principais operadores dos esquemas de corrupção em empresas estatais como a Petrobrás e a Caixa Econômica Federal – esquemas que, muitas vezes, existiam há décadas e permaneciam de pé independentemente de quem estivesse no governo.

A relação de Dilma com os integrantes da elite política nunca foi fácil, pelo perfil técnico, por traços de personalidade da presidente – em especial sua impaciência com os rituais da afabilidade política, sua predileção por uma fala sem rodeios e sua dificuldade para disfarçar antipatias, que avultavam pelo contraste com Lula – e mesmo pelo fato de ser mulher, dificultando a integração num ambiente tão marcado por um *éthos* masculino e sexista. De fato, junto às lideranças políticas, tanto quanto nas ruas, nas redes sociais e na mídia, houve um significativo traço misógino na desqualificação da presidente. Foi esta situação que só se deteriorou com a tentativa de mexer em alguns dos esquemas consolidados de rapinagem, bem como pela pouca disposição para demonstrar solidariedade com os abatidos por denúncias.

A outra mudança que Dilma tentou introduzir foi na política econômica. Como avanço em relação ao período anterior, ela tentou promover o que André Singer chamou, prudentemente, de um "ensaio desenvolvimentista"[2] – um ensaio, já que a chamada "nova matriz econômica" não representou um enfrentamento cabal do rentismo, nem um mergulho numa política desenvolvimentista plena, mas uma espécie de tateio para verificar as possibilidades de caminhar nessa direção. Seja como for, houve um esforço para reduzir a taxa de juros, que no Brasil permanecia em patamares estratosféricos há décadas. O objetivo era favorecer o investimento produtivo em detrimento da especulação financeira, cuja remuneração seria reduzida. Para tanto, era necessário também trabalhar com metas inflacionárias mais elásticas, a fim de não restringir a capacidade de intervenção do governo, e desvalorizar a moeda, duas medidas que facilmente seriam vendidas ao público como indícios de "descontrole" da economia.

---

[2] SINGER, André. *O lulismo em crise: um quebra-cabeça do período Dilma (2011-2016)*. São Paulo: Companhia das Letras, 2018.

O desenvolvimentismo renovado, ao contrário do antigo, não desafiava o modelo de inserção do país na economia internacional, privilegiando a exportação de *commodities*.[3] As novas regras impostas pela Organização Mundial do Comércio obstaculizavam o retorno às políticas de substituição de importações do século passado. O governo Dilma também caminhou na contramão do entendimento canônico de desenvolvimentismo ao não ampliar o investimento estatal na atividade econômica. Preferiu, ao contrário, apostar em generosas desonerações fiscais e crédito subsidiado. Os resultados em termos de aquecimento da atividade produtiva, porém, não apareceram.

As medidas enfrentavam a resistência da mídia, de setores importantes do capital e também de muitos dentro do próprio governo, que verbalizavam os interesses do rentismo e mantinham a crença nas receitas da ortodoxia econômica. Isso levou a constantes recuos e a uma condução muitas vezes contraditória da nova política. O que não significa, porém, que ela seria coroada de êxito se implementada com maior perseverança. Como enfatiza Carvalho, a desvalorização cambial, que tinha inegável efeito inflacionário e reduzia o poder de compra dos salários, era muito insuficiente para impactar a competitividade dos produtos brasileiros no mercado internacional.[4] O outro instrumento de indução do crescimento, as desonerações, sozinhas e em cenário de baixa expectativa de crescimento, não fomentariam o investimento

---

[3] A literatura costuma diferenciar duas correntes, ambas marcadas pelo retorno da primazia do Estado: um "novo desenvolvimentismo", mais voltado para o incentivo às exportações, e um "social desenvolvimentismo", cujo cerne está em políticas redistributivas que fortaleçam o mercado interno (BASTOS, Pedro Paulo Zahluth. A economia política do novo desenvolvimentismo e do social desenvolvimentismo. *Economia e Sociedade*, v. 21, n. especial, p. 779-810, 2012; PAULANI, Leda. A experiência brasileira entre 2003 e 2014: neodesenvolvimentismo?. *Cadernos de Desenvolvimento*, n. 20, p. 135-155, 2017). Falo em "desenvolvimentismo renovado" para caracterizar o caminho dos governos petistas, que combinaram, em doses variáveis ao longo de sua trajetória, elementos de ambas as visões.

[4] CARVALHO, Laura. *Valsa brasileira: do boom ao caos econômico*. São Paulo: Todavia, 2018.

produtivo, sendo provável que os ganhos das empresas fossem deslocados para pagamento de dívidas ou ampliação da remuneração dos acionistas.

Houve, de fato, uma queda de braço com o sistema financeiro. O governo não apenas determinou a queda na taxa de juros como usou os bancos públicos para forçar a diminuição do *spread* bancário (a diferença entre os juros pagos e os juros cobrados pelas instituições financeiras). Dilma pensava contar com o apoio dos dois setores objetivamente beneficiados com a nova matriz econômica: a classe trabalhadora e a burguesia produtiva. O apoio dos trabalhadores foi tímido, o que refletia a incapacidade de mobilização popular, que é uma das características definidoras do lulismo; a falta de efetivo diálogo com as lideranças de classe, que foram convidadas a dar apoio, muito mais do que a participar da reformulação da política econômica; e também a ambivalência das cúpulas sindicais gestoras de fundos de pensão em relação ao enfrentamento do rentismo. Mas o principal percalço foi o apoio vacilante do patronato, reencenando a tragédia permanente da esquerda brasileira: ela prepara tudo, mas a "burguesia nacional" sempre falta ao encontro. Quer por suas vinculações íntimas com o capital financeiro, quer por seu temor diante de um governo que se mostrasse capaz de orientar eficientemente a economia, quer ainda por uma adesão sincera aos dogmas da doutrina ultraliberal, a burguesia produtiva não se empolgou com a mudança na política econômica. Singer anota que, ao mesmo tempo em que enfrentava a batalha da taxa de juros, o governo colidiu com empresas do setor produtivo, impondo limites aos ganhos de concessionárias de serviços públicos. Com isso, reduziu sua base potencial de apoio e "catalisou a solidariedade intercapitalista".[5]

Com a área econômica do governo dividida e as novas medidas não gerando os resultados previstos, a batalha já estava praticamente perdida quando eclodiram os protestos de rua de 2013. Espalhando-se rapidamente por todo o território nacional e mobilizando muitos milhares de pessoas, as "Jornadas de Junho" sinalizaram que, para largas

---

[5] SINGER, André. A (falta de) base política para o ensaio desenvolvimentista. In: SINGER, André; LOUREIRO, Isabel (Orgs.). *As contradições do lulismo: a que ponto chegamos?*. São Paulo: Boitempo, 2016. p. 41.

parcelas da população, as reformas restritas do lulismo eram insuficientes. Elas foram – é necessário ressaltar – um fenômeno complexo, cujo primeiro resultado foi revelar que os modelos com os quais os analistas políticos em geral trabalham, restritos às instituições, são insuficientes para apreender a dinâmica do conflito social.

Cumpre observar que, a rigor, os protestos vinculados ao transporte urbano começaram *antes* do mês de junho de 2013, com manifestações expressivas em cidades do Nordeste, Sul e Centro-Oeste do Brasil. O rótulo "Junho" – que aqui, com inicial maiúscula, se refere não ao mês, mas aos eventos de 2013 – ilustra que processos ocorridos na periferia do país merecem reduzida atenção da mídia de massa e do governo central. Só quando as manifestações chegaram a São Paulo, sob influência, aliás, das experiências imediatamente anteriores de cidades como Natal, Porto Alegre ou Goiânia, gerou-se um "fato político" nacional com grande repercussão.[6]

Para a quase totalidade dos observadores da política brasileira, na academia, no jornalismo ou nos partidos, as manifestações de junho de 2013 foram o proverbial raio em céu azul. Em retrospecto, foram detectados indícios de inconformidade que vinham de antes, em particular um aquecimento da atividade grevista. Mas ninguém estava prevendo uma explosão daquela magnitude. A política brasileira parecia definida pela disputa morna entre o PT, na centro-esquerda, e o PSDB, na centro-direita, com suas diferenças programáticas mais de ênfase do que de fundo. Se os petistas haviam abandonado, desde antes de chegar ao governo, qualquer veleidade anticapitalista, a oposição a eles caminhava para aceitar a redução da pobreza como meta primordial do Estado brasileiro, produzindo, na interpretação esperançosa de André Singer, um consenso suprapartidário capaz de durar décadas.[7] Aos cidadãos

---

[6] ROMÃO, Wagner de Melo. #naovaitercopa: manifestações, Copa do Mundo e as eleições de 2014. *Agenda Política*, v. 1, n. 2, p. 152-167, 2013; TAVARES, Francisco Mata Machado; RORIZ, João Henrique Ribeiro; OLIVEIRA, Ian Caetano de. As jornadas de maio em Goiânia: para além de uma visão sudestecêntrica do junho brasileiro em 2013. *Opinião Pública*, v. 22, n. 1, p. 140-166, 2016.

[7] SINGER, André. *Os sentidos do lulismo: reforma gradual e pacto conservador.* São Paulo: Companhia das Letras, 2012. p. 15.

comuns, cabia assistir ao jogo, com o escândalo do momento provendo a emoção necessária, e votar quando convocados.

Quando as ruas do Brasil foram tomadas por manifestações de massa com perfil heterogêneo e uma pauta por vezes difícil de discernir, muitos, à esquerda, julgaram que a porta para o incremento da luta popular, tendo uma transformação radical da sociedade como horizonte, havia sido destrancada. Junho, escreveu no calor da hora uma observadora, "fez renascer entre nós a utopia".[8] A pequena distância histórica que temos hoje permite estabelecer uma interpretação diferente: Junho foi o começo do fim. O fim do pacto lulista, o fim da Nova República, o fim da Constituição de 1988, o fim do experimento liberal-democrático no Brasil. Há uma linha traçada com clareza que começa em 2013, passa pelo golpe de 2016 e chega ao triunfo do bolsonarismo nas eleições de 2018.

Mas é necessário evitar qualquer mal-entendido. Junho foi o "começo do fim" não no sentido de desencadear processos que sem ele não existiriam, mas no sentido de ter sinalizado o esgotamento de um modelo de organização da disputa política e das expectativas sociais que, até então, parecia saudável. O fato de que o esgotamento foi enfim visibilizado muda, é claro, o comportamento dos agentes e, portanto, o transcurso da história. Introduz uma imprevisibilidade que abre caminho para desdobramentos antes bloqueados. Mas, exatamente por não ser o raio em céu azul, Junho deve ser entendido como parte de processos políticos que o precedem e o superam. Como escreveu o romancista Philip Roth: "As pessoas pensam na história a longo prazo, mas a história, na verdade, é uma coisa muito repentina".[9] O acontecimento histórico é aquele que, de súbito, expõe e cristaliza algo que já há tempos se gestava no mundo.

Muito menos me alinho aos que acham que as chamadas "Jornadas de Junho" foram uma maquinação da CIA destinada a gerar

---

[8] ROLNIK, Raquel. As vozes das ruas: as revoltas de junho e suas interpretações. In: MARICATO, Ermínia *et al.* (Orgs.). *Cidades rebeldes: Passe Livre e as manifestações que tomaram as ruas do Brasil.* São Paulo: Boitempo, 2013. p. 8.

[9] ROTH, Philip. *American Pastoral.* Boston: Houghton Mifflin, 1997. p. 87

retrocessos, uma proeza da "guerra híbrida" – narrativa que, menos ou mais nuançada, teve e continua tendo trânsito em círculos petistas. O ex-presidente Lula reeditou-a no final de 2019, em entrevista ao canal de televisão venezuelano Telesur, afirmando que as manifestações de 2013 "já foram articuladas para garantir o golpe".[10] Esta é uma declaração que não apenas aplaina a complexidade de um processo multifacetado e presume que o golpe desde então já fosse um projeto – em vez de uma aposta inicial no desgaste do governo e em sua derrota eleitoral. Ela também lança a acusação, desguarnecida de qualquer evidência que a sustente, de que os coletivos que iniciaram as mobilizações estavam a serviço da direita ou, ao menos, eram por ela manipulados. O subtexto, como pretendo deixar claro nas páginas que se seguem, é que, diante do "governo popular", a única ação política adequada era o apoio disciplinado e o suporte eleitoral. *Protestar*, por si só, já implicava colaborar com o adversário.[11]

Junho de 2013 foi o começo do fim, no sentido que acabei de explicar, mas não estava desde sempre destinado a sê-lo. Ele introduziu incertezas e exigiu novas respostas dos diversos atores políticos. Foi, para usar a expressão de Bringel, o "evento crítico" que reembaralhou as cartas da política brasileira e colocou em cena uma indeterminação que, até então, parecia ausente.[12] O fim da reprodução automática da política de acomodação geral e da polarização morna entre petistas

---

[10] A entrevista pode ser vista no YouTube. Disponível em: <www.youtube.com/watch?v=mxjeaqjbzKI>. Acesso em: 17 jan. 2020.

[11] Vale a pena anotar como um importante cientista político simpático ao governo Dilma Rousseff descrevia o público das manifestações, é bem verdade que já em sua etapa final: "[...] fora os incautos e ingênuos que sempre existem e lhes emprestam ar de legitimidade, [os manifestantes são] grupos anômicos de jovens de algumas posses, grupos neonazistas e pré-fascistas, organizações niilistas nacionais e internacionais, além das gangues ordinárias de ladrões e assaltantes" (SANTOS, Wanderley Guilherme. Anomia niilista. *Valor Econômico*, edição on-line, 27 jun. 2013).

[12] BRINGEL, Breno. Crisis política y polarización en Brasil: de las protestas de 2013 al golpe de 2016. In: BRINGEL, Breno; PLEYERS, Geoffrey (Coords.).

e tucanos abria a possibilidade para múltiplos desfechos – foi a ação combinada dos agentes em disputa que nos levou para o caminho que acabamos trilhando.

As manifestações de 2013 são, por múltiplos motivos, um fenômeno complexo. Foi uma mobilização efêmera, mas que se metamorfoseou incessantemente: os primeiros protestos na cidade de São Paulo, capitaneados pelo Movimento Passe Livre (MPL), certamente atraíram um público diverso de atos posteriores, aqueles praticamente convocados pela Rede Globo de Televisão. Foi uma mobilização que se desenrolou em muitos pontos do país, sem qualquer comando centralizado e com perfis de participação diferenciados localmente. Foi uma mobilização que, à medida que cresceu, mostrou-se sem uma liderança capaz de verbalizar uma pauta. O discurso das ruas tomou a forma de uma cacofonia, que diversos agentes políticos organizados tentaram capturar e redefinir de acordo com seus interesses.

Os grupos à esquerda do PT, pequenos e com reduzida base social, não conseguiram dotar o movimento de uma condução à altura de seus sonhos. Acabaram, muitas vezes, apenas com a memória romantizada daquele breve momento. A direita usou seus muitos recursos, a começar pelos meios de comunicação de massa, para ressignificar as manifestações, separar o joio dos "vândalos *black blocs*" do trigo dos "cidadãos de bem" e, enfim, instrumentalizá-las a seu favor. É bem verdade que a demonização dos adeptos da tática de autodefesa *black bloc* também esteve presente em falas do governo e do PT – por exemplo, em uma palestra proferida na Academia da Polícia Militar do Rio de Janeiro, a filósofa Marilena Chauí definiu-os simplesmente como "fascistas". Com isso, o "repúdio à violência" congregaria governo e oposição, definindo os limites da disputa política legítima no Brasil. Como aparece em um artigo significativo publicado na revista *Época*, no qual, aliás, a declaração de Chauí ganha destaque, "os manifestantes de várias facções, o Executivo e o Judiciário, os partidos de esquerda e de direita concordam num ponto: a democracia não

---

Protesta e indignación global: los movimientos sociales en el nuevo orden mundial. Buenos Aires: CLACSO, 2017. p. 147.

pode conviver com movimentos que defendem o quebra-quebra como forma de protesto".[13] Mas o avesso do radical violento, o "cidadão de bem" que enfim se levantara contra uma ordem inaceitável, não estava disponível para o discurso petista.

O PT, de fato, pareceu incapaz de produzir uma narrativa própria e de reagir às ruas. Jogou todas as suas fichas na redução do impacto eleitoral das Jornadas de Junho e na esperança de um retorno à normalidade política. Acabou por obter a reeleição da presidente Dilma Rousseff – a perfeita ilustração da expressão "vitória de Pirro" –, mas não conseguiu estabelecer qualquer resistência efetiva à ofensiva que levou ao golpe de 2016. Perdeu as ruas e ficou limitado a um registro discursivo defensivo.

Como explicar tal incapacidade? Creio que a resposta passa por dois fatores, aliás interligados: por um lado, a acomodação do PT à institucionalidade e às práticas tradicionais da competição política no Brasil, que lhe propiciou mais de uma década de exercício do poder. Por outro, sua impossibilidade de reativar a chave de classe como estruturadora do conflito social. Essa impossibilidade foi central na derrota sofrida pelo PT na batalha pela construção dos sentidos de 2013. Em resumo, a esquerda brasileira perdeu a classe. E, perdendo a classe, ficou em condições bem mais adversas para a luta política, quando ela recrudesceu.

"Classe", convém reconhecer, é um conceito disputado e de manejo menos que evidente. Mesmo na tradição marxista, que é apenas uma das várias que o reivindicam, seu sentido não é unívoco.[14] Para focar em apenas um ponto de polêmica, central na discussão sobre os sentidos de Junho, qual a relação entre a classe como fenômeno objetivo – o grupo de indivíduos que ocupa posições similares nas relações de produção – e a classe como sujeito histórico coletivo?

---

[13] LIMA, João Gabriel de; CORRÊA, Hudson. Todos contra a violência. *Época*, edição on-line, 15 nov. 2013.

[14] Para uma breve revisão de tendências da literatura marxista sobre o conceito de classe, cf.: MIGUEL, Luis Felipe. *Trabalho e utopia: Karl Marx, André Gorz, Jon Elster*. Porto Alegre: Zouk, 2018. Capítulo 2.

Abandonada a crença marcadamente hegeliana na progressiva coincidência entre a *classe em si* e a *classe para si*, alimentada por escritos do próprio Marx,[15] fica em aberto uma questão de importância política crucial. É correto dizer que um conceito de classe que seja intelectualmente produtivo e politicamente relevante deve guardar a tensão entre posição estrutural e identidade coletiva, em vez de tentar apagá-la por um *parti pris* teórico, mas uma fórmula tão frouxa não resolve nenhum dos dilemas concretos que a análise de classes deve enfrentar.

Por outro lado, a evolução do capitalismo, do tempo de Marx até hoje, levou a uma estrutura de classes mais complexa e mesmo mais ambígua – e a escorregadia categoria da "classe média", também importante para a interpretação de Junho, está no centro do debate. Se a pequena burguesia tradicional de fato minguou, abrindo caminho para uma polarização indisfarçada entre burgueses e proletários, por outro lado surgiram novos setores intermediários e, em particular, um vasto segmento de profissionais qualificados que, embora sejam assalariados, estão distanciados da classe operária por suas condições de existência, visão de mundo e interesses coletivos. Na verdade, à medida que a administração corporativa se profissionalizou, os próprios responsáveis pela autoridade empresarial (diretores-presidentes, CEO's) estão tecnicamente submetidos a uma relação de assalariamento, ainda que *sui generis*. Por outro lado, fenômenos como a "pejotização" da força de trabalho, que transforma trabalhadores em prestadores de serviço formalmente autônomos, geram um simulacro de pequena burguesia.

De maneira ainda mais geral, a evolução do capitalismo levou a uma redução na proporção da população engajada no trabalho produtivo, que é aquela que constituiria a classe operária em sentido estrito. O conceito de "trabalho produtivo" em Marx também é complexo. De forma resumida, é o trabalho envolvido diretamente no ciclo de valorização do capital, isto é, que produz mais-valor:

---

[15] MARX, Karl. *A miséria da filosofia*. Tradução e introdução José Paulo Netto. São Paulo: Global, 1985 (ed. orig.: 1947).

"Trabalho produtivo é simplesmente o trabalho que produz o capital".[16] Dito de outra forma, o trabalho produtivo é aquele que ingressa na cadeia de produção como trabalho *abstrato*, ao passo que o trabalho do engenheiro, do administrador, do vendedor ou mesmo do faxineiro é quase sempre concreto; precisa ser obtido em sua singularidade. Eles podem gerar redução de custos e racionalização do processo produtivo ou então serem necessários para a realização do lucro, mas só na sua especificidade e sem participação direta no ciclo de valorização do capital.[17] Qual a posição dessas pessoas na estrutura de classes da sociedade?

O avanço tecnológico, com o aumento da produtividade do trabalho e a automação, contribuiu para a diminuição da presença da classe operária tradicional, sobretudo nos países centrais, que transferiram muito da indústria de transformação para a periferia do mundo, levando à temática da "crise da sociedade do trabalho" – que é também uma crise da centralidade política da classe trabalhadora. Por um lado, as próprias conquistas dos trabalhadores, com redução da jornada laboral e melhoria relativa das condições de vida, deram condições materiais para que outros tipos de pertencimento se tornassem subjetivamente mais relevantes.[18] Por outro, as debilidades destas conquistas, com o crescimento do emprego precarizado, temporário e intermitente, também reduzem a identificação do indivíduo com a categoria "trabalhador".[19]

---

[16] MARX, Karl. *Grundrisse: manuscritos econômicos de 1857-8. Esboço da crítica da economia política*. Tradução de Mario Duayer e Nélio Schneider. São Paulo: Boitempo; Rio de Janeiro: Editora UFRJ, 2011. p. 238 (orig.: 1857-1858).

[17] Como fica claro no capítulo dito "inédito" de *O capital*, o trabalho intelectual pode ser um trabalho produtivo, desde que entre no ciclo de valorização como trabalho abstrato. É assim, de acordo com exemplo do próprio Marx, o trabalho do professor numa escola privada. MARX, Karl. *Resultados do processo de produção imediata: capítulo VI inédito de* O capital. (Sem indicação de tradutor.) São Paulo: Moraes, 1985. p. 115 (orig.: *c.* 1865).

[18] LACLAU, Ernesto. Os novos movimentos sociais e a pluralidade do social. *Revista Brasileira de Ciências Sociais*, n. 2, p. 41-47, 1986 (ed. orig.: 1983).

[19] GORZ, André. *Adeus ao proletariado: para além do socialismo*. Tradução de Ângela Ramalho Vianna e Sérgio Góes de Paula. Rio de Janeiro: Forense

As consequências gerais deste processo para a ação política da esquerda serão discutidas no próximo capítulo.

Além disso, há novas formas de propriedade privada. As sociedades por ações pulverizam parte da propriedade das empresas, colocando-a nas mãos até mesmo de muitos trabalhadores e produzindo, em alguns países, uma espécie de "capitalismo popular", que não muda os fatos da exploração, da alienação e da ausência de autoridade na produção, nem transforma empregados em patrões, mas exerce efeitos ideológicos profundos.[20] Já a disseminação das práticas do *franchising* e da terceirização da cadeia produtiva gera uma camada de proprietários híbridos, os donos das franquias e fornecedores para as grandes empresas, que auferem lucros, mas não exercem quase nenhum controle sobre os próprios negócios.

Por fim (e sem pretender que a breve listagem esgote as complexidades das clivagens de classe no capitalismo contemporâneo), uma análise dos conflitos sociais não pode pressupor que as classes geram agentes políticos unificados. Diferentes setores no interior de uma mesma classe desenvolvem interesses diferentes e por vezes até contraditórios, sejam eles frações da burguesia (nacional ou associada, financeira ou produtiva) ou da classe trabalhadora (organizada ou desorganizada, formalizada ou informal, urbana ou rural).

Tais mudanças têm um importante impacto no autoentendimento de pessoas e de grupos sobre suas próprias posições de classe. Outro elemento, não menos importante, é o circuito ideológico de depreciação da ideia de classe e, em particular, da identidade de integrante da classe trabalhadora. As clivagens de classe são descritas como irrelevantes para um mundo que seria melhor descrito pela fórmula liberal

---

Universitária, 1987 (ed. orig.: 1980); GORZ, André. *Métamorphoses du travail, quête du sens: critique de la raison économique*. Paris: Galilée, 1988.

[20] Em polêmica com Bernstein, Rosa Luxemburgo observava que o capitalista é "uma categoria da produção", não do direito de propriedade. As sociedades por ações podem distribuir títulos de propriedade, mas concentram o capital, isto é, o controle da atividade produtiva. LUXEMBURGO, Rosa. Reforma social ou revolução? (Com um anexo: milícia e militarismo). In: LUXEMBURGO, Rosa. *Textos escolhidos*. v. 1. Tradução de Stefan Fornos Klein. São Paulo: Editora Unesp, 2011. p. 49 (ed. orig.: 1899).

da "sociedade de indivíduos", cujas trajetórias únicas não podem ser reduzidas a qualquer denominador comum.[21] Cada pessoa é estimulada a se ver como uma "empresária de si mesma", num universo definido pela compreensão neoliberal de que a competição permanente de todos contra todos é a essência da vida em sociedade.[22]

No Brasil, muitos analistas assinalaram a "absorção ideológica da nova classe trabalhadora brasileira pelo imaginário de classe média", por meio tanto da "teologia da prosperidade" das igrejas neopentecostais quanto da "ideologia do empreendedorismo".[23] Os governos do PT contribuíram para o fenômeno, algo paradoxal para um partido que se intitula "dos trabalhadores". A propaganda governamental equivalia a melhoria das condições materiais de vida e a formalização das relações empregatícias a uma ascensão à classe média; isto é, os trabalhadores beneficiados pelas políticas lulistas eram instados a perceber a si mesmos como integrantes não de sua própria classe, mas de uma nova e alargada classe média. Trata-se de um discurso equivocado tanto como estratégia política quanto como descrição sociológica. O público-alvo da propaganda governamental, formado em sua grande maioria por trabalhadores não especializados ou semiespecializados, isto é, ocupados em atividades de baixo prestígio social, com renda igual ou inferior a dois salários mínimos, não se qualifica como classe média em nenhum sentido pertinente da expressão.[24]

"Classe média" é um conceito complexo e disputado, que unifica grupos sociais distintos entre si a partir de critérios também diversos.

---

[21] Para uma versão sociologicamente sofisticada desta perspectiva, cf.: ROSANVALLON, Pierre. *La société des égaux*. Paris: Seuil, 2011.

[22] DARDOT, Pierre ; LAVAL, Christian. *La nouvelle raison du monde: essai sur la société néolibérale*. Paris: La Découverte, 2009.

[23] CHAUI, Marilena. A nova classe trabalhadora brasileira e a ascensão do conservadorismo. In: JINKINGS, Ivana. DORIA, Kim; CLETO, Murilo (Orgs.). *Por que gritamos golpe? Para entender o* impeachment *e a crise política no Brasil*. São Paulo: Boitempo, 2016. p. 20.

[24] Ver POCHMANN, Marcio. *Nova classe média? O trabalho na base da pirâmide social brasileira*. São Paulo: Boitempo, 2012; POCHMANN, Marcio. *O mito da grande classe média: capitalismo e estrutura social*. São Paulo: Boitempo, 2014.

Um destes critérios, é importante anotar, é precisamente sua distância – em distinção social, padrão de vida, renda, nível educacional e expectativas de futuro – dos trabalhadores braçais; em meio ao ecletismo e à volatilidade que marcam sua orientação política, um ponto fixo é a "recusa ao nivelamento social entre 'manuais' e 'não manuais'".[25] Ainda que muitos interesses objetivos desta camada possam ser comuns à classe trabalhadora, a identidade de classe média depende centralmente desse sentimento de superioridade social, cujas consequências políticas são grandes. As mudanças tecnológicas das últimas décadas, que proporcionaram uma proliferação de atividades não braçais de baixíssima qualificação, apresentam desafios mesmo para esta compreensão mínima.

A noção de "classe média" mobilizada no discurso político brasileiro dos anos 2000 e 2010 é baseada sobretudo no acesso a bens de consumo. O "fundamento teórico" da ideia da nova classe média brasileira foi oferecido pelo economista Marcelo Neri, que definiu a categoria por uma combinação entre otimismo (vontade de ascensão social, "expectativa de felicidade futura") e potencial de consumo continuado.[26] Ou seja, trata-se quase de um estado de espírito.[27] Isto implica, de partida, uma anulação de qualquer preocupação seja com a posição nas relações de produção, seja com o status do grupo profissional. Dado o patamar extremamente baixo de onde se partia, níveis de consumo muito elementares serviriam para qualificar a ascensão social. Trabalhando como empregadas domésticas ou operadores de *call centers*, morando em favelas, a maior parte dos integrantes da "nova classe média" transformava imediatamente todo o aumento de renda em consumo, o que, aliás, era um comportamento essencial para o funcionamento da política econômica lulista – e é também um comportamento associado a uma

---

[25] SAES, Décio. *Classe média e sistema político no Brasil*. São Paulo: T. A. Queiroz, 1984. p. 15.

[26] NERI, Marcelo (Coord.). *A nova classe média*. Rio de Janeiro: FGV/IBRE; CPS, 2008. p. 21-22.

[27] Para críticas fundamentadas, ver: POCHMAN, *Nova classe média?*; KOPPER, Moisés; DAMO, Arlei Sander. A emergência e evanescência da nova classe média brasileira. *Horizontes Antropológicos*, n. 50, p. 335-376, 2018.

posição de *classe trabalhadora*. Esses estratos não tinham, portanto, capacidade de poupança e não alcançavam a relativa estabilidade econômica e existencial que caracteriza a classe média propriamente dita.

O sentimento de distância da classe trabalhadora, necessário para a produção da identidade de classe média, dependia de um efeito discursivo que anulava a posição de trabalhador, assimilando-a implicitamente ao miserável. Quem, por meio do trabalho assalariado, alcançava um mínimo de conforto material e algum grau de integração à sociedade de consumo era estimulado a ver a si mesmo como integrante da classe média e, portanto, não trabalhador.

O discurso propagandístico dos governos petistas tinha pelo menos três efeitos políticos importantes. (1) Primeiro, contribuía para afastar do trabalhador uma autocompreensão como tal; isto é, minava a possibilidade de desenvolvimento de uma consciência e de uma solidariedade de classe. (2) Depois, afastava do PT uma parte do seu eleitorado, que, vendo a si mesmo como tendo mudado de patamar, queria se distanciar de um partido reconhecido como de trabalhadores ou de pobres. Este é um dos principais achados da pesquisa realizada por Esther Solano com simpatizantes da extrema-direita no Brasil.[28] (3) Por fim, o entendimento de que se vivia em um "país de classe média", mesmo sendo um mito, tornava natural "a defesa de serviços ofertados exclusivamente pelas forças de mercado".[29] Reforçava, portanto, o discurso neoliberal de desmonte do Estado social.

É possível especular que outro efeito, colateral, da campanha governamental anunciando a – por assim dizer – iminente universalização do acesso à classe média foi acirrar o receio clássico da classe média "verdadeira", de que sua distância em relação à base da pirâmide social estava ameaçada. Nas manifestações de junho de 2013, ambas as classes médias, a tradicional e a *fake*, se encontraram nas ruas, protestando contra o mesmo governo. Este fato faz com que

---

[28] SOLANO, Esther. Crise da democracia e extremismo da direita. *Análise (Friedrich-Ebert-Stiftung Brasil)*, n. 42, p. 3-28, 2018.

[29] POCHMAN, *O mito da grande classe média*, p. 16.

o discurso dominante tente apresentar aquele momento como uma demonstração da irrelevância da clivagem de classe para explicar o conflito político: a "cidadania" estaria se levantando contra os maus políticos culpados pela corrupção. Mesmo a pauta original, contra o aumento da tarifa do transporte público, foi diluída em uma defesa da "mobilidade urbana" boa para todos, fossem usuários de ônibus ou proprietários de veículos particulares.[30] Creio, ao contrário, que Junho pode exemplificar os limites de uma mobilização popular que não é capaz de acionar a chave de classe.

É difícil descrever a composição de classe das manifestações que tomaram o Brasil em 2013, por motivos já apontados: o perfil dos participantes variava enormemente, não só de uma cidade para outra, mas dentro de uma mesma cidade, conforme a data de cada protesto; não havia liderança unificada nem pauta consensual de reivindicações. Muito da literatura acadêmica se contenta com a afirmação razoável, mas impressionista e vaga, de que as manifestações tiveram caráter "policlassista".[31] Ou então, escorando-se na relativa ausência de pautas classistas tradicionais, avançam para a afirmação taxativa de que "os protestos não eram baseados em classe".[32] O que não significa, porém,

---

[30] Eu mesmo tive a oportunidade de participar de debates, no calor da hora, em cidades como Brasília e Rio de Janeiro, em que a "mobilidade urbana" era apresentada, por alguns participantes dos protestos, como pauta capaz de unificar todos os grupos. Pouco tempo depois, a estridente oposição da classe média paulistana aos corredores de ônibus implantados pela prefeitura petista revelaria a fragilidade deste discurso. Transporte particular e transporte público põem em marcha lógicas inconciliáveis de gestão do espaço urbano. Por sua característica de *condição geral da produção*, o transporte é uma arena particularmente sensível de conflitos, inclusive internos entre setores da classe burguesa e entre eles e o Estado. Sobre isso, ver: AUGUSTIN, André Coutinho. Para além dos 20 centavos: a mobilidade urbana sob o ponto de vista da crítica da economia política. *Marx e o Marxismo*, n. 11, p. 279-300, 2018.

[31] VIANA, Nildo. A luta de classes no Brasil (2013-2014). *Revista Espaço Livre*, n. 20, p. 31-44, 2015.

[32] ALONSO, Angela; MISCHE, Ann. Changing Repertoires and Partisan Ambivalence in the New Brazilian Protests. *Bulletin of Latin American Research*, v. 36, n. 2, p. 144-159, 2017.

que a variável "classe" seja irrelevante para entender tanto Junho quanto seus desdobramentos.

Dados compilados por André Singer, a partir de levantamentos não estritamente comparáveis em diferentes capitais, mostram participantes majoritariamente jovens, com escolaridade alta e renda familiar "intermediária" (entre 2 e 10 salários mínimos). Mesmo nesse grau de generalidade, as diferenças locais são significativas. No Rio de Janeiro, 34% dos manifestantes tinham renda familiar de até um salário mínimo, mais do que o dobro das outras capitais, e 14% apenas o ensino fundamental, enquanto em São Paulo e Belo Horizonte esse grupo ficava entre 1 e 4%.[33] Em São Paulo, embora a juventude e a escolaridade relativamente alta tenham se mantido como características constantes, a evolução das manifestações viu diminuir a parcela de participantes vindos dos bairros mais pobres – eram 38% da Zona Leste em 13 de junho, mas apenas 12% em 17 de junho.[34]

Singer parece estar correto quando entende que 2013 reuniu, de forma contraditória e até tensa, a classe média tradicional e o setor que ele prefere chamar de "novo proletariado" – a camada de trabalhadores, até então à margem do emprego formal e da sociedade de consumo, que obteve alguma mobilidade ascendente no período lulista.[35] É mais difícil aceitar seu entendimento de que a classe média expressava nas ruas uma pauta "pós-materialista", em contradição com o novo proletariado. A própria noção de "pós-materialismo" é, em primeiro lugar, um construto ideológico destinado exatamente a dissolver o conflito de classe nas disputas políticas contemporâneas.[36] E os interesses das

---

[33] SINGER, André. Classes e ideologias cruzadas. *Novos Estudos*, n. 97, p. 23-40, 2013.

[34] ESTANQUE, Elísio. Rebelião de classe média? Precariedade e movimentos sociais em Portugal e no Brasil (2011-2013). *Revista Crítica de Ciências Sociais*, n. 103, p. 71, 2014.

[35] SINGER, Classes e ideologias cruzadas, p. 27.

[36] O "pós-materialismo" assinala que, nas sociedades desenvolvidas, o eixo da luta política deixa de ser a distribuição da riqueza, deslocando-se para questões simbólicas ou mesmo estéticas. Para uma discussão e crítica, ver: MIGUEL,

camadas médias que foram às ruas não eram menos materiais que os dos neoproletários.

Como muitos já apontaram, os governos petistas apaziguaram a burguesia com lucros crescentes e farto financiamento público, socorreram os miseráveis com as políticas de transferência de renda e garantiram algumas vantagens para os trabalhadores, na forma de aumento do poder de compra dos salários e de linha de crédito facilitada para bens de consumo. A classe média se beneficiava de algumas dessas medidas, embora tivessem menor impacto para ela, mas também sofria reveses *simultaneamente simbólicos e materiais*. É nesse sentido, em que o simbólico e o material devem ser entendidos como entrelaçados, que se pode analisar o apego da classe média à "meritocracia" e à "luta contra a corrupção", bandeiras que foram às ruas em 2013 e em seguida tornaram-se bases do antipetismo militante.[37]

A defesa da "meritocracia" ganhou nova força com a difusão da razão neoliberal e encontrou natural ressonância nas camadas médias, que são motivadas pelo temor de que sua diferença em relação aos pobres se desvaneça. Há um grão de verdade no discurso anedótico de que havia incômodo com a presença dos pobres nos *shopping centers* e, sobretudo, nos aeroportos – como disse, na época, um folclórico comentarista da grande imprensa, "viajar, hoje em dia, é quase sempre como ser obrigado a frequentar um churrasco na laje".[38] As classes médias sofrem com a redução da exclusividade no acesso a determinados espaços, que tem impacto direto em sua percepção das posições relativas na hierarquia social. O efeito não é menos real por ser simbólico. Afinal, a luta por distinção social é um elemento importante da dinâmica das sociedades contemporâneas, que se liga ao entendimento subjetivo sobre o lugar que se está ocupando e, assim, do sucesso ou fracasso da trajetória

---

Luis Felipe. *Dominação e resistência: desafios para uma política emancipatória*. São Paulo: Boitempo, 2018. Capítulo 7.

[37] Embora siga um percurso diferente, valho-me aqui do trabalho de CAVALCANTE, Sávio. Classe média, meritocracia e corrupção. *Crítica Marxista*, n. 46, p. 103-125, 2018.

[38] PONDÉ, Luiz Felipe. A 25 mil pés. *Folha de S.Paulo*, p. E-8, 15 nov. 2010.

individual.[39] A meritocracia serve ainda como atalho para a indulgência, com a própria posição, daquele que é relativamente privilegiado, permitindo a dessolidarização com os que estão em situação pior.

As mudanças geradas pelos governos do PT produziram também efeitos materiais palpáveis na relação entre a classe média e as inferiores a ela na pirâmide social. A farta disponibilidade de mão de obra pronta a trabalhar por preço vil sempre beneficiou essa classe média, que assim dispunha da empregada doméstica e de serviços pessoais a custos muito baixos (cabeleireira, manicure, jardineiro). Com a redução da vulnerabilidade desse estrato, tais serviços ampliaram a sua remuneração relativa. Ao mesmo tempo, a expansão do emprego e as políticas de requalificação profissional fizeram com que muitas trabalhadoras domésticas abandonassem a atividade, transferindo-se para o comércio ou a indústria, que talvez pagassem a mesma coisa, mas ofereciam maior prestígio e – vantagem não desprezível – uma relação de trabalho mais impessoal e formalizada. Reduziu-se, de maneira contínua, a proporção do trabalho doméstico pago na população economicamente ativa, ao ponto de o ex-ministro Delfim Netto, em uma tirada infeliz, vaticinar sua extinção: "A empregada doméstica, infelizmente, não existe mais, ela desapareceu. Quem teve este animal, teve. Quem não teve, nunca mais vai ter. Essa senhora que era empregada doméstica, hoje é manicure. A manicure hoje está no *call center*".[40] Ainda que tingida pelo preconceito, a fala se baseava em diagnóstico, à época, acertado.

Pouco anos depois, o governo Dilma Rousseff garantiu a extensão dos direitos trabalhistas às domésticas, enfrentando uma acirrada oposição dos empregadores, o que representou um dos avanços sociais mais relevantes de todo o ciclo dos governos petistas. Em suma, o aumento no custo dos serviços pessoais, promovido tanto pela abertura de novas possibilidades de emprego quanto pela política de aumento real do salário mínimo; a escassez na oferta de trabalho doméstico; e a ampliação de direitos às trabalhadoras oneraram o orçamento das famílias de classe

---

[39] BOURDIEU, Pierre. *La distinction: critique sociale du jugement*. Paris: Minuit, 1979.

[40] A entrevista pode ser vista no YouTube. Disponível em: <https://www.youtube.com/watch?v=kZNOOwdac5Q>. Acesso em: 27 abr. 2019.

média e subtraíram parte das vantagens que elas extraíam da ordem social injusta em que se inseriam.

Outro aspecto a ser levado em conta é a democratização do acesso ao ensino superior. Graças à expansão da rede de instituições federais e da implantação de ações afirmativas para grupos até então excluídos, mas também a uma enorme ampliação do crédito para o ensino superior privado, um grande contingente de jovens brasileiros pôde aspirar a um diploma universitário. Para a classe média, porém, isso significava que tal diploma se tornava menos exclusivo. Incapaz de amealhar patrimônio considerável, ela muitas vezes via nessa qualificação educacional o principal diferencial que legaria para seus filhos. Também era possível travestir este discurso como "defesa da meritocracia", como fez Paulo Guedes, ministro da Economia do governo Bolsonaro, ao criticar o ingresso na universidade de um suposto "filho do porteiro", que teria sido "aprovado com nota zero".[41] Mas o subtexto, evidentemente, é a garantia de uma vantagem comparativa diante de outros grupos sociais.

Dois caminhos, não excludentes, permitiram que a classe média verbalizasse, de uma maneira moralmente aceitável, seu desconforto com as mudanças que pareciam afetar sua posição – de uma maneira em que expusesse não um autointeresse mesquinho de defesa de miúdos privilégios, mas a preocupação com a moralidade pública. O primeiro, já visto, foi o discurso da meritocracia, que opunha aqueles que teriam "chegado lá" por seu esforço aos outros, empurrados pelo paternalismo estatal. Em seu formato mais radical, este discurso recusa a solidariedade não apenas como desnecessária ou facultativa, mas como nociva, produtora de degeneração dos valores morais associados ao trabalho, à poupança e ao autossacrifício. Paulo Guedes fornece, uma vez mais, a ilustração, quando reclama que "os pobres consomem tudo", não poupam, e por isso precisam de reeducação financeira.[42]

---

[41] PUPO, Fábio; RESENDE, Thiago. Guedes faz críticas ao Fies e diz que filho do porteiro foi aprovado com nota zero. *Folha de S.Paulo*, p. A-19, 30 abr. 2021.

[42] GUEDES, Paulo. Dá para esperar 4 aninhos de um liberal-democrata após 30 de centro-esquerda?. Entrevista a Alexa Salomão. *Folha de S.Paulo*, p. A-28, 3 nov. 2019.

O segundo caminho era a repulsa à corrupção. Certamente houve frustração autêntica com a adesão do PT às velhas práticas da política brasileira, a despeito de seu discurso quando estava na oposição. Mas a singularização do PT como inaugurador e culpado único da debilidade moral da política brasileira só se explica pelo incômodo gerado pela ascensão, ainda que tênue, dos mais pobres. Há um nexo importante entre o discurso da corrupção do PT e o preconceito de classe. Um partido de pobres não poderia ficar com a chave do erário público nas mãos. "Quem nunca comeu melado, quando come, se lambuza": adaptado à política, o dito popular indica que é melhor deixar o governo nas mãos das elites tradicionais, em vez de nas de ex-sindicalistas sem berço e sem patrimônio. O ditado, é bom lembrar, foi utilizado pelo então ministro da Casa Civil, Jaques Wagner, em momento de "autocrítica" ao ser entrevistado pela *Folha de S.Paulo*.[43] É significativo que um líder do próprio PT tenha recorrido a esse raciocínio ao falar com o público do jornal.

Lambuzam-se não só os governantes, mas também seus eleitores. De 2006 em diante, após cada eleição presidencial os analistas se debruçavam sobre os mapas de votação para constatar que a vantagem eleitoral do PT provinha das regiões mais pobres do país, em particular do Nordeste. Seria sintoma de que o eleitorado pobre era desinformado ou, pior, carente de ética, disposto a votar em "ladrões" desde que eles lhe oferecessem ganhos, como os programas de garantia de renda.[44] Nas redes sociais, as vitórias petistas eram acompanhadas por manifestações cada vez mais exaltadas de xenofobia antinordestina.

Portanto, o repúdio à corrupção é seletivo. Mas é também tingido por uma percepção limitada e maniqueísta, que a vê não como fruto de uma determinada matriz de relações do poder econômico com o poder

---

[43] CRUZ, Valdo; DIAS, Marina. O PT se lambuzou, diz ministro da Casa Civil. *Folha de S.Paulo*, p. A-4, 3 jan. 2016.

[44] É comum se exigir do eleitorado pobre um altruísmo que não se espera dos ricos. Quando um empresário define seu voto de acordo com a expectativa de vantagens fiscais, é um modelo de eleitor racional. O eleitor pobre que vende seu voto ou mesmo espera políticas compensatórias é desprovido de espírito cívico (cf.: MIGUEL, Luis Felipe. *Consenso e conflito na democracia contemporânea*. São Paulo: Editora Unesp, 2017. Capítulo 3).

político, mas como um desvio pessoal de caráter. Por isso, a solução está em retirar as maçãs podres, com punições duras, não em transformações estruturais. Durante a crise do mensalão, que foi o primeiro grande ensaio do discurso anticorrupção voltado a atingir o PT no poder, uma análise dos jornais mostrou que eles "podem ter sido 'incendiários' na conjuntura, mas adotaram antes a postura de 'bombeiros' em relação a possíveis questionamentos de longo alcance do sistema político".[45] O padrão permaneceu o mesmo até a Operação Lava Jato, com a seletividade e o maniqueísmo marcando o comportamento dos militantes anticorrupção nas redes, nas ruas, na mídia e no aparelho repressivo de Estado. Se faltava alguma evidência disto, a tolerância com os malfeitos dos governos Michel Temer e Jair Bolsonaro ou dos próprios procuradores e juízes da Lava Jato está aí para preencher a lacuna.

Os setores médios sensibilizados pela defesa da meritocracia e pelo combate à corrupção só se juntaram aos protestos de 2013 no momento em que sua pauta começou a ser diluída. Embora o Movimento Passe Livre seja uma organização pequena, com liderança em geral de jovens universitários, a questão de que trata possui potencial para mobilizar um amplo contingente de pessoas, como já fora demonstrado anos antes nos grandes protestos contra os aumentos de tarifas de ônibus em Salvador e em Florianópolis. No enquadramento que o MPL confere ao problema do transporte público, fica claro que a cidade é um palco privilegiado da luta de classes, dados os fenômenos de favorecimento estrutural de bens e serviços que são acessíveis apenas aos mais ricos, a começar pelo automóvel particular; de privatização do ambiente público; e de segregação espacial por renda e classe. Mais ainda, as lutas pela cidade revelam com clareza os padrões de interseccionalidade da exclusão e da opressão, na medida em que raça, gênero e sexualidade produzem suas próprias barreiras ao trânsito e à permanência no espaço urbano, que se combinam de forma poderosa àquelas vinculadas ao eixo de classe.

---

[45] MIGUEL, Luis Felipe; COUTINHO, Aline de Almeida. A crise e suas fronteiras: oito meses de "Mensalão" nos editoriais dos jornais. *Opinião Pública*, v. 13, n. 1, p. 121, 2007.

A "revolta do buzu", em Salvador, em 2003, e a "revolta da catraca", em Florianópolis, no ano seguinte, que o MPL apresenta como sendo os acontecimentos que o inspiraram,[46] revelam o potencial disruptivo que a pauta do reajuste da tarifa do transporte público possui. Em 2013, porém, houve desde cedo um movimento de ampliação da pauta, com a inclusão de reclamações sobre outros serviços públicos e a oposição aos megaeventos, em especial a Copa do Mundo em 2014 e as Olimpíadas em 2016.[47] Essa expansão do sentido do protesto, quando ele ainda era hegemonizado pela esquerda e falava para a periferia, parece indicar que a base social dos governos petistas queria mais do que estava sendo oferecido a ela. Há exagero na leitura apresentada por Ruy Braga, de trabalhadores em condições cada vez mais precarizadas sendo iludidos pela oportunidade de fazer um curso superior privado noturno com financiamento pelo FIES – que, uma vez concluído, na verdade não lhes abriria quase nenhuma nova possibilidade de emprego.[48] Mas, de fato, o arranjo lulista privilegiou a oferta de empregos mal pagos de baixa qualificação e tinha dificuldade de prover melhorias expressivas nos serviços socializados. Não era algo contingente, como visto no capítulo anterior: ao privilegiar a opção pela inclusão por meio do consumo, não interrompia a privatização do fundo público, evitando oposição das classes proprietárias. Mas os novos consumidores das periferias continuavam sofrendo com a carência de educação, saúde e transporte.

---

[46] MPL-SP (Movimento Passe Livre de São Paulo). Não começou em Salvador, não vai terminar em São Paulo. In: MARICATO, Ermínia *et al.* (Orgs.). *Cidades rebeldes: Passe Livre e as manifestações que tomaram as ruas do Brasil.* São Paulo: Boitempo, 2013.

[47] É possível observar, ainda, que conforme os protestos de espalham dos grandes centros urbanos para cidades médias e mesmo pequenas, as pautas vinculadas à questão urbana perdem, naturalmente, grande parte de sua força. Ver: CAVALCANTE, Sávio. Classe média e ameaça neofascista no Brasil de Bolsonaro. *Crítica Marxista*, n. 50, p. 124, 2020.

[48] BRAGA, Ruy. Terra em transe: o fim do lulismo e o retorno da luta de classes. In: SINGER, André; LOUREIRO, Isabel (Orgs.). *As contradições do lulismo: a que ponto chegamos?.* São Paulo: Boitempo, 2016.

É fácil atribuir, como fazem muitos autores, a insatisfação dos neoproletários à espiral ascendente de expectativas. Eles sonhariam com um progresso mais rápido no seu padrão de consumo ou na oferta de serviços públicos do que o Estado brasileiro seria capaz de prover.[49] Trata-se, no entanto, de uma visão que contrabandeia a ideia de que as expectativas ascendentes são uma característica natural do comportamento humano e, para ficar com a conclusão da formulação pioneira de Tocqueville, as coveiras de qualquer tentativa de mudança da sociedade em sentido igualitário, já que a frustração de seus beneficiários é voltada contra seus promotores.[50] Porém, não é possível entender a dinâmica da frustração popular sem antes levar em consideração o papel de receptora passiva de políticas compensatórias, em vez de participante ativa de um processo de transformação social, que os governos petistas atribuíram à sua base social.

Uma parte da literatura usa o neologismo "precariado" para denominar a vasta parcela de trabalhadores em empregos subqualificados, subalternos e incertos, às margens dos eixos centrais da produção capitalista, própria da atual fase do capitalismo.[51] É uma fase em que, no Norte, a mecanização substitui mão de obra industrial e avulta o setor de serviços e, no Sul, a maior vulnerabilidade do trabalho é cada vez mais condição para a inserção na economia global. Para algumas leituras, os precarizados seriam o motor dos protestos[52] – o que as pesquisas disponíveis tendem a corroborar, ao menos nos momentos iniciais de Junho. Mas cabe observar que o precariado, embora composto objetivamente de trabalhadores explorados, tem dificuldade de estabelecer uma identidade de classe. Falta a ele, em contraste com a

---

[49] ALONSO; MISCHE, Changing Repertoires and Partisan Ambivalence in the New Brazilian Protests.

[50] TOCQUEVILLE, Alexis de. *L'Ancien Régime et la Révolution*. In: TOCQUEVILLE, Alexis de. *Œuvres*. t. III. Paris: Gallimard, 2004 (ed. orig.: 1856).

[51] Cf.: BRAGA, Ruy. *A política do precariado: do populismo à hegemonia lulista*. São Paulo: Boitempo, 2012.

[52] ALVES, Giovanni. A revolta do precariado no Brasil. *Blog da Boitempo*, on-line, 24 jun. 2013.

classe do período "heroico" do movimento operário, "a consciência de sua potência poiética comum".[53] Por isso, os trabalhadores nas ruas de 2013 se viam sobretudo como *usuários* de serviços insuficientes. O inegável sentimento de injustiça com a ordem social, de parte deles, era atravessado pelo que um comentarista chamou de "pulsão de classe média",[54] o que limitava seu horizonte crítico. E o discurso oficial do governo petista, focado exatamente no individualismo e na pretensa ascensão às camadas médias, tornava mais difícil o salto a uma auto-compreensão classista.

Quando a "verdadeira" classe média irrompe nas ruas, confraternizando com a polícia que antes batia nos manifestantes de outro perfil, responde a um novo padrão de convocação ao protesto. A oposição de direita não tardou a perceber que havia uma fissura entre o governo petista e sua presumida base social, que ela podia explorar. Na imprensa, a denúncia da "baderna" dá espaço à exaltação da "mobilização cívica"; o esforço é isolar a minoria "violenta", a ser reprimida, da maioria. É construída a imagem dos adeptos das táticas de defesa *black bloc* como seguidores de um culto à violência, o que permite tanto estigmatizá-los como invisibilizar seja a violência estrutural, seja a violência policial, esta legitimada pela enunciação da "ameaça" que se combatia. Tal como depois ocorreria no processo de *impeachment* de Dilma Rousseff, jornais e emissoras de televisão praticamente convocavam os protestos e davam a eles grande cobertura, por vezes ao vivo ou desproporcional a seu tamanho. As mídias sociais foram importantes, sem dúvida, mas a mídia tradicional cumpriu papel determinante na construção dos sentidos.

Quando este movimento ocorre, a partir de meados de julho, a disputa pelo sentido das manifestações se dá *pari passu* com a pluralização seja do perfil dos manifestantes, seja das bandeiras levantadas – embora o grau de dispersão de agendas e agentes também pareça ter variado localmente. Autores que estudaram os protestos em Goiânia assinalam

---

[53] GORZ, André. *Métamorphoses du travail, quête du sens: critique de la raison économique*. Paris: Galilée, 1988. p. 77.

[54] ESTANQUE, Rebelião de classe média?, p. 53.

que "a coesão, o foco e a unidade entre amplas e plurais forças políticas foram a tônica", embora admitam que a grande manifestação de 20 de junho fugiu a este padrão.[55] Neste momento, em São Paulo, o MPL já tivera que reconhecer sua impotência para dar direção ao movimento e se retirara da convocação das manifestações.

Os grupos mais à esquerda, tanto os que estiveram à frente das manifestações desde seu início quanto os que se juntaram no processo, viram na ampliação do movimento a possibilidade de emergência de uma mobilização de massa radical, que se estabelecesse como uma alternativa efetiva à moderação do PT e dos movimentos sociais que orbitavam o partido.[56] Já a direita entendeu que a "mágica" lulista estava ameaçada, o que renovava sua esperança de uma vitória na disputa presidencial do ano seguinte. O PT e os grupos vinculados a ele, sob fogo de ambos os lados, tiveram dificuldade de reagir. Colocando como prioridade a defesa do governo, perderam a oportunidade de dialogar com a rua. Suas demandas eram entendidas *a priori* como intempestivas e voltadas a desestabilizar o arranjo vitorioso de governos que promoviam o progresso social. Em textos e declarações de muitos intelectuais do partido, os manifestantes apareciam como beneficiários ingratos das políticas de inclusão social e/ou massa de manobra da direita.[57] Fogo amigo ou ação de *agents provocateurs*, Junho era um desvio a ser contido.

---

[55] TAVARES; RORIZ; OLIVEIRA, As jornadas de maio em Goiânia, p. 158.

[56] Trabalho, evidentemente, com um grande grau de generalização. O que estou chamando de "grupos à esquerda do PT" é um conjunto fragmentado – por exemplo, para um autor próximo do anarquismo, PSOL e PSTU fazem parte da "esquerda oficial estatista" e buscavam despir Junho de suas virtualidades emancipatórias (MORAES, Wallace de. *2013: revolta dos governados ou, para quem esteve presente, revolta do vinagre.* Rio de Janeiro: WSM, 2018).

[57] O cientista político Fabiano Santos publicou, no calor dos acontecimentos, um artigo em que deplora as manifestações e defende a canalização da disputa política pelas instituições representativas e as mudanças sociais promovidas pelos governos do PT. Embora polêmico, o texto é ponderado. Mas a foto que o acompanha – fruto de uma decisão editorial que não contou necessariamente com a aprovação do autor – não o é. Ela mostra um modelo usando uma máscara de Guy Fawkes, popularizada pelo filme *V de Vingança* e tornada símbolo do ativismo autonomista, com uma suástica no braço (SANTOS,

Assim, as Jornadas de Junho sinalizaram o distanciamento entre o PT, tornado partido da ordem, e os movimentos populares que ele buscava representar quando foi fundado.

A resposta da presidente Dilma Rousseff às manifestações, em rede nacional de televisão, em 17 de junho de 2013, foi fraca e teve reduzida repercussão. Ela propôs "cinco pactos", incluindo promessas genéricas em favor da educação, da saúde e da mobilidade urbana, uma reforma política incerta mas potencialmente democratizadora e a defesa da "responsabilidade fiscal" ao gosto dos conservadores. O protagonismo da eventual implementação das propostas – "eventual" porque ninguém duvidava do destino que elas mereceriam quando a agitação popular refluísse – voltaria às elites políticas tradicionais, dentro das instituições representativas.

Fica claro que a presidente, tanto quanto a oposição de direita, viveu 2013 com os olhos postos em 2014. Para Dilma e o PT, a questão era reduzir os danos em velocidade suficiente para recuperar a maioria nas eleições presidenciais. Para a direita, tratava-se de fazer o contrário: aproveitar a queda vertiginosa da popularidade presidencial, garantir a continuidade do desgaste e, com isso, obter uma vitória no pleito. Ou seja: a elite política, no governo ou na oposição, esperava o retorno da "normalidade" e lia Junho pela chave do cálculo eleitoral.

Com isso, a esquerda hegemônica, representada pelo PT, disputou sentidos específicos, mas aceitou o enquadramento dominante e *despolitizante* de Junho, que obscurecia a expressão de conflitos sociais e dissolvia as insatisfações presentes nas ruas no discurso anódino da "ética na política" e dos "melhores serviços públicos". Com os grupos à esquerda do partido desprovidos de força suficiente para dar rumo ao movimento, essa reiterada opção preferencial pela negação do conflito social – em particular o conflito de classe – contribuiu para que o rescaldo das Jornadas favorecesse as forças do atraso político.

Por que o PT não pôde ou não quis retomar a identidade de classe em 2013? Creio que as respostas estão na natureza do "pacto

---

Fabiano. Primavera brasileira ou outono democrático?. *Insight Inteligência*, n. 62, p. 32, 2013.

lulista" e na evolução do PT, discutidos no capítulo anterior. O PT desinflou paulatinamente o componente de classe de seu discurso, a fim de angariar uma base de votantes mais ampla e difusa, capaz de lhe dar a maioria – isto é, mostrou-se sensível aos incentivos próprios da competição eleitoral, tal como demonstrado, para os países da Europa Ocidental em meados do século passado, por Adam Przeworski.[58] Em relação aos casos estudados por Przeworski, a transição do PT foi mais abrupta, o que se deve a fatores como a juventude do partido, o menor enraizamento do movimento sindical, a ausência de alternativas críveis à esquerda e o momento político internacional.

A trajetória do PT para chegar ao governo passou pela opção por uma política conciliatória que, por sua vez, exigia distanciamento da clivagem de classe. A leitura que os meios de comunicação oposicionistas passaram a privilegiar sobre as manifestações de junho, aquela da "sociedade contra o Estado", que ganhava na voz corrente o sentido de "povo contra governo", não era conveniente para o partido. Mas a alternativa, que seria dialogar com os setores populares das manifestações e assumir suas demandas, implicava romper a inércia de mais de dez anos de exercício do poder, ampliando novamente a ação política para além dos espaços institucionais e colocando, para a burguesia e para a elite política tradicional, a exigência de repactuação do acerto de 2002. Seria uma mudança arriscada, até porque requereria uma capacidade de mobilização social maior do que as organizações da classe trabalhadora mostravam. E também porque, caso bem-sucedida, implicaria uma mudança na correlação de forças dentro do partido[59] e entre o partido e outras organizações do campo popular.

As centrais sindicais reagiram de forma tardia às manifestações de junho. Convocaram um dia nacional de lutas para 11 de julho de

---

[58] PRZEWORSKI, Adam. *Capitalismo e social-democracia*. Tradução de Laura Teixeira Motta. São Paulo: Companhia das Letras, 1989 (ed. orig.: 1985).

[59] Não tenho condições de discutir como as diversas correntes à esquerda do campo majoritário do PT se posicionaram diante dos protestos de 2013. O que especulo, aqui, é que caso o partido optasse por uma reorientação política, isso certamente teria impacto no equilíbrio de forças interno.

2013 que, embora tenha levado a manifestações em dezenas de cidades, algumas delas com muitos participantes, foi minimizado pela grande imprensa – como de costume – e não se mostrou capaz de "disputar a narrativa". A representação sindical parecia sofrer da crise de legitimidade que atingia outras instâncias representativas, como partidos e parlamentos. Sua base tinha dificuldade de se engajar em ações mais contínuas e ofensivas; a reativação grevista dos anos anteriores havia sido, em grande medida, fruto de paralisações localizadas e espontâneas, com mediação sindical diminuta ou ausente. Era um grevismo que estava perdendo "seu caráter expressivo e de massa", para usar a expressão de Cardoso.[60] Os sindicatos tinham também pouca penetração junto aos novos trabalhadores formalizados, os novos proletários de que fala Singer, que representavam o lado popular das manifestações originais – embora os governos petistas tenham promovido o ingresso de muitos no mercado formal de trabalho, a taxa de sindicalização continuou patinando no baixo patamar de 17 a 19% do total da população ocupada.[61] Em suma, a classe trabalhadora organizada ficou à margem de Junho, tentou tardiamente obter algum protagonismo e não obteve sucesso.

A onda de protestos esfriou ao final do mês de junho, mas deixou legados. À esquerda, contribuiu para a eclosão de movimentos tão importantes quanto o "Fora Cabral", a partir já de agosto de 2013, e a greve dos garis, no começo de 2014, ambos no Rio de Janeiro, e, em especial, as ocupações de escolas por estudantes secundaristas, em diversos estados brasileiros, nos anos de 2015 e 2016. As mobilizações estudantis foram provocadas, às vezes, por questões nacionais, como a emenda constitucional que o governo Temer encaminhou em 2016 e que congelaria os gastos públicos. Em geral, porém, as causas foram mais imediatas, como o fechamento ou a militarização de colégios. Ainda assim, tinham repercussões importantes no entendimento sobre

---

[60] CARDOSO, Adalberto Moreira. Dimensões da crise do sindicalismo brasileiro. *Caderno CRH*, n. 75, p. 500, 2015.

[61] RODRIGUES, Iram Jácome; RAMALHO, José Ricardo. Novas configurações do sindicalismo no Brasil? Uma análise a partir do perfil dos trabalhadores sindicalizados. *Contemporânea*, v. 4, n. 2, p. 388, 2014.

o papel do Estado e da educação. Elas conquistaram vitórias pontuais e, mais importante, levaram a um aprendizado político ímpar, construindo formas de organização e de enfrentamento que passam ao largo da institucionalidade. O medo – não imotivado – de instrumentalização e aparelhamento levou a uma relação tensa e desconfiada com a esquerda tradicional, em especial com partidos e entidades controladas por partidos.[62]

Não se trata apenas de ver aquilo que se convencionou ser o "espírito" de Junho – horizontalidade, ação direta, performatividade, pré-figuração – reencarnando nos estudantes. Há importantes continuidades materiais entre os dois momentos. Por exemplo, vários jovens que participaram dos protestos estiveram depois nas ocupações escolares de São Paulo, que não foram as maiores, mas foram as primeiras e as mais emblemáticas delas – pela vitória obtida contra o governo do PSDB e também pelo peso do estado na federação, com consequente visibilidade midiática. Além disso, houve trânsito de militantes entre o MPL e o coletivo O Mal-educado, que cumpriu papel-chave na mobilização estudantil, sendo o responsável pela divulgação do "manual" das ocupações.[63] Tanto quanto nos protestos iniciados contra o aumento das tarifas de ônibus, as ocupações apresentam um contraste

---

[62] ANTUNES, André. Ocupar, lutar, resistir. *Revista Poli*, n. 44, p. 4-10, 2016; CAMPOS, Antonia M.; MEDEIROS, Jonas; RIBEIRO, Márcio M. *Escolas de luta*. São Paulo: Veneta, 2016; CATINI, Carolina de Roig; MELLO, Gustavo Moura de Cavalcanti. Escolas de luta, educação política. *Educação & Sociedade*, n. 137, p. 177-202, 2016; SORDI, Denise N. de; MORAIS, Sérgio Paulo. "Os estudantes ainda estão famintos!": ousadia, ocupação e resistência dos estudantes secundaristas no Brasil. *Religación*, v. 1, n. 2, p. 25-43, 2016; SEVERO, Ricardo Gonçalves; SEGUNDO, Mario Augusto Correia San. OCUPATUDORS: socialização política entre jovens estudantes nas ocupações de escolas no Rio Grande do Sul. *ETD – Educação Temática Digital*, v. 19, n. 1, p. 73-98, 2017; MEDEIROS, Juliano; JANUÁRIO, Adriano; MELO, Rúrion (Orgs.). *Ocupar e resistir: movimentos de ocupação de escolas pelo Brasil (2015-2016)*. São Paulo: Editora 34, 2019.

[63] JANUÁRIO, Adriano *et al.* As ocupações de escolas em São Paulo (2015): autoritarismo burocrático, participação democrática e novas formas de luta social. *Revista Fevereiro*, n. 9, p. 1-26, 2016.

vívido entre a exuberância do momento e a dificuldade de convertê-la em ação continuada, com efetividade para além da resistência pontual. A recusa às tradições organizativas da esquerda, cujos problemas são identificados com clareza, sem que sejam construídas alternativas, leva a impasses (agravados, no caso dos secundaristas, pela rotatividade natural dos militantes, já que esta fase da vida escolar dura, como regra, apenas três anos).

À direita, é claro, o legado de 2013 passa por outros elementos e outros agentes. Há também um "espírito", é verdade que bem diferente, que foi evocado nas manifestações pela derrubada de Dilma Rousseff, em 2015 e 2016, e na mobilização em favor da candidatura de Jair Bolsonaro, culminando com a vitória em 2018. Foi a classe média na rua nos episódios finais de Junho que proporcionou a si mesma, com o apoio essencial da mídia, a narrativa falsificada da "revolta popular" contra "tudo o que está aí". Uma "sociedade" despida de suas diferenças em luta contra um "Estado" igualmente carente de contradições internas, levando ao discurso antipolítico que é próprio da direita extremada. Uma ilustração significativa da importância de 2013 no imaginário da direita mobilizada é dada pelo Movimento Brasil Livre, a mais bem-sucedida das organizações militantes "de proveta" surgidas no período.[64] Seu nome foi escolhido deliberadamente para induzir confusão com a sigla do Movimento Passe Livre (MPL).

---

[64] O MBL foi criado como um braço do capítulo brasileiro da Students for Liberty, organização juvenil ultraliberal financiada por fundações privadas estadunidenses. É "de proveta" como tantas outras organizações que mimetizam um movimento de base, mas que são, de fato, frutos de decisões de grupos empresariais ou de *lobby*. Sobre o MBL, cf.: AMARAL, Marina. Jabuti não sobe em árvore: como o MBL se tornou líder das manifestações pelo *impeachment*. In: JINKINGS, Ivana; DORIA, Kim; CLETO, Murilo (Orgs.). *Por que gritamos golpe? Para entender o* impeachment *e a crise política no Brasil*. São Paulo: Boitempo, 2016. Sobre as fundações que o financiam, cf.: MAYER, Jane. *Dark Money: the Hidden History of the Billionaires Behind the Rise of the Radical Right*. New York: Doubleday, 2016. Sobre os grupos "militantes" forjados por *lobbies* nos Estados Unidos, cf.: WALKER, Edward T. *Grassroots for Hire: Public Affairs Consultants in American Democracy*. Cambridge: Cambridge University Press, 2014.

Por seu indiscutível sabor de *establishment*, a direita tradicional, abrigada em partidos como PSDB ou Democratas, tinha pouca condição de liderar uma onda de protestos. Deixou esta liderança na mão de grupos radicais – fundamentalistas religiosos, saudosistas da ditadura militar, arrivistas financiados pelas fundações estadunidenses –, julgando que eles seriam apenas instrumentais para a retirada do governo do PT e que, no momento certo, os frutos voltariam a cair no seu colo. Deu certo no processo do golpe de 2016, conduzido pelos políticos profissionais, que colocou no governo Michel Temer e sua coorte de velhas raposas, todos cientes do que era o principal: retirada de direitos da classe trabalhadora e redução do gasto social do Estado, ampliação da regressividade da tributação, entrega das riquezas nacionais ao capital privado estrangeiro. Nas eleições de 2018, porém, seus candidatos preferenciais se mostraram um a um inexequíveis e não lhe sobrou outra alternativa senão apoiar Bolsonaro.

As manifestações pró-golpe e, em seguida, o crescimento da candidatura de Bolsonaro desvelaram a tensão oculta de 2013. Enquanto suas virtualidades emancipatórias ficaram insuladas em movimentos importantes, mas com baixa capacidade de articulação e restritos a uma agenda pontual, a narrativa reacionária que pegou carona nas Jornadas de Junho moldou a política nacional. O "gigante" acordou, revelando um claro apreço por soluções autoritárias e pelo reforço das hierarquias sociais.

Por que a esquerda não foi capaz de resistir eficazmente a este discurso antipolítico? Porque namorava com ele, em seu esforço de apagar a clivagem de classe como estruturadora do conflito social. Como observou Colin Crouch, a "ortodoxia política contemporânea de que classe social não existe mais é em si mesma um sintoma da pós-democracia".[65] Ela indica que o conflito distributivo deve ser canalizado para a competição no mercado, impedindo que o Estado seja mobilizado para compensar, em parte, a inferioridade estrutural dos trabalhadores e dos pobres em geral. Ela retira da política as decisões de fundo sobre a organização

---

[65] CROUCH, Colin. *Post-Democracy*. Cambridge: Polity, 2004. p. 53.

social, que deveria ficar blindada contra quaisquer manifestações de uma vontade coletiva. Ela decide, em favor do mercado – e, portanto, em desfavor da democracia –, a disputa sobre o princípio alocativo dominante na sociedade que é fundante da própria possibilidade de convivência entre capitalismo e democracia.[66]

Junho de 2013 é um momento da crise da democracia liberal – uma fórmula que evidentemente não o explica, mas que é necessária para seu entendimento. Tal crise é, em última análise, a crescente dificuldade de acomodação entre a acumulação capitalista e a igualdade de direitos que a cidadania estendida garantia. Como discutido no Capítulo 2, na periferia capitalista ela se apresenta de maneira ainda mais grave do que nos países centrais, já que partimos de patamares mais baixos no que diz respeito às conquistas ameaçadas (Estado de direito, império da lei, bem-estar social). O governo petista desdenhou a magnitude da crise, julgando que seria capaz de superá-la fazendo, uma vez mais, algumas concessões que lhe possibilitariam continuar a vender a paz social em troca de melhorias pontuais na vida dos mais pobres. Essa barganha, como também apontado antes, passou aqui não pela capacidade de pressão, mas pela desmobilização da classe trabalhadora, o que contribuiu para que as clivagens de classe se manifestassem de maneira tão difusa e secundária ao longo do processo.

Mas o que as manifestações sinalizaram para os agentes políticos naquele momento, em especial para a oposição de direita nos partidos e na mídia, era que uma parte da base lulista se deslocara, que os setores insatisfeitos haviam encontrado um discurso e que, portanto, o PT não era mais "imbatível" na eleição presidencial. Era notável o desgaste da presidente, cujos índices de "popularidade" medidos por pesquisas

---

[66] Na leitura de Wolfgang Streeck (2017 [2013]), uma das características definidoras do neoliberalismo e da decadência da democracia liberal que o acompanha é a desvalorização do princípio da justiça social, apresentada como "política" e, portanto, sujo, em favor da justiça impessoal de mercado (STREECK, Wolfgang. *Buying Time: the Delayed Crisis of Democratic Capitalism*. Tradução de Patrick Camiller e David Fernbach. London: Verso, 2017 [ed. orig.: 2013]). Apenas a negação da relevância da clivagem de classe pode propiciar tal *démarche* discursiva.

de opinião caíram vertiginosamente. Dilma entraria na campanha de 2014 na inusual posição de mandatária que não era favorita à reeleição.

Independentemente das manifestações de 2013, o longo período no poder desgastara a coalizão governante. No segundo mandato de Lula, já se desgarrara a senadora petista Marina Silva, preterida pelo partido para a sucessão presidencial. Ela se construiu como candidata com um discurso focado em dois eixos. Um, a denúncia da decadência ética da política, levava à ideia de superar a dicotomia esquerda-direita e, em particular, a polarização PT-PSDB; o outro era a defesa da ecologia. De fato, as administrações do PT apresentavam um registro negativo nessa agenda, espremida entre as concessões feitas ao capital e o desenvolvimentismo de quem desejava uma política econômica menos ortodoxa. Marina, que fora ministra do Meio Ambiente por mais de um mandato, tinha assistido de forma quase passiva a este embate. Como candidata, apostou na ideia plástica do "desenvolvimento sustentável", que é a improvável compatibilização entre capitalismo e preservação da natureza.

Já no final do primeiro mandato de Dilma, quem abandonou a coalizão foi o Partido Socialista Brasileiro (PSB), para viabilizar a candidatura de seu chefe, o governador pernambucano Eduardo Campos, à sucessão presidencial. Apesar do nome, era um partido eclético, como tantos outros, reunindo posições à esquerda e à direita. Campos se aproximou de grupos empresariais, adotou uma plataforma liberal e, para efeito de campanha, também o discurso de superação da polarização PT-PSDB. O fracasso na tentativa de fundar a tempo seu próprio partido fez Marina Silva compor chapa com Campos e, com a morte do candidato em um acidente aéreo, assumir a candidatura presidencial do PSB.

A presença de Eduardo Campos ou de Marina Silva permitia que uma parte do eleitorado abandonasse o PT sem ter que imediatamente cair nos braços de seu principal opositor. A cobertura da mídia subira o tom várias vezes, tanto sobre a corrupção, com os desdobramentos da Operação Lava Jato, quanto sobre a piora dos indicadores da economia, apresentada como consequência direta das medidas heterodoxas adotadas no início do governo Dilma. Os protestos de junho de 2013 permitiam que fosse explorado o argumento de que os serviços públicos não atendiam às expectativas da população, deslizando, no discurso da direita, para um flerte com o antiestatismo. Os setores da elite política tradicional que se haviam acomodado com o petismo migraram em grande medida para o outro campo, sentindo que os ventos mudavam. O candidato do PSDB, Aécio Neves, combinava a aparência "jovem" e "moderna" com a reputação, indevida mas solidamente sustentada na mídia, de grande administrador, por seus dois mandatos à frente do governo de Minas Gerais.

As eleições foram renhidas, com Dilma ganhando no segundo turno por uma diferença de pouco mais de três pontos percentuais. Para a direita, foi um balde de água fria: mesmo com a conjuntura favorável, com a erosão da base social petista e com o cerco da mídia e do aparato repressivo do Estado sobre o governo alcançando o zênite, a presidente se reelegeu. Ao se ver batida pela quarta vez seguida, a direita começou a se desiludir da via das urnas. Ia sendo rompido o consenso procedimental, aquele que diz que não há alternativa a não ser jogar o jogo democrático – e que, se os resultados são frustrantes, o jeito é envidar esforços para melhorar a própria posição na próxima rodada, não encontrar alguma maneira de virar a mesa. Esse consenso, que parecia ser uma grande conquista do regime que emergiu das ruínas da ditadura militar, mostrou-se frágil diante do novo revés conservador em 2014.

Mas, como se sabe, nem toda a direita embarcou de imediato no projeto de derrubar Dilma. Logo após a eleição, o PSDB ingressou com o pedido de cassação da chapa vitoriosa, mas a intenção era – nas imortais palavras do candidato derrotado, Aécio Neves – "encher o saco". Quando um *impeachment* começou a ser aventado, seu vice, o também senador Aloysio Nunes Ferreira, afirmou que o objetivo não era substituir a presidente, mas fazê-la "sangrar". Já o PMDB, que compunha a chapa vitoriosa, ficou incomodado com o patrocínio ao projeto de um novo grande partido de centro-direita, para reduzir a dependência que o governo tinha da legenda no Congresso, bem como com a tentativa frustrada de impedir a chegada de Eduardo Cunha à presidência da Câmara dos Deputados. Mas esse tipo de pendência costumava se resolver com o oferecimento de mais cargos e vantagens no governo (e Dilma estava disposta a todas as concessões que se fizessem necessárias). No empresariado, uma Fiesp cada vez menos relevante e a serviço das malogradas ambições eleitorais de seu presidente, Paulo Skaf, esteve desde o começo comprometida com a derrubada da presidente. Mas não os banqueiros, que até bem perto do desfecho sinalizavam que preferiam Dilma no cargo, enfraquecida e incapaz de enfrentá-los.

A interpretação que ofereço aqui é a de que o golpe de 2016 só ocorreu graças à pressão de um conjunto de grupos radicais de direita, com pouca presença parlamentar, mas com a capacidade de empurrar seus aliados mais moderados para além de seus planos iniciais. Refiro-me aos procuradores e juízes da Lava Jato, a pastores da extrema direita religiosa, aos bolsonaristas, a movimentos como o MBL e também à legião de formadores de opinião com espaço na mídia, de analistas considerados "sérios" a animadores de programas policiais que há anos alimentavam uma retórica moralista, intolerante e reacionária. Diversos entre si, esses grupos tinham, no entanto, pontos de contato significativos, em particular um discurso de recusa à solidariedade e de negação de direitos, que os colocava na contramão dos valores assumidos pela Constituição de 1988 – e que começara a se manifestar em 2013, no momento do desvirtuamento do sentido inicial dos protestos.

Os consensos que embasavam, ao menos no terreno dos valores ostensivos, a ordem construída a partir do final da ditadura eram abertamente desafiados, a começar pelos mais significativos deles: a disputa política organizada pela linguagem dos direitos e o combate à desigualdade profunda. A nova extrema-direita entendeu que tais consensos eram superficiais e mesmo ilusórios e que havia um filão a ser explorado na agitação contrária a eles.

Convém lembrar que, talvez paradoxalmente, o período dos governos do PT foi também de avanço de concepções atomistas de sociedade, centradas na competição permanente entre os indivíduos – em suma, daquilo que Dardot e Laval denominam de "razão neoliberal". Igrejas baseadas na teologia da prosperidade, mito do empreendedorismo, meritocracia medida pelo mercado: todo um caldo de cultura para visões de mundo que exilam a solidariedade como valor relevante e que, portanto, depreciam aquilo que os governos petistas, na esteira das promessas da Nova República, podiam apresentar como sua maior conquista, isto é, a melhoria das condições de vida dos mais vulneráveis.

Essa perspectiva se liga à denúncia do discurso dos direitos, vistos como anteparos nocivos que impedem a justa retribuição, seja por premiarem os preguiçosos e incompetentes, seja por protegerem os criminosos. Antes restrita a franjas marginais do discurso público, a defesa de um punitivismo exaltado chegou ao centro do campo político. Há um *continuum* que parte da exaltação da Lava Jato, vista como tanto mais heroica quanto mais violava as regras elementares do processo legal, passa pelo mote "direitos humanos para humanos direitos" e culmina na aceitação da ideia de que "bandido bom é bandido morto".

O público preferencial da extrema-direita era formado pelas classes médias, embaladas com sua redescoberta das ruas em 2013. Como já visto, elas são especialmente sensíveis ao tema da meritocracia e refratárias à possibilidade de ascensão dos mais pobres, isto é, à redução da diferença social; raramente capazes de se aproximar do topo da pirâmide, centram suas preocupações em impedir o avanço dos que estão abaixo.

Houve um processo paralelo, em que as classes médias aprenderam a manifestar seu descontentamento em protestos públicos e a extrema-direita produziu o repertório discursivo com que ela se expressaria – sobretudo pela ampliação do espectro do politicamente dizível, permitindo a defesa indisfarçada das hierarquias sociais e do rechaço aos direitos. Já nas grandes manifestações contra Dilma Rousseff, preparatórias do golpe de 2016, os eixos eram, além da ojeriza à corrupção, a exaltação da "meritocracia", a denúncia dos "vagabundos" ou "preguiçosos" (beneficiários de programas sociais) e o saudosismo da ordem social anterior, presente em frases como "Eu quero meu país de volta".

Os radicais de direita não estiveram à testa do golpe de 2016. Basta olhar os ministros de Michel Temer – que eram, à imagem do próprio, integrantes da elite política tradicional. Mas foi o radicalismo que deu o tom para as manifestações de massa e que, com sua intransigência, mostrou que o caminho para a derrubada da presidente era factível. Assim, arrastou os setores inicialmente mais prudentes da burguesia, do parlamento e do Poder Judiciário. O golpe foi comandado pela elite conservadora tradicional, a fim de colocá-la no centro do poder e implementar o programa que era dela e de seus parceiros de sempre na grande burguesia, mas a mobilização que o sustentou tinha um aspecto bem mais extremista.

Justamente por isso, era pouco factível o caminho idealizado pelos caciques do PMDB e do PSDB – o governo Temer como um interregno, útil para promover um rápido desmonte de políticas e direitos sociais, seguido de uma normalização conservadora, com um político como o então governador paulista Geraldo Alckmin sendo eleito o novo presidente. Para tanto, seria necessário contar com a colaboração voluntária do eleitorado, sufragando o nome "certo". Sem ela, foram necessários sucessivos atos de força que macularam a legitimidade da eleição de 2018 (e, por consequência, sua capacidade de promover a pretendida normalização), em particular a condenação farsesca e a prisão arbitrária do ex-presidente Lula. Neles, as Forças Armadas abandonaram o perfil baixo, que até então buscavam zelosamente manter, e assumiram o papel de protagonistas do retrocesso democrático do Brasil.

O episódio mais visível foi aquele em que, na véspera da sessão do Supremo Tribunal Federal que julgaria o pedido de *habeas-corpus* de Lula, em abril de 2018, o então comandante do Exército, general Eduardo Villas Bôas, manifestou-se por meio de tuíte que exigia a manutenção da prisão do ex-presidente. Em entrevista concedida após a eleição, o general assumiu que sabia que estava agindo "no limite", mas se justificou afirmando que os militares têm "a preocupação com a estabilidade, porque o agravamento da situação depois cai no nosso colo. É melhor prevenir do que remediar".[67] Anos depois, em outra entrevista, afirmou que o tuíte não fora um gesto pessoal, mas uma manifestação decidida por todo o alto comando.[68] A decisão militar de interferir na vida política, vetando a candidatura presidencial do PT, não poderia ser evidenciada de forma mais cristalina.

---

[67] VILLAS BÔAS, Eduardo. Bolsonaro não é volta de militares, mas o risco de politização dos quartéis. Entrevista a Igor Gielow. *Folha de S.Paulo*, p. A-9, 11 nov. 2018.

[68] VILLAS BÔAS, Eduardo. *Conversa com o comandante*. Entrevistas a Celso de Castro. Rio de Janeiro: FGV Editora, 2021.

Principal beneficiário da intervenção, Jair Bolsonaro o reconheceu na forma de um agradecimento enigmático ao próprio general Villas Bôas, feito na cerimônia de posse de seu ministro da Defesa: "O que já conversamos ficará entre nós. O senhor é um dos responsáveis por eu estar aqui". Ele poderia dirigir palavras semelhantes ao juiz Sergio Moro, que fora premiado com o cargo de ministro da Justiça do novo governo. Moro não só foi o principal artífice da perseguição contra Lula como, durante a campanha eleitoral, modulou suas ações pelo impacto esperado no resultado das urnas. Ou, ainda, o agradecimento de Bolsonaro poderia ser destinado aos grandes veículos de comunicação (com os quais, no entanto, seu governo depois viveria às turras). Foram eles que, quando as alternativas ficaram resumidas ao ex-capitão e ao petista Fernando Haddad, disseminaram o discurso que equivalia centro-esquerda e extrema-direita, apresentadas como extremos simétricos, o que permitia justificar seja a neutralidade na campanha, seja o voto em um candidato abertamente antidemocrático. O editorial do jornal *O Estado de S.Paulo*, no início da campanha do segundo turno, intitulado "Uma escolha muito difícil", tornou-se emblemático, mas apenas traduzia, com particular transparência, o propósito que comandava a cobertura da maior parte dos veículos da imprensa corporativa.

Bolsonaro, deputado inexpressivo e de poucas luzes que entrara na campanha quase como uma piada de mau gosto, tornara-se, assim, o ungido de todos os setores que haviam se unido no golpe de 2016: lavajatismo, militares, mídia, grande empresariado. Não é possível negar seus méritos. Ele trabalhara arduamente, nos anos anteriores, para se tornar o vetor das diversas correntes da extrema-direita. Se antes era apenas um representante dos interesses corporativos do baixo oficialato, que se fazia conhecido por declarações agressivas contra desafetos, esforçou-se, de forma deliberada, para ser reconhecido como porta-voz da agenda conservadora (ver o próximo capítulo). Tornou-se um ativo aliado da direita religiosa. Acertou-se com a cúpula militar, que o via com desconfiança por seu passado de oficial incompetente e indisciplinado. Também se acercou de outros grupos, talvez menos influentes no plano nacional, mas com peso localizado, como a seita de seguidores do guru Olavo de Carvalho, o *lobby* pró-israelense ou os saudosistas monárquicos. No momento em que o discurso da extrema-direita conquistou as ruas, no processo de preparação da derrubada de Dilma Rousseff, Bolsonaro já era reconhecido como seu grande líder, sem competidores que pudessem lhe fazer sombra.

O último setor da direita extremada que Bolsonaro conquistou foi o dos fundamentalistas de mercado. Já se preparando para a campanha presidencial, abjurou de posições anteriores, tidas como estatistas, e entronizou, na posição de avalista de sua virada, o futuro ministro da Economia, Paulo Guedes. Banqueiro formado pela Escola de Chicago, Guedes contava, entre muitas outras credenciais, com uma passagem pelo Chile de Pinochet, cuja política macroeconômica ele admitidamente desejava replicar no Brasil. Embora o ultraliberalismo doutrinário tivesse seu próprio candidato presidencial (outro banqueiro, João Amoêdo) e organizações como o MBL estivessem, ao menos no início da campanha, formalmente alinhadas à candidatura de Geraldo Alckmin, a união de Bolsonaro com Guedes logo levou-o a se tornar virtualmente o candidato único de toda a extrema-direita brasileira.

A direita "moderada" fez sua opção no segundo turno. O candidato do PT era o ex-prefeito de São Paulo e ex-ministro da Educação, Fernando Haddad, reconhecido como bom administrador, moderado e aberto ao diálogo. De Bolsonaro, se conhecia a folha corrida de militar dado a estranhos negócios paralelos, o envolvimento no planejamento de um atentado terrorista, o despreparo e a truculência exibidos em sua longa e medíocre carreira parlamentar, o apreço por soluções violentas, o discurso abertamente antidemocrático, misógino, homofóbico e racista, a nostalgia da ditadura militar, a idolatria por torturadores. Eram cada vez mais fortes, também, os indícios de seu envolvimento com o crime organizado no Rio de Janeiro, que se fortaleceram após a execução da vereadora Marielle Franco, no início de 2018. Ao contrário do que predissera o *Estadão*, porém, a escolha não foi difícil. As classes proprietárias, os políticos de velha cepa e os barões da mídia não hesitaram em optar por Bolsonaro, dobrando suas apostas na destruição da ordem democrática.

A vitória do candidato da extrema-direita em 2018 representou uma radicalização do processo de desdemocratização em curso no Brasil.

Aqueles que o apoiaram com desconforto, incomodados com sua figura grotesca, ainda assim entendiam que era necessário preservar o coração da ruptura institucional de 2016: a exclusão do campo popular do debate político. O golpe e a eleição de Bolsonaro devem ser entendidos como desdobramentos diversos de um mesmo propósito, que é evitar que as potencialidades igualitárias da democracia se traduzam em políticas com impacto efetivo na realidade social.

Parte III
PERSPECTIVAS E IMPASSES

6
O triunfo da antipolítica

No dia 17 de março de 2021, o jornal *Folha de S.Paulo* destacou, em manchete, a queda da popularidade de Jair Bolsonaro. No dia anterior, o recorde de mortes diárias causadas até então pelo novo coronavírus havia sido batido mais uma vez, alcançando a marca de 2.789 óbitos. A curva era fortemente ascendente; não era necessária uma bola de cristal para prever que em semanas o Brasil atingiria, como de fato atingiu, o patamar de 4 mil mortes por dia. Naquele momento, ao todo, pelos números oficiais, mais de 280 mil pessoas já haviam perdido a vida pela Covid-19 no Brasil, sem falar nas que foram vítimas das sequelas da doença ou do caos no sistema de saúde. Em quase todas as unidades da federação, a rede hospitalar operava no limite ou acima dele. A vacinação patinava, como consequência do descaso das autoridades para garanti-la – menos de 5% da população tinha recebido a primeira dose. Nem por isso o governo federal deixava de trabalhar contra as medidas de isolamento social, contra o uso de máscaras e a favor da adoção do chamado "tratamento precoce" com medicamentos reconhecidamente ineficazes como a cloroquina ou a ivermectina. Pressionado pela volta de Lula à cena política (o ex-presidente recém reconquistara seu direito de concorrer às eleições, por decisão do Supremo Tribunal Federal), Bolsonaro estava trocando de ministro da Saúde, mas sem abrir mão do discurso de sabotagem à contenção da pandemia, que se tornara central na relação com sua base militante.

A mesma edição da *Folha de S.Paulo* anunciava que a cesta básica havia subido 33% nos dois primeiros anos do governo Bolsonaro. De fato, a política concentracionista do ministro da Economia, Paulo Guedes, levara a uma rápida redução do poder aquisitivo dos trabalhadores, em contexto de aceleração inflacionária, com aumento do desemprego e da miséria, efeitos agravados pela crise sanitária – e pela resistência do governo em adotar medidas de socorro aos mais pobres, aos assalariados, aos autônomos e aos pequenos negócios. Na ausência de políticas de suporte, com um "auxílio emergencial" dado de má vontade, intermitente e insuficiente, muitos brasileiros eram obrigados à escolha dramática entre priorizar a saúde ou a subsistência, isto é, entre seguir os necessários protocolos de isolamento social, sem qualquer garantia de renda, ou batalhar pela sobrevivência, expondo-se ao risco de contaminação. Como resultado combinado das políticas ultraliberais e da pandemia, milhões de pessoas voltaram à pobreza extrema e a "nova classe média" produzida pelas administrações petistas se volatizou.

Outras reportagens traziam desdobramentos dos fatos noticiados na edição do dia anterior, sobre investigações de corrupção e improbidade administrativa envolvendo o presidente da República e seus filhos. Àquela altura, restava pouco espaço para dúvida quanto ao envolvimento dos Bolsonaro com o crime organizado do Rio de Janeiro e com práticas como a "rachadinha" (a absorção de parte do salário dos assessores pelos parlamentares, que os especialistas discutem se deve ser enquadrada como peculato, concussão ou corrupção passiva). A candidatura de Jair Bolsonaro fora construída pela oposição entre a honestidade do ex-capitão e a desonestidade dos outros políticos, em especial do PT, todos caracterizados como "ladrões". Difícil de ser aceita já em 2018, esta imagem era claramente insustentável em meados de 2021. Três meses depois, eclodiria o escândalo do superfaturamento da vacina indiana Covaxin, revelado em meio aos trabalhos da Comissão Parlamentar de Inquérito sobre a pandemia (instalada no Senado depois de decisão do Supremo Tribunal Federal) – sem espantar ninguém que tivesse acompanhado os anos anteriores de governo.

Ainda assim, de acordo com as sondagens, no primeiro semestre de 2021 cerca de 30% dos eleitores brasileiros aprovavam a administração federal – incluindo seu desempenho no combate à pandemia – e se dispunham a apoiar a reeleição de Bolsonaro. Trata-se de uma questão de primeira grandeza. Como foi possível que um governo tão obviamente desastroso, com um impacto tão negativo na vida da quase totalidade dos brasileiros, tenha sido capaz de manter um nível de apoio popular tão elevado, com chances reais (ainda que, é verdade, declinantes) de reeleição? À luz das teorias consagradas da decisão do voto, a única explicação possível parecia ser a tese da irracionalidade do eleitor.

A análise dos dados das sondagens mostrava que uma parcela dos defensores do governo era composta por bolsonaristas fanáticos, que se alinham de forma automática ao líder, não importa o quanto ele se mostre contraditório ou incapaz. Não se trata de uma peculiaridade do Brasil, mas da combinação entre os novos padrões de polarização política e a emergência da "pós-verdade", apresentada brevemente no capítulo 1, no ambiente de trocas discursivas gerado pela internet. Foi a nova extrema-direita, por vezes chamada de *alt-right* (direita alternativa, em oposição ao conservadorismo "careta" de antes), que melhor compreendeu a potencialidade política das novas tecnologias da informação e da comunicação e produziu uma estratégia adaptada a ela. Não é uma estratégia que possa ser apropriada pelas forças comprometidas com a democracia, pois repousa na degradação do debate público e na promoção da irracionalidade política.

Um componente importante é o anti-intelectualismo agressivo, que permite identificar como virtuoso o discurso simplista de Bolsonaro, neutralizando as evidências de sua inépcia. Ele se combina a uma visão conspiratória, na qual a atenção à complexidade do mundo e à dificuldade de encontrar soluções adequadas para os problemas aparece como sabotagem, promovida pelos poucos que se beneficiam com a permanência deles – por exemplo, os chineses que teriam criado o novo coronavírus com o intuito de prejudicar as economias ocidentais. Torna-se possível questionar a gravidade da pandemia, as medidas sanitárias recomendadas pelos epidemiologistas, a eficácia ou ineficácia dos tratamentos propostos ou o número de mortos, pois a ciência, o jornalismo e entidades como a Organização Mundial da Saúde são, a um só tempo, incompetentes, inconfiáveis e implicados num complô.

Não se trata de um discurso oco, mas de convicções capazes de definir comportamentos. Os dados mostram uma forte correlação estatística entre o apoio eleitoral a Bolsonaro, em 2018, e o desprezo às medidas sanitárias de enfrentamento ao novo coronavírus, inferidos pela proporção de habitantes contaminados e mortos. Independentemente de tamanho do município ou região do país, quanto maior a proporção de votos concedidos a Bolsonaro no segundo turno, maior a devastação causada pela pandemia.[1] É razoável supor, portanto, que não é apenas a reprodução interessada de um modelo discursivo, mas a adesão real a um sistema de crenças, ainda que as implicações sejam negativas ou mesmo fatais para os próprios aderentes.

Este dado corrobora a análise relativa ao estatuto que é concedido à "verdade" na organização mental dos sujeitos que abraçam o anti-intelectualismo. Pesquisas feitas nos Estados Unidos mostravam que a vasta maioria dos eleitores não tinha dúvida de que Donald Trump mentia, o que não bastou para impedi-lo de vencer em 2016.[2] É razoável pensar que o mesmo ocorria em relação a Bolsonaro. A pós-verdade parece indicar não apenas um uso estratégico da desinformação por parte de agentes interessados, mas um novo padrão de relação do público em geral com a ideia de verdade. De acordo com a síntese proposta por Harsin, a pós-verdade apresenta três conjuntos entrelaçados de problemas.[3] O primeiro, epistêmico, se refere à presença de múltiplas reivindicações de verdade concorrentes. O segundo, fiduciário, diz respeito à perda de confiança nos dispositivos de saber que avalizavam, com sua autoridade, o que era a verdade. De fato, uma das características da modernidade

---

[1] CABRAL, Sandro; ITO, Nobuiuki; PONGELUPE, Leandro. The Disastrous Effects of Leaders in Denial: Evidence from the COVID-19 Crisis in Brazil. *SSRN Papers*, on-line, 2021; FIGUEIRA, Guilherme; MORENO-LOUZADA, Luca. Influência de Messias? Relação intramunicipal entre preferências políticas e mortes em uma pandemia. *SSRN Papers*, on-line, 2021.

[2] McINTYRE, Lee. *Post-Truth*. Cambridge: The MIT Press, 2018. p. 152.

[3] HARSIN, Jayson. Post-Truth and Critical Communication Studies. *Oxford Research Encyclopedia of Communication*, on-line. Oxford: Oxford University Press, 2018.

é nossa dependência de sistemas que não dominamos e com os quais estabelecemos uma relação de crença ou confiança.[4] É possível pensar que, no ambiente da pós-verdade, tal crença está mantida apenas para aquilo que permite confirmação imediata – assim, continuamos a entrar em aviões cuja engenharia é misteriosa para nós porque a experiência direta comprova que voam, ou a olhar no jornal a programação de cinema porque ela de fato indica os filmes que estão em cartaz. Mas naquilo que não permite essa confirmação, como o passado histórico, o efeito a médio e longo prazos de determinados comportamentos ou fatos ocorridos em espaços geográficos e sociais distantes, a confiança nas vozes autorizadas declina e é desafiada por competidores sem as mesmas credenciais e com audiência localizada.

O terceiro conjunto de problemas indicado por Harsin, ao lado do epistêmico e do fiduciário, é o ético-moral. Diz respeito à desatenção deliberada aos critérios de validação do discurso ou ao uso intencional de informações que se sabe que são falsas. Embora estas estratégias sejam proveitosas para os grupos que delas lançam mão, elas não prosperariam sem a cumplicidade da audiência. Mais uma vez, não há aqui nada de novo, apenas a radicalização de tendências anteriores. P. T. Barnum, o famoso mistificador do século XIX que alguns apontam como pioneiro da propaganda comercial moderna, já dizia que o segredo é entender que o público *deseja* ser enganado e colabora ativamente para que a ilusão não se desfaça.[5] O ambiente da pós-verdade permite a radicalização desse desejo na medida em que o público investe sua identidade nas bolhas discursivas que reforçam aquela crença. Permitir que a dúvida se instale é correr o sério risco de ser expelido de um grupo de referência, com a consequente desestabilização do entendimento sobre o próprio "eu".

Este é, em suma, o elemento mais importante para o sucesso das estratégias políticas baseadas na pós-verdade: a formação desses enclaves de reforço mútuo de crenças, visões de mundo e informações, praticamente

---

[4] GIDDENS, Anthony. *The Consequences of Modernity*. Stanford: Stanford University Press, 1990.

[5] Cf.: BOORSTIN, Daniel J. *The Image: A Guide to Pseudo-Events in America*. New York: Vintage, 1992. p. 209 (ed. orig.: 1961).

imunes a qualquer desafio vindo de fora, que se disseminam sobretudo por meio das mídias sociais. Há um reforço entre a tendência, própria da psicologia humana, de evitar a dissonância cognitiva e o funcionamento dos algoritmos das empresas comerciais que controlam a internet. Nestas bolhas, mesmo os discursos mais disparatados podem ganhar status de verdades compartilhadas incontestes. A reprodução desta situação depende da depreciação do capital cultural: é o que permite o ceticismo quanto às fontes de autoridade até então reconhecidas, destruindo a possibilidade de estabelecer qualquer critério fidedigno e universalizável de validação da informação.

Há uma peculiaridade no caso brasileiro que o distingue daquele descrito pela literatura estadunidense. Enquanto lá a circulação da informação (ou desinformação) política se dá sobretudo por meio das mídias sociais que se poderiam chamar de "tradicionais", sobretudo o Facebook, aqui o canal principal é o WhatsApp. Trata-se de um aplicativo de troca de mensagens pessoais que foi instrumentalizado para funcionar como mídia social por meio da criação de grupos fechados de usuários, o que faz com que ele borre a separação entre espaços público e privado de uma maneira particularmente profunda.[6] O monitoramento das mensagens é mais difícil, uma vez que elas não têm visibilidade pública nem origem fixa. Se plataformas como Facebook ou Twitter impõem seus "padrões da comunidade", o que suscita importantes questionamentos sobre o controle do debate por corporações privadas, no caso do WhatsApp qualquer supervisão é extremamente difícil.

Mais importante ainda é o fato de que, por seu caráter de trocas privadas entre pessoas que teriam algum ponto de contato no mundo "analógico", o ambiente do WhatsApp maximiza o efeito da espiral do silêncio. Descrita por Elisabeth Noelle-Neumann, ela pode ser resumida como a inibição de manifestar um ponto de vista contrário ao dos interlocutores, que ganha o caráter de "espiral" porque, à medida que os divergentes se calam, a impressão de unanimidade da opinião expressa se avoluma, portanto cresce o constrangimento para

---

[6]   MIGUEL, Luis Felipe; MEIRELES, Adriana Veloso. O fim da velha divisão? Público e privado na era da internet. *Tempo Social*, v. 33, n. 2, p. 311-329, 2021.

dissentir.[7] Os bolsonaristas, que perceberam antes de qualquer outro grupo político o potencial das novas mídias, adotaram desde cedo a estratégia de multiplicar grupos de WhatsApp nos quais disseminavam sua propaganda e contavam com a espiral do silêncio como fator para reduzir a contestação que eventualmente poderia surgir.[8]

Um ponto adicional merece atenção. Os dados revelam que, no Brasil, uma grande parcela dos usuários tem acesso apenas à internet móvel. A tela pequena do telefone celular e os planos de dados limitados, por vezes com franquia irrestrita apenas para o próprio WhatsApp, desincentivam a pesquisa por fontes alternativas ou pela confirmação dos conteúdos recebidos. Impossibilidade de supervisão pública, espiral do silêncio e dificuldade de checagem de informações formam, assim, o ambiente comunicacional dos grupos de trocas de mensagens, arena privilegiada do proselitismo político da extrema-direita brasileira.

O que preocupa, neste cenário, não é só a manutenção de uma minoria numerosa e aguerrida de extremistas, com grande potencial disruptivo diante de qualquer tentativa de retomada democrática (o que Bolsonaro alimenta, com sua retórica agressiva e denúncias infundadas,

---

[7] NOELLE-NEUMANN, Elisabeth. *La espiral del silencio. Opinión pública: nuestra piel social.* Tradução de Javier Ruiz Calderón. Barcelona: Paidós, 1995 (ed. orig.: 1993).

[8] Para descrições e análises do uso do WhatsApp pela militância e por robôs bolsonaristas, cf.: CHAGAS, Viktor; MODESTO, Michele; MAGALHÃES, Dandara. O Brasil vai virar Venezuela: medo, memes e enquadramentos emocionais no WhatsApp pró-Bolsonaro. *Esferas*, n. 14, p. 1-15, 2019; EVANGELISTA, Rafael; BRUNO, Fernanda. WhatsApp and Political Instability in Brazil: Targeted Messages and Political Radicalisation. *Internet Policy Review*, v. 8, n. 4, p. 1-23, 2019; MONT'ALVERNE, Camilla; MITOZO, Isabele. Muito além da mamadeira erótica: as notícias compartilhadas nas redes de apoio a presidenciáveis em grupos de WhatsApp, nas eleições. Artigo apresentado no VIII Congresso da Associação Brasileira de Pesquisadores em Comunicação e Política (Compolítica). Brasília, 15 a 17 de maio de 2018; LEPECK, Gabriel; ZEN, Rafael Luiz. Contrapor é cansativo: a era da pós-verdade e suas aplicações na campanha eleitoral de Jair Bolsonaro via WhatsApp. *Linguagens*, v. 14, n. 1, p. 25-44, 2020; PIAIA, Victor; ALVES, Marcelo. Abrindo a caixa preta: análise exploratória da rede bolsonarista no WhatsApp. *Intercom*, v. 43, n. 3, p. 135-154, 2020.

destinadas a manter sempre elevada a tensão política e um permanente sentimento de ameaça entre seus seguidores). Mais importante do que contar o número dos bolsonaristas sinceros é, como assinalou Cavalcante, a "normalização de linguagem e atitudes fascistas".[9] Para tanto, aliás, os meios de comunicação tradicionais deram uma importante contribuição, aceitando rapidamente tais posições como parte legítima da controvérsia política, a ser tratada no noticiário com a imparcialidade ritual que é própria da imprensa. Embora esta normalização seja apontada também em outros países,[10] no Brasil houve a peculiaridade de que os grandes veículos fizeram uma aliança tácita com a extrema-direita, julgando-a instrumental para a derrubada do governo petista, o que permitiu que seu discurso encontrasse porta-vozes jornalísticos mesmo em suas versões mais imoderadas.

O debate sobre a exatidão da caracterização da nova extrema-direita, em geral, e do bolsonarismo, em particular, como "fascistas" é animado.[11] Por um lado, há o risco de perder a especificidade do fascismo como conceito, tornando-o mero sinônimo de intolerante ou autoritário. Por outro, o risco é restringi-lo em excesso, exigindo a reprodução perfeita – portanto, inalcançável – de todas as características dos fascismos da primeira metade do século XX. Falta à extrema-direita atual, em comparação ao fascismo clássico, um movimento de massas disciplinado. Seu programa trocou o estatismo autoritário pelo antiestatismo, ainda que igualmente autoritário. A retórica primitiva de Jair

---

[9] CAVALCANTE, Sávio. Classe média e ameaça neofascista no Brasil de Bolsonaro. *Crítica Marxista*, n. 50, p. 123, 2020.

[10] Cf.: EKSTRÖM, Mats; PATRONA, Marianna; THORNBORROW, Joanna. The Normalization of the Populist Radical Right in News Interviews: A Study of Journalistic Reporting on the Swedish Democrats. *Social Semiotics*, v. 30, n. 4, p. 1-19, 2020.

[11] Um mapeamento da polêmica sobre o núcleo conceitual do fascismo na teoria política, mas que é anterior à atenção dada à *alt-right*, encontra-se em: WOODLEY, Daniel. *Fascism and Political Theory: Critical Perspectives on Fascist Ideology*. London: Routledge, 2010. Ver também: GANDESHA, Samir (Ed.). *Spectres of Fascism: Historical, Theoretical and International Perspectives*. London: Pluto Press, 2000.

Bolsonaro, de Sergio Moro ou de Donald Trump está a anos-luz de Hitler e, sobretudo, de Mussolini, que era um orador sofisticado. No caso do Brasil, falta também um nacionalismo crível: a patriotada de fachada, promovida pela extrema-direita local com apelos ao verde-e-amarelo da bandeira nacional e o uso da camiseta da seleção de futebol, não esconde a opção pelo entreguismo e pela submissão aos Estados Unidos, que é assumidamente a tônica da política externa.

Mas é razoável apontar semelhanças importantes, no que se refere aos valores e afetos políticos mobilizados: ressentimento com o que aparenta ser a quebra de hierarquias sociais que deveriam ser preservadas, busca de bodes expiatórios, apreço por soluções simplistas e teorias conspiratórias, punitivismo exacerbado, a violência contra os mais fracos servindo como compensação psicológica para as próprias frustrações. Não se trata de correspondências fortuitas, mas de respostas semelhantes, encontradas pela direita extremada, diante de aspectos similares da conjuntura política e social. Traverso prefere falar em "pós-fascismo", para enfatizar uma continuidade incompleta e registrar o caráter ainda transitório, não cristalizado, do fenômeno,[12] mas isto é mais uma confissão da incapacidade de alcançar uma resposta do que a solução do problema.

Sendo assim, a opção por "linguagem e atitudes fascistas", como na curta citação de Sávio Cavalcante apresentada antes, me parece apropriada. Não se apresenta um veredito que defina Bolsonaro como fascista, mas se indicam pontos de contato indiscutíveis. Em particular, na medida em que tais comportamentos estão sendo normalizados, isto é, em que se rompe o consenso de que eles estão fora dos limites do aceitável na disputa política, não é apenas a extrema-direita assumida que pode lançar mão deles. Assim, um movimento como o MBL, a despeito de pretender falar em nome do liberalismo, pode adotar um registro próximo do fascista – foi o que fez entre 2016 e 2018, quando liderou invasões a escolas ocupadas e pregou o fechamento de exposições de arte, com discursos marcados pela intolerância, pelo desejo de produzir

---

[12] TRAVERSO, Enzo. *Les nouveaux visages du fascisme: conversations pour demain.* Entrevista a Régis Meyran. Paris: Textuel, 2017.

pânico, pela vilanização dos adversários e pela simpatia indisfarçada por soluções de força. E pode também, ao contrário, marcar distância em relação a ele, como fez a partir do final de 2019, quando a parceria com Bolsonaro começou a se tornar desconfortável. O mesmo se pode dizer, *mutatis mutandis*, de outras lideranças dos partidos de direita tradicionais, como os governadores paulista, João Doria, e gaúcho, Eduardo Leite. Vale a conveniência do momento.

Em suma: a degradação do debate público brasileiro não sumirá com a derrota de Bolsonaro ou de seus similares, uma vez que responde a movimentos mais profundos. A estratégia adotada pela *alt-right* não criou esta degradação: é um sintoma, cujas raízes estão tanto nas condições sociais da desdemocratização quanto no novo ambiente comunicacional em rede. As mídias sociais favorecem um tipo de debate ralo, com pouco potencial de aprofundamento argumentativo, que é terreno fértil para a reprodução de discursos preconceituosos e de visões estereotipadas. Não é por acaso que, quando a Microsoft criou uma robô para interagir no Twitter e "aprender" por meio das trocas com outros usuários, em menos de 24 horas ela havia se tornado uma radical de direita, chamando o então presidente dos Estados Unidos, Barack Obama, de "macaco" e bradando que "vamos construir um muro e o México vai pagar por ele", mantra da campanha anti-imigrantes do então candidato presidencial republicano Donald Trump.[13] A reprodução dos preconceitos ocorre por meio de um discurso fácil e sintético, uma vez que eles operam por generalizações grosseiras e remetem ao senso comum não refletido. Um meio que privilegia mensagens curtas, a serem consumidas em rápida sucessão, sem tempo para reflexão, lhe é favorável.

As novas mídias são também terreno propício para a difusão do pânico moral, que ocupa posição central na agitação política da direita. Para ela, é útil a construção do sentimento de que os valores de base de nossa civilização estão sob ameaça. É um registro praticamente imune ao debate, por dois motivos. Primeiro, porque os "valores" são entendidos como o fundamento de nosso eu; aceitar o questionamento deles

---

[13] HUNT, Elle. Tay, Microsoft's AI Chatbot, gets a Crash Course in Racism from Twitter. *The Guardian*, on-line, 24 mar. 2016.

é desestabilizar quem nós somos. Depois, porque a reação é altamente emocionalizada; a ameaça, percebida como iminente e devastadora, exige uma resposta contundente, não ponderação ou conversa. O pânico moral "cristaliza medos e ansiedades generalizados, e muitas vezes lida com eles não buscando as causas reais dos problemas e condições que eles demonstram, mas deslocando-os para os 'demônios populares' de um grupo social identificado"[14] – sejam eles os imigrantes, os comunistas, os gays, as "abortistas" etc. Trata-se da situação mais oposta ao modelo da "troca argumentativa racional" que a teoria política idealista preconiza para a discussão pública.

A categoria "pânico moral" é mobilizada, em geral, para descrever a agitação vinculada à denúncia da desordem sexual contemporânea, em que os papéis de gênero parecem embaralhados, com fronteiras pouco nítidas. Mas o discurso contra a corrupção, também central na mobilização da extrema-direita, adquire feições semelhantes. Como já visto nos capítulos anteriores, tematizar a corrupção é a maneira mais óbvia de fazer oposição no Brasil, seja qual for o programa político que se tenha. Sempre no enquadramento mais fácil, que não passa por suas causas estruturais – a relação entre o poder público e os capitalistas, a divisão do trabalho político que condena a maioria da população à posição de clientes do Estado. O problema é resumido às maçãs podres que contaminam a cesta, isto é, a corrupção é lida também como uma questão moral. A resposta a ela é uma só: a punição dos implicados, que, no discurso da extrema-direita, resvala para o punitivismo, isto é, a condenação dos direitos e das garantias individuais como obstáculos à justiça. Isto permitia que a Operação Lava Jato e o juiz Sergio Moro fossem tanto mais aplaudidos quanto mais violavam as regras processuais; as transgressões eram lidas como demonstrações de coragem no combate aos malfeitores.

Trata-se de um discurso familiar ao grande público, uma vez que, voltado para os crimes comuns, é a *pièce de résistance* dos programas "mundo cão", tão presentes no rádio e na televisão brasileiros, sobretudo

---

[14] WEEKS, Jeffrey. *Sex, Politics, and Society: the Regulation of Sexuality Since 1800.* New York: Routledge, 1981. p. 14.

a partir do período final da ditadura militar. Eles pregam o extermínio das pessoas pobres acusadas de crime. Qualquer restrição ao trabalho policial e qualquer preocupação com os direitos dos suspeitos são lidas como leniência e estímulo à impunidade; o que a Lava Jato fez foi transferir esta lógica para os políticos, recebendo ainda mais aplausos por eles serem, até então, considerados intocáveis. A seletividade da "limpeza" promovida por Moro também não causava estranheza, uma vez que ela é uma característica permanente da ação policial no Brasil. E não é por acaso que os setores mais extremados da direita são os que mais se beneficiaram com a difusão de tal enquadramento. A Constituição de 1988, marcada pela memória da ditadura, preocupou-se em limitar o poder discricionário do aparelho repressivo do Estado. O punitivismo é, assim, uma manifestação da nostalgia do autoritarismo.

A força do discurso do conservadorismo moral e do punitivismo penal reside em seu simplismo, no apelo direto ao maniqueísmo e no apagamento de quaisquer causas estruturais. Assim, ele trabalha com a responsabilização imediata de agentes cujas intencionalidades são lidas como desprovidas de qualquer sutileza: a destruição da família, o enriquecimento pessoal, a subversão dos valores cristãos. São visões de mundo mais progressistas que precisam fazer o trabalho de desnaturalizar categorias, difundir informações que estão escamoteadas, construir as conexões entre estruturas sociais e comportamentos individuais, desmontar valores dominantes e mostrar alternativas. Apesar do esforço de muitos ativistas empenhados em furar as bolhas e conseguir comunicação com o público hoje seduzido pela nova direita, este é um programa que se expressa de maneira menos fluida por meio de tuítes com até 280 toques, memes ou vídeos de dois ou três minutos. Nadar contra a corrente da ideologia dominante ou do senso comum parece exigir mais empenho, mais tempo e espaço para argumentação e também uma audiência mais atenta. O ambiente virtual do debate tem se mostrado, assim, um campo favorável à agitação política conservadora.

A situação se expõe como particularmente grave no caso brasileiro, em que há um pronunciado déficit de educação política popular. O período de redemocratização foi acompanhado por um investimento cada vez maior do campo progressista nas arenas institucionais, acompanhando a maior permeabilidade do Estado às suas demandas – traduzida na forma quer de políticas governamentais, quer de agências especializadas (como as delegacias da mulher), quer ainda das chamadas arenas participativas (conselhos e conferências). Este deslocamento foi alvo de uma acalorada discussão entre ativistas, que não cabe retomar aqui, mas que é importante registrar para indicar que não é algo que se explica em termos do par adesão/cooptação. Foi a opção estratégica de muitos grupos, conscientes (ao menos em parte) dos riscos envolvidos, mas interessados em aproveitar as oportunidades abertas por uma institucionalidade política que não apenas se tornava mais democrática, mas que também queria, no espírito da ultrapassagem da ditadura, se apresentar e ser vista como *plenamente* democrática.

Este caminho, no entanto, foi acompanhado muitas vezes por uma espécie de substitucionismo. Organizações profissionalizadas, financiadas por fundações privadas ou pelo próprio Estado, tomavam o lugar dos movimentos sociais, promovendo diversos tipos de *advocacy* junto aos poderes instituídos. Credenciavam-se por sua maior expertise, que lhes permitia um diálogo mais desenvolto – e mesmo potencialmente mais eficaz – com os agentes estatais, mas mantinham uma interlocução muito vezes precária com suas bases putativas, isto é, com os interesses sociais dos quais se apresentavam como porta-vozes.[15] Estabelecia-se um "entendimento particular da noção de representatividade", fundado na posse de competências específicas.[16] A literatura especializada começou a falar, por vezes com baixa perspectiva crítica, de uma "representação autoinstituída", em que o nexo com os representados não passava por nenhum instrumento de controle discernível e se resumia ao voluntarismo e à (presumida) boa vontade dos representantes.

---

[15] MIGUEL, Luis Felipe. *Democracia e representação: territórios em disputa*. São Paulo: Editora Unesp, 2014. Capítulo 7; MIGUEL, Luis Felipe. *Dominação e resistência: desafios para uma política emancipatória*. São Paulo: Boitempo, 2018. Capítulo 8.

[16] DAGNINO, Evelina. Confluência perversa, deslocamentos de sentido, crise discursiva. In: GRIMSON, Alejandro (Org.). *La cultura en las crisis latinoamericanas*. Buenos Aires: Clacso, 2004. p. 204.

Não se trata, claro, de um processo unívoco. Movimentos sociais importantes floresceram ao longo da Nova República, como o Movimento dos Trabalhadores Rurais Sem Terra, que sempre fez um investimento significativo na formação política de seus integrantes. Mas há uma convergência importante entre a estratégia predominantemente eleitoral adotada pelos principais partidos de esquerda, PT à frente, e a canalização para as chamadas organizações não governamentais de demandas que antes se expressariam pela mobilização dos interessados. Em ambos os casos, privilegia-se a efetividade de curto prazo e a educação política fica em segundo plano, em favor seja do marketing de campanha (conforme visto, em relação ao PT, no Capítulo 4), seja da relação técnica com os financiadores das ONGs.

O PT no governo também investiu muito pouco – ou nada – na politização da sociedade, o que é um efeito necessário de seu cuidado para não afrontar os grupos dominantes. Insistiu no discurso do "todos ganham", eclipsando os conflitos presentes na definição das políticas governamentais, o que levava a uma opção pelo *menor debate possível*, já que qualquer debate desembocaria na explicitação de valores societários divergentes. Isto significava se adaptar às correntes discursivas dominantes, como já visto nos capítulos anteriores. Assim, a despeito de sua origem no movimento sindical, o partido não se contrapôs à diluição da identidade classista, ao avanço do individualismo ou ao mito do empreendedorismo. A acomodação dos governos petistas com o neoliberalismo, sempre apontada por seus críticos, foi, em primeiro lugar, uma adaptação à "razão neoliberal", no sentido de Dardot e Laval, também já discutida anteriormente. Isto permitiu que muitos dos beneficiários de suas políticas de combate à pobreza aderissem também à mentalidade individualista e meritocrática, voltando-se contra o partido tão logo sentissem que estavam "subindo na vida", o que é um dos principais achados das pesquisas antropológicas sobre as bases sociais da nova direita brasileira.[17]

---

[17] SOLANO, Esther; ROCHA, Camila (Orgs.). *As direitas nas redes e nas ruas: a crise política no Brasil*. São Paulo: Expressão Popular, 2019.

Como já busquei demonstrar, as opções do PT no governo foram presididas pela lógica de obter, no curto prazo, as condições para implementar políticas que tivessem impacto imediato e minorassem as necessidades urgentes de uma grande parcela da população: em concreto, a retirada de milhões de pessoas da situação de fome crônica. Mas, como a história não tardou a provar, tal escolha traz custos. Os conflitos não são resolvidos se não são enfrentados – e, quando eclodem, as condições para a disputa estão pioradas.

Jair Bolsonaro, como foi anunciado no capítulo anterior, esforçou-se para criar pontes com todas as vertentes da extrema-direita, credenciando-se para ser seu líder inconteste e candidato natural. Sua base eleitoral original era composta por oficiais inferiores das Forças Armadas e seus familiares, de cujas demandas corporativas ele se fez porta-voz e que representam, no Rio de Janeiro, um contingente numeroso o suficiente para garantir mandatos. Quanto a uma visão de sociedade, o ponto de partida de Bolsonaro – a posição que podemos chamar de "autêntica" – era o saudosismo do regime militar, com uma explícita desconfiança em relação às regras democráticas e à vigência de direitos e a tentativa de manter relevante o discurso anticomunista, mesmo após o fim da Guerra Fria e a dissolução da União Soviética.

Num estudo importante sobre a direita nos primeiros anos da Nova República, Antônio Flávio Pierucci observou que o anticomunismo mobilizado por alguns de seus porta-vozes não encontrava ressonância nas bases, que estavam preocupadas, sobretudo, com a violência urbana e com o que viam como declínio da moral sexual.[18] Mas houve, nos anos seguintes, um investimento deliberado para dar força a um discurso anticomunista requentado. Seu principal expediente foi criar uma lenda em torno do Foro de São Paulo, uma anódina organização de partidos latino-americanos de esquerda e de centro-esquerda, fundada em 1990, que foi alçada à posição de pivô de múltiplas teorias da conspiração.

---

[18] PIERUCCI, Antonio Flávio. As bases sociais da nova direita. *Novos Estudos*, n. 19, p. 26-45, 1987.

A agitação sobre o Foro combinou-se à demonização da Venezuela de Hugo Chávez, que chegou ao poder em 1999. A apresentação da Venezuela como emblema da ausência de liberdade, privação material e decadência civilizatória, tal como no discurso anticomunista convencional, tornou-se padrão na imprensa brasileira. O risco de o "Brasil virar uma Venezuela" era evocado cada vez que se apresentava uma medida considerada autoritária ou contrária à modernização da economia, ingressando no repertório trivial da propaganda da direita.[19] Projeto de poder absoluto (participação no Foro de São Paulo), declínio civilizatório (Venezuela como modelo) e corrupção confluíram para produzir o antipetismo, que dotou a direita de seu antagonista inequívoco. A despeito de sua ostensiva moderação, o PT no governo foi apresentado como instrumento da "comunização" (ou "venezuelização", o que dá na mesma neste universo de sentido) do Brasil e ocupou plenamente o lugar do comunismo como fonte de todo o mal.

Foi importante, para a construção do percurso que liga a mistificação sobre o Foro de São Paulo ao antipetismo, o trabalho do falecido influenciador digital Olavo de Carvalho, que se tornou guru de uma parte da direita brasileira (incluindo o hoje deputado federal Eduardo Bolsonaro, filho de Jair). Autoproclamado filósofo, às margens das instituições acadêmicas, ele conquistou alguma visibilidade como polemista de imprensa, chegando a manter uma coluna no jornal *O Globo*. Sua notoriedade cresceu, porém, graças à identificação precoce que fez do potencial das novas tecnologias, investindo em blogs, depois em redes sociais (Facebook, Twitter, YouTube) e num famoso "curso de filosofia" on-line.[20] A vasta bibliografia publicada, incluindo títulos sobre Aristóteles, Descartes ou Husserl, todos votados ao desprezo pelos estudiosos sérios, servia para avalizar o estatuto de "intelectual" que é central para a construção da *persona* pública e para manter a fidelidade dos seguidores. Mas sua influência dependeu mesmo da militância nestes espaços virtuais.

---

[19] CHAGAS; MODESTO; MAGALHÃES, O Brasil vai virar Venezuela.

[20] Para uma análise desta trajetória, ver: CALIL, Gilberto. Olavo de Carvalho e a ascensão da extrema-direita. *Argumentum*, v. 13, n. 2, p. 64-82, 2021.

Carvalho é associado a uma das vertentes do movimento "tradicionalista", tal como Steve Bannon (que foi mentor de Donald Trump) e Aleksandr Dugin (influente no governo de Vladimir Putin). É discutível se Trump ou Bolsonaro seriam capazes de compreender as sutilezas do tradicionalismo, que foi uma corrente minoritária do fascismo clássico e, em linhas gerais, se afirma como uma revolta contra a modernidade ocidental, com consequente busca pela regeneração das pretensas bases espirituais perdidas pela civilização contemporânea.[21] Eles seriam úteis, no entanto, na tarefa de destruição do presente, etapa necessária para a reconstrução do mundo tradicional. Vale para o governo Bolsonaro o que um comentarista escreveu sobre Trump, cuja gestão foi composta por "*kamikazes* ocupando cargos de liderança – cada qual visivelmente se esforçando para minar o feudo que presidia, todos contribuindo para a desconstrução mais ampla do Estado".[22]

A persona pública de Olavo de Carvalho mistura, em doses aparentemente iguais, o anticomunismo/antipetismo com o cristianismo reacionário. Nisto, antecipou o primeiro movimento importante de Jair Bolsonaro para se tornar a síntese da ultradireita no Brasil. Como deputado, na maior parte de sua carreira Bolsonaro deu pouca atenção à incorretamente chamada "agenda moral", que na verdade é a agenda de direitos de grupos discriminados. Seus rompantes misóginos e homofóbicos podiam ser creditados mais à vontade de anunciar seu temperamento de caserna do que a alguma sensibilidade cristã. Mas ele percebeu o crescimento do peso político da direita religiosa, que fazia da oposição aos direitos das mulheres e da população LGBT uma agenda central. A prioridade que deu à oposição ao combate à homofobia nas escolas, já em 2011, fez de Bolsonaro um porta-voz reconhecido das causas conservadoras. Ele foi central para a invenção e difusão da ideia

---

[21] SEDGWICK, Mark. *Contra o mundo moderno: o Tradicionalismo e a história intelectual secreta do século XX*. Tradução de Diogo Rosas G. Belo Horizonte: Âyiné, 2020 (ed. orig.: 2004).

[22] TEITELBAUM, Benjamin R. *Guerra pela eternidade: o retorno do Tradicionalismo e a ascensão da direita populista*. Tradução de Cynthia Costa. Campinas: Editora da Unicamp, 2020. p. 108.

do *kit gay*, que sintetizou a campanha de desinformação contra o projeto "Escola Sem Homofobia", transformado em pretenso incentivo à homossexualidade, quando não à pedofilia ou mesmo, nas versões mais disparatadas, num salvo-conduto para que o Estado obrigasse crianças à troca de gênero. A partir daí, aproximou-se da ultradireita religiosa, formando uma parceria sólida com alguns de seus líderes (como Marco Feliciano e Silas Malafaia) e um acordo de conveniência com outros (como Edir Macedo). Em 2016, já se preparando para a campanha presidencial, Bolsonaro, embora permanecesse católico, foi a Israel para ser batizado no Rio Jordão pelo Pastor Everaldo – que, por sua vez, tinha sido candidato a presidente nas eleições anteriores, pelo pequeno Partido Social Cristão. Esforçando-se por ocupar o espaço do fundamentalismo cristão, Everaldo obteve menos de 1% dos votos. Deve-se reconhecer em Bolsonaro a perspicácia para intuir o potencial de crescimento político desse discurso.[23]

Falei em "fundamentalismo", mas a aplicação do termo é discutida. O fundamentalismo pode ser definido como a doutrina que, evocando uma verdade dogmática, em geral revelada em textos sagrados aos quais se dá interpretação literal, rejeita qualquer questionamento a ela como impróprio e danoso aos valores primários da sociedade. Portanto, rejeita a compreensão de que o universo de normas compartilhadas, que presidem os comportamentos no mundo social, não é integralmente coextensivo ao seu próprio universo de valores. Nos termos de John Rawls, a sociedade contemporânea precisaria aceitar "o fato do pluralismo", isto é, que seus cidadãos esposam diferentes visões de mundo, que podem ser simultaneamente contraditórias entre si e, todas elas, razoáveis. Tratar-se-ia, então, de produzir um "consenso sobreposto", isto é, de construir as regras básicas que norteariam a convivência social

---

[23] Bolsonaro fez uma deliberada opção pela ambiguidade ao permanecer católico, mas adotar símbolos e frequentar cultos evangélicos. Sua mulher e seus filhos Eduardo e Flávio são batistas, ao passo que o filho Carlos é católico. Após eleito, porém, ele fez sinalizações públicas que o colocaram mais próximo do campo evangélico. Cf.: CAMURÇA, Marcelo. Um poder evangélico no Estado brasileiro? Mobilização eleitoral, atuação parlamentar e presença no governo Bolsonaro. *Revista NUPEM*, n. 25, p. 99-100, 2020.

a partir do núcleo mínimo que se pode exigir de todas estas doutrinas.[24] Por não admitir questionamento a seu conjunto abrangente de certezas e, assim, afastar-se de um elemento central do consenso, que é a própria aceitação do pluralismo, o fundamentalismo se exclui do conjunto de doutrinas aceitáveis numa ordem política liberal e democrática.

O fundamentalismo costuma ser visto como efeito de um conjunto de crenças muito arraigadas, com as quais o sujeito possui um comprometimento absoluto – em suma, é associado ao "fanatismo". Desta forma, a caracterização é pouco condizente com a maior parte das lideranças políticas religiosas no Brasil, que se guiam por um elevado senso de oportunidade. É possível pensar, porém, em um "fundamentalismo estratégico", em que este discurso é mobilizado, com menor ou maior intensidade conforme as circunstâncias, por líderes que não têm necessariamente um comprometimento veraz com ele. Se é assim, o adjetivo "fundamentalista" se aplica muito mais a um determinado tipo de discurso presente no repertório de sacerdotes com ambições políticas do que aos agentes em si mesmos.

A direita religiosa não é novidade na política brasileira – basta pensar na Liga Eleitoral Católica, fundada na década de 1930, ou nas "marchas com Deus" que prepararam o terreno para o golpe de 1964. No entanto, ela mudou de feição durante a Nova República, o que se explica, ao menos em parte, pela fragilização da hegemonia da Igreja Católica, com a consequente ampliação da concorrência no campo religioso. As denominações evangélicas, sem estruturas hierárquicas rígidas, souberam capitalizar sua liberdade de ação para multiplicar os adeptos. Ao se apresentar como uma *minoria social*, fazem de sua presença nos espaços de representação política uma questão de justiça. Muitas vezes, colocam os próprios pastores para disputar as eleições, ressaltando a sobreposição entre religião e política, ao passo que a prática católica sempre foi agir preferencialmente por meio de leigos. Setores militantes do conservadorismo católico mimetizaram parte das práticas neopentecostais e alguns nomes cintilantes da extrema-direita

---

[24] RAWLS, John. *Political Liberalism*. New York: Columbia University Press, 2005 (ed. orig.: 1993).

que chegaram ao parlamento com a onda bolsonarista são leigos cuja identidade política é totalmente marcada pela relação com a Igreja, o que sinaliza, talvez, uma redução da "invisibilidade do catolicismo" na vida pública do Brasil.[25] Ainda assim, qualquer relação dos políticos mais influentes do conservadorismo religioso brasileiro será dominada por evangélicos.

As igrejas neopentecostais se organizam na forma de empreendimentos individuais ou, então, de franquias, por vezes com objetivos que se podem definir como empresariais. Com seus fiéis, traficam muitas vezes uma mercadoria nada transcendente: apresentam-se como mediadoras da intervenção divina para a obtenção de vantagens terrenas, em geral na forma de bens materiais. É a chamada "teologia da prosperidade", uma versão abastardada do calvinismo em que a graça de Deus se torna equivalente à riqueza. A participação direta na política também foi impulsionada por considerações de caráter pragmático. A ascendência sobre o rebanho abre as portas para um capital eleitoral nada desprezível, isto é, proporciona um bom objeto de barganha com os políticos laicos. Por outro lado, o acesso ao Estado é importante, quer para garantir as muitas vantagens e isenções que beneficiam as organizações religiosas, quer para estimular a leniência com transgressões que vão do desrespeito às leis urbanas de silêncio ou aos códigos de construção civil até sonegação de impostos, evasão de divisas e lavagem de dinheiro. Ou seja: ainda que a agenda moral e a lealdade aos textos sagrados sejam mobilizadas como forma de assinalar a diferença dos candidatos vinculados às igrejas, os estímulos para a intervenção na política não passam necessariamente por aí. Mas, qualquer que seja a motivação, o resultado líquido é o mesmo: a fidelização do eleitorado por meio de questões de cunho misógino e homofóbico apresentadas na chave do pânico moral.

Ao contrário do que ocorreu nos Estados Unidos, em que os líderes evangélicos operaram desde o início dentro do Partido Republicano e foram decisivos para levá-lo mais e mais para a direita, no Brasil vigorou

---

[25] SELL, Carlos Alberto; HERRERA, Sonia Reis. Catolicismo e ciências sociais no Brasil: mudanças de foco e perspectiva num objeto de estudo. *Sociologias*, n. 23, p. 354-393, 2010.

um acentuado pragmatismo que permitiu a longa convivência desses religiosos com os governos do PT enquanto lhes pareceu vantajoso.[26] Os muitos parlamentares evangélicos que compuseram a base dos governos do PT mantiveram, ainda assim, a agenda moral ultraconservadora. A necessidade de garantir esses votos no Congresso era a justificativa permanente para os muitos recuos das administrações petistas em políticas de defesa dos direitos das mulheres e da população LGBT. Diante do rebanho, os políticos da direita religiosa demonstravam força cada vez que tinham êxito ao vetar iniciativas mais progressistas em questões relativas ao acesso ao aborto legal, ao combate à homofobia ou à laicidade do Estado.

Ou seja: a despeito de tomar a estratégia estadunidense como inspiração, os atores religiosos brasileiros a adaptaram à nossa realidade. Um caso especial, que merece atenção, é o da Igreja Universal do Reino de Deus (IURD), de Edir Macedo, a denominação neopentecostal que faz o esforço mais agressivo de colonização do campo político – que passa também pelo controle de uma importante rede de televisão.[27] Ela foi pioneira no patrocínio direto de candidaturas e na busca por cargos eletivos, de certa maneira mostrando o caminho para as outras organizações evangélicas. Mesmo tendo adotado um antipetismo histriônico nas primeiras eleições da Nova República, em que Lula era literalmente apresentado como satânico, a IURD não se constrangeu e alinhou-se ao governo do PT. Seu político mais importante, o bispo Marcelo Crivella, sobrinho de Macedo, tornou-se ministro no primeiro mandato de Dilma Rousseff. Quando a sobrevivência do governo Dilma se mostrou improvável, a Universal aderiu ao golpe – e Crivella, surfando na onda conservadora, elegeu-se prefeito do Rio de Janeiro.

---

[26] BURITY, Joanildo. The Brazilian Conservative Wave, the Bolsonaro Administration, and Religious Actors. *Brazilian Political Science Review*, v. 15, n. 3, p. 13, 2021.

[27] Cf.: ORO, Ari Pedro. A política da Igreja Universal e seus reflexos nos campos religioso e político brasileiros. *Revista Brasileira de Ciências Sociais*, n. 53, p. 53-69, 2003; ARAÚJO, Bruno Gomes de; ALBUQUERQUE, Edu Silvestre de. Articulação e capilaridade das redes políticas da IURD no território brasileiro. *Revista de Geopolítica*, v. 9, n. 2, p. 122-141, 2018.

Derrotado na tentativa de reeleição, foi nomeado, por Bolsonaro, embaixador do Brasil na África do Sul, não por acaso um local primordial no esforço de expansão mundial da igreja. A nomeação, no entanto, ficou sustada, devido à falta de resposta do governo sul-africano ao pedido de *agrément* para o bispo.

A IURD tem peculiaridades em meio ao conjunto do conservadorismo cristão; por exemplo, relativizou sua oposição ao direito ao aborto. Ainda mais significativo é o fato de que seus representantes políticos adotam um perfil baixo nas pautas "morais", buscando um vocabulário secular; enquanto as outras denominações privilegiam o Partido Social Cristão, a Universal criou sua própria legenda, batizou-a com o nome paradoxal de Partido Republicano Brasileiro e faz grande esforço para atrair políticos laicos.[28] Trata-se, como reza o título de um livro do bispo Macedo, sempre lembrado, de um *plano de poder* bastante sofisticado. Autoridade religiosa e rede de televisão são instrumentalizadas para ampliar o potencial de votos, mas os representantes eleitos buscam se apresentar como políticos "normais". Ao mesmo tempo, a igreja faz uso da retórica que apresenta os evangélicos como uma minoria perseguida,[29] que potencializa o sentimento de ameaça necessário à disseminação do pânico moral. É uma estratégia de dupla face, que maximiza a identidade coletiva da base por meio do apego emocional a valores-chave construídos como ameaçados e se apresenta ao público geral como não sectária.

Em alguns círculos progressistas, é frequente a ideia de que a emergência da nova extrema-direita, com a centralidade que ela dá à agenda moral conservadora, é uma reação às conquistas de movimentos emancipatórios, sobretudo o feminista (mas também, em algumas narrativas, LGBT e antirracista). É uma espécie de triunfalismo torto, em que as

---

[28] Cf.: ALMEIDA, Ronaldo de. A onda quebrada: evangélicos e conservadorismo. *Cadernos Pagu*, n. 50, p. 1-27, 2017; VALLE, Vinicius Saragiotto Magalhães. Direita religiosa e partidos políticos no Brasil: os casos do PRB e do PSC. *Teoria e Cultura*, v. 13, n. 2, p. 85-100, 2018.

[29] CAMURÇA, Marcelo. Igreja Universal do Reino de Deus: entre o "plano de poder" e a lógica de minoria perseguida. *Religião & Sociedade*, v. 40, n. 1, p. 43-66, 2020.

sucessivas derrotas aparecem como provas da força do movimento. Talvez seja mais interessante ler o cenário como indicando a fragilidade das conquistas anteriores – ou mesmo como efeito da captura de parte destas agendas pelo "neoliberalismo progressista", como indicou Fraser, que reduz seu impacto para a parcela majoritária da população (ver o próximo capítulo). Assim, a força do discurso misógino, homofóbico, xenófobo e racista da extrema-direita seria melhor explicado pelo descompasso entre a visibilidade dessas pautas e a força social real que elas foram capazes de angariar.[30]

As duas questões que mais mobilizam a direita religiosa são o aborto e a chamada "ideologia de gênero". Em ambas, a participação dos católicos também é expressiva: a oposição ao direito ao aborto tornou-se a grande cruzada moral católica, sobretudo nos pontificados de Wojtyla (João Paulo II) e Ratzinger (Bento XVI), e a construção teórica da "ideologia de gênero" é produto de intelectuais católicos, também no período Wojtyla. No parlamento brasileiro, católicos são importantes formuladores das estratégias vinculadas a essas questões. O discurso corrente que equivale "cristão conservador" a "evangélico" é, portanto, equivocado, não só por ignorar a presença de evangélicos progressistas (que têm se esforçado para ganhar maior presença pública nos últimos anos), mas também por minimizar o peso da direita católica.

O elemento religioso contribui para o fechamento do espaço do debate político, uma vez que o coloniza com verdades dogmáticas, portanto incontestáveis. É um combustível importante para a produção do pânico moral. O reforço mútuo entre mensagens religiosas e seculares, entre a pregação nos púlpitos e as mensagens nas mídias sociais,

---

[30] Movida pela necessidade de marcar a incompatibilidade entre Ocidente e Islã, a extrema-direita europeia por vezes flerta com a tolerância a práticas sexuais minoritárias, numa espécie de *pinkwashing* (DIETZE, Gabriele; ROTH, Julia. Right-Wing Populism and Gender: A Preliminary Cartography of An Emergent Field of Research. In: DIETZE, Gabriele; ROTH, Julia (Eds.). *Right-Wing Populism and Gender: European Perspectives and Beyond*. Bielefeld: Transcript Verlag, 2020. p. 13). No Brasil, em que a comunidade muçulmana é pequena e raras vezes se torna tema de agitação política, isto não ocorre.

contribui para blindar uma parte importante da base social da nova direita contra a dissonância cognitiva.

Este fechamento para o debate é central para caracterizar o avanço da antipolítica, que significa recusa ao contraditório, à diferença e à busca por compromissos. O que incomoda na política em geral é que ela existe para processar os conflitos existentes no mundo social; e o que incomoda na política democrática em particular é que ela exige o reconhecimento da legitimidade do conflito.[31] Assim, de forma só à primeira vista paradoxal, a belicosidade da extrema-direita, seu programa de aniquilação dos adversários, deriva da repulsa ao conflito que é própria da sensibilidade antipolítica.

É impossível negar que a ação política da extrema-direita rendeu bons frutos – para ela própria, é claro. Ainda que a lisura do pleito de 2018 tenha sido maculada pela Operação Lava Jato, pelo golpe e, enfim, pela inabilitação da candidatura do ex-presidente Lula, é inegável que nele se produziu, pela primeira vez na história eleitoral do Brasil, um claro deslocamento para a direita. Se uma parte dos votos que elegeram Bolsonaro se desliga desses setores depois da catástrofe representada por seu governo, outra permanece e forma um bolsão sólido de militância extremista que deve ser aceito, a partir de agora e por um período de tempo provavelmente longo, como um dado incontornável do cenário político nacional.

A retórica de Jair Bolsonaro foi descrita antes como primitiva, mas isto precisa ser relativizado. Há uma ciência por trás de seu vocabulário restrito, de sua lógica tacanha, de seu apreço por lugares comuns, do uso aparentemente descontrolado de grosserias. São marcas de diferenciação em relação ao discurso político usual. Bolsonaro não precisa ser polido, como os políticos muitas vezes são, porque ele não está disponível para nenhuma conversa, para nenhuma negociação. Ao xingar e ofender os adversários, é como se ele estivesse queimando os navios e comprovando, diante de seus liderados, não só a pureza, mas a irreversibilidade de suas intenções. Trata-se, portanto, do reforço

---

[31] MIGUEL, Luis Felipe. *Mito e discurso político: uma análise a partir da campanha eleitoral de 1994*. Campinas: Editora da Unicamp, 2000.

permanente das marcas de autenticidade, que são cruciais para a continuidade da relação do "mito" com aqueles que nele se espelham. E só é "verdadeiramente autêntico" quem se exibe despido de qualquer polimento dado pela cultura.

É possível anotar o contraste com a construção da imagem pública de Lula, outro político que tem na autenticidade um ativo simbólico importante. Afinal, Lula foi retirante nordestino, enfrentou privações, trabalhou no chão da fábrica, perdeu a mulher devido à precariedade do atendimento de saúde. Conhece em primeira mão os dramas dos brasileiros pobres. No caso dele, porém, o bônus representado por esta vivência trazia, como contraface, o preconceito destinado às pessoas de origem popular, desprovidas de diplomas universitários, que não dominariam os saberes e as competências necessários para o exercício de funções de responsabilidade. Para chegar à presidência, foi necessário encontrar um equilíbrio entre a *origem* operária, que lhe fornecia a autenticidade e dava credibilidade a seu compromisso com os mais pobres, e a *trajetória* do líder reconhecido mundialmente, que usava um vocabulário extenso e conversava de igual para igual com grandes intelectuais.[32] Bolsonaro não precisou de nada disso. A diferença não se explica apenas, nem de maneira central, pela distância entre um ex-metalúrgico e um ex-oficial do Exército, mas pelo fato de que o programa bolsonarista é marcado pelo anti-intelectualismo, pela crença de que as soluções mais fáceis são sempre as corretas. Lula precisava provar que a falta de um título escolar não implicava ausência de sofisticação intelectual ou de capacidade de compreender questões complexas. Para Bolsonaro, ao contrário, esta ausência de sofisticação é algo que se deve ostentar.

A pobreza estética perseguida pelo bolsonarismo é outra faceta desta mesma opção. Nos vídeos de campanha ou nas lives semanais posteriores à vitória nas eleições há a inserção deliberada de indícios

---

[32] Cf.: MIGUEL, Luis Felipe. A palavra "aperfeiçoada": o discurso do Partido dos Trabalhadores nas eleições de 2002. In: LEMOS. André; BERGER, Christa; BARBOSA, Marialva (Orgs.). *Narrativas midiáticas contemporâneas*. Porto Alegre: Sulina, 2006; MIGUEL, Luis Felipe. Falar bonito: o Kitsch como estratégia discursiva. *Revista Brasileira de Ciência Política*, n. 6, p. 183-202, 2011.

de desmazelo – migalhas de pão na mesa, louça suja esperando na pia ao fundo da cena, utensílios quebrados. O vestuário é mal arrumado, com predileção pelo uso de chinelas. Tudo isto serve, uma vez mais, como prova de espontaneidade. As logomarcas do governo têm aspecto amador, o que é justificado também em termos de austeridade (são usadas fontes e imagens de uso gratuito, não são contratados designers). O marketing é exibir o desrespeito a todas as regras do marketing, um pouco como Ronald Reagan, que, em suas campanhas eleitorais, fazia questão de apresentar anúncios de televisão de qualidade técnica inferior para assinalar ao público que, a despeito de seu passado como estrela do cinema, ele não era "coisa de Hollywood".[33] Não há nada de inovador neste estratagema: na Grécia antiga, oradores bem formados investiam na afirmação (retórica) da própria inabilidade oratória, buscando uma cuidadosa exibição de sua falta de competência a fim de superar a desconfiança que muitos cidadãos alimentavam em relação àqueles que, falando bem demais, certamente estavam interessados em enganá-los.[34]

O apelo do discurso antipolítico é compreensível. Dada a estrita divisão do trabalho entre representantes e representados, própria dos regimes eleitorais, a política é constituída como um espaço à parte, inacessível ao cidadão comum. Sua presença na vida ordinária se dá por meio das campanhas para as eleições, em que candidatos em busca de voto apresentam promessas proverbialmente reconhecidas como falsas, e dos escândalos, que monopolizam os noticiários e alimentam as conversas cotidianas. Ao contrário dos pastores, que também se envolvem em trocas interessadas e traficam influência, mas abririam acesso a Deus, os políticos remetem a valores cada vez mais desprovidos de credibilidade, como Pátria ou povo. Em suma, a política é percebida, por bons motivos, como uma arena suja e desleal. Certo discurso moralista tenta impugnar esta percepção, que seria contrária

---

[33] DIAMOND, Edwin; BATES, Stephen. *The Spot: the Rise of Political Advertising on Television*. Cambridge: The MIT Press, 1988. p. 216.

[34] OBER, Josiah. *Mass and Elite in Democratic Athens: Rhetoric, Ideology, and the Power of the People*. Princeton: Princeton University Press, 1989. p. 174-177.

à edificação de uma cidadania consciente; por exemplo, foram comuns, desde o início da Nova República, estudos que denunciavam o papel dos meios de comunicação de massa na "desqualificação da política" – e outros, similares, eram produzidos nos países de língua inglesa.[35] É impossível negar, porém, que a percepção da política como eticamente rebaixada tem embasamento na experiência real do mundo social.

Ao mesmo tempo, é difícil recusar a outra faceta do discurso convencional: não adianta repudiar a política, porque ela continuará presente. A antipolítica serve a uma estratégia que, internamente ao campo político, beneficia os agentes que melhor sabem manejá-la e, no mundo social, obstaculiza a tematização, portanto o enfrentamento, dos mecanismos de dominação. Seu substrato é autoritário, bloqueando o debate – que seria o meio pelo qual a política, pretensamente banida, se infiltraria novamente nas relações interpessoais.

A partir da deflagração do golpe de 2016 e, sobretudo, do governo Bolsonaro, foi perceptível o crescimento da repressão política no Brasil. Ampliou-se o registro da violência policial contra manifestantes de esquerda, bem como os casos de censura ou tentativa de censura a publicações e também a atividades acadêmicas – algumas vezes por ação de juízes ou procuradores, outras por iniciativa da autoridade policial. A reação das instituições que deveriam proteger a democracia e os direitos de cidadania foi, em geral, tardia e pontual. Na véspera do segundo turno das eleições de 2018, o Supremo Tribunal Federal (que tende a proteger mais a vigência das liberdades liberais do que outros aspectos ameaçados da Constituição de 1988) suspendeu a proibição a manifestações antifascistas nas universidades, que estavam sendo reprimidas por serem consideradas prejudiciais ao candidato Jair Bolsonaro. Mais tarde, proclamou a inviolabilidade da liberdade de expressão no ambiente acadêmico. No entanto, outras formas de coerção foram levadas a cabo pelo novo governo, que escolheu sucessivos ministros da Educação com baixa capacitação técnica e perfil altamente ideológico,

---

[35] Para um debate sobre esta literatura, ver: MIGUEL, Luis Felipe. A mídia e o declínio da confiança na política. *Sociologias*, n. 19, p. 250-273, 2008.

cuja missão prioritária era limpar universidades e escolas da influência "esquerdista".

Mas a censura oficial, determinada por algum órgão estatal, é secundária na estratégia em curso de silenciamento do debate público. A direita pôs em funcionamento formas de intimidação que não dependiam de amparo legal, nem da participação ativa de funcionários de Estado – embora contassem com sua inação e complacência. Apoiava-se na mobilização de uma militância aguerrida, motivada pelo pânico moral, disposta a impedir, às vezes até por meio da violência física, manifestações públicas que julgasse "inadequadas", o que podia incluir do uso de camisetas vermelhas a demonstrações de afeto por casais homossexuais. De maneira mais organizada, tomou a forma de uma ofensiva contra a chamada "ideologia de gênero". O rótulo sintetiza o medo da desordem sexual contemporânea, provocada sobretudo pelos movimentos feminista e LGBT,[36] e que, na narrativa fantasiosa conhecida como "marxismo cultural", corresponde à estratégia comunista para chegar ao poder. Em nome da preocupação com os filhos (e em consonância com a ideia corrente de que a autoridade paterna é inquestionável), foram canceladas exposições artísticas e vetados conteúdos didáticos nas escolas.

Trata-se de um *modus operandi* que guarda similaridade com o macarthismo tal como ele vigorou nos Estados Unidos dos anos 1950. Entendido como um fenômeno multifacetado, para o qual convergem vários interesses políticos, o macarthismo pode ser definido como a mobilização da intolerância à divergência, representada como deslealdade ameaçadora aos compromissos fundadores com a nação e com os valores que a definem.[37] A discordância é restringida por meio de uma pressão que, embora possa eventualmente estar

---

[36] Para um histórico detalhado, ver: JUNQUEIRA, Rogério Diniz. A invenção da "ideologia de gênero": a emergência de um cenário político-discursivo e a elaboração de uma retórica reacionária antigênero. *Revista Psicologia Política*, n. 43, p. 449-502, 2018.

[37] SCHRECKER, Ellen. McCarthyism: Political Repression and the Fear of Communism. *Social Research*, v. 71, n. 4, p. 1041-1086, 2004.

respaldada por diplomas legais, é sobretudo fruto de ativismo social. Mesmo na ausência de amparo jurídico para afastar determinadas pessoas de determinados cargos ou para abolir determinados discursos, o veto a eles se impõe – como exigência de cidadãos preocupados com a defesa de valores morais ou patrióticos, de associações civis, de vozes da imprensa e também de parlamentares interessados em espelhar os interesses de seus representados. Nos Estados Unidos do pós-guerras, ainda que decretos presidenciais e leis aprovadas pelo Congresso estimulassem a caçada contra comunistas e simpatizantes,[38] os direitos e garantias individuais não foram revogados, incluindo as liberdades de expressão e de organização (o que fez com que, mesmo no auge do macarthismo, o Partido Comunista não tenha sido declarado ilegal). A perseguição funcionava por meio da ação combinada de ativistas e de organização privadas (entre as quais empresas dispostas a eliminar de seu quadro de funcionários pessoas incluídas nas listas negras de comunistas e simpatizantes), com a colaboração dos agentes públicos sendo dada, em primeiro lugar, pela conivência.

Serve de exemplo, no caso brasileiro, a cruzada contra as artes, que – de maneira talvez inesperada – entrou com força na agenda pública em 2017. O estopim foi a exposição *Queermuseu*, em cartaz no espaço cultural mantido pelo Banco Santander em Porto Alegre. Poucos dias de agitação da extrema-direita nas redes, com repercussão crescente nas mídias tradicionais, bastaram para que o banco decidisse pelo encerramento da mostra. Com a abominação moral das artes colocada como tema de preocupação, seguiram-se ações da polícia (como a apreensão de uma pintura, em Campo Grande) ou do Ministério Público (que abriu investigação sobre a performance "La bête", em São Paulo); mais tardiamente, já em 2019, o então prefeito do Rio de Janeiro, bispo Marcelo Crivella, mandou recolher um livro da Bienal que ocorria na cidade, por ter na capa um desenho de dois homens se beijando. Mas as iniciativas dos agentes públicos

---

[38] GRIFFITH, Robert. The Political Context of McCarthyism. *The Review of Politics*, v. 33, n. 1, p. 24-35, 1971.

tiveram consequências limitadas e logo foram revogadas. A ação sobre o Santander, ao contrário, marcou uma ruptura com o padrão até então vigente no mecenato privado: se antes era pensado como uma ação publicitária dirigida exclusivamente a uma elite intelectualizada, que seria mais tolerante e mais aberta a conteúdos transgressores, agora tornava-se necessário levar em conta também a possível reação da massa da direita.

O melhor exemplo, no entanto, é o *lobby* intitulado Escola Sem Partido. Criado para fazer oposição à pretensa doutrinação marxista na educação, ele ganhou força a partir do momento em que incorporou à sua pauta o fantasma da ideologia de gênero.[39] A parte mais vistosa de sua ação se dirigia ao Legislativo. Ao lado de grupos evangélicos e católicos, foi atuante na campanha para retirar as questões de gênero dos planos de educação, tanto nacional quanto estaduais e municipais. E patrocinou dezenas de projetos de lei voltados a introduzir restrições aos currículos escolares e à liberdade de cátedra, incluindo disques-denúncia contra professores, à disposição de estudantes e de seus responsáveis. Raras vezes aprovados em casas legislativas, tais projetos foram depois declarados inconstitucionais pelo Supremo Tribunal Federal. É razoável pensar, no entanto, que esta ação ostensivamente voltada a criar um novo quadro legal hostil ao pensamento crítico na educação tinha como propósito prioritário gerar um clima de perseguição aos docentes, independentemente do sucesso na aprovação e implementação dos projetos de lei. Instigados pelo Escola Sem Partido, pais começaram a ameaçar professores e escolas, exigindo a suspensão de discussões sobre gênero e diversidade sexual, sobre a ditadura militar ou mesmo sobre a seleção natural, tudo sob o argumento de que as crenças e os valores da família não poderiam ser desafiados no ambiente escolar. Para muitos professores e administradores escolares, tanto da rede pública quanto da privada, era mais fácil se curvar às pressões do que enfrentar as ameaças de processos

---

[39] MIGUEL, Luis Felipe. Da "doutrinação marxista" à "ideologia de gênero": "Escola Sem Partido" e as leis da mordaça no parlamento brasileiro. *Direito e Práxis*, n. 15, p. 590-621, 2016.

judiciais e a campanha de exposição, desqualificação e assédio que integrava o modo de funcionamento da intimidação.

O discurso do Escola Sem Partido se alinha à negação do estatuto da criança como sujeito de direitos – o que inclui o direito de conhecer diferentes visões do mundo e de adquirir os instrumentos para pensar com a própria cabeça. A autoridade absoluta dos pais, que é o elemento central justificador da perseguição aos educadores, ilustra a caracterização crítica que Christine Delphy faz da família, na qual impera um "estado de exceção": nela, os direitos de seus integrantes estão suspensos.[40] É também algo que se opõe ao florescimento da democracia, que não precisa de uma escola "neutra", mas de uma escola que promova os valores básicos que permitem sua existência. Como diz Martha Nussbaum, as diferentes sociedades precisam estimular o desenvolvimento, entre seus integrantes, das "emoções políticas" adequadas para seu funcionamento.[41] Podemos polemizar sobre quais seriam essas emoções no caso da democracia (e é próprio da democracia que esse tipo de polêmica ocorra). Mas certamente elas incluem a tolerância, o respeito ao outro, a igualdade e o pluralismo, valores que o Escola Sem Partido nega.

Eu me detive sobre o Escola Sem Partido não apenas pela importância que ele adquiriu na agitação da extrema-direita na segunda metade dos anos 2010, mas porque ele ilustra à perfeição a confluência entre anticomunismo, medo da desordem sexual e repúdio aos direitos liberais que é central em suas estratégias de fechamento do espaço do debate. Ilustra também outro ponto de contato com o macarthismo estadunidense do pós-guerras: uma narrativa em que a tática principal do adversário político é apresentada como sendo a "infiltração", portanto é necessário identificá-los, desmascará-los e, em seguida, expurgá-los. Condiz com esta visão a tese do "marxismo

---

[40] DELPHY, Christine. L'état d'exception: la dérogation au droit commun comme fondement de la sphère privée. In: DELPHY, Christine. *L'enemmi principal.* v. 2: "Penser le genre". Paris: Syllepse, 2013 (ed. orig.: 1995).

[41] NUSSBAUM, Martha C. *Political Emotions: Why Love Matters for Justice.* Cambridge: Belknap, 2013.

cultural", que lê a teoria gramsciana de luta pela hegemonia não como uma disputa aberta de valores e interpretações do mundo, mas como uma estratégia de subversão velada. O professor, assim, é (ao menos potencialmente) um lobo em pele de cordeiro, desvirtuando as crianças sob o pretexto de educá-las.

Quando estudou a direita brasileira do início da Nova República, Pierucci observou que ela era uma direita envergonhada, que se recusava a assumir o rótulo – seu discurso era sempre o de que a dicotomia esquerda-direita estava "superada". Não era só uma questão de rótulo.[42] Segundo uma codificação das plataformas apresentadas pelos partidos brasileiros entre 1979 e 2005, todas, com uma única exceção, situavam-se à esquerda do centro.[43] Assim, ainda que valores conservadores e autoritários permanecessem ativos na sociedade, o discurso político oficial evitava abraçá-los.

Foi este cenário que se transformou a partir das manifestações de 2013. Enquanto a direita passava a ostentar seu nome, lideranças políticas que antes estavam do outro lado do espectro político – e reivindicavam tal posição – mudavam de discurso. O caso mais emblemático foi o da senadora Martha Suplicy, que, após uma vida inteira no PT, mudou de partido para concorrer à prefeitura de São Paulo e declarou em entrevista que nunca fora de esquerda.[44] "Esquerdista" tornou-se um xingamento usado pela militância de direita para reforçar sua coesão interna e estigmatizar os adversários.

Para a massa, tratava-se de assumir e reivindicar plenamente a visão de mundo maniqueísta dos programas "mundo cão" e dos púlpitos de igreja. Nas franjas mais intelectualizadas, reforçava-se a ação dos chamados *think tanks*, financiados pelo capital privado e com fortes

---

[42] PIERUCCI, As bases sociais da nova direita.

[43] TAROUCO, Gabriela da Silva; MADEIRA, Rafael Machado. Partidos, programas e o debate sobre esquerda e direita no Brasil. *Revista de Sociologia e Política*, n. 45, p. 149-165, 2013.

[44] SUPLICY, Martha. Eu nunca me coloquei como alguém de esquerda. Entrevista a Reynaldo Turollo Jr. e Paula Reverbel. *Folha de S.Paulo*, caderno "Eleições", p. 2, 20 set. 2016.

conexões internacionais, que buscam reconfigurar os mecanismos de consagração no ambiente acadêmico, hoje percebidos como favoráveis a visões mais progressistas.[45] A estrutura da universidade brasileira – com nítido predomínio das instituições públicas, que concentram os pesquisadores de maior prestígio e nas quais permanecem filtros que barram a influência direta do capital econômico – impede a simples reprodução da estratégia adotada nos Estados Unidos, em que fundações privadas bancam cátedras, definem critérios ideológicos para contratação de docentes[46] e até criam áreas de conhecimento inteiramente novas, como *law and economics*, voltada a justificar a primazia do interesse empresarial sobre a igualdade jurídica entre os cidadãos.[47] O caminho foi alavancar a visibilidade de intelectuais alinhados ao ideário da direita nos meios de comunicação de massa e na indústria editorial, ao mesmo tempo em que estudantes eram seduzidos por bolsas e pelo duvidoso charme de adotar doutrinas radicais, apresentadas como transgressoras dos consensos estabelecidos. Em poucos anos, credos bizarros, como o "libertarianismo", e figuras antes relegadas a merecido ostracismo, como Ludwig von Mises ou Ayn Rand, ganharam espaço nas universidades e no debate público. O Partido Novo, formado por executivos ligados sobretudo ao Banco Itaú, e movimentos como o MBL seriam seus porta-vozes políticos; mas, como visto no capítulo anterior, Bolsonaro se tornou atraente, unindo a viabilidade eleitoral, que sua posição de líder da direita "moral" lhe concedia, com o compromisso com a agenda econômica ultraliberal, encarnada na aliança professadamente indestrutível com o banqueiro Paulo Guedes.

---

[45] Cf.: CARLOTTO, Maria Caramez. Inevitável e imprevisível, o fortalecimento da direita para além da dicotomia ação e estrutura: o espaço internacional como fonte de legitimação dos *think tanks* latino-americanos. *Plural*, v. 25, n. 1, p. 63-91, 2018.

[46] MIROWSKI, Philip. *Never Let a Serious Crisis to Waste: How Neoliberalism Survived the Financial Metldown*. London: Verso, 2013.

[47] RADIN, Margaret Jane. *Boilerplate: the Fine Print, Vanishing Rights, and the Rule of Law*. Princeton: Princeton University Press, 2013; MAYER, Jane. *Dark Money: the Hidden History of the Billionaires Behind the Rise of the Radical Right*. New York: Doubleday, 2016.

A emergência de uma direita que ousa dizer seu nome havia sido saudada, por alguns comentaristas, como um avanço; afinal, "o Brasil, como toda democracia moderna, precisa de uma direita viável".[48] Tanto otimismo teve fôlego curto, talvez porque, num país como o Brasil, a adesão aos valores da direita (individualismo, "meritocracia", redução do Estado) exija uma profunda insensibilidade quanto aos padrões de exclusão vigentes. Em suma, *há um ganho* quando a direita se envergonha de assumir suas posições, indicando que, em algum nível, a sociedade entende que a profunda desigualdade que a atravessa não é justificável. Para um debate ocioso de ideias, pode ser interessante contemplar a ginástica intelectual daqueles que afirmam que a concentração da riqueza é a base da felicidade geral ou que os privilégios são a essência da liberdade. Mas, para o debate político, a obrigação de um compromisso – ao menos verbal – com uma sociedade mais justa é o que permite sonhar com avanços, inclusive por estabelecer parâmetros para julgar os líderes políticos.

O discurso da direita brasileira tende, inevitavelmente, para o extremismo, que permite sustentar essa insensibilidade. Foi o que ocorreu no processo de preparação do golpe de 2016, quando os políticos conservadores tradicionais tiveram a liderança no Congresso (e depois ficaram com os cargos do governo Temer), mas precisaram aceitar que o discurso das ruas ecoasse as posições extremistas que, em seguida, foram identificadas com o bolsonarismo (ver o capítulo anterior). Por isso, seu avanço é vivido como uma espécie de regressão civilizacional, com o aumento da intolerância e da violência em todos os espaços da vida cotidiana. Não por acaso, entre as obsessões do governo Bolsonaro estão a revogação da legislação de proteção ambiental, a revogação da legislação de trânsito e a defesa da liberdade para discriminar, esta última apresentada como proteção da liberdade de expressão contra os excessos do "politicamente correto". São todas medidas voltadas a livrar o alvo da pregação bolsonarista, o "homem comum" (e aqui o uso do masculino como universal para a

---

[48] BARROS, Celso Rocha de. O desafiante. *Folha de S.Paulo*, caderno "Ilustríssima", p. 7, 13 set. 2015.

humanidade não é despropositado), daquilo que vê como opressões que o afetam.

O que falta, no Brasil, não é uma direita que ouse dizer seu nome, mas uma esquerda que ouse enunciar e lutar por seu programa. Isto é, estão em falta forças políticas relevantes, com um compromisso radical com a igualdade, capazes de ampliar os custos da disjunção, hoje dominante, entre os ideais professados publicamente (em favor da igualdade) e as práticas efetivas (que mantêm os privilégios). Mas este é o tema do próximo capítulo.

7
A esquerda e seus entraves

A crise da democracia liberal atropela a esquerda em um momento de fragilidade e indecisão programática – não por acaso, a crer na tese, desenvolvida nos capítulos anteriores, de que a força do regime democrático está ligada à capacidade que a classe trabalhadora e outros grupos subalternos têm de impor limites à dominação. Sob este ponto de vista, o evento que foi saudado como o triunfo definitivo da democracia de tipo ocidental, a derrota do bloco soviético na Guerra Fria, serve de marco também para a erosão das condições sociais e políticas que permitiam o florescimento democrático no mundo capitalista desenvolvido. Não que a União Soviética representasse um modelo sedutor; ela deixara de sê-lo bem antes: poucos, mesmo entre militantes comunistas, apresentariam o regime brejnevista como aquilo que desejavam para o futuro de seus países. Ainda assim, sua simples existência era a demonstração concreta da viabilidade de outras formas de organização econômica e social; e, sobretudo, um forte incentivo para que, ao menos nos países centrais, fossem mantidas políticas de apaziguamento do conflito social, isto é, de concessões às maiorias, para as quais a democracia política era um instrumento central.

Por outro lado, os sucessivos desencantos com os modelos do "socialismo real" – com a revelação dos crimes do stalinismo e depois com a desestalinização insuficiente e com a estagnação política, econômica e cultural; com o regime chinês e seus ciclos sempre fracassados de voluntarismo, depois substituídos por um pragmatismo a toda prova – tinham levado parcelas cada vez maiores da esquerda a colocarem a democracia no centro de seus projetos. Um consenso nominal em favor dela se estabelecera já a partir do final da Segunda Guerra Mundial, quando todos, não importava em qual lado do espectro político se encontrassem, passaram a reivindicar para si o rótulo "democrático", dotando-o do sentido que julgassem mais conveniente. Assim, as ditaduras do Leste europeu eram "democracias populares", a Líbia do coronel Gaddafi era uma "democracia islâmica" e o Brasil dos generais, uma "democracia relativa". No momento da queda do muro de Berlim, este consenso evoluíra para algo um pouco mais denso, envolvendo as instituições básicas do regime liberal-democrático. Todas as forças políticas relevantes passavam a admitir que era imperativo garantir a competição eleitoral multipartidária, o sufrágio universal, a divisão de poderes, os direitos de cidadania, as liberdades individuais, o império da lei.

Mesmo os mecanismos de mercado eram aceitos, de maneira cada vez mais ampla, como necessários e/ou inevitáveis, seja para promover a dispersão do poder (o argumento "pluralista" clássico para apresentar uma relação necessária entre capitalismo e democracia), seja para permitir o funcionamento racional da economia. Se antes Marx questionava a "anarquia" da produção capitalista, com sua alternância cíclica de desperdício e de escassez, agora se tornava crescentemente consensual a ideia de que as decisões de investimento e de consumo eram complexas demais para serem definidas por um planejador central e que o mercado era insubstituível como fornecedor dos *inputs* necessários ao funcionamento da produção – o que ajuda a entender por que Francis Fukuyama se apressara a decretar um "fim da história" que incluía tanto a democracia política quanto o capitalismo. Uma parte da intelectualidade de esquerda se dedicou a desenhar modelos de "socialismo de mercado".[1] Muitos outros simplesmente deixaram de lado a economia

---

[1] Por exemplo: MILIBAND, Ralph. *Socialism for a Sceptical Age*. London: Verso, 1994; ROEMER, John E. *A Future for Socialism*. Cambridge: Harvard University Press, 1994; BOWLES, Samuel; GINTIS, Herbert. Efficient Redistribution: New Rules for Markets, States and Communities. In: WRIGHT, Erik Olin (Ed.). *Recasting Egalitarianism: New Rules for Communities, States and Markets*. London: Verso, 1998.

política e passaram a canalizar suas energias utópicas para questões como instituições participativas ou multiculturalismo.

Não se tratava apenas de opções intelectuais, nem de um efeito momentâneo de atordoamento com o aparente sucesso do neoliberalismo. Mesmo quando a maré neoliberal já demonstrava sinais de entrar em refluxo, com o crescimento das resistências a ela, as energias da esquerda permaneciam concentradas em projetos nos quais a construção de uma sociedade pós-capitalista era, quando muito, um horizonte tão distante que nem valia a pena se ocupar dele. Serve de ilustração uma comparação entre o governo de Hugo Chávez, que se tornou para uma parte da esquerda e também para a quase totalidade da direita um emblema do caminho revolucionário na América Latina, e a Revolução Cubana. Sem pretender fazer aqui um levantamento dos problemas do chavismo, assinalo apenas que, ao fim da primeira década do século XXI, isto é, após também dez anos de governo bolivariano, o setor privado ampliara sua participação na economia venezuelana, o capital se apropriava de uma parcela maior da riqueza nacional e a taxa de exploração do trabalho crescera.[2] O socialismo da Venezuela de Chávez estabeleceu muito mais uma peça de retórica do que um projeto de sociedade em ação.

Há tempos, parece muito árduo imaginar a construção de uma ordem pós-capitalista. Portanto, torna-se mais razoável centrar força em ajustes laterais, mas palpáveis e com impacto indiscutível – como reduzir a privação extrema de parte da população, ainda que sem mexer nas relações de produção. O fato de que esta seja uma opção compreensível não elimina a constatação de que, ao colocar a questão da superação do capitalismo em segundo plano, a esquerda dá uma nítida demonstração de fraqueza. A economia política ocupa posição central nos projetos de reorganização radical da sociedade não por acaso, não por alguma predileção arbitrária

---

[2] ÁLVAREZ R., Víctor. La transición al socialismo de la Revolución Bolivariana: ¿gobierno socialista o revolución socialista?. In: VALORES, Jorge (Org.). *Democracias nuevas o restauradas: el caso de Venezuela.* Caracas: El Perro y la Rana, 2012. O autor do texto, convém notar, foi ministro da Indústria Básica e diretor da empresa petroleira PDVSA no governo de Hugo Chávez.

de tal ou qual pensador, mas porque ela é, de fato, central para a estrutura social. Sem ela, qualquer intenção transformadora logo encontra limites estreitos. A demissão do enfrentamento desta questão é uma forma de capitulação, como reconheceu uma cientista política britânica ao escrever que, nas circunstâncias atuais, pensar em alternativas ao capitalismo não leva a nada "além de um ataque agudo de depressão".[3] A depressão é possivelmente verdadeira, em um momento histórico em que a ordem capitalista se mostra tão resiliente, a despeito de seu alto custo humano, e a mudança se mostra bem mais resvaladiça do que jamais foi previsto. Mas fugir dela, em vez de enfrentá-la, não resolve coisa alguma.

Na ausência de um horizonte de transformação radical, a democracia aparece como o mecanismo capaz de dar voz aos dominados e lhes permitir alguma melhoria nas próprias condições de vida, isto é, capaz de alcançar uma acomodação menos desconfortável com as estruturas sociais vigentes. No entanto, a defesa das virtudes de um determinado arranjo institucional – como a democracia liberal construída ao longo do século XX no mundo ocidental – em abstrato, desconectado das circunstâncias sociais e da correlação de forças, trai o abandono de qualquer perspectiva materialista da política. Ao reduzir o peso concedido à crítica que antes fazia à democracia apenas formal, bem como à ligação entre as condições materiais de existência e a possibilidade de real usufruto dos direitos previstos em lei, a esquerda acaba por replicar a ilusão liberal de um "céu político" emancipado de sua base terrena. Aceita, mesmo que tacitamente, o autodiscurso da ordem política liberal, que apresenta a si mesma como um terreno neutro de resolução de disputas, com "regras do jogo" imparciais e instituições alheias às relações de dominação. Não por acaso, ganharam força leituras idealistas da política que desinflam a centralidade do conflito e ignoram ou secundarizam as relações de dominação, como a chamada "democracia deliberativa".[4]

---

[3] PHILLIPS, Anne. *Which Equalities Matter?*. London: Polity, 1999. p. 17.

[4] Para uma crítica circunstanciada, cf.: MIGUEL, Luis Felipe. *Democracia e representação: territórios em disputa*. São Paulo: Editora Unesp, 2014. Capítulo 2; MIGUEL, Luis Felipe. *Consenso e conflito na democracia contemporânea*. São Paulo: Editora Unesp, 2017. Capítulo 1.

Mesmo a defesa da ampliação da participação política popular – a chamada "democracia participativa" – perdeu grande parte de seu potencial transformador. Em suas versões de meados do século XX, ela estava vinculada à ideia de "democracia industrial" e à necessidade de transformação das relações nas empresas, nas escolas e também nas famílias. Havia uma incompatibilidade de fundo com o capitalismo, que exige a autoridade indiscutida do patrão no ambiente de trabalho e sobre as decisões de investimento. O nexo entre a participação política, as condições materiais e a necessidade de ampliação da autonomia coletiva em *todos* os espaços da vida social eram centrais na proposta de uma autora como Carole Pateman.[5] Posteriormente, porém, o ideal participativo se adaptou à circunscrição da igualdade política a uma esfera à parte, isolada da vida cotidiana. Nesta esfera, a autonomia coletiva teria chance de se realizar, sem com isso ameaçar diretamente a reprodução das assimetrias e formas de dominação presentes nos locais de trabalho ou no lar.[6] A participação deixou de ser lida como democratização da vida vivida para se restringir a participação em espaços institucionais predefinidos.

Assim, os orçamentos participativos (OPs), que foram apresentados como uma revolução no modo de governar e que abrem de fato uma janela de oportunidade para a educação política dos integrantes dos grupos subalternos, não incidem na vida dentro das instituições privadas. Eles mantêm a diferenciação entre um espaço permeável à exigência de igualdade e à aplicação das regras democráticas, que é o do Estado e das instituições políticas formais – e outros impermeáveis, nos quais se desenrola a quase totalidade da vida das pessoas comuns. Podem ter o efeito de canalizar os esforços de pressão e, *a fortiori*, o conflito distributivo para a estreita parcela do orçamento público que está disponível para decisão nos fóruns de participação popular. Com a mudança posterior do *locus* privilegiado de realização deste ideal participativo,

---

[5] PATEMAN, Carole. *Participation and Democratic Theory*. Stanford: Stanford University Press, 1970.

[6] Cf.: MIGUEL, Luis Felipe. *Dominação e resistência: desafios para uma política emancipatória*. São Paulo: Boitempo, 2018. Capítulo 8.

dos OPs para os conselhos de políticas públicas, esvaziou-se também o potencial educativo, já que, nestes últimos, o cidadão cede seu assento para dirigentes e técnicos de "organizações da sociedade civil", que falarão em seu nome. A distinção entre participação e representação acaba por ser apagada; a democracia "participativa" revela-se um arranjo que dá espaço a múltiplas formas de representação. Em muitas delas, a relação do representante com o representado é apenas *suposta*, sem qualquer mecanismo de autorização e sem qualquer esforço efetivo de interlocução.[7]

Não pretendo negar o possível valor ou relevância dessas iniciativas, mas registrar que, mesmo em suas versões mais avançadas, elas estão muito aquém da ambição de transformação radical da sociedade. E, nas versões menos críticas, podem se converter em instrumentos de reforço da ordem constituída, uma vez que o discurso da participação cidadã também foi capturado por organismos como o Banco Mundial – que instituiu seus "painéis de inspeção" abertos à sociedade civil já nos anos 1990. É uma participação a serviço da governança liberal, com foco em impedir a corrupção e garantir o uso correto do financiamento pelos agentes públicos. Um deslocamento coerente: afinal, se na política o espaço para buscar alternativas está cada vez mais limitado, graças à imposição de um projeto único apresentado como incontornável, então o papel da cidadania ativa, que não pode mais ser o de construção de uma vontade coletiva, é apenas o de fiscalizador de recursos. A participação, então, torna-se subsidiária de uma lógica que é de exclusão e de limitação da possibilidade de exercício da soberania popular. A "confluência perversa"[8] entre o discurso democrático e a prática neoliberal não encontra exemplo mais eloquente.

De forma geral, a aposta na democracia como valor definidor do projeto político da esquerda se revelou problemática. Sem ancoragem em alguma visão da organização do mundo material, a reivindicação

---

[7] Cf.: MIGUEL, *Consenso e conflito na democracia contemporânea*, Capítulo 2.

[8] DAGNINO, Evelina. Confluência perversa, deslocamentos de sentido, crise discursiva. In: GRIMSON, Alejandro (Org.). *La cultura en las crisis latinoamericanas*. Buenos Aires: Clacso, 2004.

da democracia tende a idealizar o arranjo já existente, imperante no mundo ocidental, que é capaz de assumir efetivamente o rótulo de democrático no senso comum, no jornalismo e mesmo na academia. É assim que, conforme visto no Capítulo 1, a esquerda se vê empurrada para a posição de guardiã do *establishment*, relegando às notas de rodapé as críticas que sempre fez às limitações da democracia concorrencial vigente – e é a extrema-direita quem capitaliza as insatisfações renitentes, quem assume o discurso da revolta contra o mundo existente e quem se apresenta como porta-voz das demandas antissistêmicas, por mais que, no frigir dos ovos, possa apenas frustrá-las.

Para a esquerda, trata-se, afinal, de uma aposta em uma democracia não apenas limitada, já que se produziu historicamente como o compromisso possível entre dominadores e dominados, mas também enfraquecida pelas mudanças na correlação de forças, que prejudicaram a classe trabalhadora. Uma democracia, enfim, que se mostra cada vez menos capaz de cumprir as suas promessas centrais; na qual fatias cada vez maiores das decisões de interesse público são subtraídas da necessidade de obter alguma autorização da população e decai o peso do voto popular como instrumento de pressão para a definição das políticas governamentais. Que é sensível, ademais, ao impacto da globalização, que ampliou o cacife do capital (que ganha mobilidade) em relação não só ao trabalho, mas também ao poder dos Estados nacionais. Em suma, o que parece restar à esquerda é pouco atraente: a ingrata tarefa de ser a guardiã de um arranjo institucional em grave crise, que encontra entraves para realizar suas potencialidades positivas e vê seus limites se tornarem cada vez mais patentes.

Não é o caso de minimizar os ganhos que a democracia liberal representou e ainda representa do ponto de vista da redução da violência política aberta e, portanto, da ampliação das possibilidades da ação política dos dominados. Muito menos é possível negar a gravidade das ameaças atuais à democracia ainda existente ou desprezar o papel da nova extrema-direita na produção de um mundo social cada vez mais iníquo e violento. Mas quando o esforço é para manter a ordem política atualmente em crise, buscando em vão novos anteparos institucionais que a resguardem, em vez de lutar para incidir na correlação de forças

– daí temos um severo indício de que há a acomodação em uma leitura formalista e idealista do conflito político. Afinal, a crise é a demonstração da vacuidade de qualquer institucionalidade que, por mais que esteja inscrita nos códigos, não repouse na correlação de forças na sociedade.

A imaginação política da esquerda parece bloqueada desde a derrota de seus dois projetos históricos, no final do século passado. O projeto bolchevique, que já havia sido destituído de muito de seu potencial emancipatório a partir da deriva stalinista, chegou ao fim de forma sensacional, com a queda do muro de Berlim e o colapso da União Soviética. A derrota do projeto do social-democrata foi menos estrondosa, mas não menos profunda. Revelou-se no abandono paulatino de qualquer ideal igualitário e, em seguida, na rendição à visão de mundo neoliberal, perceptíveis na prática dos governos e partidos sociais-democratas. Sua proclamação mais visível foi a chamada Terceira Via, liderada por Tony Blair, que então oficiava de coveiro do trabalhismo britânico, e que tinha Anthony Giddens como ideólogo. Na obra que é a mais ambiciosa tentativa de definir doutrinariamente a Terceira Via, significativamente intitulada *Para além de esquerda e direita*, o então sociólogo, hoje barão, defendeu um conjunto de teses que marcam esta capitulação.[9]

Para ele, a esquerda se tornou uma força conservadora, aferrando-se a um modelo de Estado social que não tem mais espaço no mundo atual. Este modelo ameaçava o funcionamento da economia, portanto minava as condições materiais de sua própria existência e era capturado pelos mais ricos em seu próprio benefício, pontos em que Giddens apenas retoma a crítica sempre feita pelos conservadores. Além disso (e este é o ponto em que se afirma a contribuição principal do ideólogo britânico), o modelo também se tornara impotente para minorar a incerteza existencial da população à qual era dirigido, com isso perdendo seu principal diferencial como forma de organização da sociedade. Afinal, de acordo com a noção de *risk society*, então colocada em voga pelo próprio Giddens e por outros sociólogos (como Ulrich Beck), o risco é definidor da vida na sociedade contemporânea e pode

---

[9] GIDDENS, Anthony. *Beyond Left and Right: the Future of Radical Politics*. Cambridge: Polity, 1994.

ser apenas manejado, não eliminado. Neste discurso, as inseguranças comezinhas, relacionadas a emprego, atendimento médico ou velhice, são deslocadas por ameaças de alcance global, em primeiro lugar (mas não só) de caráter ambiental, diante das quais não há respostas garantidas e o poder dos Estados ou mesmo do sistema internacional é limitado.

Embora haja uma passagem explícita da preocupação com a desigualdade para a preocupação com a miséria, o livro leva a sério as objeções de ultraconservadores como Charles Murray – para quem o combate à pobreza não deve ser visto como um objetivo válido, uma vez que pobres também podem ser felizes – e busca um compromisso entre erradicação da miséria e crítica ao "produtivismo".[10] É um recurso do qual ele lança mão com frequência: passar um verniz de modernidade em velhos tópicos do discurso conservador. Mas a erudição algo errática e as pitadas de filosofia *new age* não escondem que o saldo líquido é a renúncia a qualquer esforço para domar o capitalismo e um brutal rebaixamento da posição da justiça social na imagem ideal da boa sociedade a ser construída.

Este é o motivo pelo qual é importante apontar a profundidade da derrota da social-democracia: ela revela, em última análise, a derrota do projeto de civilizar o capitalismo. A crise da esquerda revolucionária, porém, tem um componente extra, que é a crise da própria ideia de revolução. As duas maiores revoluções do século XX, a russa e a chinesa, levaram a regimes liberticidas que reprimiram a expressão política mesmo daqueles que se alinhavam a seus ideais originais e pertenciam à classe trabalhadora que elas almejavam colocar no poder. Não se trata de um desvio causado por acidentes históricos, pelas circunstâncias específicas da transição revolucionária em países atrasados ou pela patologia individual dos líderes que alcançaram o poder, ainda que todos estes elementos devam ser levados em conta. O principal é que as revoluções socialistas confirmaram, pela negativa, a lição central do liberalismo político: a necessidade de controlar o exercício do poder. No entanto, este controle é mais difícil de ser implantado em meio a processos que

---

[10] *Idem*, p. 168.

têm como objetivo a mudança das regras do ordenamento social. Esta é uma questão importante, que não pode ser tratada de forma leviana.

Além disso, a Revolução Russa e a Revolução Chinesa conduziram, por diferentes caminhos, a formas de restauração capitalista. Este fato parece ilustrar aquilo que Albert Hirschman indicou como um dos tipos básicos da retórica reacionária: a tese da futilidade, segundo a qual as tentativas de mudar o curso da história sempre fracassam.[11] Ou seja, a revolução seria muito barulho por nada, já que ao final o capitalismo sempre triunfa.

Contra a leitura da futilidade da revolução, uma corrente neostalinista – que, não por acaso, voltou a ganhar visibilidade recentemente – exalta a rápida industrialização da Rússia soviética e da China. A obra do filósofo italiano Domenico Losurdo tornou-se, por bons motivos, central nesse esforço. Ao ler aqueles processos revolucionários, Losurdo concede um foco exclusivo ao desenvolvimento econômico e tecnológico, o que é apresentado como equivalente a uma perspectiva materialista.[12] Qualquer preocupação com o controle do exercício do poder e com a construção de uma ordem social capaz de ampliar a autonomia de seus integrantes é desprezada como "liberalismo". Mas o marxismo de Losurdo, que desdenha como ingenuidade toda referência ao projeto ético que animava Marx e exalta o "pragmatismo" que atribui a líderes como Stálin ou Mao, acaba reduzindo a revolução a uma via para a acumulação primitiva em países pobres. E, como costuma ocorrer em momentos de acumulação primitiva, evocar qualquer direito ou liberdade daqueles que a sofrem significa retardá-la. Ainda que tenha se apresentado como um teórico do reconhecimento,[13] ele trabalha com

---

[11] HIRSCHMAN, Albert O. *A retórica da intransigência: perversidade, futilidade, ameaça*. Tradução de Tomás Rosa Bueno. São Paulo: Companhia das Letras, 1992 (ed. orig.: 1991).

[12] LOSURDO, Domenico. *O marxismo ocidental: como nasceu, como morreu, como pode renascer*. Tradução de Ana Maria Chiarini e Diego Silveira Coelho Ferreira. São Paulo: Boitempo, 2018 (ed. orig.: 2017).

[13] LOSURDO, Domenico. *A luta de classes: uma história política e filosófica*. Tradução de Silvia de Bernardinis. São Paulo: Boitempo, 2015 (ed. orig.: 2013).

uma leitura mecânica que dá ao desenvolvimento material primazia absoluta e menospreza os valores vinculados à liberdade pessoal e à autonomia individual. Neste enquadramento, a reivindicação liberal de limitação do poder é pior do que inócua, é danosa. O resultado é reforçar a equivalência, própria do senso comum conservador, entre revolução e poder arbitrário. "Revolucionário" torna-se um elemento de um tipo de machismo retórico que certos setores da esquerda cultivam para reforçar a aparência de combatividade e indiferença à moral burguesa.

Estou empregando a palavra "revolução", claro, não no sentido de um assalto ao poder, mas de uma aspiração à transformação radical da sociedade, com enfrentamento direto aos padrões imperantes de dominação social. Na ausência de tal horizonte, a esquerda se vê cons- trangida a operar dentro dos marcos impostos pela ordem vigente, isto é, a limitar-se a tentar reformá-la. Na tentativa de superar tal situação, alguns apontam na direção de "reformas não reformistas", para usar a expressão de André Gorz que foi recolocada em circulação por Nancy Fraser. Mas ela as lê simplesmente como reformas que permitem maiores avanços ulteriores, o que é colocar o sarrafo em uma altura bem pouco elevada, e chega a apresentar, como modelo, a ação da "esquerda da social-democracia" no período fordista.[14] Já ele era claro ao indicar a necessidade de romper com a lógica política e econômica prevalecente. Para Gorz, credencia-se como "não reformista" a reforma "reivindicada não com base no que é possível no âmbito de um sistema e de uma gestão determinados, mas no que deve ser tornado possível com base nas necessidades e requisitos humanos".[15]

Mesmo a abordagem de Gorz, porém, leva a dois problemas. Um deles, que a leitura de Fraser agrava, diz respeito ao caráter necessaria- mente incremental das reformas – cada uma delas, imagina-se, deve levar a um avanço em relação à situação anterior. Numa transformação

---

[14] FRASER, Nancy. Social Justice in the Age of Identity Politics: Redistribution, Recognition, and Participation. In: FRASER, Nancy; HONNETH, Axel. *Redistribution or Recognition? A Political-Philosophical Exchange*. London: Verso, 2003. p. 80.

[15] GORZ, André. *Stratégie ouvrière et néocapitalisme*. Paris: Seuil, 1964. p. 12.

revolucionária, ao contrário, é de se esperar episódios de desorganização da ordem social, com efeitos negativos no curto prazo. Não por outro motivo, aliás, um processo revolucionário exige intensa mobilização popular, a fim de compensar, com o engajamento pessoal num projeto coletivo de transformação do mundo, as agruras da travessia. É discutível se uma mudança profunda da ordem social pode ocorrer sem qualquer necessidade de dar passos atrás para refazer a rota e só depois voltar a progredir; se não puder, o caminho das reformas não reformistas apresenta limites intransponíveis. O segundo problema, talvez ainda mais evidente, é que a menção de Gorz às "necessidades e requisitos humanos" que presidiriam o sentido das reformas não reformistas é vaga demais ou, então, dá a entender que eles constituem constantes universais a serem simplesmente constatadas. Fica descartada a necessidade de um programa que oriente a intervenção voltada à transformação do mundo social:[16] basta identificar os "requisitos humanos" universais e se guiar por eles. Sem tal programa, porém, é difícil ir além de ajustes laterais e de políticas de redução de danos, dentro do quadro da ordem vigente.

Fica evidente a urgência da retomada de um projeto pós-capitalista, que é desafiadora não apenas pelas dificuldades dos regimes do "socialismo real", mas também – ou sobretudo – pelas transformações sofridas pelo próprio capitalismo, que mudam as condições da luta e tornam menos promissora qualquer estratégia baseada naquelas que se mostraram vitoriosas no século XX. Há, em primeiro lugar, a perda da centralidade da classe trabalhadora, fruto de mudanças nas relações produtivas e no processo de acumulação, muitas delas desencadeadas

---

[16] Como contraste, cito a longa entrevista concedida a Eric Hobsbawm por Giorgio Napolitano – então teórico do eurocomunismo e dirigente do PCI, depois um dos líderes do processo que levou o partido à sua conversão em agremiação de centro-direita. Creditando-a a Togliatti, ele defende uma estratégia de transição gradual ao socialismo, alinhada com a ideia de reformas não reformistas (ainda que não cite a expressão). Mantém, porém, como elemento central que diferencia tal estratégia da social-democracia, a existência de um horizonte socialista bem definido. NAPOLITANO, Giorgio. *O Partido Comunista Italiano, o socialismo e a democracia*. Entrevista a Eric J. Hobsbawm. Tradução de Dante Constantini. São Paulo: LECH, 1979. p. 27 (ed. orig.: 1976).

por um avanço tecnológico que, no entanto, foi motivado também pela intenção dos patrões de minimizar a capacidade de mobilização e de resistência dos trabalhadores. Não se trata de uma peculiaridade do momento histórico. A visão convencional, amplamente disseminada, vê a mudança tecnológica como autoimpulsionada, curvando sociedades e empresas a seus imperativos, ou então motivada apenas pelo desejo de ampliar o mais-valor relativo. Mas ela é também dirigida pela necessidade de ampliar o controle sobre o trabalho e reduzir o risco de uma convulsão social.[17] Ou seja, ela também é parte da luta de classes.

A "perda de centralidade da classe trabalhadora" se refere a duas dimensões distintas e complementares. A primeira é a redução do peso demográfico da classe operária tradicional, um fenômeno que ocorreu de forma geral, mas ainda mais nos países centrais (que transferiram boa parte de suas plantas industriais para o Terceiro Mundo). Com isso, a categoria "trabalhador" se torna cada vez mais dependente de grupos sociais em posições mais ambíguas, distantes da transformação direta do mundo material e envolvidos de maneira menos unívoca no processo de valorização do capital (técnicos, funcionários administrativos, pessoal do setor de serviços). As distinções internas são maiores e a identificação de um interesse comum, objetivo, a todos os trabalhadores se torna bem mais complexa. Não por acaso, as tentativas de construção de uma teoria estrutural das classes sociais, isto é, capaz de identificá-las como fenômeno objetivo independente da consciência dos sujeitos que as compõem, tornam-se bem mais intricadas do que os textos fundadores do marxismo sugeririam.[18]

A segunda dimensão se liga à menor centralidade do trabalho e da posição como trabalhador na produção das identidades: uma

---

[17] Cf.: MARGLIN, Stephen. Origens e funções do parcelamento de tarefas (para que servem os patrões?). In: GORZ, André (Org.). *Crítica da divisão do trabalho*. Tradução de Estela dos Santos Abreu. São Paulo: Martins Fontes, 1989 (ed. orig.: 1971).

[18] WRIGHT, Erik Olin. *Classes*. London: Verso, 1985; WRIGHT, Erik Olin. *Class Counts: Comparative Studies in Class Aanalysis*. Cambridge: Cambridge University Press, 1997.

"*descentralização* do trabalho em relação a outras esferas da vida, seu confinamento às margens da biografia".[19] Nas décadas finais do século XX, muitos sociólogos passaram a especular sobre o declínio ou mesmo o fim da sociedade do trabalho. Depois, a discussão confluiu para aquela que analisa os efeitos da crescente precarização da mão de obra, instada a aceitar empregos intermitentes, mal pagos, exaustivos e inseguros. Se a leitura da superação da sociedade do trabalho podia levar a visões otimistas, de multiplicação dos caminhos de afirmação do "eu", culminando na fantasia do mundo "pós-materialista" (mencionada no Capítulo 2), o foco na precarização se mostra mais sombrio. O trabalho perde centralidade na produção das identidades simplesmente porque ele se vê desprovido dos atributos que permitiam ao trabalhador extrair algum orgulho e realização de sua atividade, sem que os prodígios do pós-materialismo tenham ganhado realidade. Seja como for, a classe social torna-se menos produtiva como base para a ativação política.

A versão mais provocativa desse entendimento foi produzida também por André Gorz, com sua tese do "adeus ao proletariado". Embora escrevendo ainda nos anos 1980, ele já percebia a centralidade daquilo que depois seria chamado de *precarização* na reconfiguração do mundo do trabalho. Ele julgava que, com o desenvolvimento das forças produtivas proporcionado pelo capitalismo, a quantidade de trabalho humano necessário para a reprodução da vida material declinou drasticamente. O sistema reage a isto ampliando a pressão pelo consumismo e acelerando o ciclo de obsolescência dos produtos, isto é, elevando a produção acima do que seria necessário (o que fundamentava sua crítica de caráter ecologista à sociedade atual e sua opção por uma política de decrescimento). Ainda assim, não há trabalho suficiente para todos. Porém, em vez de ocorrer uma redistribuição do trabalho necessário, de maneira a todos trabalharem um pouco, o sistema opera produzindo três círculos ocupacionais: "uma massa crescente de desempregados

---

[19] OFFE, Claus. Trabalho: a categoria sociológica chave?. In: OFFE, Claus. *Capitalismo desorganizado: transformações contemporâneas do trabalho e da política*. Tradução de Wanda Caldeira Brant. São Paulo: Brasiliense, 1989. p. 182 (ed. orig.: 1982).

permanentes", dependentes da seguridade social; "uma aristocracia de trabalhadores protegidos", que pode sofrer a exploração pelo capital, mas está em posição de elite diante dos outros; e, entre os dois círculos anteriores, "um proletariado de trabalhadores precários, que cumprem as tarefas menos qualificadas e mais ingratas".[20]

Os protegidos, aqueles que contam com emprego permanente de tempo integral, formariam um grupo privilegiado porque possuem renda garantida, relativamente elevada, e assim podem se beneficiar do trabalho dos desprotegidos, num setor de serviços que está duplamente em expansão – tanto pelo número de pessoas que emprega quanto pelo fato de que mais e mais atividades deixam de ser fruto das interações gratuitas entre as pessoas e passam a ser oferecidas no mercado. Tais atividades se tornam sobretudo trabalhos "servis", que em geral não criam valor de uso e não têm um critério de desempenho independente da satisfação do cliente.[21] Fica evidente por que as pessoas condenadas a exercer tais funções não têm qualquer estímulo para investir suas identidades pessoais em um mundo do trabalho que é vivenciado apenas como opressão e humilhação.[22] A insistência do movimento de trabalhadores em bandeiras herdadas de momentos históricos anteriores, como o pleno emprego, levaria não apenas a impasses insolúveis, já que o objetivo seria estruturalmente inalcançável, como também ao afastamento de toda essa base de pessoas.

Gorz tem por horizonte a Europa ocidental, mas não é difícil traçar um paralelo com o Brasil. Por aqui, sempre houve a convivência entre um setor de trabalhadores formalizados, com acesso a um sistema de

---

[20] GORZ, André. *Adeus ao proletariado: para além do socialismo*. Tradução de Ângela Ramalho Vianna e Sérgio Góes de Paula. Rio de Janeiro: Forense Universitária, 1987. p. 12 (ed. orig.: 1980).

[21] GORZ, André. *Métamorphoses du travail, quête du sens: critique de la raison économique*. Paris: Galilée, 1988.

[22] Mais ou menos na mesma época, Bourdieu coordenou uma pesquisa que coletou uma impactante coleção de depoimentos sobre como o trabalho era experienciado, ilustrando à perfeição as percepções de Gorz. BOURDIEU, Pierre (Dir.). *La misère du monde*. Paris: Seuil, 1993.

direitos e garantias, e uma massa de informais, sujeitos a condições mais incertas – efeito de um sistema em que o acesso aos direitos do trabalho consiste, na expressão de Adalberto Cardoso, em uma "corrida de obstáculos", tais as exigências apresentadas pelo Estado.[23] Em circunstâncias assim, é natural que os trabalhadores guarnecidos por direitos fossem vistos (e instados a se ver) como privilegiados, o que, aliás, alimentou o discurso da "nova classe média" levado adiante pelos governos do PT (ver Capítulo 4) – e também permitiu que uma parcela dos despossuídos aceitasse o discurso oficial que apresenta o desmonte de direitos trabalhistas e previdenciários como uma forma de combate a privilégios.

Os desenvolvimentos recentes das relações laborais, no entanto, levaram, também no Brasil, a precarização do trabalho a novos patamares. Em alguma medida, eles foram propiciados pelas novas tecnologias da informação; assim, fala-se de "uberização" em referência a um novo tipo de subordinação dos trabalhadores – que são formalmente prestadores de serviços autônomos, a fim de negar a eles acesso a direitos e lhes transferir uma parte significativa dos riscos financeiros associados à atividade econômica. Na contramão de uma das características definidoras da ascensão do capitalismo, que é a dissociação entre trabalhador e meios de produção, os motoristas e entregadores de aplicativos são os donos de seus equipamentos (automóveis, motocicletas, bicicletas): eis a brecha que permite enquadrá-los como autônomos. No entanto, eles carecem do suporte tecnológico necessário para fazer a conexão com os clientes potenciais, o que os submete a condições de trabalho, cargas horárias e matrizes de remuneração muito desfavoráveis e determinadas unilateralmente pelas empresas.

O modelo da Uber inspira várias iniciativas para garantir disponibilidade de profissionais sem vínculo, sem estabilidade, prontos a correr de um lado para o outro à medida que seus serviços são solicitados. Um exemplo extremo foi a proposta da prefeitura de Ribeiro Preto,

---

[23] CARDOSO, Adalberto. *A construção da sociedade do trabalho no Brasil: uma investigação sobre a persistência secular das desigualdades*. 2. ed. rev. ampl. Rio de Janeiro: Amazon, 2019. p. 203.

no interior de São Paulo, de um "Uber da educação": os professores seriam contratados para aulas avulsas, por meio de aplicativo, conforme a disponibilidade e a proximidade da escola.[24] A proposta encontrou forte resistência e não foi implementada, mas sinaliza o sentido das mudanças no mercado de trabalho, na direção de trabalhadores formalmente autônomos, desprovidos de qualquer estabilidade e também de qualquer possibilidade de fazer um planejamento do próprio tempo. O instituto do "trabalho intermitente", criado pela reforma da legislação trabalhista aprovada no Brasil após o golpe de 2016, tem o mesmo intuito, que é fazer com que o trabalhador esteja permanentemente à disposição do capital, sem que essa disponibilidade mereça qualquer tipo de retribuição.

No caso de Ribeirão Preto, a Secretaria Municipal de Educação, então dirigida pela ex-reitora da Universidade de São Paulo, Suely Vilela, evitava a expressão "Uber da educação", entendendo-a como depreciativa. Mas o diretório estadual do PSDB, partido que governava a cidade, não se incomodou em adotá-la. Um texto publicado no site do partido antes do projeto ser retirado anunciava com orgulho: "Prefeitura tucana em Ribeirão Preto cria 'Uber da educação'"[25] (PSDB-SP, 2017). Na mesma época, em Angelina (SC), cujo prefeito era do PMDB, a ideia foi outra: uma espécie de leilão invertido para professores, em que seriam contratados aqueles que aceitassem trabalhar pelos menores salários.[26] Estas são duas ilustrações dos mesmos processos: rendição do poder público à lógica do gerenciamento privado, que equivale superexploração do trabalho a eficiência e percepção dos direitos como geradores de desperdício e obstáculos a serem removidos.

Usa-se também a palavra "walmartização" para falar das novas condições de venda da força de trabalho. A Walmart, ao contrário da

---

[24] MOREIRA, Rene. Prefeitura de Ribeirão Preto planeja criar "Uber do Professor". *O Estado de S.Paulo*, on-line, 22 jul. 2017.

[25] PREFEITURA TUCANA EM Ribeirão Preto cria "Uber da Educação". *Partido da Social-Democracia Brasileira – São Paulo*, on-line, 24 jul. 2017.

[26] PROFESSOR UBER: A precarização do trabalho invade as salas de aula. *CartaCapital*, on-line, 28 ago. 2017.

Uber, é uma empresa de comércio tradicional, na qual o avanço tecnológico desempenha um papel relevante, porém secundário. Ao lado de outras corporações, em particular do McDonald's e da Amazon, ela tornou-se símbolo de uma forma agressiva de controle do varejo que leva à destruição dos negócios locais, com a consequente supressão de muitos empregos, e, também por isso, permite a imposição de regimes de trabalho e de salários muito desfavoráveis a seus funcionários. O modelo inclui a intensificação dos controles tayloristas, em muitos casos por meio de sistemas informatizados de gerenciamento do tempo; jornadas extenuantes e prolongadas, com pausas insuficientes; escalas de trabalho decididas muitas vezes na última hora, impedindo que os empregados programem sua vida pessoal; vigilância constante e uma repressão ativa contra qualquer tentativa de associativismo laboral. Walmartização e uberização se encontram por serem, ambas, formas de intensificação da exploração do trabalho, de fragmentação dos trabalhadores e de impedimento do surgimento de uma identidade de classe, num contexto em que, premidos pela necessidade e com horizontes limitados pelo avanço do desemprego estrutural e pela retração do Estado previdenciário, os vendedores de mão de obra se encontram em situação débil para impor qualquer barganha.

A plataforma tradicional do movimento sindical tem reduzida ressonância entre estas pessoas, seja pelo baixo investimento delas na identidade como trabalhadores, seja pela vulnerabilidade ao discurso ideológico do "empreendedorismo", seja ainda pela valorização do pequeno espaço de liberdade individual que a precarização paradoxalmente pode conceder.[27] A defesa dos direitos trabalhistas e previdenciários apela pouco para quem tem dificuldade de se ver na posição do empregado com carteira assinada. Um exemplo isolado, mas significativo, foi a derrota da tentativa de criar uma seção sindical no armazém da Amazon no Alabama, no começo de 2021, apesar da intensa campanha que contou

---

[27] É significativo que a visão romantizada desta "liberdade por meio da precarização", no premiado filme *Nomadland*, tenha sido aplaudida por muitos intelectuais de esquerda. Cf.: *Nomadland*. Direção de Chloe Zhao. Produção estadunidense. Searchlight Pictures, 2020.

até com o apoio do recém-empossado presidente dos Estados Unidos, Joe Biden. Menos de 15% dos empregados apoiaram a sindicalização. Houve uma gigantesca pressão e evidentes esforços de intimidação por parte da Amazon, é verdade. Mas também não se pode ignorar o fato de que o discurso da empresa apresentava mais terreno comum, mais proximidade com os funcionários, do que aquele dos sindicalistas.[28] Para citar a boa sacada de Verónica Gago, há um *neoliberalismo desde abajo*,[29] em que o discurso do empreendedorismo se encontra com as práticas do "se virar" próprias das classes populares.

Tudo isto indica que o grande vencedor das disputas ideológicas do final do século XX até os dias de hoje é um tipo de individualismo extremado. Ele assume diferentes feições no discurso do empreendedorismo, no estímulo ao egoísmo justificável dos que lutam pela própria sobrevivência, na teologia da prosperidade das igrejas neopentecostais, nas vertentes "autonomistas" de um anarquismo liberal que recusa a produção de qualquer autoridade,[30] no identitarismo que encapsula cada pessoa em sua experiência única e intransportável, nos mecanismos de autoapresentação pessoal das redes. As relações de trabalho precarizadas fornecem um espelho distorcido deste individualismo.

Além disso, sob o ponto de vista dos consumidores, Walmart, Amazon, Uber, Ifood e similares oferecem de fato preços mais baixos, o que explica seu sucesso. Numa economia em que o poder aquisitivo das camadas médias e da classe trabalhadora foi sendo constantemente reduzido, o "preço baixo" é essencial para que seu padrão de vida não seja ainda mais estrangulado. A conta é paga pela força de trabalho superexplorada e também pelos negócios menores, que, uns, não resistem à concorrência

---

[28] ROBIN, Maxime. Pourquoi les syndicats américains ont perdu face à Amazon. *Le Monde Diplomatique*, n. 806, p. 4-5, 2021.

[29] GAGO, Verónica. *La razón neoliberal: economías barrocas y pragmática popular*. Madrid: Traficantes de Sueños, 2015.

[30] BOOKCHIN, Murray. Anarquismo social ou anarquismo de estilo de vida: um abismo intransponível. In: BOOKCHIN, Murray. *Anarquismo, crítica e autocrítica*. Tradução de Felipe Corrêa e Alexandre B. de Souza. São Paulo: Hedra, 2001 (ed. orig.: 1995).

ou, outros, precisam da intermediação dessas empresas para atingir seus clientes. Restaurantes e editoras, em particular, são dois ramos que têm denunciado publicamente as regras que os obrigam a conceder descontos e fazer promoções, reduzindo suas margens de ganho. É difícil, porém, ficar fora do ecossistema do comércio virtual e por aplicativos ou disputar com as ofertas que ele apresenta. Não há público, à parte um pequeno nicho de pessoas relativamente afluentes e movidas por algum tipo de compromisso político, que boicotam empresas e se dispõem a pagar mais para apoiar pequenos negócios ou *fair trade*. É difícil também estabelecer a regulação estatal, por diversos motivos, que incluem a força das empresas, o descompasso entre as velocidades da mudança tecnológica e da decisão legislativa e o ambiente ideológico que exalta o mercado "livre" e anatematiza a intervenção do Estado – o que seria demonstrado, aliás, pelo fato de que o controle sobre as *big techs* tende a aparecer inicialmente, para os consumidores, como aumento de preços. A única alternativa que resta para os donos de negócios menores é se curvar às exigências e, como compensação, ampliar a taxa de exploração de seus próprios empregados. Todo o sistema é levado a operar, assim, por meio da lógica da depreciação da remuneração do trabalho.

Afinal, a regra de que a mudança tecnológica é orientada pelo capital vale também para a internet. Quando ela surgiu, muitos julgaram que seria a ferramenta capaz de dar corpo a uma utopia: a democratização do debate público, a produção do conhecimento em rede,[31] quem sabe até o fim do Estado.[32] A bem da verdade, ainda há quem veja nela este potencial – para Paul Mason, por exemplo, a monopolização hoje em curso é apenas a última resposta do capitalismo à emergência de uma economia do conhecimento em rede que seria intrinsecamente incompatível com a permanência da forma-mercadoria.[33] É difícil,

---

[31] LÉVY, Pierre. *L'intelligence collective: pour une anthropologie du cyberspace*. Paris: La Découverte, 1994; LÉVY, Pierre. *Cyberculture*. Paris: Odile Jacob, 1997.

[32] FREZZA, Bill. Internet: Killer Virus of the State. *Interactive Age*, p. 13, 5 jun. 1995.

[33] MASON, Paul. *Pós-capitalismo: um guia para o nosso futuro*. Tradução de José Geraldo Couto. São Paulo: Companhia das Letras, 2017 (ed. orig.: 2015).

no entanto, ver nisso muito mais do que *wishful thinking*. Enquanto alguns sonhavam com mais democracia, trocas coletivas e novas formas de autorrealização, os planos dos desenvolvedores da tecnologia, nos grandes laboratórios dos países desenvolvidos, sempre foi outro. O objetivo era gerar não uma ágora, mas um mercado virtual global, operando em tempo integral. E eles eram, como diria Maquiavel, os "profetas armados", ou seja, aqueles que controlavam os meios para implementar no mundo real as suas previsões.

É importante, assim, manter um duplo foco. Por um lado, tomar consciência das modificações profundas que a reestruturação do capitalismo, ao mesmo tempo moldante e moldada pela transição tecnológica, gerou nas relações de trabalho e na produção das subjetividades dos trabalhadores, portanto nas condições de emergência de uma ação classista. Por outro, não perder de vista que a exploração do trabalho permanece como mecanismo definidor do capitalismo, tendo na verdade se acentuado com as transformações recentes – e permanece sendo o foco do conflito permanente entre exploradores e explorados. A classe se deixa apreender apenas imperfeitamente pelos velhos esquemas conceituais e se encaixa mal nas tradições organizativas herdadas dos séculos XIX e XX, mas nem por isso deixou de ser um eixo central para o deciframento do mundo social, logo para qualquer projeto que busque mudá-lo.

As novas tecnologias levam também a novas formas de presença no espaço público, com impacto relevante nas possibilidades de mobilização e de organização para a ação política. São efeitos dos novos meios, em particular das mídias sociais, que hoje estruturam tanto da sociabilidade (sobretudo, mas não só, dos mais jovens). Eles se apresentam como um conjunto de janelas privilegiadas para a expressão da individualidade, mesmo que, com frequência, esta impressão seja ilusória. Por um lado, a internet coloca, como diz o clichê, o mundo inteiro a um clique de distância, mas o alcance das manifestações das pessoas comuns continua sendo, em geral, muito limitado. Para cada *influencer* ou subcelebridade das redes existem muitos milhares de usuários anônimos, que falam, quando muito, para um círculo restrito de familiares e amigos próximos. Por outro lado, e ainda mais importante, reforça-se o mito da individualidade, a miragem de um eu que se gera e se afirma ao largo dos constrangimentos sociais e das relações de dominação, no exato momento em que a capacidade de pré-fabricação do indivíduo "único" e "autêntico", tão própria do capitalismo avançado, se mostra mais exacerbada. Os mecanismos de padronização das formas de apresentação pública se tornam ainda mais poderosos, turbinados pelos algoritmos e pela necessidade de obter *likes*. Ainda assim, os indivíduos são levados a crer que ganharam possibilidades expressivas muito alargadas e fazem grande investimento pessoal nelas.

Esta situação gera diversos desafios para a organização política dos grupos subalternos, alguns dos quais já discuti em obra anterior.[34] A autoexpressão está na antessala da política, que, sendo sempre uma prática representativa, exige a capacidade de passar da enunciação do *eu* para a construção de um *nós*, de transcender a individualidade em favor de um projeto coletivo – e o ambiente discursivo das redes, com sua ênfase no testemunho e na autenticidade, não favorece que este passo seja dado. A valorização da voz pessoal e da autonomia individual, mesmo que na forma de simulacro, caminha na contramão da ação disciplinada que sempre foi condição necessária para o exercício político dos dominados. É claro que o modelo de despossessão política absoluta dos liderados, reduzidos a uma adesão quase impensada, delegando a outros a capacidade de pensar politicamente,[35] é fonte de muitos problemas. Mas o foco na expressão pessoal e insubstituível, alçada à posição de manifestação política primária, denota uma despreocupação com a efetividade da ação política. Uma vez mais, não é superada a antessala da política, já que, como demonstrou cabalmente Maquiavel há mais de meio milênio, a política é necessariamente orientada à obtenção de resultados efetivos no mundo social.

O ambiente das mídias sociais leva ainda à exacerbação do personalismo na política, seja pela superexposição, seja pelo reforço da

---

[34] MIGUEL, *Dominação e resistência*, Capítulo 7.

[35] BOURDIEU, Pierre. La représentation politique. Éléments pour une théorie du champ politique. *Actes de la Recherche en Sciences Sociales*, n. 36-37, p. 3-24, 1981.

sensação de que o líder mantém uma conexão pessoal com cada um de seus liderados. Muito antes do surgimento da internet, o conceito de "relação parassocial" foi apresentado por Donald Horton e R. Richard Wohl, indicando a proximidade falsa e unilateral gerada pela exposição da intimidade das celebridades na mídia de massa, que faz com que seus fãs se sintam como "amigos" – e possam, eventualmente, desenvolver uma forte frustração quando não se percebem reconhecidos ou correspondidos na medida que esperavam.[36] As mídias sociais ampliam de forma significativa o fenômeno, não só porque se impôs um padrão de exposição muito mais permanente e íntimo como porque formas mais vívidas de interação se fazem possíveis. O ídolo se dirige diretamente aos fãs (sem a intermediação do jornalismo de fofocas, como antes) e os fãs, por sua vez, também podem interpelá-lo de forma direta, por meio de comentários ou de marcações em postagens. Lideranças políticas tornam-se, deste ponto de vista, um tipo de celebridade e são instadas a investir esforços neste tipo de relação com a base.

É, uma vez mais, o aprofundamento de uma tendência que surge antes, com a difusão da mídia eletrônica. No princípio dos anos 1940, na obra que inaugurou o campo dos estudos eleitorais em ambiente de comunicação de massa, Lazarsfeld e seus colaboradores atribuíam ao rádio uma mudança na relação entre políticos e base, na medida em que permitiria "uma aproximação a um contato face a face com os dirigentes".[37] Com a televisão, que se difunde a partir da década seguinte, já há mais do que uma aproximação. Ela gera a *ilusão* do contato face a face, o que levou a mudanças significativas nas formas do discurso político.[38] A velha oratória de palanque, própria de uma situação em que o líder se dirige à massa, soa deslocada quando a

---

[36] HORTON, Donald; WOHL, R. Richard. Mass Communication and Para-Social Interaction. *Psychiatry*, v. 19, n. 3, p. 215-229, 1956.

[37] LAZARSFELD, Paul F.; BERELSON, Bernard; GAUDET, Hazel. *The People's Choice: how the Voter Makes up his Mind in a Presidential Election*. 3. ed. New York: Columbia University Press. 1969. p. 129 (ed. orig.: 1944).

[38] MIGUEL, Luis Felipe. *Mito e discurso político: uma análise a partir da campanha eleitoral de 1994*. Campinas: Editora da Unicamp, 2000. Capítulo 2.

mensagem é recebida por pessoas isoladas, dentro de suas próprias casas. Os candidatos à liderança política logo perceberam que era mais eficaz adotar outro tom, mais íntimo, dirigindo-se a cada espectador como se estivesse num bate-papo.

A televisão, assim, promove mudanças tanto nas estratégias discursivas dos políticos quanto nas expectativas dos cidadãos, num processo de reforço mútuo que leva, ao cabo, a uma transformação importante do perfil da liderança política. Após a primeira eleição nos Estados Unidos em que o novo meio já fazia parte do ambiente comunicacional, em 1952, um jornalista anotou que "a televisão torna o candidato de hoje um ser humano bem próximo, que vai ser julgado nos mesmos termos em que um homem saúda qualquer novo conhecido".[39] Ganha pontos quem consegue se apresentar como acessível, despretensioso, divertido, "gente como a gente"; é importante aparecer descontraído, junto a familiares, em atividades domésticas. Ao mesmo tempo, porém, o sistema de representação política vigente, que traça um fosso entre governantes e governados, exige que o candidato à liderança se mostre portador de qualidades especiais, que o distinguem da massa e o gabaritam às posições que almeja ocupar. São pressões divergentes, para as quais cada político dará resposta diversas, a depender das circunstâncias e também de sua trajetória específica.

As novas mídias e a disseminação das relações parassociais entre liderados e líder modificam a equação, reforçando a demanda por proximidade. Talvez seja o caso de observar também a influência paralela de outros deslocamentos discursivos, já que a maré montante do anti-intelectualismo e a crença na eficácia das soluções mais fáceis, ao alcance de todos, reduzem o peso da exigência de competências especiais. O efeito é o aprofundamento da personalização do vínculo político, que toma a forma da adesão ao líder, ao qual se atribuem qualidades similares às relevantes nas relações interpessoais e ao qual, portanto, se oferece uma lealdade do mesmo tipo. Por isso o cuidado a ser tomado nas interações com os "seguidores", evitando as decepções que levam a

---

[39] GOULD, Jack *apud* KEETER, Scott. The Illusion of Intimacy: Television and the Role of Candidate Personal Qualities in Voter Choice. *Public Opinion Quaterly*, v. 51, n. 3, p. 345, 1987.

possíveis rupturas (ou "cancelamentos"). Mas tais decepções têm mais a ver com a quebra de expectativas pessoais do que com o debate político.

A personalização da política costuma ser vista como tanto deplorável quanto inevitável pelos teóricos da democracia liberal. Em vertentes alternativas, a avaliação nem sempre é tão negativa. Na leitura do populismo influenciada pela obra de Ernesto Laclau, é esperado que o polo dotado de positividade, o povo, definido reiteradamente como um "significante vazio", ganhe corporeidade por meio de um líder individual.[40] Em uma linha de argumentação paralela, ainda mais provocativa, Alain Badiou justificou o culto à personalidade próprio do stalinismo e do maoísmo explicando que é necessário que o nome de um encarne o horizonte da transformação social: "a ação anônima de milhões de militantes" precisa ser "reunida e contada como um, no símbolo simples e poderoso do nome próprio".[41]

Uma visão da política que negue o fato da liderança pode ser descartada como ingênua – ou, como preferem Laclau e Mouffe, racionalista.[42] No entanto, a deriva que leva à exaltação da despossessão política dos liderados incide em problemas ainda mais graves. A abdicação da possibilidade de engajamento político autônomo e esclarecido implica o abandono completo do ideal de igualdade política, próprio tanto da democracia quanto do socialismo. Parece que, enquanto uma parte do pensamento progressista fez da democracia e da participação o alfa e o ômega de suas aspirações políticas, outra parte prefere abdicar de seus ideais em nome de um pragmatismo imediatista. O problema é que

---

[40] LACLAU, Ernesto. *On Populist Reason*. London: Verso, 2005.

[41] BADIOU, Alain. *L'hypothèse communiste*. Fécamp: Lignes, 2009. p. 197. Evoco Badiou para ilustrar a retração da crítica ao personalismo em parte da intelectualidade de esquerda. No entanto, movido por saudosismo e na direção contrária à que venho apontando para a política contemporânea, ele enfatiza a importância do *distanciamento* entre líder e massa, argumentando que "é mais fácil acreditar na retidão e na força intelectual de um homem longínquo e solitário do que na verdade e na pureza de um aparelho cujos chefetes locais são bem conhecidos" (*idem*, p. 124).

[42] LACLAU, *On Populist Reason*, Parte 1; MOUFFE, Chantal. *For a Left Populism*. London: Verso, 2018. p. 72.

a submissão ao chefe implica a anulação da capacidade de escrutínio sobre suas ações – e, portanto, é uma receita que pode ser aplicada com qualquer objetivo. Não por acaso, uma das questões permanentes postas para os defensores do "populismo de esquerda" é como torná-lo mais atraente do que os populismos de direita.

Contra a eficácia deste pragmatismo trabalham também os mecanismos de cooptação e acomodação com a ordem vigente, que são especialmente atuantes nas condições da democracia liberal. Enquanto os defensores do populismo ou saudosistas do culto à personalidade veem o líder como encarnação dos sentimentos antissistêmicos ou das energias revolucionárias, é mais provável que ele ceda aos incentivos do aburguesamento. Não é preciso comprar toda a visão elitista de Michels para reconhecer que a tendência à oligarquização dos dirigentes é uma ameaça constante para as organizações políticas que pretendem expressar os interesses dos dominados. Contra ela, os recursos são a qualificação política da base, para ampliar sua capacidade de interlocução, e a competição interna pela liderança, que aumenta os custos de virar as costas para os interesses dos liderados. São os mecanismos liberais de promoção da chamada *accountability*, isto é, da responsabilização dos governantes, que, sabe-se bem, têm dificuldade para funcionar de forma adequada – mas que permanecem necessários caso se deseje dotar de algum sentido a expressão "igualdade política".

Uma dimensão adicional da personalização da política se liga às transmutações das demandas por presença, que foram uma frente importante de crítica aos limites da democracia representativa liberal no final do século XX. As autoras feministas que deram as contribuições pioneiras ao debate observaram que, décadas depois da obtenção do sufrágio, as mulheres continuavam quase ausentes dos espaços de poder. Uma leitura superficial diria que, uma vez que a barreira legal fora suprimida com a obtenção do direito das mulheres a votar e serem votadas e o acesso às posições de poder era fruto das decisões formalmente autônoma de eleitoras e eleitores, a assimetria não podia ser considerada um problema (ou mesmo revelaria as inclinações naturais diferenciadas de mulheres e homens, elas menos interessadas nas questões públicas do que eles). Basta um olhar um pouco mais aprofundado, porém, para perceber a ação dos mecanismos simbólicos e materiais que afastam as mulheres da política – uma evidência de que os padrões de dominação vigentes na sociedade são capazes de depreciar a conquista da igualdade formal.

Se é efeito da dominação, a baixa presença de determinados grupos nas esferas de exercício do poder mostra ser uma forma de injustiça política. Um passo adicional foi dado pela obra de Iris Marion Young.[43] Ela argumentou que a representação política envolve não apenas interesses e opiniões, mas também *perspectivas sociais*, isto é, a experiência do mundo associada à posição particular nele ocupada. Desta forma, ela abriu caminho para o entendimento de que a reduzida representatividade mimética de parlamentos e governos (o perfil diferenciado de representantes e representados quanto a características como sexo ou gênero, raça ou cor, classe, escolaridade, renda, idade etc.) é, sim, um déficit democrático que não pode ser acomodado pela simples evocação da autonomia do indivíduo-eleitor, tal como na leitura padrão da filosofia liberal. As políticas de cotas de candidaturas ou de vagas em órgãos de representação, que se disseminaram por várias partes do mundo nas últimas décadas, são o resultado da força obtida por esta análise.

A demanda por presença política, porém, era cuidadosamente modulada pela preocupação de não deslocar aquilo que Anne Phillips, como contraponto, chamava de "política de ideias".[44] Afinal, como diz o estudo clássico sobre representação política de Pitkin, o representante *é*, mas também *age*.[45] É importante que o corpo de representantes apresente uma aproximação melhor com o corpo de representados, no que se refere às clivagens de gênero, de raça ou de orientação sexual – e, na verdade, também de classe.[46] Mas continua sendo essencial que

---

[43] YOUNG, Iris Marion. *Inclusion and Democracy*. Oxford: Oxford University Press, 2000.

[44] PHILLIPS, Anne. *The Politics of Presence*. Oxford: Oxford University Press, 1995.

[45] PITKIN, Hanna Fenichel. *The Concept of Representation*. Berkeley: University of California Press, 1967.

[46] Na tentativa de explicar a ausência do critério de classe nas ações afirmativas destinadas a ampliar a representatividade mimética dos órgãos representativos,

ele responda aos valores e interesses de sua base e que disponha das habilidades necessárias para defendê-los de forma eficaz. Como se vê, estas são exigências em certa medida conflitantes – num campo político povoado por homens brancos proprietários, quem compartilha destas características encontra menor resistência e, portanto, está melhor situado para agir com eficácia. As ações afirmativas precisam ser entendidas, assim, como instrumentos para modificar a dinâmica do campo, não apenas como uma maneira de alcançar representatividade mimética.

A vinculação entre política de presença e política de ideias, porém, foi perdendo força à medida que os movimentos de grupos subalternos embarcaram na onda identitarista, que concede uma primazia desmedida às identidades socialmente imputadas, adensando as fronteiras entre os grupos de pertencimento e colocando em distante segundo plano a representação de interesses e opiniões. Como o termo é disputado, convém esclarecer: por "identitarismo" ou "política identitária" não me refiro às demandas emancipatórias vinculadas a eixos como gênero, raça ou sexualidade, mas sim a uma maneira específica de expressá-las. Não se trata de voltar à hierarquização apriorística das lutas contra as opressões, que descarta como secundárias, quando não diversionistas, aquelas que não se ligam a classe. Muito menos de buscar um pretenso pragmatismo, verbalizado por um autor liberal como Mark Lilla, para quem os ganhos obtidos

---

Phillips sugere que, embora permaneçam marginalizados das elites políticas, os trabalhadores tiveram sucesso ao colocar a questão de classe entre os pontos definidores centrais das opções da vida política (PHILLIPS, *The Politics of Presence*, p. 173). É um argumento precário mesmo para a realidade histórica e geograficamente circunscrita que ele indevidamente universaliza. Em obra anterior, a autora já havia assinalado que a definição de quais grupos são beneficiados pelas ações afirmativas é política (PHILLIPS, Anne. *Democracy and Difference*. University Park: The Pennsylvania State University Press, 1993. p. 100). Se os trabalhadores não estão incluídos, isto se deve não apenas à maior dificuldade de operacionalização da categoria classe (em comparação, por exemplo, ao sexo biológico), mas também à percepção, por parte dos grupos dominantes, da divisão de classes como sendo a mais essencial à manutenção do sistema de dominação vigente, o que gera uma maior resistência à sua incorporação nas políticas de presença.

pelos "grupos minoritários" são subprodutos de vitórias eleitorais de uma elite política progressista – e como a visibilidade das demandas das mulheres, das populações negra e indígena ou da comunidade LGBT prejudica as chances dessa elite, é conveniente deixá-las na sombra.[47] Trata-se de uma leitura que ignora as demandas por autonomia política, que se demite de embates importantes e que, presa de um institucionalismo limitado e limitante, julga que as demandas emancipatórias são satisfeitas exclusivamente por meio da adoção de diplomas legais e de políticas governamentais, sem outras formas de enfrentamento das opressões e exclusões cotidianas.

A crítica ao identitarismo, portanto, não deve ser lida como saudosismo da política de classe tradicional nem como busca por uma estratégia eleitoral que seria mais promissora por evitar enfrentamentos difíceis. Seu ponto é a preocupação de garantir as condições para a articulação política dos diversos grupos dominados, diante de múltiplas demandas emancipatórias legítimas, e para o enfrentamento real das estruturas sociais da dominação.

A ideia de identidade remete, no senso comum, a uma autopercepção subjetiva e o movimento identitário é visto como buscando sobretudo o reconhecimento simbólico. O identitarismo participaria, assim, do mesmo processo que levou à afirmação, nos anos 1970 e 1980, da era do "pós-materialismo" e, a partir dos anos 1990, da primazia da busca pelo reconhecimento como motor da luta política. É redutor, no entanto, ler os novos movimentos desta forma. Eles não se orientam necessariamente no sentido da afirmação da própria diferença. Muitas vezes estão, na verdade, direcionados à defesa de direitos e ao combate a formas de dominação e opressão que de fato vigoram na nossa sociedade, com um horizonte de ampliação da autonomia individual. E com pautas, aliás, que estão longe de "meramente culturais" – não podemos questionar o caráter material de bandeiras como a integridade física, o controle sobre o próprio corpo, as cotas para acesso a locais sociais privilegiados ou ainda as creches ou a remuneração igual para

---

[47] LILLA, Mark. *The Once and Future Liberal: After Identity Politics*. New York: HarperCollins, 2017.

trabalho igual. A questão, então, não é opor classe a lutas identitárias, mas entender a posição ocupada pelo eixo de classe *vis-à-vis* os outros eixos de dominação social, todos dotados de efetiva materialidade.

Até porque, em certo sentido, não há luta política que não seja identitária. A constituição da classe operária como sujeito político depende da construção de uma identidade política comum. Este passo é indispensável para a ação política de qualquer grupo, mas particularmente para os dominados, cujas vivências são desvalorizadas e que encontram objetivamente, na estrutura social, estímulos para uma identificação com os dominadores. E mesmo a "política de ideias", para retomar a categoria de Phillips, produz um pertencimento político estabelecido pelo compromisso com determinado projeto de sociedade, muitas vezes na forma de adesão ao partido político.[48]

É quando exacerba o foco na reivindicação de "reconhecimento" por parte dos subalternos que o identitarismo marginaliza as lutas por distribuição material, terminando, às vezes, por vê-las como mero epifenômeno da hierarquização entre grupos. Como observaram Karen e Barbara Fields, é como se – por exemplo – o alvo principal da escravidão tivesse sido "a produção da supremacia branca, em vez da produção de algodão, açúcar, arroz e tabaco".[49] Ao mesmo tempo, o identitarismo reifica as identidades de grupo, apresentando-as não como pontos de partida para processos de construção coletiva – "abstrações que devem ser explicadas em termos de histórias materiais específicas"[50] –, mas como pontos fixos diante dos quais quaisquer outras considerações

---

[48] Jodi Dean indica, corretamente, que a debilitação desse sentido de pertencimento, com o avanço do identitarismo e do individualismo, reduz a possibilidade de ação política efetiva para a transformação do mundo. No entanto, presa da nostalgia pelo stalinismo, ela não oferece outra alternativa além da reedição do partido bolchevique, numa improvável volta ao passado. DEAN, Jodi. *Camarada: um ensaio sobre pertencimento político*. Tradução de Artur Renzo. São Paulo: Boitempo, 2021 (ed. orig.: 2019).

[49] FIELDS, Karen E.; FIELDS, Barbara J. *Racecraft: the Soul of Inequality in American Life*. London: Verso, 2012. p. 117.

[50] HAIDER, Asad. *Mistaken Identity: Race and Class in the Age of Trump*. London: Verso, 2018. p. 11.

devem se curvar. É ignorado o processo representativo de constituição das identidades políticas, isto é, a relação mútua entre a produção do grupo e a sua emergência na esfera pública por meio de porta-vozes, em favor de uma percepção ingênua e essencialista que as aceita como "uma força infrassocial e natural".[51] A identidade, então, é aquilo que constitui (os sujeitos) sem ser constituído (pelo mundo social): gênero ou raça são entendidos como categorias que possuem existência concreta, independente e prévia às relações sociais de dominação próprias de uma sociedade sexista e racista.

Despreocupação com as lutas materiais e absolutização do pertencimento identitário são o que Fraser chama, respectivamente, de "o problema do deslocamento" e "o problema da reificação".[52] Em conjunto, impedem ou dificultam a emergência de uma ação política emancipatória. O foco é a autoafirmação, em lugar do enfrentamento às estruturas de dominação – cuja superação, em última análise, poderia levar à dissolução das próprias identidades, cuja materialidade no mundo social está ligada ao caráter instrumental para a reprodução das hierarquias.

Ao mesmo tempo, a construção da unidade de ação dos grupos dominados é dificultada pela ênfase que o identitarismo concede à autoexpressão – uma autoexpressão que manifesta uma identidade única, insubstituível, só plenamente compreensível por quem partilha de seus atributos definidores. A porta para o diálogo fica praticamente fechada. Há efeitos repressivos também dentro do próprio grupo. Por um lado, a afirmação da identidade é erigida como objetivo permanente da ação política, promovendo o aprisionamento dos integrantes do grupo naquele modelo pré-fixado. Por outro, os embates dentro do próprio grupo, pelo poder de representá-lo, tendem a ser apagados.

---

[51] SANDILANDS, Catriona. *The Good-Natured Feminist: Ecofeminism and the Quest for Democracy*. Minneapolis: University of Minnesota Press, 1999. p. 43.

[52] FRASER, Nancy. Rethinking Recognition. *New Left Review*, sec. serie, n. 3, p. 108, 2000.

Com isso, a política de identidade tende a "formas repressivas de comunitarismo".[53]

Pelo mesmo motivo, o tipo de militância derivativa próprio do identitarismo, que se satisfaz com a autoafirmação e que contorna o enfrentamento com os padrões estruturais de dominação, tende a ignorar a dominação de classe. Um ponto adicional, que reforça esta tendência, é o incentivo para que profissionais de classe média foquem na luta por avanços que repercutem muito mais em seu círculo do que na base da pirâmide social. São medidas que contam com a simpatia de uma parte expressiva do *establishment*, com cobertura positiva da mídia e chances efetivas de vitórias a curto prazo. No entanto, a presença de mais mulheres e/ou pessoas negras entre, por exemplo, profissionais de alta qualificação e executivos de grandes empresas, por mais que ponha em xeque privilégios de homens e/ou pessoas brancas e promova mais igualdade num nicho específico do mercado de trabalho, não afeta a situação de quem está no chão da fábrica ou nos galpões do telemarketing, com gênero e cor da pele funcionando como marcas para baixos salários e elevada precariedade das condições laborais. Um movimento como o Me Too foi importante ao chamar a atenção para formas de violência até hoje invisibilizadas, mas certamente sua repercussão foi diferente entre personalidades do *show business* às voltas com executivos predadores e entre trabalhadoras comuns assediadas por capatazes e patrões. Em suma, o sexismo e o racismo são mais difíceis de enfrentar ali onde eles se encontram com a dominação de classe.

Ao tratar do que chama de "visão de igualdade sexual literal", que "permanece agnóstica sobre as outras desigualdades na sociedade", Anne Phillips anota que ela é talvez mais demandante do que parece à primeira vista.[54] Afinal (continuando com o exemplo dela), é possível aceitar que a disparidade de salários e de prestígio entre juízes, de um lado, e trabalhadores das creches, do outro, não afeta por si só a sensibilidade feminista. Mas se permanece a associação entre gênero e a

---

[53] *Idem*, p. 112.

[54] PHILLIPS, *Which Equalities Matter?*, p. 50.

chance de ocupar uma ou outra destas funções, então o caso muda de figura. Uma vez que a associação entre gênero, raça e vulnerabilidade ocupacional é central na reprodução do capitalismo em seu estágio atual, a despreocupação, por parte de movimentos autodenominados feministas ou antirracistas, com este eixo de dominação limita fortemente seu alcance. Dito de outra forma: a aparente despreocupação com as questões de classe é um poderoso indício de um viés de classe e uma limitação não desprezível quanto ao potencial emancipatório, mesmo em relação aos eixos de dominação aos quais a ação é ostensivamente direcionada, como gênero ou raça.

Um exemplo particularmente ilustrativo desse descompasso é o seminário da Escola de Negócios de Harvard ocorrido em 2013 e dedicado à igualdade de gênero. A estrela do evento era Sheryl Sandberg, então festejada por ter se tornado a primeira mulher a ingressar no conselho de administração do Facebook e autora de sucesso no gênero que poderia ser chamado de "autoajuda feminista corporativa", com o *best seller* intitulado *Lean in* (no Brasil, *Faça acontecer*), então recém-lançado. Ao mesmo tempo, porém, as funcionárias do hotel da universidade, no qual as participantes do evento estavam hospedadas, iniciavam um movimento por melhores condições de trabalho – reivindicando uma escala de tarefas que fosse humanamente possível cumprir e que as grávidas fossem desoneradas das tarefas mais pesadas. As trabalhadoras, todas elas mulheres latinas, não conseguiram sequer ser recebidas pela executiva do Facebook, que afirmou não ter tempo para elas: a barreira de classe se mostrava forte o suficiente para anular a solidariedade de gênero.[55]

No Brasil, um caso semelhante é o de Luiza Trajano, herdeira de uma rede de comércio varejista. Ela investiu fortemente no marketing pessoal, como uma das poucas mulheres a liderar uma grande empresa.

---

[55] Para quem quiser conhecer o caso, que tem final feliz (com o apoio dos estudantes de Harvard, as trabalhadoras conseguiram impor várias de suas condições), há um curto documentário do *The Nation* disponível na internet em: <https://www.youtube.com/watch?v=NgTOIL9kEDY>. Acesso em: 14 jun. 2019.

Acrescentou um discurso pró-empoderamento feminino e políticas corporativas de ampliação da presença de mulheres, em seguida também de pessoas negras, nos escalões funcionais superiores. A despeito das más práticas nas relações laborais[56] ou com os consumidores,[57] da eloquente defesa da destruição dos direitos trabalhistas[58] e da oposição à tributação dos mais ricos, preferindo a caridade privada,[59] Trajano é, em muitos círculos, saudada como "progressista". Seu avanço na lista dos mais ricos do Brasil, com crescimento patrimonial de 181% em apenas um ano,[60] apareceu, para alguns, como uma vitória das lutas pela emancipação feminina. Quanto ela foi incluída pela revista *Time* na lista das cem pessoas mais influentes do mundo, o texto em sua homenagem foi escrito pelo ex-presidente Lula. A hostilidade da bilionária em relação à classe trabalhadora e a políticas estatais voltadas à redistribuição da riqueza parece significar pouco diante do brilho de seu verniz identitário.

O discurso da "representatividade", que encontra em Trajano um caso exemplar, exalta a presença de indivíduos pertencentes a grupos dominados em posições de visibilidade social, ostentando signos de poder ou riqueza – seja no mundo dos negócios, na ciência, na mídia ou nos esportes. Não incorpora nenhum tipo de questionamento às estruturas de produção das desigualdades, apenas espera que elas sejam permeáveis à mobilidade ascendente de pessoas dos diversos

---

[56] PRIORI, Nelson. Magazine Luiza enfrenta muitas ações trabalhistas. *Monitor Mercantil*, on-line, 17 abr. 2021; SOUZA, Dayanne. Magazine Luiza é multado por *dumping* social. *O Estado de S.Paulo*, edição on-line, 5 nov. 2013.

[57] LOVISI, Pedro. Magazine Luiza recebe multa de R$ 10,5 milhões do Procon. *Correio Braziliense*, edição on-line, 3 mar. 2020.

[58] PEREIRA, Néli. Baixa popularidade dá a Temer "grande chance de passar reformas", diz Luiza Trajano. *BBC News Brasil*, on-line 25 abr. 2017.

[59] NOGUEIRA, Kiko. No que realmente importa, Luiza Trajano não é diferente do Véio da Havan: não aceita imposto sobre sua fortuna. *Diário do Centro do Mundo*, on-line, 5 out. 2020.

[60] FOGAÇA, André. 10 maiores bilionárias do Brasil: Luiza Trajano lidera lista de 2020. *The Cap – Finanças*, on-line, 2020.

grupos. Trata-se, assim, de uma demanda de caráter conservador, por integração ao mundo social tal como ele é. A dominação de classe é apagada como problema; a divisão de classes é apenas o pano de fundo contra o qual o sucesso dos integrantes dos grupos subalternos pode ser aferido.

Outro exemplo eloquente do ofuscamento das questões de classe é a luta por presença política. As cotas eleitorais ou legislativas são um tipo daquilo que Fraser chamou de "estratégia afirmativa", que enfrenta uma determinada assimetria sem mexer na estrutura social subjacente.[61] Cotas redistribuem o acesso aos espaços de poder entre diferentes grupos sociais, mas não atacam a desigualdade política primária, que é aquela entre a massa de representados, despossuída de poder, e a minoria de representantes – da mesma forma que cotas raciais no ensino superior não questionam as diferenças de status e renda entre profissionais diplomados e trabalhadores com baixa escolarização. Trata-se, por assim dizer, de alcançar uma distribuição mais igualitária da desigualdade, permitindo que mulheres e homens (ou não brancos e brancos) tenham chances similares de estar na parcela privilegiada. Um objetivo que não é irrelevante, por seus efeitos tanto materiais quanto simbólicos, mas que, por si só, aponta para um horizonte limitado de transformação social e é compatível com a reprodução de estruturas centrais de desigualdade.

No entanto (voltando aqui às cotas eleitorais ou legislativas), mesmo que as chances se tornem menos desiguais no que se refere a gênero, elas permanecem sensíveis a outras formas de injustiça. As principais beneficiadas são as mulheres que, à parte o gênero, compartilham das caraterísticas da elite política: burguesas ou profissionais liberais, brancas, heterossexuais, portadoras de títulos universitários. São elas que encontram as melhores condições para angariar os recursos financeiros necessários a uma campanha eleitoral exitosa, que dispõem de acesso às redes de contato que abrem as portas do campo político, que têm maior identificação com os caciques partidários. Em especial, elas têm condições de se libertar do principal gargalo para o ativismo político

---

[61] FRASER, Social Justice in the Age of Identity Politics, p. 74.

feminino, que é a disponibilidade de tempo livre: transferem a outras mulheres, mais pobres e em geral negras ou migrantes, a responsabilidade pelo serviço doméstico e pelos cuidados com as crianças, os idosos e os doentes. Não há dúvida de que mecanismos de incentivo à participação política formal, como cotas, são necessários. Mas, sobretudo para as mulheres da classe trabalhadora, as condições para a participação política dependem ainda mais de creches, da divisão das tarefas domésticas e do fim da discriminação de gênero no mercado de trabalho.

Não se trata de dizer que o feminismo de Sheryl Sandberg, de Luiza Trajano ou de organizações como a Catalyst, que mede o avanço da condição feminina pelo número de mulheres CEO's nas grandes corporações, seja hegemônico. Muito menos de negar que muitas bandeiras centrais do feminismo atravessam verticalmente toda a estrutura social, favorecendo igualmente mulheres menos ou mais abastadas (caso do combate à violência doméstica) ou até sendo mais benéficas para as mais pobres (caso da defesa do direito ao aborto, uma vez que as mulheres da classe média ou burguesas têm melhores chances de obter abortamento clandestino seguro e são menos vulneráveis à repressão policial). Mesmo sem um levantamento sistemático, é possível apostar que a maior parte da reflexão feminista e dos coletivos atuantes introduz classe como uma variável relevante, embora, em certos casos, apenas de forma nominal – como observou Danièle Kergoat, para as teóricas da interseccionalidade, "o cruzamento privilegiado é entre 'raça' e gênero, enquanto a referência à classe social não passa muitas vezes de uma citação obrigatória".[62] Não se trata, assim, de dificuldade para incorporar, do ponto de vista teórico, a importância das clivagens de classe na constituição dos padrões sociais de opressão, mas da resposta a estímulos concretos que fazem com que determinadas questões passem por insolúveis na atual quadra histórica.

O movimento feminista e o movimento negro foram eficazes ao demonstrar que, sem atenção às opressões de gênero e raça, o projeto socialista estaria incompleto. Mas é o caso de lembrar também que, se

---

[62] KERGOAT, Danièle. Dinâmica e consubstancialidade das relações sociais. Tradução de Antonia Malta Campos. *Novos Estudos*, n. 86, p. 99, 2010.

o enfrentamento à dominação de classe for deixado em segundo plano, qualquer avanço nas lutas feministas e antirracistas será sempre parcial e limitado.

A deriva identitarista assume, no cotidiano de um ativismo político frequentemente desorganizado e limitado às redes, a forma do apelo ao "lugar de fala", tornado ferramenta que impede o diálogo e garante uma reserva de mercado, no debate de ideias, para os integrantes de determinados grupos. Uma vez mais, é necessário esclarecer do que se está tratando. A noção de lugar de fala e outras assemelhadas tiveram e têm importância no combate a certo idealismo racionalista, que sonha com uma Razão descarnada que interpretaria o mundo permanecendo fora dele. Elas nos ensinam que toda fala é socialmente situada – e que isto é relevante para a compreensão de seu sentido. A categoria "perspectiva social", elaborada por Young e já mencionada antes, captura esta compreensão de um modo que marca desde o início o caráter *social* das posições de elocução e, portanto, o caráter *socialmente produzido* das diversas experiências, sem o apelo a noções essencializantes (ou mesmo místicas, como "ancestralidade"), que se tornaram tão correntes em alguns usos da noção de lugar de fala.

Trata-se de um alerta que visa produzir uma leitura menos ingênua e mais informada de *todos* os discursos presentes no mundo social, cujo alvo original é a ficção de que é possível alcançar um discurso dotado de plena universalidade, que se descole de qualquer perspectiva parcial. Este discurso será sempre o mascaramento de uma posição parcial que, por estar em posição de poder, é capaz de se impor como se fosse universal.[63] É por isso que, nas sociedades contemporâneas, mulheres, negros e indígenas e/ou LGBTs parecem mais presos a seus atributos específicos, ao passo que homens, brancos e héteros têm mais facilidade para falar em nome de um pretenso universal. Fala-se de "literatura feminina", "música negra" e "arte *queer*", mas a literatura, a música e a arte dos homens brancos héteros não precisam de qualificativos.

---

[63] YOUNG, Iris Marion. *Justice and the Politics of Difference*. Princeton: Princeton University Press, 1990.

Entendido desta maneira, o reconhecimento de que diferentes falantes vão ver o mundo a partir de diferentes posições sociais aponta para a necessidade de pluralização do debate. Seu uso deslizou, porém, para a afirmação de um privilégio epistêmico – isto é, a ideia de que o dominado, só por ser dominado, já entende as relações de dominação melhor do que qualquer outro. Parece o oposto da "falsa consciência", sustentado pela crença na transparência do mundo, no acesso imediato à verdade por meio da vivência. Mas se este acesso só é obtido pela vivência direta, o resultado é a uma dinâmica de alternância de silenciamentos, em que cada um só pode falar de si mesmo, e de construção de guetos.

Sim, a expressão dos dominados é importante porque traduz, em parte e com ruídos, como qualquer expressão, sua experiência – mas convém lembrar que essa experiência também é conformada pela dominação. Negros são sujeitos à percepção racializada do mundo social; trabalhadores são vulneráveis ao mito da igualdade de oportunidades e ao discurso do darwinismo social; as mulheres são levadas a significar sua vida "através de consciências alheias".[64] A noção de privilégio epistêmico, ao contrário, supõe que a posição de dominado promove acesso garantido e imediato a uma compreensão fiel da realidade. Abandona-se tudo o que produziu sobre ideologia, dominação simbólica, produção da doxa, imposição de representações do mundo social pelos grupos dotados de maiores recursos. E, se o acesso à verdade depende da posição social e de nada mais, abandona-se igualmente a necessidade da teoria, do estudo, do debate.

Mark Lilla toca no ponto quando observa que o *slogan* feminista "o pessoal é político", entendido originalmente como significando que aquilo que parece pessoal é, de fato, político, implicando disputas por poder, tende a ser lido agora em sentido oposto: a ação política, "na verdade, nada é além de atividade pessoal, uma expressão do eu e de como eu me defino".[65] A percepção anterior apontava na direção

---

[64] BEAUVOIR, Simone de. *Le deuxième sexe*, 2 v. Paris: Gallimard, 1949. v. II, p. 516.

[65] LILLA, *The Once and Future Liberal*, p. 75.

da expansão do escrutínio crítico, a ser aplicado também à esfera da privacidade e da intimidade. A atual, ao contrário, bloqueia o debate sobre a expressão política, que se torna manifestação de uma individualidade única, inacessível ao outro e, portanto, inquestionável.

As discussões feministas sobre as "teorias do ponto de vista" (*standpoint theories*), muito presentes nas últimas décadas do século passado e que estão na raiz de muitos dos usos contemporâneos do lugar de fala, nunca ignoraram os efeitos da dominação.[66] Pontuavam que era necessário dar às mulheres oportunidade de falar com sua própria voz, mas também que a experiência bruta tinha que ser ressignificada por meio de processos que, na falta de palavra melhor, podem ser chamados de "conscientização". Era o papel dos grupos de mulheres do movimento feminista dos anos 1960 e 1970, que foram cruciais para a difusão dessa questão – espaços que permitissem às mulheres construir uma compreensão de suas próprias vidas a contrapelo das representações patriarcais que as estruturam; que as levassem a produzir uma reflexão coletiva que propiciasse meios de ultrapassar a "consciência emprestada" que a condição de subalternidade impõe aos grupos dominados.

Tais espaços são necessários, mas não garantem a obtenção de uma verdade indiscutível, nem levam à imposição de vetos à participação no debate público. Da mesma forma como ocupar determinado lugar de fala não dá a ninguém um privilégio epistêmico, ocupar outro lugar não torna a fala, só por este motivo, irrelevante ou nociva. É um local externo e continuará a sê-lo, não importa de quanta empatia se revista – e ter consciência dessa exterioridade importa para compreendê-lo. Mas olhares externos também podem contribuir para o discernimento sobre a própria condição – pelo estranhamento que desnaturaliza situações vividas como óbvias e inevitáveis, pela introdução de quadros diversos de atribuição de significados, pelo uso de novas métricas de valores.

---

[66] Cf.: HARTSOCK, Nancy C. M. The Feminist Standpoint: Developing the Ground for a Specifically Feminist Historical Materialism. In: HARTSOCK, Nancy C. M. *The Feminist Standpoint Revisited and Other Essays*. Boulder: Westview, 1998 (ed. orig.: 1983).

Além disso, o não compartilhamento de características pessoais, de experiências de vida, até mesmo de crenças e de valores, em suma, de tudo o que indica a exterioridade em relação a uma determinada posição social *não* implica necessariamente preconceito. A equivalência automática entre exterioridade e preconceito, que está implícita em algumas apropriações da ideia de lugar de fala, é uma simplificação abusiva que serve apenas ao propósito de silenciar o debate.

Por fim, ter em vista a percepção do outro é essencial para o diálogo que abre as portas para a ação política comum. As perspectivas diferenciadas, convém lembrar, remetem a vivências parciais de um mesmo espaço social – isto é, existe um terreno comum, exterior à experiência particular, no qual ancorar a interlocução com outros grupos. Apropriações radicais do identitarismo tendem a negar este fato, absolutizando uma subjetividade que perde contato com o mundo concreto. Ao discutir as reações a uma falsa acusação de estupro, uma acadêmica postulou a existência de "dois diferentes padrões genéricos do 'dizer a verdade', um padrão legal com ênfase na verdade factual e na possibilidade de verificação externa e outro feminista, com ênfase na verdade subjetiva ou experiencial e nos marcadores de autenticidade".[67] Creio que não se trata de um padrão alternativo, mas da demissão da ideia de verdade, substituída por um recurso à autenticidade que veta qualquer questionamento. O resultado final, no caso, é tanto bloquear o diálogo quanto, no caso específico, enfraquecer a denúncia feminista das violências sexuais reais, factualmente verificáveis.

A atenção ao lugar de fala, quando ele é bem compreendido, fornece meios para uma leitura menos ingênua de *todos* os discursos, para amparar a exigência por um efetivo pluralismo de vozes no debate público e, ainda, para garantir aos integrantes do próprio grupo a palavra final sobre a pauta de reivindicações e a estratégia política a ser adotada. Mas se o objetivo não é a mera autoexpressão ou a produção de reservas de mercado nas disputas discursivas, e sim a superação dos padrões de

---

[67] SERISIER, Tanya. "How can a woman who has been raped be believed?" Andrea Dworkin, Sexual Violence and the Ethics of Belief. *Diegesis*, v. 4, n. 1, p. 69, 2015.

dominação social, então a atenção ao esforço para a produção de uma ação conjunta dos dominados precisa ser mantida.

Em suma, o uso limitante do "lugar de fala" está vinculado à degradação das reivindicações emancipatórias de grupos subalternos (voltadas contra padrões sociais de dominação e de violência) em meros reclamos identitários. A identidade deixa de ser um instrumento para a construção de um sujeito político coletivo para aparecer como um fim em si mesma.

O "lugar de fala" tornou-se, muitas vezes, veículo de um particularismo míope que pode e deve ser enfrentado. Passou da necessária reivindicação por acesso à voz e por autonomia para a postulação de uma clarividência automática derivada da vivência como dominado e, por vezes, para a imposição de uma censura sobre discursos de outros, com caráter aparentemente reparador. Mas seu substrato – a multiplicidade de sujeitos emancipatórios, própria da sociedade contemporânea – não é contornável. Não é mais possível, nem mesmo desejável, subsumir, na classe, todas as demandas emancipatórias dos diferentes eixos de dominação social. E, dada a pluralidade de posições de sujeito, essas demandas se cruzam nos próprios indivíduos e complicam o reconhecimento de porta-vozes de demandas coletivas.

Sendo assim, o que fazer? É preciso buscar um novo universal para substituir aquele que antes o proletariado encarnava, ou, ao contrário, apostar na articulação de particularidades? Muitas vezes, a identidade comum é buscada pelo negativo – a unidade dos "oprimidos" ou daqueles que sofrem os danos do mundo social, como no *blaberon* evocado por Jacques Rancière.[68] Mas não é uma solução satisfatória. Primeiro, porque erra ao reduzir a universalidade encarnada pela classe operária à sua condição de grupo dominado, deixando de lado sua vinculação ao *trabalho*, à capacidade de humanização do mundo natural, traço definidor de nossa própria espécie. Depois, porque se a universalidade é constituída pela opressão, ela se dissolve à medida que a opressão se vai dissolvendo – como, num paralelo talvez excêntrico, mas ilustrativo,

---

[68] RANCIÈRE, Jacques. *La mésentente: politique et philosophie*. Paris: Galilée, 1995.

ocorre com o eleitor que conseguiu adquirir bens de consumo no governo Lula e agora, preocupado com o risco de que os "vagabundos" roubem seu patrimônio, se volta à direita.

Classe, já está claro, não encapsula as outras formas de opressão na sociedade, que precisam ser entendidas e combatidas em sua especificidade. Mas é necessário discutir ainda se as lutas emancipatórias *necessariamente* se combinam – ou se, ao contrário, essa combinação precisa ser articulada e é sempre marcada por tensões potenciais. É preciso avançar no entendimento da interrelação entre as diversas formas de dominação e entre as múltiplas lutas sociais.

Se nos contentamos com a ideia fácil de que não devemos "hierarquizar" as opressões, como faz muito da esquerda hoje, nos privamos da possibilidade de compreender com maior profundidade o funcionamento do mundo social. A questão não é estabelecer hierarquias, mas entender as diferentes maneiras pelas quais elas incidem em diferentes espaços sociais com efeitos diferentes em abrangência e profundidade.

Por qual mágica seria possível garantir que todas as formas de dominação têm exatamente o mesmo impacto e o mesmo peso na produção da realidade social? É razoável pensar, por exemplo, que o capitalismo opera como um *sistema* que incide sobre todas as relações sociais, curvando-as à sua lógica, ao passo que o patriarcado demonstra sobretudo uma *maleabilidade* que lhe permite prosperar nas mais diversas formações sociais e momentos históricos, mesmo quando o que antes parecia ser sua base (a exclusão das mulheres da esfera pública ou a moral sexual repressiva) é abalado. Isso não significa estabelecer que uma opressão é "mais fundamental" do que outra, muito menos derivar uma da outra, mas percebê-las como agindo por mecanismos que são diversos e, portanto, não estabelecem equivalência.[69] E também pode ser que não seja assim – exatamente por isso é necessário avançar na investigação. Estabelecer que capitalismo, patriarcado, racismo ou homofobia se equiparam como formas de dominação por um *parti pris*

---

[69] Para uma discussão aprofundada, ver: MIGUEL, *Dominação e resistência*, Capítulo 6.

arbitrário é teoricamente improdutivo e, quase com certeza, empiricamente incorreto.

Por outro lado, também é razoável sugerir que há eixos que são mais estruturantes do mundo social na sua totalidade – o que não significa que as outras formas de opressão sejam secundárias ou irrelevantes. O capitalismo pode explicar uma gama maior de aspectos da sociedade atual do que a homofobia, mas, mesmo que isso seja verdade, na vida de um trabalhador gay ser gay representa provavelmente enfrentar uma carga muito maior de violência direta e discriminação do que ser trabalhador. Não nasce daí uma hierarquia que estabelece uma luta como prioritária ou anterior à outra, mas a possibilidade de combiná-las de uma maneira mais competente.

Compreender as diferenças na forma de funcionamento e no impacto social das diversas relações de dominação é essencial para que nós sejamos capazes de sair do mero reconhecimento ritual da "interseccionalidade" e possamos tanto compreender seu funcionamento cruzado quanto produzir estratégias que articulem as demandas variadas dos múltiplos grupos oprimidos. No fim das contas, é isso que está em jogo. Afinal, o desafio – parafraseando Marx – é *interpretar o mundo a fim de transformá-lo*. Uma tarefa coletiva, portanto, e que necessita de um projeto que a oriente.

Conclusão

A questão central da política é, como sempre, *o que fazer*. No caso, como recolocar o Brasil no caminho da democracia. A crer nos argumentos desenvolvidos neste livro, esta tarefa inclui, necessariamente, abrir portas para a construção de uma sociedade menos excludente, menos desigual e menos violenta. A disjunção entre a institucionalidade legal e o tecido social, isto é, a ideia de que se poderia alcançar uma ordem formalmente democrática em meio à desigualdade extrema e à privação mostrou-se incapaz de garantir a pretendida estabilidade política. Mesmo reduzida a um método de seleção de governantes, a democracia é atravessada por um espírito igualitário, sem o qual ela se torna desprovida de sentido. Se qualquer manifestação deste espírito é vetada *a priori*, então a democracia está condenada a ser não apenas deficiente, mas também instável.

Este entendimento leva à conclusão de que as condições para a edificação da democracia nos países da periferia capitalista são menos auspiciosas do que fazia crer certo otimismo presente nas últimas décadas do século XX e no começo do XXI. Nesses países, o espaço para transformações de caráter igualitário é reduzido, seja pela centralidade da superexploração do trabalho para a competitividade econômica, seja pela vulnerabilidade às pressões externas, seja ainda pela insegurança de suas classes dominantes. A busca pela construção de uma democracia digna do nome e de uma sociedade menos injusta impõe desafios permanentes à imaginação política.

Nunca é simples dar resposta à questão sobre o que fazer. Uma característica central da política, como Maquiavel intuía já no início do século XVI, é que a interação entre intenções e circunstâncias nunca leva a resultados integralmente antecipáveis. Derivam daí as tensões constitutivas do fazer político – entre acomodação e confronto, entre assegurar o pouco e empenhar-se na busca por mais, entre prudência e audácia, que o florentino já desenvolvia em sua obra.

Diante do cenário atual no Brasil, um problema principal, que se manifesta de forma aguda, é a contradição entre as necessidades de curto prazo e os projetos de longo prazo, que exigem investimentos muito diversos, por vezes conflitantes. Ela se coloca com especial nitidez no momento de encontrar a saída para os retrocessos sofridos nos últimos anos. Há pouca dúvida de que é prioridade, no Brasil de hoje, derrotar a extrema-direita truculenta, encarnada no bolsonarismo – e também no lavajatismo, que, ao que tudo indica, disputará a presidência sob suas próprias cores, com a candidatura de Sérgio Moro. Ainda que os estilos sejam diferentes, ambos apostam na intimidação dos adversários, na reversão dos direitos, na restrição da competição e da discussão pública, no esmagamento do campo popular.

A derrota da extrema-direita, convém explicitar, não se resume às urnas, mas precisa se impor em todos os espaços do debate e da concorrência política. É como limpar o terreno, reconquistando um clima menos tóxico, com uma disputa menos marcada pela violência, seja institucional ou aberta, a fim de, a partir daí, sonhar com novos e maiores avanços.

Com o favoritismo que o ex-presidente Lula apresenta nas sondagens de intenção de voto, o caminho mais fácil parece ser reeditar o pacto de 2002, atraindo a massa de políticos oportunistas em busca de parasitar o Estado (o chamado Centrão), acenando aos grupos mais civilizados do conservadorismo, refazendo pontes com a cúpula das igrejas predatórias, apaziguando a burguesia. Em todos estes setores, não são poucos os que se veem constrangidos pela aliança com Bolsonaro e que, sobretudo após a condução dada à crise sanitária, social e econômica aberta pelo surgimento do novo coronavírus, reconhecem o caráter desastroso do governo atual. Outros percebem ao menos que o grau de tensão de que o bolsonarismo precisa para prosperar atrapalha o usufruto das benesses do poder. Seja como for, dada a aparente inviabilidade de surgimento de um outro nome com chances eleitorais, tais setores estariam dispostos a aceitar o retorno do PT à presidência. Lula pavimentaria, assim, não apenas sua vitória eleitoral, mas também a "governabilidade" de seu eventual terceiro mandato.

Colocada nestes termos, a vitória de Lula consagraria a ideia de que a solução para os retrocessos sofridos nos últimos tempos é a recomposição de uma maioria eleitoral e parlamentar mais ou menos democrática, com uma hegemonia moderadamente progressista e disposta a produzir os mais amplos consensos possíveis. No entanto, o golpe de 2016 mostrou exatamente a fragilidade desta aposta, ao indicar que as "regras do jogo" não vigoram em todas as situações. A maioria eleitoral pode se revelar impotente se não encontrar, na capacidade de mobilização popular, os meios para se impor.

O realismo político fez Lula aceitar limites muito estreitos para a transformação social no Brasil. O lulismo, como sensibilidade política, é a consequência disso: um caminho popular, mas desmobilizador, para não assustar a classe dominante; inclusivo, mas não igualitário, para não ameaçar os privilegiados; voltado a reduzir a pobreza sem tocar na apropriação privada do fundo público. Foi, conforme tentei demonstrar nos capítulos deste livro, uma opção de menor atrito para fazer frente às premências da condição de vida da maioria do povo brasileiro, uma opção que pareceu exitosa em seu tempo, mas que a derrubada de Dilma Rousseff, o governo Temer e a subsequente adesão dos grupos dominantes a Jair Bolsonaro mostraram que não teria mais como se reproduzir – e que pouco incidiu sobre as estruturas da sociedade brasileira, conforme ficou demonstrado pela rapidez e radicalidade com que os retrocessos foram implementados. Uma reedição do lulismo que chegou ao governo nas eleições de 2002, adaptado aos novos tempos, significaria se acomodar aos limites ainda mais estreitos que as classes dominantes estão estabelecendo para a expressão do conflito político e não dá nenhuma garantia a mais de que as políticas compensatórias não serão revertidas a qualquer momento.

O ódio a Lula e ao PT foi fomentado como central na identidade da nova direita brasileira, mesmo em seus setores ainda vinculados aos partidos conservadores tradicionais. A ideia de uma recomposição que passe pelo ex-presidente faz tremer de ira os "coxinhas", mas, para o capital, um resultado desses não seria necessariamente ruim. Uma nova presidência de Lula significaria a derrota da direita extremada, uma aposta na redução dos níveis da violência política e uma esperança de retomada formal da via democrática, todas consequências positivas, cujo significado não deve ser menosprezado. Ao mesmo tempo, poderia levar à normalização da ordem nascida do golpe de 2016, mais perfeita do que seria possível sob qualquer político conservador. Um presidente "de esquerda", apoiado pelos movimentos populares e que foi alvo privilegiado dos golpistas, tendo passado mais de um ano e meio preso ilegalmente. Mas acomodado a um cenário em que direitos foram perdidos, a capacidade de ação do Estado foi reduzida, a economia está mais desnacionalizada e a Constituição de 1988 foi transformada em escombros. E o principal: a luta popular seria novamente canalizada para as eleições, ainda que se saiba que seus resultados podem ser revistos quando interesses poderosos se unem.

Se for assim, Bolsonaro terá cumprido todas as etapas dos sucessivos papéis que a direita atribuía a ele. Foi o cão raivoso que apimentou a preparação do golpe e ajudou a incendiar as ruas. No governo, tornou-se uma espécie de Pinochet brasileiro, garantindo o desmonte ultraliberal do Estado com a dose necessária de violência liberticida e intimidação da oposição. E, ao sair, será o proverbial bode na sala – aquele cuja presença é tão peçonhenta que, por contraste, faz com que qualquer situação em que esteja ausente pareça saudável e benfazeja.

Não é possível reduzir as expectativas ao retorno do pré-bolsonarismo, nem mesmo à reconstituição dos arranjos anteriores ao golpe. Em contexto diverso, mas que guarda similaridades com o atual, Florestan Fernandes observou como a experiência da ditadura gerava uma mudança de ótica, levando a uma visão bem mais tolerante em relação à institucionalidade anterior – e "sem se estabelecer qualquer relação genética entre ela e o que veio depois".[1] É o sentimento que a derrubada de Dilma Rousseff e, em seguida, o triunfo do bolsonarismo geram. Diante do retrocesso sofrido, a tendência é idealizar seja a ordem definida pela Constituição de 1988, seja os governos petistas. A tendência é também colocar a retomada desse passado perdido como objetivo final da luta política. Creio, no entanto, que é fundamental buscar a "relação genética", isto é, entender os limites do arranjo anterior, identificando também as brechas que permitiriam sua própria supressão. Se esta reflexão não for feita, estaremos fadados a mais um ciclo de democracia limitada e provavelmente efêmera.

Há um risco simétrico à idealização da democracia perdida, que é negar a ela valor ou mesmo realidade. No período anterior a 1964, dizia, uma vez mais, Florestan Fernandes, não havia no Brasil "uma democracia burguesa fraca, mas uma autocracia burguesa dissimulada".[2] Creio que aqui o pensador paulista cai em um diagnóstico reducionista para o período 1945-1964. E mais reducionista ainda quando é transposto para a Nova República – embora vários, à esquerda, o façam. Ver apenas a dominação de classe é desprezar as conquistas que permitiram a tantos grupos dominados, inclusive a própria classe trabalhadora, obter voz, ainda que limitada, no debate público e assim promover avanços, ainda que insuficientes. E, se é preciso alcançar uma sociedade sem classes para falar de democracia, então o conceito vai ter pouquíssima utilidade no mundo real. Em vez de reservar o termo "democracia" para uma situação ideal, é mais produtivo aplicá-lo de forma menos rígida, aceitando que teremos que falar de democracias com diferentes graus de imperfeição, ordenando sociedades que enfrentam graus também variados de iniquidade, operando diferenciadamente em diferentes espaços sociais, com uma tensão nunca resolvida entre os valores que afirma e as práticas que avaliza. Assim entendida, a democracia é tanto uma institucionalidade, portanto uma forma de dominação política,

---

[1] FERNANDES, Florestan. *A revolução burguesa no Brasil: ensaio de interpretação sociológica*. 6. ed. Curitiba: Kotter; São Paulo: Contracorrente, 2020. p. 274 (ed. orig.: 1975).

[2] *Idem*, p. 334.

quanto uma prática emancipatória que combate as dominações presentes no mundo social.[3]

A democracia da Nova República sempre vigorou de forma irregular. Tal como visto nos primeiros capítulos deste livro, qualquer ordem democrática está sob tensão no capitalismo – e mais ainda na periferia capitalista. Os direitos consignados na Constituição de 1988 tinham dificuldade de passar da letra da lei para a vida vivida, uma dificuldade tanto maior quanto mais pobres eram as pessoas que deles deviam usufruir. Os grupos poderosos sempre tiveram fartura de meios para fazer valer seus interesses, mas as brechas para a ação política popular não eram irrelevantes nem desprovidas de consequências. As sucessivas vitórias do PT mesmo servem de ilustração: a despeito da manipulação da informação e da baixa qualificação política, o eleitorado mostrou ser capaz de distinguir governos que levavam em conta suas necessidades mais prementes e premiá-los com a reeleição.

É verdade que isto é pouco e não serve para afirmar que a democracia brasileira funcionava a pleno vapor, nem mesmo que a *accountability* eleitoral cumpria plenamente seu papel. Mas se, como um certo discurso à esquerda gosta de lembrar, a democracia alardeada pela Nova República nunca chegou de fato ao jovem negro da favela, vítima da privação, da repressão policial, da insegurança e da ausência de serviços públicos, o fato é que, após seu colapso, as condições da resistência contra as violências sofridas pioraram muito para todos – incluídos aí os moradores das periferias e as vítimas do racismo estrutural.

Entender os limites de que sempre padeceu a democracia hoje fraturada no Brasil não implica ignorar o que ela significou como avanço político e possibilidade de progresso social. E ao falar de "limites" indico tanto os impedimentos a que suas promessas emancipatórias se efetivem quanto o risco, sempre presente, de que qualquer arranjo democrático que se consiga implementar seja subvertido quando as classes dominantes julgam que ele se tornou um estorvo. Por isso, para entender as insuficiências e perscrutar formas de superá-las, é necessário investigar

---

[3] MIGUEL, Luis Felipe. *Dominação e resistência: desafios para uma política emancipatória*. São Paulo: Boitempo, 2018. p. 17.

a relação entre a democracia perdida e os retrocessos que se seguiram à sua perda. Afinal, segundo tentei demonstrar ao longo deste livro, o risco de perder a democracia está estreitamente ligado à imposição dos vetos que reduzem seu alcance. E o que a análise da Nova República indica é que o caminho de uma democracia autolimitada, que recusa de antemão qualquer enfrentamento direto aos padrões principais de dominação vigentes no mundo social, carrega contradições internas que em algum momento eclodirão.

Para que uma retomada democrática não se resuma a um novo voo de galinha, há necessidade de incidir sobre a correlação de forças, despertando o campo popular – e isto implica romper uma cláusula pétrea do lulismo original. Torna-se necessário buscar uma nova dinâmica da relação entre as instituições e as ruas, trabalhando a favor da organização dos movimentos sociais e buscando neles a pressão necessária para avançar na transformação do país, o que corresponde ao modelo mais clássico de governos de esquerda.

À esquerda, o dilema muitas vezes se coloca como sendo a questão da frente ampla. A partir do momento em que setores cada vez mais numerosos da classe burguesa e da elite política tradicional, incluindo ativos participantes do golpe de 2016, se distanciavam de Bolsonaro, era possível aliar-se a eles para barrar seus movimentos mais autoritários, impor algum grau de racionalidade em políticas cruciais, como o enfrentamento da pandemia do novo coronavírus, e mesmo destituí-lo por meio de um *impeachment*, desta vez, plenamente respaldado na Constituição, tantos os crimes de responsabilidade cometidos – visíveis a olho nu desde o início do mandato e, mais tarde, comprovados de forma cabal pela Comissão Parlamentar de Inquérito que investigou o enfrentamento à Covid-19. No final de maio de 2020, os jornais estamparam o manifesto do Juntos, com uma ampla lista de signatários da centro-esquerda e mesmo da esquerda até a direita. O texto não falava em *impeachment* e não citava Bolsonaro. Ostensivamente, era um chamamento à união nacional. "Clamamos que lideranças partidárias, prefeitos, governadores, vereadores, deputados, senadores, procuradores e juízes assumam a responsabilidade de unir a pátria e resgatar nossa identidade como nação." "Invocamos que partidos, seus líderes e candidatos agora deixem de lado projetos individuais de poder em favor de um projeto comum de país." "É hora de deixar de lado velhas disputas em busca do bem comum." "Esquerda, centro e direita unidos para defender a lei, a ordem, a política, a ética, as famílias, o voto, a ciência, a verdade, o respeito e a valorização da diversidade, a liberdade de imprensa, a importância da arte, a preservação do meio ambiente e a responsabilidade na economia."[4]

O tom conservador era denunciado aqui e ali. A própria ideia de união nacional é, classicamente, um chamado ao abandono das reivindicações da classe trabalhadora. Além disso, havia as referências à defesa da "ordem", à "responsabilidade na economia" etc. Muitos quiseram, no entanto, ver ali o pontapé inicial de um movimento amplo para derrubar Bolsonaro e restaurar a democracia e o Estado de direito. Uma referência do manifesto ao movimento das Diretas Já reforçava essa leitura: todos pela democracia. O paralelo histórico, porém, era equivocado. As Diretas Já foram um movimento amplo em busca de um objetivo pontual, a volta das eleições diretas para presidente, que visava alargar e democratizar a disputa política, não a esconder em nome de um elusivo "projeto comum de país". Já o Juntos alardeava "princípios éticos e democráticos" abstratos e vagos, mas era incapaz de enunciar o que de fato propunha. Julgar que era o afastamento de Bolsonaro do cargo ficava a critério de cada freguês.

A questão central da frente ampla, que o manifesto do Juntos expressava com clareza, é a de que o preço que se espera que a esquerda pague é abrir mão de seu próprio discurso. Com isso, reforça a posição da ideologia dominante como chão comum e fronteira final da disputa política. Reduz os horizontes do conflito e enfraquece a exigência de uma transformação social profunda. A democracia que se propõe a defender é, de partida, severamente limitada.

A "amplitude" da frente exigia apagar a linha de continuidade que une Bolsonaro ao golpe de 2016. Por consequência, não se podia tocar nas arbitrariedades cometidas, no desmonte da Constituição de 1988, no

---

[4] JUNTOS. Somos muitos. *Folha de S.Paulo*, p. A-5, 30 maio 2020.

lawfare contra Lula e o PT. O processo de criminalização da esquerda seria revertido, talvez, na medida em que a esquerda deixasse de sê-lo. A macarthização do debate público, com o veto à expressão de tantas posições, se abrandaria conforme as vozes dissidentes optassem pela autocensura. Em suma: teríamos a democracia de novo, desde que com o compromisso de não a usar para enfrentar os padrões de dominação vigentes na sociedade.

A queda de Bolsonaro nunca foi o único resultado esperado dessa movimentação. A outra opção era "domesticar" o ex-capitão. Menos de duas semanas após a divulgação do manifesto, o presidente nacional do PSDB já descartava a possibilidade de *impeachment*, sob o argumento de que não se deveria "potencializar uma crise"[5] – logo ele, que fora resgatado do baixo clero parlamentar pelo acaso de ter dado o voto decisivo no *impeachment* que destituiu Dilma Rousseff. Mais do que garantir maior racionalidade na condução da crise sanitária e maior sensibilidade no enfrentamento de seus efeitos sociais, a pressão sobre Bolsonaro[6] levou a uma nova acomodação com a elite política tradicional, isto é, a maiores concessões ao Centrão. No início de setembro de 2021, às vésperas de encerrar seu mandato como presidente do STF, Dias Toffoli sacramentou o acordo, declarando: "Nunca vi atitude de Bolsonaro contra a democracia".[7] Em fevereiro de 2021, o governo conseguiu vitórias avassaladoras nas eleições para as mesas da Câmara dos Deputados.

---

[5] ARAÚJO, Bruno. Buscar o *impeachment* de Bolsonaro é potencializar uma crise. Entrevista a Carolina Linhares. *Folha de S.Paulo*, p. A-10, 15 jun. 2020.

[6] É razoável pensar que, tanto ou mais do que os manifestos de frente ampla, pesou na mudança de posição de Bolsonaro a prisão do ex-policial Fabrício Queiroz, em junho de 2020, depois de meses foragido. Apontado como operador dos esquemas de corrupção da família Bolsonaro e seu elo principal com as milícias do Rio de Janeiro, Queiroz tinha um grande potencial para causar danos políticos irreparáveis. Ampliar a boa vontade do Legislativo e do Judiciário em relação ao governo tornava-se essencial.

[7] TEIXEIRA, Matheus. Nunca vi atitude de Bolsonaro contra democracia, diz Toffoli. *Folha de S.Paulo*, edição on-line, 4 set. 2020.

Neste momento, o Juntos já tinha perdido gás. Sofreu a oposição vigorosa de setores da esquerda, incluindo, com destaque, os ex-presidentes Lula e Dilma Rousseff. Também deixara de ser útil, por ter cumprido uma parcela daquilo a que se destinava, para a parte da direita que o animara. Mas os movimentos de Lula para construir sua candidatura à presidência, depois de ter recuperado seus direitos políticos em março de 2021, sugerem que ele busca uma saída não muito diversa. Seu objetivo de construir uma aliança o mais ampla possível, congregando um grande número de apoiadores cujo compromisso seja com a democracia, seja com a igualdade social é, para dizer o mínimo, frágil e vacilante. O preço a pagar, mais uma vez, seria a autolimitação do programa de reformas e o loteamento do Estado entre os aliados, com a perpetuação das práticas de corrupção. Dada a seletividade do aparelho repressivo e dos meios de comunicação, este cenário manteria o eventual governo petista na defensiva, como ocorreu desde o escândalo do mensalão, em 2005, obrigando-o a novas concessões.

É fácil criticar este caminho, como tenho feito nestas páginas, mas é difícil indicar uma alternativa factível a ele no curto prazo. O tempo necessário para a reorganização do campo popular e o tempo exigido para a superação dos retrocessos são muito diversos.

Há a necessidade de encaminhar um processo de reconstitucionalização do país, fazendo com que voltem a vigorar os marcos definidos em 1988 para a vigência dos direitos e o disciplinamento das disputas políticas. Como visto no Capítulo 4, o processo de desestabilização do governo petista, que culminou no golpe de 2016, promoveu uma desorganização das relações entre os poderes, que passaram a medir forças a cada nova situação de tensão. O governo Bolsonaro agravou o quadro, com um *modus operandi* que consistia em ciclos de bravatas, ameaças e acomodações – baseadas em jantares voltados à promoção da harmonia entre os poderes, no espírito mais do "grande acordo nacional", aquele de que falou celebremente o senador Romero Jucá, do que do respeito às fórmulas da Constituição.

Ao lado da reconstitucionalização, é necessário enfrentar as muitas questões deixadas em aberto ao longo de toda a transição democrática.

Nenhuma delas é de equacionamento simples – não foi por acaso que permaneceram irresolvidas. Sem indicar qualquer hierarquização de prioridades e partindo das discussões apresentadas neste livro, aponto sete dessas questões. A lista é grande, mas está longe de ser exaustiva, o que já é um forte indício de como são vastos os obstáculos a serem superados.

A primeira questão diz respeito às Forças Armadas. É preciso produzir uma elite militar compatível com a convivência democrática, rompendo com seu monolitismo ideológico, combatendo a tradição salvacionista que as faz se entenderem como tutoras dos rumos do país, fortalecendo uma cultura de serviço público condizente com a submissão ao poder civil. Isto implica mexer na formação do oficialato, diversificar os contatos com o mundo civil e também adotar um protocolo de tolerância zero em relação a comportamentos e declarações políticas indevidas.

A segunda questão é a das polícias. Historicamente, elas são instrumentos do abuso da violência de Estado, promotoras permanentes de arbitrariedades contra as populações mais pobres, com indisfarçado viés racista. Mantêm laços estreitos com o crime organizado, na forma às vezes de colaboração, às vezes de competição pelo controle de mercados ilícitos. São um elemento permanente de tensão política nas unidades da federação, uma tensão motivada, antes, por suas pautas corporativas – muitas delas, convém anotar, geradas pelas precárias condições salariais e de trabalho – e agora também pela adesão maciça à extrema-direita ideológica. A produção de polícias compatíveis com a ordem democrática e o Estado de direito exige investimento em sua profissionalização, a superação da resistência corporativa para que sejam implementadas as medidas de reorganização funcional hoje consensuais na visão dos especialistas (unificação, desmilitarização) e também o enfrentamento do discurso ideológico que enaltece a brutalidade e o desrespeito aos direitos humanos como instrumentos imprescindíveis das políticas de segurança pública.

Uma terceira prioridade é a democratização da mídia. A concentração da capacidade de produção da informação em uns poucos conglomerados familiares, com alinhamento político uniforme e baixos padrões de profissionalismo, descaracteriza a competição democrática. Seria necessário combinar medidas de ampliação da concorrência no mercado com o suporte à produção cultural e noticiosa dos grupos dominados, a fim de que se tornassem mais capazes de disputar a agenda pública e os enquadramentos hegemônicos. Além disso, importa gerar um setor jornalístico público, autônomo tanto em relação ao mercado quanto ao Estado, que sirva de parâmetro deontológico para o exercício da profissão – desfazer o pouco que se avançara nesta direção, com a independência da Empresa Brasileira de Comunicação, foi uma prioridade do governo Temer.

A reforma política é a quarta questão. O tema está em discussão há décadas, mas se traduz em mudanças pontuais do sistema eleitoral, por vezes com inegável caráter casuísta. Com frequência, mesmo nas abordagens acadêmicas, o objetivo parece ser simplesmente a redução do número de partidos, a ser promovida por regras arbitrárias, sem qualquer outra preocupação. Mas a questão é ampliar a qualidade da representação política, ampliando o diálogo entre representantes e representados, aumentando a responsividade de uns aos interesses dos outros. Isto exige múltiplos enfrentamentos – às oligarquias partidárias, ao poder econômico, à influência das igrejas, às milícias. E exige, sobretudo, o estímulo à participação política e ao associativismo civil, uma vez que a qualidade da representação se vincula à educação política e à capacidade de produção autônoma dos interesses coletivos.[8]

Como quinta questão prioritária, é preciso redefinir a relação do Estado com o sistema financeiro, a fim de que seja possível estabelecer um programa de desenvolvimento nacional com redistribuição de riqueza. Para tanto, o modelo tributário tem que ser redefinido, de maneira a torná-lo verdadeiramente progressivo e a desestimular as práticas especulativas.

---

[8] MIGUEL, Luis Felipe. *Democracia e representação: territórios em disputa*. São Paulo: Editora Unesp, 2014. Capítulo 3.

A sexta questão é o reforço à laicidade do Estado. Ela é um pré-requisito lógico da própria possibilidade de democracia: se há uma vontade divina a ser forçosamente obedecida, a soberania popular não tem como se estabelecer. Concretamente, sua debilidade abre caminho para a manipulação política das crenças religiosas, alicerçada, como se sabe, na agitação contrária aos direitos de diversos grupos, como as mulheres, a comunidade LGBT, os povos indígenas e as minorias religiosas. A complacência de todos os governos da Nova República com a expansão da influência política das igrejas foi substituída, com Bolsonaro, por um papel ativo na erosão da laicidade, ao ponto de anunciar que a filiação sectária era pré-requisito para nomeação ao Supremo Tribunal Federal (em mais um flagrante desrespeito à Constituição). Recuperar o terreno perdido e avançar na direção de uma separação estrita entre religião e política é necessário para garantir tanto a redemocratização do país quanto o acesso pleno de todos e todas à cidadania, sem discriminações.

Por fim, há a preservação ambiental. Como já visto, o registro dos governos petistas em relação a ela não foi positivo. Mas após o golpe de 2016, sobretudo com o governo Bolsonaro, houve uma aceleração dramática da devastação de muitos dos principais biomas brasileiros, como a Amazônia, o Pantanal e o cerrado. Dada a importância do Brasil no equilíbrio ambiental do planeta, trata-se de uma questão com consequências que transcendem as fronteiras nacionais, impactando toda a humanidade. Não há como ser adiado o encaminhamento de um projeto que compatibilize o bem-estar das populações e o suprimento das necessidades dos mais pobres com o respeito à natureza – o que implica transferir a conta da proteção ambiental para os mais ricos, seja mudando as práticas das empresas, seja reduzindo o consumo ostentatório das pessoas físicas. Caso isto não ocorra no curtíssimo prazo, o risco é que as perdas se tornem irreversíveis, ameaçando a sobrevivência da espécie humana.

Longe de ser exaustivo, este apanhado de temas mostra como é desafiadora a tarefa de reconstrução nacional que se apresenta no momento. Há vetos ao enfrentamento de cada uma das questões elencadas, partindo de grupos poderosos: das cúpulas militares, das corporações policiais, dos conglomerados de mídia, da elite política tradicional, dos rentistas e bancos, dos chefes religiosos, dos ruralistas. Por isso, a tarefa n.º 1 é recolocar o campo popular como interlocutor ativo do jogo político, rompendo com a interdição imposta pelos retrocessos dos últimos anos.

Este é o critério para aquilatar as propostas de retomada democrática no Brasil. Qualquer proposta de pacificação da vida política do país que inclua elementos como a intocabilidade da política fiscal, a irreversibilidade dos retrocessos nas relações de trabalho ou o veto religioso a pautas de direitos individuais implica que o que se quer, na verdade, é a normalização da desdemocratização sofrida e a acomodação com um universo de expectativas ainda mais rebaixado. Seja entendida da forma mais convencional, como um conjunto de regras para equalização da disputa política, seja entendida a partir de sua construção histórica, como exigência de que os dominados tenham voz nos processos decisórios, a democracia não se adequa a tais limites, exceto se for despida de todas as suas virtualidades igualitárias e emancipatórias. É uma pacificação da vida política cujo preço é a aceitação passiva das relações de dominação.

Mesmo em seu sentido mais fraco, a democracia exige que decisões de interesse sejam submetidas ao escrutínio popular. Há uma *boutade* frequentemente atribuída a Emma Goldman, mas que tudo indica que não é de sua autoria: "Se o voto mudasse alguma coisa, seria ilegal". Espirituoso, mas incorreto. Sozinho, o voto – que serve de metonímia para o conjunto de direitos e liberdades políticas associados à democracia liberal – dificilmente pode transformar a sociedade. Mas, associado a outras circunstâncias, pode, sim, ser um instrumento da luta popular por mudanças. Justamente por isso, há tanto investimento dos grupos dominantes na produção do apassivamento político, na retirada de um conjunto crescente de decisões do âmbito da autoridade do voto e, quando necessário, de sua anulação por atos de força, como ocorreu no Brasil.

O único remédio contra isto é que o campo popular tenha vigor para impor sua presença política, o que exige um esforço nunca interrompido de educação política e organização. A conclusão pode parecer frustrante para quem alimentava a visão de que a democracia seria o porto de chegada depois de uma travessia iniciada no autoritarismo. Não é. A democracia é uma batalha permanente contra a reprodução das dominações sociais, na qual se enfrentam interesses em conflito. É uma forma de organização do acesso ao e do exercício do poder que se esforça por disciplinar, mas não anula as lições que a Ciência Política nos ensina desde Maquiavel. Incidir sobre a correlação de forças é, portanto, o único caminho para garantir que os mais fortes não revertam as vitórias alcançadas pelos mais fracos.

Esta batalha é travada em condições ainda mais adversas nos países de capitalismo periférico. Ter clareza quanto a esta conclusão é fundamental para evitar a ilusão de uma pacificação política superficial, que sirva apenas à perpetuação da opressão e da desigualdade.

Bibliografia

ABRAHAMSSON, Bengt. *Military Professionalization and Political Power*. Beverly Hills: Sage, 1972.

ABRANCHES, Sérgio. Presidencialismo de coalizão: o dilema institucional brasileiro. *Dados*, v. 31, n. 1, p. 5-32, 1988.

ACHEN, Christopher H.; BARTELS, Larry. *Democracy for Realists: Why Elections Do Not Produce Responsive Government*. Princeton: Princeton University Press, 2016.

AGUIAR, Roberto A. R. de. *Os militares e a Constituinte*. São Paulo: Alfa-Ômega, 1986.

ALMEIDA, Ronaldo de. A onda quebrada: evangélicos e conservadorismo. *Cadernos Pagu*, n. 50, p. 1-27, 2017.

ALMOND, Gabriel A.; VERBA, Sidney. *The Civic Culture: Political Attitudes and Democracy in Five Nations*. Boston: Little, Brown, 1963.

ALONSO, Angela; MISCHE, Ann. Changing Repertoires and Partisan Ambivalence in the New Brazilian Protests. *Bulletin of Latin American Research*, v. 36, n. 2, p. 144-159, 2017.

ÁLVAREZ R., Víctor. La transición al socialismo de la Revolución Bolivariana: ¿gobierno socialista o revolución socialista?. In: VALORES, Jorge (Org.). *Democracias nuevas o restauradas: el caso de Venezuela*. Caracas: El Perro y la Rana, 2012.

ALVES, Giovanni. A revolta do precariado no Brasil. *Blog da Boitempo*, on-line, 24 jun. 2013. Disponível em: <blogdaboitempo.com.br/2013/06/24/a-revolta-do-precariado-no-brasil>. Acesso em: 15 ago. 2019.

AMARAL, Marina. Jabuti não sobe em árvore: como o MBL se tornou líder das manifestações pelo *impeachment*. In: JINKINGS, Ivana; DORIA, Kim; CLETO, Murilo (Orgs.). *Por que gritamos golpe? Para entender o* impeachment *e a crise política no Brasil*. São Paulo: Boitempo, 2016.

AMARAL, Oswaldo E. do. *A estrela não é mais vermelha: as mudanças no programa petista nos anos 90*. São Paulo: Garçoni, 2003.

ANDERSON, Perry. As antinomias de Gramsci. In: ANDERSON, Perry. *Afinidades seletivas*. Tradução de Paulo Castanheira. São Paulo: Boitempo, 2002 (ed. orig.: 1976).

ANTUNES, André. Ocupar, lutar, resistir. *Revista Poli*, n. 44, p. 4-10, 2016.

ARANTES, Paulo. O governo Lula acabou?. In: ARANTES, Paulo. *Extinção*. São Paulo: Boitempo, 2007 (ed. orig.: 2005).

ARAÚJO, Bruno. Buscar o *impeachment* de Bolsonaro é potencializar uma crise. Entrevista a Carolina Linhares. *Folha de S.Paulo*, p. A-10, 15 jun. 2020.

ARAÚJO, Bruno Gomes de; ALBUQUERQUE, Edu Silvestre de. Articulação e capilaridade das redes políticas da IURD no território brasileiro. *Revista de Geopolítica*, v. 9, n. 2, p. 122-141, 2018.

ARENDT, Hannah. *Origens do totalitarismo*. Tradução de Roberto Raposo. São Paulo: Companhia das Letras, 1989 (ed. orig.: 1951).

ARENDT, Hannah. *The Human Condition*. Chicago: The University of Chicago Press, 1998 (ed. orig.: 1958).

ARINOS QUER REVER decisão sobre Forças Armadas – anteprojeto prevê votos para cabos e soldados. *Folha de S.Paulo*, p. 8, 11 jul. 1986. Disponível em: <https://www2.senado.leg.br/bdsf/handle/id/114837>. Acesso em: 2 mar. 2022.

AUGUSTIN, André Coutinho. Para além dos 20 centavos: a mobilidade urbana sob o ponto de vista da crítica da economia política. *Marx e o Marxismo*, n. 11, p. 279-300, 2018.

AUST, Stefan. *Baader-Meinhof: the Inside History of the R.A.F.* Tradução de Anthea Bell. Oxford: Oxford University Press, 2008 (ed. orig.: 1985).

BADIOU, Alain. *L'hypothèse communiste*. Fécamp: Lignes, 2009.

BALLESTRIN, Luciana. "Condenando a terra: desigualdade, diferença e identidade (pós)colonial", em Luis Felipe Miguel (Org.). *Desigualdades e democracia: o debate da teoria política*. São Paulo: Editora Unesp, 2016.

BALLESTRIN, Luciana. O debate pós-democrático no século XXI. *Revista Sul-Americana de Ciência Política*, v. 4, n. 2, p. 149-164, 2018.

BARBOZA FILHO, Rubem. A desdramatização da mudança ou o "desencantamento" do Brasil. *Dados*, v. 38, n. 1, p. 145-162, 1995.

BARROS, Celso Rocha de. O desafiante. *Folha de S.Paulo*, caderno "Ilustríssima", p. 6-7, 13 set. 2015.

BASTOS, Pedro Paulo Zahluth. A economia política do novo desenvolvimentismo e do social desenvolvimentismo. *Economia e Sociedade*, v. 21, n. especial, p. 779-810, 2012.

BAUMAN, Zygmunt. *Em busca da política*. Tradução de Marcus Penchel. Rio de Janeiro: Jorge Zahar, 2000 (ed. orig.: 1999).

BEAUVOIR, Simone de. *Le deuxième sexe*. 2 v. Paris: Gallimard, 1949.

BELL, Daniel. *The End of Ideology: On the Exhaustion of Political Ideas in the Fifties*. Cambridge: Harvard University Press, 2000 (ed. orig.: 1961).

BENKLER, Yochai; FARIS, Robert; ROBERTS, Hall. *Network Propaganda: Manipulation, Disinformation, and Radicalization in American Politics*. Oxford: Oxford University Press, 2018.

BERGER, Christa. *Campos em confronto: a terra e o texto*. Porto Alegre: Editora da UFRGS, 2003.

BIANCHI, Alvaro. *O laboratório de Gramsci: filosofia, história e política*. São Paulo: Alameda, 2008.

BIANCHI, Alvaro. Golpe de Estado: o conceito e sua história. In: PINHEIRO-MACHADO, Rosana; FREIXO, Adriano de (Orgs.). *Brasil em transe: bolsonarismo, nova direita e desdemocratização*. Rio de Janeiro: Oficina Raquel, 2019.

BLACKEY, Robert. Fanon and Cabral: A Contrast in Theories of Revolution for Africa. *The Journal of Modern African Studies*, v. 12, n. 2, p. 191-209, 1974.

BOITO JR., Armando. *Crise e reforma política no Brasil: os conflitos de classe nos governos do PT*. Campinas: Editora Unicamp; São Paulo: Editora Unesp, 2018.

BOOKCHIN, Murray. Anarquismo social ou anarquismo de estilo de vida: um abismo intransponível. In: BOOKCHIN, Murray. *Anarquismo, crítica e autocrítica*. Tradução de Felipe Corrêa e Alexandre B. de Souza. São Paulo: Hedra, 2001 (ed. orig.: 1995).

BOORSTIN, Daniel J. *The Image: A Guide to Pseudo-Events in America*. New York: Vintage, 1992 (ed. orig.: 1961).

BORON, Atilio A. Mercado, Estado e democracia: reflexões em torno da teoria política do monetarismo. In: BORON, Atilio A. *Estado, capitalismo e democracia na América latina*. Tradução de Emir Sader. São Paulo: Paz e Terra, 1994 (ed. orig.: 1991).

BOTTOMORE, T. B. *As elites e a sociedade.* 2. ed. Tradução de Otávio Guilherme C. A. Velho. Rio de Janeiro: Zahar, 1974 (ed. orig.: 1964).

BOURDIEU, Pierre. *La distinction: critique sociale du jugement.* Paris: Minuit, 1979.

BOURDIEU, Pierre. La représentation politique. Éléments pour une théorie du champ politique. *Actes de la Recherche en Sciences Sociales,* n. 36-37, p. 3-24, 1981.

BOURDIEU, Pierre. *Sociologie générale.* v. 2: "Cours au Collège de France, 1981-1983". Paris: Seuil, 2016.

BOURDIEU, Pierre (Dir.). *La misère du monde.* Paris: Seuil, 1993.

BOWLES, Samuel; GINTIS, Herbert. Efficient Redistribution: New Rules for Markets, States and Communities. In: WRIGHT, Erik Olin (Ed.). *Recasting Egalitarianism: New Rules for Communities, States and Markets.* London: Verso, 1998.

BRAGA, Ruy. *A política do precariado: do populismo à hegemonia lulista.* São Paulo: Boitempo, 2012.

BRAGA, Ruy. Terra em transe: o fim do lulismo e o retorno da luta de classes. In: SINGER, André; LOUREIRO, Isabel (Orgs.). *As contradições do lulismo: a que ponto chegamos?.* São Paulo: Boitempo, 2016.

BRASIL. *Constituição.* Texto de 1967, com a redação dada pela Emenda n. 1 de 1969 e demais emendas n. 2 a 27. São Paulo: Atlas, 1986.

BRASIL. *Constituição.* Texto de 1988. Brasília: Senado Federal, 1988.

BRENNAN, Jason. *Against Democracy.* Princeton: Princeton University Press, 2016.

BRINGEL, Breno. Crisis política y polarización en Brasil: de las protestas de 2013 al golpe de 2016. In: BRINGEL, Breno; PLEYERS, Geoffrey (Coords.). *Protesta e indignación global: los movimientos sociales en el nuevo orden mundial.* Buenos Aires: CLACSO, 2017.

BROWN, Wendy. *Undoing the Demos: Neoliberalism's Stealth Revolution.* New York: Zone Books, 2015.

BROWN, Wendy. *In the Ruins of Neoliberalism: The Rise of Antidemocratic Politics in the West.* New York: Columbia University Press, 2019.

BURITY, Joanildo. The Brazilian Conservative Wave, the Bolsonaro Administration, and Religious Actors. *Brazilian Political Science Review,* v. 15, n. 3, p. 1-19, 2021.

CABRAL, Otávio; LEITÃO, Leslie. O poder nas nuvens. *Veja,* p. 54-59, 10 jul. 2013.

CABRAL, Sandro; ITO, Nobuiuki; PONGELUPE, Leandro. The Disastrous Effects of Leaders in Denial: Evidence from the COVID-19 Crisis in Brazil. *SSRN Papers*, on-line, 2021. Disponível em: <papers.ssrn.com/sol3/Delivery.cfm/SSRN_ID3854097_code466177.pdf>. Acesso em: 8 jul. 2021.

CALIL, Gilberto. Olavo de Carvalho e a ascensão da extrema-direita. *Argumentum*, v. 13, n. 2, p. 64-82, 2021.

CAMPOS, Antonia M.; MEDEIROS, Jonas; RIBEIRO, Márcio M. *Escolas de luta*. São Paulo: Veneta, 2016.

CAMURÇA, Marcelo. Um poder evangélico no Estado brasileiro? Mobilização eleitoral, atuação parlamentar e presença no governo Bolsonaro. *Revista NUPEM*, n. 25, p. 82-104, 2020.

CAMURÇA, Marcelo. Igreja Universal do Reino de Deus: entre o "plano de poder" e a lógica de minoria perseguida. *Religião & Sociedade*, v. 40, n. 1, p. 43-66, 2020.

CANOVAN, Margaret. *The People*. Cambridge: Polity, 2005.

CAPPELLA, Joseph N.; JAMIESON, Kathleen Hall. *Spiral of Cynicism: The Press and the Public Good*. Oxford: Oxford University Press, 1997.

CARDOSO, Adalberto Moreira. Dimensões da crise do sindicalismo brasileiro. *Caderno CRH*, n. 75, p. 483-510, 2015.

CARDOSO, Adalberto. *A construção da sociedade do trabalho no Brasil: uma investigação sobre a persistência secular das desigualdades*. 2. ed. rev. ampl. Rio de Janeiro: Amazon, 2019.

CARDOSO, Adalberto. *À beira do abismo: uma sociologia política do bolsonarismo*. Rio de Janeiro: Amazon, 2020.

CARDOSO, Fernando Henrique. *Política e desenvolvimento em sociedades dependentes: ideologias do empresariado industrial argentino e brasileiro*. Rio de Janeiro: Jorge Zahar, 1971.

CARLOTTO, Maria Caramez. Inevitável e imprevisível, o fortalecimento da direita para além da dicotomia ação e estrutura: o espaço internacional como fonte de legitimação dos *think tanks* latino-americanos. *Plural*, v. 25, n. 1, p. 63-91, 2018.

CARVALHO, Laura. *Valsa brasileira: do boom ao caos econômico*. São Paulo: Todavia, 2018.

CASIMIRO, Flávio Henrique Calheiros. *A nova direita: aparelhos de ação política e ideológica no Brasil contemporâneo*. São Paulo: Expressão Popular, 2018.

CATINI, Carolina de Roig; MELLO, Gustavo Moura de Cavalcanti. Escolas de luta, educação política. *Educação & Sociedade*, n. 137, p. 177-202, 2016.

CAVALCANTE, Sávio. Classe média, meritocracia e corrupção. *Crítica Marxista*, n. 46, p. 103-125, 2018.

CAVALCANTE, Sávio. Classe média e ameaça neofascista no Brasil de Bolsonaro. *Crítica Marxista*, n. 50, p. 121-130, 2020.

CAZZULLO, Aldo. *I ragazzi che volevano fare la rivoluzione (1968-1978): storia di Lotta Continua*. Milano: Mondadori, 1998 (livro eletrônico).

CESARINO, Letícia. Como vencer uma eleição sem sair de casa: a ascensão do populismo digital no Brasil. *Internet & Sociedade*, v. 1, n. 1, p. 91-120, 2020.

CHAGAS, Viktor; MODESTO, Michele; MAGALHÃES, Dandara. O Brasil vai virar Venezuela: medo, memes e enquadramentos emocionais no WhatsApp pró-Bolsonaro. *Esferas*, n. 14, p. 1-15, 2019.

CHAUI, Marilena. A nova classe trabalhadora brasileira e a ascensão do conservadorismo. In: JINKINGS, Ivana. DORIA, Kim; CLETO, Murilo (Orgs.). *Por que gritamos golpe? Para entender o* impeachment *e a crise política no Brasil*. São Paulo: Boitempo, 2016.

COELHO, Edmundo Campos. A Constituinte e o papel das Forças Armadas. *Política e Estratégia*, v. III, n. 3, p. 367-378, 1985.

COOPER, Melinda. *Family Values: Between Neoliberalism and the New Social Conservatism*. New York: Zone Books, 2017.

COSTA, Emília Viotti da. *Da monarquia à república: momentos decisivos*. 6. ed. São Paulo: Editora Unesp, 1999 (ed. orig.: 1979).

COUTINHO, Carlos Nelson. A democracia como valor universal. *Encontros com a Civilização Brasileira*, n. 9, p. 33-47, 1979.

COUTINHO, Carlos Nelson. Socialismo e liberdade. *O Globo*, p. 7, 30 dez. 2008.

COUTO, Ronaldo Costa. De 1964 ao governo Sarney. In: BASTOS, Oliveira (Org.). *Sarney: o outro lado da história*. Rio de Janeiro: Nova Fronteira, 2001.

CROUCH, Colin. *Post-Democracy*. Cambridge: Polity, 2004.

CROUCH, Colin. *The Strange Non-Death of Neoliberalism*. Cambridge: Polity, 2011.

CRUZ, Valdo; DIAS, Marina. O PT se lambuzou, diz ministro da Casa Civil. *Folha de S.Paulo*, p. A-4, 3 jan. 2016.

DAGNINO, Evelina. Confluência perversa, deslocamentos de sentido, crise discursiva. In: GRIMSON, Alejandro (Org.). *La cultura en las crisis latinoamericanas*. Buenos Aires: Clacso, 2004.

DAGNINO, Evelina. Construção democrática, neoliberalismo e participação: os dilemas da confluência perversa. *Política & Sociedade*, n. 5, p. 139-164, 2004.

DAHL, Robert A. *A Preface to Democratic Theory*. Chicago: The University of Chicago Press, 1956.

DAHL, Robert A. A Critique of the Ruling Elite Model. *American Political Science Review*, v. 52, n. 2, p. 463-469, 1958.

DAHL, Robert A. *Who Governs? Democracy and Power in an American City*. New Haven: Yale University Press, 1961.

DAHL, Robert A. *Polyarchy: Participation and Opposition*. New Haven: Yale University Press, 1971.

DAHL, Robert A. A Democratic Paradox?. *Political Science Quarterly*, v. 115, n. 1, p. 35-40, 2000.

DAMIANI, Marco. *La sinistra radicale in Europa: Italia, Spagne, Francia, Germania*. Roma: Donzelli, 2016.

DARDOT, Pierre; LAVAL, Christian. *La nouvelle raison du monde: essai sur la société néolibérale*. Paris: La Découverte, 2009.

DEAN, Jodi. *Camarada: um ensaio sobre pertencimento político*. Tradução de Artur Renzo. São Paulo: Boitempo, 2021 (ed. orig.: 2019).

DELILLO, Don. *Underworld*. New York: Scribner, 1997.

DELPHY, Christine. L'état d'exception: la dérogation au droit commun comme fondement de la sphère privée. In: DELPHY. Christine. *L'enemmi principal*. v. 2: "Penser le genre". Paris: Syllepse, 2013 (ed. orig.: 1995).

DEMIER, Felipe. *Depois do golpe: a dialética da* democracia blindada *no Brasil*. Rio de Janeiro: Mauad X, 2017.

DIAMOND, Edwin; BATES, Stephen. *The Spot: the Rise of Political Advertising on Television*. Edição atualizada. Cambridge: The MIT Press, 1988.

DIETZE, Gabriele; ROTH, Julia. Right-Wing Populism and Gender: A Preliminary Cartography of An Emergent Field of Research. In: DIETZE, Gabriele; ROTH, Julia (Eds.). *Right-Wing Populism and Gender: European Perspectives and Beyond*. Bielefeld: Transcript Verlag, 2020.

DOMÈNECH, Antoni. "Democracia burguesa": nota sobre la génesis del oxímoron y la necedad del regalo. *Viento Sur,* n. 100, p. 95-100, 2009.

DOWNS, Anthony. *An Economic Theory of Democracy.* New York: Harper & Brothers, 1957.

EKSTRÖM, Mats; PATRONA, Marianna; THORNBORROW, Joanna. The Normalization of the Populist Radical Right in News Interviews: A Study of Journalistic Reporting on the Swedish Democrats. *Social Semiotics*, v. 30, n. 4, p. 1-19, 2020.

ESTANQUE, Elísio. Rebelião de classe média? Precariedade e movimentos sociais em Portugal e no Brasil (2011-2013). *Revista Crítica de Ciências Sociais*, n. 103, p. 53-80, 2014.

EVANGELISTA, Rafael; BRUNO, Fernanda. WhatsApp and Political Instability in Brazil: Targeted Messages and Political Radicalisation. *Internet Policy Review*, v. 8, n. 4, p. 1-23, 2019.

EXÉRCITO, Ministério do. *Temas constitucionais: subsídios.* Brasília: Centro de Comunicação Social do Exército, 1987.

FASSIN, Éric. *Populisme: le grand ressentiment.* Paris: Textuel, 2017.

FERNANDES, Florestan. *A revolução burguesa no Brasil: ensaio de interpretação sociológica.* 6. ed. Curitiba: Kotter; São Paulo: Contracorrente, 2000 (ed. orig.: 1975).

FERREIRA, Mariana Davi; COELHO, Jaime Cesar. As experiências latino-americanas na busca por autonomia: um exercício analítico pela ótica da economia política internacional e do pensamento social latino-americano. *PRACS – Revista Eletrônica de Humanidades do Curso de Ciências Sociais da UNIFAP*, v. 10, n. 2, p. 123-146, 2017.

FIELDS, Karen E.; FIELDS, Barbara J. *Racecraft: the Soul of Inequality in American Life.* London: Verso, 2012.

FIGUEIRA, Guilherme; MORENO-LOUZADA, Luca. Influência de Messias? Relação intramunicipal entre preferências políticas e mortes em uma pandemia. *SSRN Papers*, on-line, 2021. Disponível em: <https://papers.ssrn.com/sol3/papers. cfm?abstract_id=3849383>. Acesso em: 8 jul. 2021.

FINER, Samuel. *The Man on Horseback: the Role of the Military in Politics.* 2. ed. Boulder: Westview; London: Pinter, 1998 (ed. orig.: 1962).

FISCHER, Karin; PLEWE, Dieter. Redes de *Think Tanks* e intelectuales de derecha en América Latina. *Nueva Sociedad*, n. 245, p. 70-85, 2013.

FISHMAN, Andrew; VIANA, Natália; SALEH, Maryam. EUA estão com faca e queijo na mão. *The Intercept Brasil*, on-line, 12 mar. 2020. Disponível em:

<theintercept.com/2020/03/12/lava-jato-driblou-governo-ajudar-americanos-doj>. Acesso em: 11 set. 2020.

FOGAÇA, André. 10 maiores bilionárias do Brasil: Luiza Trajano lidera lista de 2020. *The Cap – Finanças*, on-line, 2020. Disponível em: <comoinvestir.thecap.com.br/10-maiores-bilionarias-do-brasil-de-2020>. Acesso em: 3 out. 2020.

FONSECA, Sandra Mayrink; VARGAS, Isaque. *Volta Redonda: entre o aço e as armas*. Petrópolis: Vozes, 1990.

FOUCAULT, Michel. *Surveiller et punir: naissance de la prison*. Paris: Gallimard, 1975.

FRASER, Nancy. *Justice Interruptus: Critical Reflections on the "Postsocialist" Condition*. New York: Routledge.

FRASER, Nancy. Rethinking Recognition. *New Left Review*, sec. serie, n. 3, p. 107-120, 2000.

FRASER, Nancy. Social Justice in the Age of Identity Politics: Redistribution, Recognition, and Participation. In: FRASER, Nancy; HONNETH, Axel. *Redistribution or Recognition? A Political-Philosophical Exchange*. London: Verso, 2003.

FRASER, Nancy. *The Old is Dying and the New Cannot be Born: from Progressive Neoliberalism to Trump and Beyond*. London: Verso, 2019.

FREIXO, Adriano de; RODRIGUES, Thiago (Orgs.). *2016, o ano do golpe*. Rio de Janeiro: Oficina Raquel, 2016.

FRENCH, John D. *Lula and his Politics of Cunning: from Metalworker to President of Brazil*. Chapel Hill: The University of North Carolina Press, 2020.

FREZZA, Bill. Internet: Killer Virus of the State. *Interactive Age*, p. 13, 5 jun. 1995.

FUKUYAMA, Francis. *The End of History and the Last Man*. New York: Free Press, 1992.

FUKUYAMA, Francis. *Identity: the Demand for Dignity and the Politics of Resentment*. New York: Farrar, Strauss and Giroux, 2018.

FURTADO, Celso. *Formação econômica do Brasil*. São Paulo: Companhia das Letras, 2007 (ed. orig.: 1959).

FURTADO, Celso. *Desenvolvimento e subdesenvolvimento*. Rio de Janeiro: Contraponto; Centro Internacional Celso Furtado, 2009 (ed. orig.: 1961).

FURTADO, Celso. *O mito do desenvolvimento econômico*. Rio de Janeiro: Paz e Terra, 1974.

GABEIRA, Fernando. *O que é isso, companheiro?*. Rio de Janeiro: Codecri, 1979.

GAGO, Verónica. *La razón neoliberal: economías barrocas y pragmática popular*. Madrid: Traficantes de Sueños, 2015.

GANDESHA, Samir. Introduction. In: GANDESHA, Samir (Ed.). *Spectres of Fascism: Historical, Theoretical and International Perspectives*. London: Pluto Press, 2000.

GANDESHA, Samir (Ed.). *Spectres of Fascism: Historical, Theoretical and International Perspectives*. London: Pluto Press, 2000.

GENOINO, José; DUARTE, Ozeas. Programa: a centralidade do Congresso. Texto para o II Congresso do PT – 1999. *Genoino*, on-line, 1999. Disponível em: <http://genoino.com.br/1982_2002_ver.php?idOutro=504>. Acesso em: 17 jan. 2021.

GENRO, Adelmo. A democracia como valor operário e popular. *Encontros com a Civilização Brasileira*, n. 17, p. 195-202, 1979.

GIDDENS, Anthony. *The Consequences of Modernity*. Stanford: Stanford University Press, 1990.

GIDDENS, Anthony. *Beyond Left and Right: the Future of Radical Politics*. Cambridge: Polity, 1994.

GÓES, Walder de. Militares e política, uma estratégia para a democracia. In: O'DONNELL, Guillermo; REIS, Fábio Wanderley (Orgs.). *A democracia no Brasil: dilemas e perspectivas*. São Paulo: Vértice, 1988.

GONZÁLEZ, Maria Fernanda. La "posverdad" en el plebiscito por la paz en Colombia. *Nueva Sociedad*, n. 269, p. 114-126, 2017.

GORENDER, Jacob. *O escravismo colonial*. São Paulo: Expressão Popular, Fundação Perseu Abramo, 2019 (ed. orig.: 1978).

GORZ, André. *Stratégie ouvrière et néocapitalisme*. Paris: Seuil, 1964.

GORZ, André. *Adeus ao proletariado: para além do socialismo*. Tradução de Ângela Ramalho Vianna e Sérgio Góes de Paula. Rio de Janeiro: Forense Universitária, 1987 (ed. orig.: 1980).

GORZ, André. *Métamorphoses du ttravail, quête du sens: critique de la raison économique*. Paris: Galilée, 1988.

GOYARD-FABRE, Simone. *O que é democracia? A genealogia filosófica de uma grande aventura humana*. Tradução de Claudia Berliner. São Paulo: Martins Fontes, 2003 (ed. orig.: 1998).

GRIFFITH, Robert. The Political Context of McCarthyism. *The Review of Politics*, v. 33, n. 1, p. 24-35, 1971.

GUEDES, Paulo. Dá para esperar 4 aninhos de um liberal-democrata após 30 de centro-esquerda?. Entrevista a Alexa Salomão. *Folha de S.Paulo*, p. A-28-9, 3 nov. 2019.

HABERMAS, Jürgen. *Problemas de legitimación en el capitalismo tardío*. Tradução de José Luis Etcheverry. Buenos Aires: Amorrortu, 1975 (ed. orig.: 1973).

HABERMAS, Jürgen. *Direito e democracia: entre facticidade e validade*. 2 vol. Tradução de Flávio Beno Siebeneichler. Rio de Janeiro: Tempo Brasileiro, 1997 (ed. orig.: 1992).

HAIDER, Asad. *Mistaken Identity: Race and Class in the Age of Trump*. London: Verso, 2018.

HALLIN, Daniel C. *The "Uncensored War": the Media and Vietnam*. Berkeley: University of California Press, 1986.

HALLIN, Daniel C.; MANCINI, Paolo. *Comparing Media Systems: Three Models of Media and Politics*. Cambridge: Cambridge University Press, 2004.

HARSIN, Jayson. Post-Truth and Critical Communication Studies. *Oxford Research Encyclopedia of Communication*, on-line. Oxford: Oxford University Press, 2018. Disponível em: <oxfordre.com/communication/view/10.1093/acrefore/9780190228613.001.0001/acrefore-9780190228613-e-757>. Acesso em: 14 jun. 2020.

HARTSOCK, Nancy C. M. The Feminist Standpoint: Developing the Ground for a Specifically Feminist Historical Materialism. In: HARTSOCK, Nancy C. M. *The Feminist Standpoint Revisited and Other Essays*. Boulder: Westview, 1998 (ed. orig.: 1983).

HARVEY, David. *A loucura da razão econômica: Marx e o capital no século XXI*. Tradução de Artur Renzo. São Paulo: Boitempo, 2018 (ed. orig.: 2017).

HIRSCHMAN, Albert O. *A retórica da intransigência: perversidade, futilidade, ameaça*. Tradução de Tomás Rosa Bueno. São Paulo: Companhia das Letras, 1992 (ed. orig.: 1991).

HORTON, Donald; WOHL, R. Richard. Mass Communication and Para-Social Interaction. *Psychiatry*, v. 19, n. 3, p. 215-229, 1956.

HUNT, Elle. Tay, Microsoft's AI Chatbot, Gets a Crash Course in Racism from Twitter. *The Guardian*, edição on-line, 24 mar. 2016. Disponível em: <https://www.theguardian.com/technology/2016/mar/24/tay-microsofts-ai-chatbot-gets-a-crash-course-in-racism-from-twitter>. Acesso em: 24 mar. 2016.

HUNTER, Wendy. *The Transformation of Workers' Party in Brazil, 1989-2009*. Cambridge: Cambridge University Press, 2010.

HUNTINGTON, Samuel P. *Political Order in Changing Societies*. New Haven: Yale University Press, 1968.

HUNTINGTON, Samuel P. Approaches to Political Decompression. (Estudo encaminhado à Casa Civil do governo brasileiro em 1973). Disponível em: *Arquivos da ditadura: documentos reunidos por Elio Gaspari*, <arquivosdaditadura.com.br/documento/galeria/receita-samuel-huntington>. Acesso em: 2 out. 2020.

HUNTINGTON, Samuel P. The United States. In: CROZIER, Michel J.; HUNTINGTON, Samuel P.; WATANUKI, Joji. *The Crisis of Democracy: Report on the Governability of Democracies to the Trilateral Commission*. New York: New York University Press, 1975.

HUNTINGTON, Samuel P. *The Third Wave: Democratization in the Late 20th Century*. Norman: University of Oklahoma Press, 1991.

HUNTINGTON, Samuel P. *The Clash of Civilizations and the Remaking of World Order*. New York: Simon & Schuster, 1996.

INGLEHART, Ronald. *The Silent Revolution: Changing Values and Political Styles Among Western Publics*. Princeton: Princton University Press, 1977.

IRWIN, Will. *Support to Resistance: Strategic Purpose and Effectiveness*. Florida: The JSOU Press, 2019.

JANUÁRIO, Adriano *et al*. As ocupações de escolas em São Paulo (2015): autoritarismo burocrático, participação democrática e novas formas de luta social. *Revista Fevereiro*, n. 9, p. 1-26, 2016.

JESUS, Carolina Maria de. *Quarto de despejo: diário de uma favelada*. Rio de Janeiro: Francisco Alves, 1983 (ed. orig.: 1960).

JINKINGS, Ivana; DORIA, Kim; CLETO, Murilo (Orgs.). *Por que gritamos golpe? Para entender o* impeachment *e a crise política no Brasil*. São Paulo: Boitempo, 2016.

JUNTOS. Somos muitos. *Folha de S.Paulo*, p. A-5, 30 maio 2020.

JUNQUEIRA, Rogério Diniz. A invenção da "ideologia de gênero": a emergência de um cenário político-discursivo e a elaboração de uma retórica reacionária antigênero. *Revista Psicologia Política*, n. 43, p. 449-502, 2018.

KECK, Margaret E. *PT: a lógica da diferença*. São Paulo: Ática, 1991.

KEETER, Scott. The Illusion of Intimacy: Television and the Role of Candidate Personal Qualities in Voter Choice. *Public Opinion Quaterly*, v. 51, n. 3, p. 344-385, 1987.

KEHL, Maria Rita. Tortura e sintoma social. In: TELES, Edson; SAFATLE, Vladimir (Orgs.). *O que resta da ditadura: a exceção brasileira*. São Paulo: Boitempo, 2010.

KERCHE, Fábio. Autonomia e discricionariedade do Ministério Público no Brasil. *Dados*, v. 50, n. 2, p. 259-279, 2007.

KERCHE, Fábio. Ministério Público, Lava Jato e Mãos Limpas: uma abordagem institucional. *Lua Nova*, n. 105, p. 255-286, 2018.

KERGOAT, Danièle. Dinâmica e consubstancialidade das relações sociais. Tradução de Antonia Malta Campos. *Novos Estudos*, n. 86, p. 93-103, 2010.

KOPPER, Moisés; DAMO, Arlei Sander. A emergência e evanescência da nova classe média brasileira. *Horizontes Antropológicos*, n. 50, p. 335-376, 2018.

KURLANSKY, Mark. *1968: the Year that Rocked the World*. New York: Ballantine, 2004.

LACLAU, Ernesto. Os novos movimentos sociais e a pluralidade do social. Tradução de Tradutec. *Revista Brasileira de Ciências Sociais*, n. 2, p. 41-47, 1986 (ed. orig.: 1983).

LACLAU, Ernesto. *On Populist Reason*. London: Verso, 2005.

LAZARSFELD, Paul F.; BERELSON, Bernard; GAUDET, Hazel. *The People's Choice: how the Voter Makes Up his Mind in a Presidential Election*. 3. ed. New York: Columbia University Press, 1969 (ed. orig.: 1944).

LEAL, Paulo Roberto Figueira. *O PT e o dilema da representação política: os deputados federais são representantes de quem?*. Rio de Janeiro: FGV, 2005.

LÊNIN, Vladimir I. O Estado e a revolução. In: LÊNIN, Vladimir I. *Obras escolhidas em seis tomos*. v. 3. Tradução de José Oliveira. Moscou: Progresso; Lisboa: Avante, 1985 (ed. orig.: 1917).

LENZ, Rodrigo. *Pensamento político dos militares no Brasil: mudanças e permanências na doutrina da ESG (1974-2016)*. 321 f. 2021. Tese (Doutorado em Ciência Política) – Programa de Pós-Graduação em Ciência Política, Universidade de Brasília, Brasília, 2021.

LEPECK, Gabriel; ZEN, Rafael Luiz. Contrapor é cansativo: a era da pós-verdade e suas aplicações na campanha eleitoral de Jair Bolsonaro via WhatsApp. *Linguagens*, v. 14, n. 1, p. 25-44, 2020.

LEVITSKY, Steven; ZIBLATT, Daniel. *How Democracies Die*. New York: Crown, 2018.

LÉVY, Pierre. *L'intelligence collective: pour une anthropologie du cyberspace*. Paris: La Découverte, 1994.

LÉVY, Pierre. *Cyberculture*. Paris: Odile Jacob, 1997.

LIJPHART, Arend. *Patterns of Democracy: Government Forms and Performance in Thirty-Six Countries*. New Haven: Yale University Press, 1999.

LILLA, Mark. *The Once and Future Liberal: After Identity Politics*. New York: HarperCollins, 2017.

LIMA, Venício A. de. Comunicação na Constituinte de 1987/88: a defesa dos velhos interesses. *Caderno CEAC*, n. 1, p. 143-152, 1987.

LIMA, João Gabriel de; CORRÊA, Hudson. Todos contra a violência. *Época*, edição on-line, 15 nov. 2013. Disponível em: <https://epoca.globo.com/tempo/noticia/2013/11/btodos-contra-b-violencia.html>. Acesso em: 17 jan. 2020.

LIPSET, Seymour Martin. *Political Man: the Social Bases of Politics*. New York: Doubleday, 1960.

LOSURDO, Domenico. *A luta de classes: uma história política e filosófica*. Tradução de Silvia de Bernardinis. São Paulo: Boitempo, 2015 (ed. orig.: 2013).

LOSURDO, Domenico. *O marxismo ocidental: como nasceu, como morreu, como pode renascer*. Tradução de Ana Maria Chiarini e Diego Silveira Coelho Ferreira. São Paulo: Boitempo, 2018 (ed. orig.: 2017).

LOVISI, Pedro. Magazine Luiza recebe multa de R$ 10,5 milhões do Procon. *Correio Braziliense*, edição on-line, 3 mar. 2020. Disponível em: <www.correiobraziliense. com.br/app/noticia/economia/2020/03/03/internas_economia,831652/magazine-luiza-recebe-multa-de-r-10-5-milhoes-do-procon.shtml>. Acesso em: 3 out. 2021.

LUXEMBURGO, Rosa. Reforma social ou revolução? (Com um anexo: milícia e militarismo). In: LUXEMBURGO, Rosa. *Textos escolhidos*. v. 1. Tradução de Stefan Fornos Klein. São Paulo: Editora Unesp, 2011. p. 49 (ed. orig.: 1899).

LUXEMBURGO, Rosa. A Revolução Russa. In: LUXEMBURGO, Rosa. *A Revolução Russa*. Tradução de Isabel Maria Loureiro. Petrópolis: Vozes, 1990 (ed. orig.: 1918).

MACPHERSON, C. B. *The Life and Times of Liberal Democracy*. Oxford: Oxford University Press, 1977.

MADEIRA, Rafael Machado. A atuação de ex-arenistas e ex-emedebistas na Assembleia Nacional Constituinte. *Revista Brasileira de Ciências Sociais*, n. 77, p. 189-202, 2011.

MARAVALL, José Maria; PRZEWORSKI, Adam. Introduction. In: MARA-VALL, José Maria; PRZEWORSKI, Adam (Eds.). *Democracy and the Rule of Law*. Cambridge: Cambridge University Press, 2003.

MARGLIN, Stephen. Origens e funções do parcelamento de tarefas (para que servem os patrões?). In: GORZ, André (Org.). *Crítica da divisão do trabalho*. Tradução de Estela dos Santos Abreu. São Paulo: Martins Fontes, 1989 (ed. orig.: 1971).

MARGLIN, Stephen. *The Dismal Science: how Thinking Like an Economist Undermines Community*. Cambridge: Harvard University Press, 2008.

MARIGHELLA, Carlos. Chamamento ao povo brasileiro. *Marxists.org*, on-line, 2004. Disponível em: <www.marxists.org/portugues/marighella/1968/12/chamamento.htm>. Acesso em> 23 mar. 2020 (orig.: 1968).

MARINI, Ruy Mauro. *Dialéctica de la dependencia*. México: Era, 1973.

MARQUES, Adriana A. A conexão Porto Príncipe-Brasília: a participação em missões de paz e o envolvimento na política doméstica. In: MARTINS FILHO, João Roberto (Org.). *Os militares e a crise brasileira*. São Paulo: Alameda, 2021.

MARTINS, Ives Gandra da Silva. Cabe às Forças Armadas moderar os conflitos entre os poderes. *Consultor Jurídico*, on-line, 28 maio 2020. Disponível em: <www.conjur.com.br/2020-mai-28/ives-gandra-artigo-142-constituicao-brasileira>. Acesso em: 25 jun. 2021.

MARX, Karl. *Sobre a questão judaica*. Tradução de Nélio Schneider e Wanda Caldeira Brant. São Paulo: Boitempo, 2010 (ed. orig.: 1844).

MARX, Karl. *A miséria da filosofia*. Tradução e introdução José Paulo Netto. São Paulo: Global, 1985 (ed. orig.: 1847).

MARX, Karl. *Resultados do processo de produção imediata: capítulo VI inédito de* O capital. (Sem indicação de tradutor.) São Paulo: Moraes, 1985 (orig.: *c.* 1865).

MARX, Karl. *A guerra civil na França*. Tradução e notas de Rubens Enderle. São Paulo: Boitempo, 2011 (ed. orig.:1871).

MARX, Karl. *Crítica do programa de Gotha*. Seleção, tradução e notas de Rubens Enderle. São Paulo: Boitempo, 2012 (ed. orig.: 1875).

MARX, Karl. *Grundrisse: manuscritos econômicos de 1857-8. Esboço da crítica da economia política*. Tradução de Mario Duayer e Nélio Schneider. São Paulo: Boitempo; Rio de Janeiro: Editora UFRJ, 2011 (orig.: 1875-1878).

MASON, Paul. *Pós-capitalismo: um guia para o nosso futuro*. Tradução de José Geraldo Couto. São Paulo: Companhia das Letras, 2017 (ed. orig.: 2015).

MAYER, Jane. *Dark Money: the Hidden History of the Billionaires Behind the Rise of the Radical Right*. New York: Doubleday, 2016.

McINTYRE, Lee. *Post-Truth*. Cambridge: The MIT Press, 2018.

MEDEIROS, Juliano; JANUÁRIO, Adriano; MELO, Rúrion (Orgs.). *Ocupar e resistir: movimentos de ocupação de escolas pelo Brasil (2015-2016)*. São Paulo: Editora 34, 2019.

MENDONÇA, Daniel de. *1961-1964: a ditadura brasileira em dois golpes.* Curitiba: Appris, 2017.

MENEGUELLO, Rachel. *PT: a formação de um partido (1979-1982).* Rio de Janeiro: Paz e Terra, 1989.

MICHELS, Robert. *Sociologia dos partidos políticos.* Tradução de Arthur Chaudon. Brasília: Editora UnB, 1982 (ed. orig.: 1911).

MIGUEL, Luis Felipe. Os militares na Assembleia Nacional Constituinte. *Sociedade e Cultura*, v. 2, n. 1-2, p. 167-199, 1999.

MIGUEL, Luis Felipe. A formação da ideologia da Escola Superior de Guerra. *Archè Interdisciplinar*, n. 22, p. 177-196, 1999.

MIGUEL, Luis Felipe. *Mito e discurso político: uma análise a partir da campanha eleitoral de 1994.* Campinas: Editora da Unicamp, 2000.

MIGUEL, Luis Felipe. A eleição visível: a Rede Globo descobre a política em 2002. *Dados*, v. 46, n. 2, p. 289-310, 2003.

MIGUEL, Luis Felipe. A palavra "aperfeiçoada": o discurso do Partido dos Trabalhadores nas eleições de 2002. In: LEMOS, André; BERGER, Christa; BARBOSA, Marialva Barbosa (Orgs.). *Narrativas midiáticas contemporâneas.* Porto Alegre: Sulina, 2006.

MIGUEL, Luis Felipe. A mídia e o declínio da confiança na política. *Sociologias*, n. 19, p. 250-273, 2008.

MIGUEL, Luis Felipe. Falar bonito: o Kitsch como estratégia discursiva. *Revista Brasileira de Ciência Política*, n. 6, p. 183-202, 2011.

MIGUEL, Luis Felipe. *Democracia e representação: territórios em disputa.* São Paulo: Editora Unesp, 2014.

MIGUEL, Luis Felipe. Da "doutrinação marxista" à "ideologia de gênero": o "Escola Sem Partido" e as leis da mordaça no parlamento brasileiro. *Direito e Práxis*, n. 15, p. 590-621, 2016.

MIGUEL, Luis Felipe. *Consenso e conflito na democracia contemporânea.* São Paulo: Editora Unesp, 2017.

MIGUEL, Luis Felipe. *Dominação e resistência: desafios para uma política emancipatória.* São Paulo: Boitempo, 2018.

MIGUEL, Luis Felipe. *Trabalho e utopia: Karl Marx, André Gorz, Jon Elster.* Porto Alegre: Zouk, 2018.

MIGUEL, Luis Felipe. *O colapso da democracia no Brasil: da Constituição ao golpe de 2016.* São Paulo: Expressão Popular; Fundação Rosa Luxemburgo, 2019.

MIGUEL, Luis Felipe. A teoria democrática, o capitalismo e a crise da democracia. In: MIGUEL, Luis Felipe; VITULLO, Gabriel Eduardo. *Democracia como emancipação: olhares contra-hegemônicos*. Porto Alegre: Zouk, 2021.

MIGUEL, Luis Felipe; ASSIS, Pedro Paulo Ferreira Bispo de. Coligações eleitorais e fragmentação das bancadas parlamentares no Brasil: simulações a partir das eleições de 2014. *Revista de Sociologia e Política*, n. 60, p. 29-46, 2016.

MIGUEL, Luis Felipe; BIROLI, Flávia. *Caleidoscópio convexo: mulheres, política e mídia*. São Paulo: Editora Unesp, 2011.

MIGUEL, Luis Felipe; BIROLI, Flávia (Orgs.). *Encruzilhadas da democracia*. Porto Alegre: Zouk, 2017.

MIGUEL, Luis Felipe; COUTINHO, Aline de Almeida. A crise e suas fronteiras: oito meses de "Mensalão" nos editoriais dos jornais. *Opinião Pública*, v. 13, n. 1, p. 97-123, 2007.

MIGUEL, Luis Felipe; MACHADO, Carlos. De partido de esquerda a partido de governo: o PT e suas coligações para prefeito (2000 a 2008). In: KRAUSE, Silvana; DANTAS, Humberto; MIGUEL, Luis Felipe (Orgs.). *Coligações partidárias na nova democracia brasileira: perfis e tendências*. São Paulo: Editora Unesp; Rio de Janeiro: Fundação Konrad Adenauer, 2010.

MIGUEL, Luis Felipe; MEIRELES, Adriana Veloso. O fim da velha divisão? Público e privado na era da internet. *Tempo Social*, v. 33, n. 2, p. 311-329, 2021.

MIGUEL, Luis Felipe; VITULLO, Gabriel Eduardo. Democracia, dominação política e emancipação social. *Crítica Marxista*, n. 51, p. 11-35, 2020.

MILIBAND, Ralph. *Socialism for a Sceptical Age*. London: Verso, 1994.

MIROWSKI, Philip. *Never Let a Serious Crisis to Waste: how Neoliberalism Survived the Financial Metldown*. London: Verso, 2013.

MONT'ALVERNE, Camilla; MITOZO, Isabele. Muito além da mamadeira erótica: as notícias compartilhadas nas redes de apoio a presidenciáveis em grupos de WhatsApp, nas eleições. Artigo apresentado no VIII Congresso da Associação Brasileira de Pesquisadores em Comunicação e Política (Compolítica). Brasília, 15 a 17 de maio de 2019.

MONTESQUIEU. De l'esprit des lois. In: MONTESQUIEU. *Œuvres complètes*. t. II. Paris: Gallimard, 1951 (ed. orig.: 1748).

MORAES, João Quartim de. Alfred Stepan e o mito do poder moderador. *Filosofia Política*, n. 2, p. 163-199, 1985a.

MORAES, João Quartim de. O estatuto constitucional das Forças Armadas. *Política e Estratégia*, v. III, n. 3, p. 379-390, 1985b.

MORAES, Wallace de. *2013: revolta dos governados ou, para quem esteve presente, revolta do vinagre*. Rio de Janeiro: WSM, 2018.

MOREIRA, Marcelo Sevaybricker. Democracias no século XXI; causas, sintomas e estratégias para superar. *Lua Nova*, n. 111, p. 15-49, 2020.

MOREIRA, Rene. Prefeitura de Ribeirão Preto planeja criar "Uber do Professor". *O Estado de S.Paulo*, on-line, 22 jul. 2017. Disponível em: <educacao.estadao. com.br/noticias/geral,prefeitura-de-ribeirao-preto-planeja-criar-uber-do-professor, 70001899946>. Acesso em: 19 jun. 2021.

MOUFFE, Chantal. *For a Left Populism*. London: Verso, 2018.

MOUNK, Yascha. *The People vs. Democracy: Why our Freedom is in Danger and how to Save It*. Cambridge: Harvard University Press, 2018.

MPL-SP (Movimento Passe Livre de São Paulo). Não começou em Salvador, não vai terminar em São Paulo. In: MARICARTO, Ermínia *et al*. *Cidades rebeldes: Passe Livre e as manifestações que tomaram as ruas do Brasil*. São Paulo: Boitempo, 2013.

NAPOLITANO, Giorgio. *O Partido Comunista Italiano, o socialismo e a democracia*. Entrevista a Eric J. Hobsbawm. Tradução de Dante Constantini. São Paulo: LECH, 1979 (ed. orig.: 1976).

NERI, Marcelo (Coord.). *A nova classe média*. Rio de Janeiro: FGV/IBRE; CPS, 2008.

NICOLAU, Jairo. Partidos na República de 1946: velhas teses, novos dados. *Dados*, v, 47, n. 1, p. 85-129, 2004.

NOBRE, Marcos. *Choque de democracia: razões da revolta*. São Paulo: Companhia das Letras, 2013.

NÓBREGA, Mailson da. Entrevista a Carlos Alberto Sardenberg. *Playboy*, n. 284, p. 37-74, 1999.

NOELLE-NEUMANN, Elisabeth. *La espiral del silencio. Opinión pública: nuestra piel social*. Tradução de Javier Ruiz Calderón. Barcelona: Paidós, 1995 (ed. orig.: 1993).

NOGUEIRA, Kiko. No que realmente importa, Luiza Trajano não é diferente do Véio da Havan: não aceita imposto sobre sua fortuna. *Diário do Centro do Mundo*, on-line, 5 out. 2020. Disponível em: <www.diariodocentrodomundo.com.br/ no-que-realmente-importa-luiza-trajano-nao-e-diferente-do-veio-da-havan-nao-aceita-imposto-sobre-sua-fortuna>. Acesso em: 3 out. 2021.

Nomadland. Direção de Chloe Zhao. Produção estadunidense. Searchlight Pictures, 2020.

NORRIS, Pippa. Introduction: the Growth of Critical Citizens?. In: NORRIS, Pippa (Ed.). *Critical Citizens: Global Support for Democratic Governance*. Oxford: Oxford University Press, 1999.

NUSSBAUM, Martha C. *Political Emotions: Why Love Matters for Justice*. Cambridge: Belknap, 2013.

O'CONNOR, James. *The Fiscal Crisis of the State*. New York: St. Martin's Press, 1973.

OBER, Josiah. *Mass and Elite in Democratic Athens: Rhetoric, Ideology, and the Power of the People*. Princeton: Princeton University Press, 1989.

OFFE, Claus. Dominação de classe e sistema político: sobre a seletividade das instituições políticas. In: OFFE, Claus. *Problemas estruturais do Estado capitalista*. Tradução de Barbara Freitag. Rio de Janeiro: Tempo Brasileiro, 1984 (ed. orig.: 1972).

OFFE, Claus. Trabalho: a categoria sociológica chave?. In: OFFE, Claus. *Capitalismo desorganizado: transformações contemporâneas do trabalho e da política*. Tradução de Wanda Caldeira Brant. São Paulo: Brasiliense, 1989 (ed. orig.: 1982).

OFFE, Claus. De quelques contradictions de l'État-providence moderne. OFFE, Claus. *Les démocraties modernes à l'épreuve*. Tradução de Yves Sintomer e Dider Le Saout. Paris: L'Harmattan, 1997 (ed. orig.: 1984).

OHANA, Victor. Entenda o relatório que acusa os EUA de cooperação ilegal na Lava Jato. *CartaCapital*, edição on-line, 2 jul. 2019. Disponível em: <www.cartacapital.com.br/politica/entenda-o-relatorio-que-acusa-os-eua-de-cooperacao-ilegal-na-lava-jato>. Acesso em: 11 set. 2020.

OHMAE, Kenichi. *The End of the Nation State: the Rise of Regional Economies*. Nova York: The Free Press, 1995.

OLIVEIRA, Roberto Véras de. *Sindicalismo e democracia no Brasil: atualizações (do novo sindicalismo ao sindicato cidadão)*. 561 f. 2002. Tese (Doutorado em Sociologia) – Programa de Pós-Graduação em Sociologia, Universidade de São Paulo, São Paulo, 2002.

ORO, Ari Pedro. A política da Igreja Universal e seus reflexos nos campos religioso e político brasileiros. *Revista Brasileira de Ciências Sociais*, n. 53, p. 53-69, 2003.

ORTEGA Y GASSET, José. *A rebelião das massas*. Tradução de Herrera Filho. São Paulo: Martins Fontes, 1987 (ed. orig.: 1937).

OSAKABE, Haquira. A palavra imperfeita. *Remate de Males*, n. 7, p. 167-171, 1987 (ed. orig.: 1980).

PATEMAN, Carole. *Participation and Democratic Theory*. Stanford: Stanford University Press, 1970.

PATEMAN, Carole. *The Problem of Political Obligation: a Critique of Liberal Theory*. Reedição com novo posfácio. Berkeley: University of California Press, 1985 (ed. orig.: 1979).

PAULANI, Leda. *Brasil delivery: servidão financeira e estado de emergência econômico*. São Paulo: Boitempo, 2008.

PAULANI, Leda. Desenvolvimentismo, planejamento e investimento público nos cinco mil dias do lulismo. In: MARINGONI, Gilberto; MEDEIROS, Juliano (Orgs.). *Cinco mil dias: o Brasil na era do lulismo*. São Paulo: Boitempo, Fundação Lauro Campos, 2017.

PAULANI, Leda. A experiência brasileira entre 2003 e 2014: neodesenvolvimentismo?. *Cadernos de Desenvolvimento*, n. 20, p. 135-155, 2017.

PEREIRA, Néli. Baixa popularidade dá a Temer "grande chance de passar reformas", diz Luiza Trajano. *BBC News Brasil*, on-line, 25 abr. 2017. Disponível em: <www.bbc.com/portuguese/brasil-39695826>. Acesso em: 3 out. 2021.

PHARR, Susan J.; PUTNAM, Robert D. Preface. In: PHARR, Susan J.; PUTNAM, Robert D. (Eds.). *Disaffected Democracies: What's Troubling the Trilateral Countries?*. Princeton: Princeton University Press, 2000.

PHARR, Susan J.; PUTNAM, Robert D. *Disaffected Democracies: What's Troubling the Trilateral Countries?*. Princeton: Princeton University Press, 2000.

PHILLIPS, Anne. *Democracy and Difference*. University Park: The Pennsylvania State University Press, 1993.

PHILLIPS, Anne. *The Politics of Presence*. Oxford: Oxford University Press, 1995.

PHILLIPS, Anne. *Which Equalities Matter?*. London: Polity, 1999.

PIAIA, Victor; ALVES, Marcel. Abrindo a caixa preta: análise exploratória da rede bolsonarista no WhatsApp. *Intercom*, v. 43, n. 3, p. 135-154, 2020.

PIERUCCI, Antonio Flávio. As bases sociais da nova direita. *Novos Estudos*, n. 19, p. 26-45, 1987.

PIKETTY, Thomas. *Le capital au XXIe siècle*. Paris: Gallimard, 2013.

PITKIN, Hanna Fenichel. *The Concept of Representation*. Berkeley: University of California Press, 1967.

POCHMANN, Marcio. *Nova classe média? O trabalho na base da pirâmide social brasileira*. São Paulo: Boitempo, 2012.

POCHMANN, Marcio. *O mito da grande classe média: capitalismo e estrutura social*. São Paulo: Boitempo, 2014.

PONDÉ, Luiz Felipe. A 25 mil pés. *Folha de S.Paulo*, p. E-8, caderno "Ilustrada", 15 nov. 2010.

POULANTZAS, Nicos. *Poder político e classes sociais*. 2. ed. Tradução de Francisco Silva. São Paulo: Martins Fontes, 1986 (ed. orig.: 1968).

POULANTZAS, Nicos. *L'État, le pouvoir, le socialisme*. Paris: Les Prairies Ordinaires, 2013 (ed. orig.: 1978).

PRADO JR., Caio. *A revolução brasileira*. São Paulo: Companhia das Letras, 2014 (ed. orig.: 1966).

PREFEITURA TUCANA EM Ribeirão Preto cria "Uber da Educação". *Partido da Social-Democracia Brasileira – São Paulo*, on-line, 24 jul. 2017. Disponível em: <tucano.org.br/prefeitura-tucana-em-ribeirao-preto-cria-uber-da-educacao>. Acesso em: 19 jun. 2021.

PRIORI, Nelson. Magazine Luiza enfrenta muitas ações trabalhistas. *Monitor Mercantil*, on-line, 17 abr. 2011. Disponível em: <monitormercantil.com.br/magazine-luiza-enfrenta-muitas-auues-trabalhistas>. Acesso em: 3 out. 2021.

PROFESSOR UBER: A precarização do trabalho invade as salas de aula. *Carta-Capital*, edição on-line, 28 ago. 2017. Disponível em: <www.cartacapital.com.br/sociedade/professor-uber-a-precarizacao-do-trabalho-invade-as-salas-de-aula>. Acesso em: 19 jun. 2021.

PRZEWORSKI, Adam. Ama a incerteza e serás democrático. Tradução de Roseli Martins Coelho. *Novos Estudos*, n. 9, p. 36-46, 1984 (ed. orig.: 1983).

PRZEWORSKI, Adam. *Capitalismo e social-democracia*. Tradução de Laura Teixeira Mota. São Paulo: Companhia das Letras, 1989 (ed. orig.: 1985).

PRZEWORSKI, Adam. *Estado e economia no capitalismo*. Tradução de Argelina C. Figueiredo e Pedro P. Z. Rio de Janeiro: Relume Dumará, 1995 (ed. orig.: 1990).

PRZEWORSKI, Adam. *Crises of democracy*. Cambridge: Cambridge University Press, 2019.

PUPO, Fábio; RESENDE, Thiago. Guedes faz críticas ao Fies e diz que filho do porteiro foi aprovado com nota zero. *Folha de S.Paulo*, p. A-19, 30 abr. 2021.

QUEIROZ, Eça de. *Os Maias*. Belo Horizonte: Itatiaia, 1980 (ed. orig.: 1888).

RADIN, Margaret Jane. *Boilerplate: the Fine Print, Vanishing Rights, and the Rule of Law*. Princeton: Princeton University Press, 2013.

RANCIÈRE, Jacques. *La mésentente: politique et philosophie*. Paris: Galilée, 1995.

RAWLS, John. *Political Liberalism*. Expanded edition. New York: Columbia University Press, 2005 (ed. orig.: 1993).

REIS, Fábio Wanderley. Consolidação democrática e construção do Estado. In: O'DONNELL, Guillermo; REIS, Fábio Wanderley (Orgs.). *A democracia no Brasil: dilemas e perspectivas*. São Paulo: Vértice, 1988.

REIS, Fábio Wanderley. La construction démocratique au Brésil: diagnostic et perspectives. *Problèmes d'Amerique Latine*, n. 90, p. 3-22, 1988.

RIBEIRO, Pedro Floriano. *Dos sindicatos ao governo: a organização nacional do PT de 1980 a 2005*. São Carlos: Editora UFSCar, 2010.

RIKER, William H. *Liberalism Against Populism: a Confrontation Between the Theory of Democracy and the Theory of Social Choice*. Prospect Heights: Waveland, 1982.

ROBIN, Maxime. Pourquoi les syndicats américains ont perdu face à Amazon. *Le Monde Diplomatique*, n. 806, p. 4-5, 2021.

RODRIGUES, Iram Jácome; RAMALHO, José Ricardo. Novas configurações do sindicalismo no Brasil? Uma análise a partir do perfil dos trabalhadores sindicalizados. *Contemporânea*, v. 4, n. 2, p. 381-403, 2014.

RODRÍGUEZ RONDÓN, Manuel Alejandro. La ideología de género como exceso: pánico moral y decisión ética en la política colombiana. *Sexualidad, Salud y Sociedad*, n. 27, p. 128-148, 2017.

ROEMER, John E. *A Future for Socialism*. Cambridge: Harvard University Press, 1994.

ROLNIK, Raquel. As vozes das ruas: as revoltas de junho e suas interpretações. In: MARICATO, Ermínia *et al. Cidades rebeldes: Passe Livre e as manifestações que tomaram as ruas do Brasil*. São Paulo: Boitempo, 2013.

ROMÃO, Wagner de Melo. #naovaitercopa: manifestações, Copa do Mundo e as eleições de 2014. *Agenda Política*, v. 1, n. 2, p. 152-167, 2013.

ROSANVALLON, Pierre. *La société des égaux*. Paris: Seuil, 2011.

ROSSI, Clovis. Leonidas afirma que "minoria" se impõe na Constituinte. *Folha de S.Paulo*, p. A-5, 28 ago. 1987.

ROTH, Philip. *American Pastoral*. Boston: Houghton Mifflin, 1997.

ROUSSEAU, Jean-Jacques. *Du contract social*. In: ROUSSEAU, Jean-Jacques. *Œuvres complètes*. t. III. Paris: Gallimard, 1984 (ed. orig.: 1762).

RUBIM, Antonio Augusto Canelas. Visibilidades e estratégias nas eleições presidenciais de 2002: política, mídia e cultura. In: RUBIM, Antonio Augusto Canelas (Org.). *Eleições presidenciais em 2002: ensaios sobre mídia, cultura e política*. São Paulo: Hacker, 2004.

RUNCIMAN, David. *How Democracy Ends*. New York: Basic Books, 2018.

SADER, Eder. *Quando novos personagens entraram em cena: experiências, falas e lutas dos trabalhadores da Grande São Paulo (1970-1980)*. Rio de Janeiro: Paz e Terra, 1988.

SAES, Décio. *Classe média e sistema político no Brasil*. São Paulo: T. A. Queiroz, 1984.

SANDILANDS, Catriona. *The Good-Natured Feminist: Ecofeminism and the Quest for Democracy*. Minneapolis: University of Minnesota Press, 1999.

SANTOS, Fabiano. Primavera brasileira ou outono democrático?. *Insight Inteligência*, n. 62, p. 32-38, 2013.

SANTOS, Wanderley Guilherme. Anomia niilista. *Valor Econômico*, edição on-line, 27 jun. 2013. Disponível em: <https://valor.globo.com/eu-e/coluna/anomia-niilista.ghtml>. Acesso em: 17 jan. 2020.

SAWYER, Michael E. Post-Truth, Social Media, and the "Real" as phantasm. In: STENMARK, Mikael; FULLER, Steve; ZACKARIASSON, Ulf (Eds.). *Relativism and Post-Truth in Contemporary Society*. Cham: Palgrave Macmillan, 2016.

SCHRECKER, Ellen. McCarthyism: Political Repression and the Fear of Communism. *Social Research*, v. 71, n. 4, p. 1041-1086, 2004.

SCHUMPETER, Joseph A. *Capitalism, Socialism and Democracy*. New York: Harper Perennial, 1976 (ed. orig.: 1942).

SCOTT, James C. *Weapons of the Wweak: Everyday forms of Peasant Resistance*. New Haven: Yale University Press, 1985.

SCOTT, James C. *Domination and the Arts of Resistance: Hidden Transcripts*. New Haven: Yale University Press, 1990.

SEDGWICK, Mark. *Contra o mundo moderno: o Tradicionalismo e a história intelectual secreta do século XX*. Tradução de Diogo Rosas G. Belo Horizonte: Âyiné, 2020 (ed. orig.: 2004).

SELL, Carlos Alberto; HERRERA, Sonia Reis. Catolicismo e ciências sociais no Brasil: mudanças de foco e perspectiva num objeto de estudo. *Sociologias*, n. 23, p. 354-393, 2010.

SERISIER, Tanya. "How can a woman who has been raped be believed?" Andrea Dworkin, Sexual Violence and the Ethics of Belief. *Diegesis*, v. 4, n. 1, p. 68-87, 2015.

SEVERO, Ricardo Gonçalves; SEGUNDO, Mario Augusto Correia San. OCUPA-TUDORS: socialização política entre jovens estudantes nas ocupações de escolas no Rio Grande do Sul. *ETD – Educação Temática Digital*, v. 19, n. 1, p. 73-98, 2017.

SIMIS, Anita. Conselho de comunicação social: uma válvula para o diálogo ou para o silêncio?. *Revista Brasileira de Ciências Sociais*, n. 72, p. 59-71, 2010.

SINGER, André. *Os sentidos do lulismo: reforma gradual e pacto conservador*. São Paulo: Companhia das Letras, 2012.

SINGER, André. Classes e ideologias cruzadas. *Novos Estudos*, n. 97, p. 23-40, 2013.

SINGER, André. A (falta de) base política para o ensaio desenvolvimentista. In: SINGER, André; LOUREIRO, Isabel (Orgs.). *As contradições do lulismo: a que ponto chegamos?*. São Paulo: Boitempo, 2016.

SINGER, André. *O lulismo em crise: um quebra-cabeça do período Dilma (2011-2016)*. São Paulo: Companhia das Letras, 2018.

SINGER, Singer; LOUREIRO, Isabel (Orgs.). *As contradições do lulismo: a que ponto chegamos?*. São Paulo: Boitempo, 2016.

SINTOMER, Yves. *Le pouvoir au peuple: jurys citoyens, tirage au sort et démocratie participative*. Paris: La Découverte, 2007.

SOARES, Luiz Eduardo. *Desmilitarizar: segurança pública e direitos humanos*. São Paulo: Boitempo, 2020.

SOLANO, Esther. Crise da democracia e extremismo da direita. *Análise (Friedrich-Ebert-Stiftung Brasil)*, n. 42, p. 3-28, 2018.

SOLANO, Esther; ROCHA, Camila (Orgs.). *As direitas nas redes e nas ruas: a crise política no Brasil*. São Paulo: Expressão Popular, 2019.

SORDI, Denise N. de; MORAIS, Sérgio Paulo. "Os estudantes ainda estão famintos!": ousadia, ocupação e resistência dos estudantes secundaristas no Brasil. *Religación*, v. 1, n. 2, p. 25-43, 2016.

SOUZA, Dayanne. Magazine Luiza é multado por *dumping* social. *O Estado de S.Paulo*, edição on-line, 5 nov. 2013. Disponível em: <economia.estadao.com.br/noticias/negocios,magazine-luiza-e-multado-por-dumping-social,169316e>. Acesso em: 3 out. 2021.

SOUZA, Jessé. *A radiografia do golpe*. São Paulo: Leya, 2016.

SOUZA, Lincoln Moraes de. Das marcas do passado à primeira transição do PT. *Perseu*, n. 2, p. 10-27, 2008.

STEPAN, Alfred. *Os militares na política: as mudanças de padrões na vida brasileira*. Tradução de Ítalo Tronca. Rio de Janeiro: Artenova, 1975 (ed. orig.: 1971).

STREECK, Wolfgang. *Buying Time: the Delayed Crisis of Democratic Capitalism*. Tradução de Patrick Camiller e David Fernbach. London: Verso, 2017 (ed. orig.: 2013).

STREECK, Wolfgang. *How Will Capitalism End? Essays on a Falling System*. London: Verso, 2016.

SUPLICY, Martha. Eu nunca me coloquei como alguém de esquerda. Entrevista a Reynaldo Turollo Jr. e Paula Reverbel. *Folha de S.Paulo*, p. 2, 20 set. 2016, caderno "Eleições".

TAROUCO, Gabriela da Silva; MADEIRA, Rafael Machado. Partidos, programas e o debate sobre esquerda e direita no Brasil. *Revista de Sociologia e Política*, n. 45, p. 149-165, 2013.

TAVARES, Francisco Mata Machado; RORIZ, João Henrique Ribeiro; OLIVEIRA, Ian Caetano de. As jornadas de maio em Goiânia: para além de uma visão sudestecêntrica do junho brasileiro em 2013. *Opinião Pública*, v. 22, n. 1, p. 140-166, 2016.

TEITELBAUM, Benjamin R. *Guerra pela eternidade: o retorno do Tradicionalismo e a ascensão da direita populista*. Tradução de Cynthia Costa. Campinas: Editora da Unicamp, 2020.

TEIXEIRA, Miro. Seria útil se Eduardo Cunha renunciasse ao mandato. Entrevista a Leonardo Souza. *Folha de S.Paulo*, p. A-10, 20 jul. 2015.

TEIXEIRA, Matheus. Nunca vi atitude de Bolsonaro contra democracia, diz Toffoli. *Folha de S.Paulo*, edição on-line, 4 set. 2020. Disponível em: <www1.folha.uol.com.br/poder/2020/09/nao-pode-deixar-investigacao-na-gaveta-e-depois-vazar-com-interesse-politico-diz-toffoli-sobre-a-lava-jato.shtml>. Acesso em: 20 jul. 2021.

TELES, Janaína de Almeida. Os familiares de mortos e desaparecidos políticos e a luta por "verdade e justiça" no Brasil. In: TELES, Edson; SAFATLE, Vladimir (Orgs.). *O que resta da ditadura: a exceção brasileira*. São Paulo: Boitempo, 2021.

TERRON, Sonia Luiza; SOARES, Gláucio Ary Dillon. As bases eleitorais do PT: do distanciamento ao divórcio. *Opinião Pública*, v. 16, n. 2, p. 310-337, 2010.

TOCQUEVILLE, Alexis de. *De la démocratie en Amérique*. In: TOCQUEVILLE, Alexis de. *Œuvres*. t. II. Paris: Gallimard, 1992 (ed. orig.: 1835-1840).

TOCQUEVILLE, Alexis de. *L'Ancien Régime et la Révolution*. In: TOCQUEVILLE, Alexis de. *Œuvres*. t. III. Paris: Gallimard, 2004 (ed. orig.: 1856).

TODOROV, Tzvetan. *Les ennemis intimes de la démocratie*. Paris: Robert Laffont, 2012.

TOMICH, Dale W. *Pelo prisma da escravidão: trabalho, capital e economia mundial*. Tradução de Antonio de Pádua Danesi. São Paulo: Edusp, 2011 (ed. orig.: 2004).

TRAVERSO, Enzo. *Les nouveaux visages du fascisme: conversations pour demain*. Entrevista a Régis Meyran. Paris: Textuel, 2017.

VALLE, Vinicius Saragiotto Magalhães. Direita religiosa e partidos políticos no Brasil: os casos do PRB e do PSC. *Teoria e Cultura*, v. 13, n. 2, p. 85-100, 2018.

VARGAS, François (Relator). *Como combater a tortura: relatório do Colóquio Internacional sobre como Combater a Tortura*. Tradução de Eglê Malheiros. Florianópolis: Editora da UFSC, 1986 (ed. orig.: 1984).

VARON, Jeremy. *Bringing the War Home: the Weather Underground, the Red Army Faction, and Revolutionary Violence in the Sixties and Seventies*. Berkeley: University of California Press, 2004.

VAROUFAKIS, Yanis. *O minotauro global: a verdadeira origem da crise financeira e o futuro da economia global*. Tradução de Mariana Werneck. São Paulo: Autonomia Literária, 2016 (ed. orig.: 2011).

VELOSO, Caetano. Fora da ordem. In: *Circuladô*. Polygram, 1991 (CD musical).

VIANA, Natália; NEVES, Rafael. O FBI e a Lava Jato. *Agência Pública*, on-line, 1º jul. 2020. Disponível em: <apublica.org/2020/07/o-fbi-e-a-lava-jato>. Acesso em: 11 set. 2020.

VIANA, Nildo. A luta de classes no Brasil (2013-2014). *Revista Espaço Livre*, n. 20, p. 31-44, 2015.

VILLAS BÔAS, Eduardo. Bolsonaro não é volta de militares, mas o risco de politização dos quartéis. Entrevista a Igor Gielow. *Folha de S.Paulo*, p. A-8-9, 11 nov. 2018.

VILLAS BÔAS, Eduardo. *Conversa com o comandante*. Entrevistas a Celso de Castro. Rio de Janeiro: FGV Editora, 2021.

VITULLO, Gabriel E. Transitologia, consolidologia e democracia na América Latina: uma revisão crítica. *Revista de Sociologia e Política*, n. 17, p. 53-60, 2001.

VITULLO, Gabriel E. O honestismo e o triunfo da pequena política. In: VITULLO, Gabriel E. (Org.). *A ideologia do "Terceiro Setor": ensaios críticos*. Natal: Editora da UFRN, 2012.

WALKER, Edward T. *Grassroots for Hire: Public Affairs Consultants in American Democracy*. Cambridge: Cambridge University Press, 2014.

WEEKS, Jeffrey. *Sex, Politics, and Society: the Regulation of Sexuality Since 1800*. New York: Routledge, 1981.

WEFFORT, Francisco. *Por que democracia*. São Paulo: Brasiliense, 1984.

WOOD, Ellen Meiksins. *Democracy Against Capitalism: Renewing Historical Materialism*. Cambridge: Cambridge University Press, 1995.

WOODLEY, Daniel. *Fascism and Political Theory: Critical Perspectives on Fascist Ideology*. London: Routledge, 2010.

WRIGHT, Erik Olin. *Classes*. London: Verso, 1984.

WRIGHT, Erik Olin. *Class Counts: Comparative Studies in Class Analysis*. Cambridge: Cambridge University Press, 1997.

YOUNG, Iris Marion. *Justice and the Politics of Difference*. Princeton: Princeton University Press, 1990.

YOUNG, Iris Marion. *Inclusion and Democracy*. Oxford: Oxford University Press, 2020.

ZUBOFF, Shoshana. *The Age of Surveillance Capitalism: the Fight for a Human Future at the New Frontier of Power*. New York: Public Affairs, 2018.

Este livro foi composto com tipografia Adobe Garamond Pro
e impresso em papel Off-White 80 g/m² na Formato Artes Gráficas.